CB044633

nova gramática para concursos
praticando a língua portuguesa

Lexikon | *obras de referência*

CILENE DA CUNHA PEREIRA, EDILA VIANNA DA SILVA
MARIA APARECIDA LINO PAULIUKONIS
& REGINA CÉLIA CABRAL ANGELIM

nova gramática para concursos praticando a língua portuguesa

1ª edição – 2ª impressão

© 2016, by Cilene da Cunha Pereira, Edila Vianna da Silva, Maria Aparecida Lino Pauliukonis e Regina Célia Cabral Angelim

Direitos de edição da obra em língua portuguesa adquiridos pela LEXIKON EDITORA DIGITAL LTDA. Todos os direitos reservados. Nenhuma parte desta obra pode ser apropriada e estocada em sistema de banco de dados ou processo similar, em qualquer forma ou meio, seja eletrônico, de fotocópia, gravação etc., sem a permissão do detentor do copirraite.

LEXIKON EDITORA DIGITAL LTDA.
Rua Luís Câmara, 280 – Ramos
21031-175 – Rio de Janeiro – RJ – Brasil
Tel.: (21) 2526-6800
www.lexikon.com.br – sac@lexikon.com.br
Veja também www.aulete.com.br – seu dicionário na internet

DIRETOR EDITORIAL	ASSISTENTE DE PRODUÇÃO
Carlos Augusto Lacerda	*Luciana Aché*
EDITOR	REVISÃO
Paulo Geiger	*Perla Serafim*
COORDENAÇÃO EDITORIAL	PROJETO GRÁFICO, DIAGRAMAÇÃO E CAPA
Sonia Hey	*Sense Design & Comunicação*

IMAGEM DA CAPA
© *Orhancam | Dreamstime.com - Marbled Paper Artwork Photo*

1ª edição - 2016

CIP-BRASIL. CATALOGAÇÃO NA PUBLICAÇÃO
SINDICATO NACIONAL DOS EDITORES DE LIVROS, RJ

N811

Nova gramática para concursos: praticando a língua portuguesa / Cilene da Cunha Pereira ... [et al.]. - 1. ed. - Rio de Janeiro : Lexikon, 2016.
520 p. ; 23 cm.

Inclui bibliografia
ISBN 978-85-8300-025-9

1. Língua portuguesa - Gramática. 2. Língua portuguesa - Gramática - Problemas, questões, exercícios. I. Pereira, Cilene da Cunha.

CDD: 469.5
CDU: 811.134.3'36

Todos os esforços foram feitos para encontrar os detentores dos direitos autorais dos textos publicados neste livro. Nem sempre isso foi possível. Teremos o maior prazer em creditá-los caso sejam determinados.

Sumário

Prefácio   XIII
Apresentação   XV

1 Ortografia e pontuação   1

Introdução   1

1.1 Grafia das palavras   2
1.1.1 Fonema e letra   2
1.1.2 Vogais   5
1.1.3 Consoantes   6
1.1.4 Emprego de algumas letras que apresentam dificuldades   8

1.2 Acentuação gráfica   25
1.2.1 Regras de acentuação   26

1.3 Emprego de iniciais maiúsculas e minúsculas   39
1.3.1 Emprega-se letra maiúscula   39
1.3.2 Emprega-se letra minúscula   45
1.3.3 Emprega-se maiúscula ou minúscula indistintamente nos seguintes casos   46

1.4 Emprego do hífen   48
1.4.1 Regras para o emprego do hífen   49

1.5 Crase   63
1.5.1 Emprego obrigatório do acento grave   66
1.5.2 Emprego facultativo do acento grave   68

1.6 Pontuação   80
1.6.1 Sinais marcadores de pausa   81
1.6.2 Sinais que indicam entoação   87
1.6.3 Sinais que servem para destacar algum segmento do texto   92

Referências bibliográficas   108

2 Morfologia — 109

Introdução — 109

2.1 Verbo — 110

2.1.1 Flexão do verbo — 111
2.1.2 Imperativo afirmativo e negativo — 111
2.1.3 Verbo com pronome de tratamento — 113
2.1.4 Formas nominais do verbo — 113
2.1.5 Infinitivo — 114
2.1.6 Particípio — 115
2.1.7 Gerúndio — 117
2.1.8 Infinitivo e futuro do subjuntivo — 118
2.1.9 Tempos simples e compostos. Tempos compostos do modo indicativo — 119
2.1.10 Tempos compostos do subjuntivo — 120
2.1.11 Formas nominais — 121
2.1.12 Vozes do verbo — 121
2.1.13 Voz reflexiva e reciprocidade — 122
2.1.14 Voz passiva — 122
2.1.15 Verbos com dois particípios — 124
2.1.16 Modalização no verbo — 124
2.1.17 Verbos auxiliares de modalização — 125
2.1.18 Auxiliares indicadores de aspecto — 125
2.1.19 Emprego do verbo *ficar* — 126
2.1.20 Emprego dos verbos *ir* e *vir* — 126
2.1.21 Empregos do verbo *haver* — 127
2.1.22 Verbos quanto à conjugação — 128

2.2 Substantivo — 139

2.2.1 Classificação do substantivo – pares opositivos — 141
2.2.2 Classificação do substantivo – o coletivo — 142
2.2.3 Formação de palavras – noções — 142
2.2.4 Derivação regressiva — 145
2.2.5 Derivação própria e derivação imprópria — 146
2.2.6 Sigla e abreviatura — 146
2.2.7 Linguagem figurada – metáfora — 147
2.2.8 Funções da linguagem — 148
2.2.9 Gênero do substantivo — 149
2.2.10 Feminino do substantivo — 150
2.2.11 Feminino de substantivos terminados em *-ão* — 150
2.2.12 Substantivos epicenos, sobrecomuns e comuns de dois — 152
2.2.13 Oposição de gênero e oposição de significados — 154

2.2.14 Flexão de número	154
2.2.15 Formação do plural de substantivos	155
2.2.16 Plural de substantivos em *-al, -el, -ol* e *-ul*	157
2.2.17 Plural dos substantivos em *-ão*	158
2.2.18 Plural de diminutivos em *-zinho*	159
2.2.19 Oposição singular e plural e mudança de sentido	161
2.2.20 Plural de substantivos compostos	161
2.2.21 Plural de compostos em que os dois elementos são verbos	163
2.2.22 Grau – flexão ou derivação	164
2.2.23 Sentido afetivo e pejorativo do grau	165
2.3 Adjetivo	**171**
2.3.1 Reiterando, com novos exemplos, para melhor fixação da modificação feita pelo adjetivo ao substantivo	172
2.3.2 Sentido denotativo e sentido figurado	173
2.3.3 Relação de sentido entre adjetivo e substantivo	175
2.3.4 Orações adjetivas	175
2.3.5 Flexão do adjetivo	176
2.3.6 Casos especiais de formação do feminino dos adjetivos	177
2.3.7 Adjetivos uniformes	178
2.3.8 Flexão de número	178
2.3.9 Grau dos adjetivos	179
2.3.10 Formas sintéticas e formas analíticas no grau dos adjetivos	180
2.4 Pronome	**184**
2.4.1 Pronome pessoal	185
2.4.2 Pronomes de tratamento	186
2.4.3 Pronomes retos *eu* e *tu*	188
2.4.4 Preposição nunca rege pronome sujeito	188
2.4.5 Reforço de pronomes pessoais	189
2.4.6 Pronomes oblíquos – átonos e tônicos	190
2.4.7 Formas pronominais *se* (átona) e *si* (tônica)	191
2.4.8 Pronomes oblíquos átonos de 3ª pessoa: *o* e flexões	192
2.4.9 Combinações pronominais	194
2.4.10 Substituição do pronome possessivo pelo oblíquo	194
2.4.11 Partícula pronominal *se*	195
2.4.12 Colocação dos pronomes oblíquos átonos – próclise	196
2.4.13 Colocação dos pronomes oblíquos átonos – ênclise e mesóclise	197
2.4.14 Pronomes substantivos e pronomes adjetivos	198
2.4.15 Pronomes demonstrativos	198

2.4.16 Pronomes demonstrativos *a, tal, mesmo, próprio, semelhante* e flexões — 200
2.4.17 Pronomes possessivos — 201
2.4.18 Pronomes indefinidos — 202
2.4.19 Pronomes interrogativos — 205
2.4.20 Pronomes relativos — 205

2.5 Advérbio — 213
2.5.1 Expressões adverbiais — 214
2.5.2 Advérbios modificadores de oração — 214
2.5.3 Palavras denotativas e expressões retificadoras — 216
2.5.4 Advérbios em *-mente* — 216
2.5.5 Advérbios ou pronomes interrogativos? — 217
2.5.6 Advérbios *onde, aonde, donde* — 218
2.5.7 Advérbios modalizadores — 219
2.5.8 Graus do advérbio — 220

2.6 Artigo — 225
2.6.1 Artigo definido e indefinido — 225
2.6.2 Combinação de artigo e preposição — 226
2.6.3 Artigo e a oposição de gênero indicando significado distinto do substantivo — 226
2.6.4 Combinação artigo com pronome indefinido *todo(a)* e com numeral *ambos* — 227
2.6.5 Emprego do artigo com pronome possessivo — 228
2.6.6 Artigo definido e expressões de tempo (mês, dia da semana, horas) — 229
2.6.7 Artigo definido e a palavra *palácio* — 230
2.6.8 Artigo e a palavra *casa* — 231
2.6.9 Artigo definido em citação de datas festivas, peso e medida — 231
2.6.10 Combinações dos artigos — 232
2.6.11 Emprego especial do artigo definido — 233
2.6.12 Emprego do artigo definido com substantivo próprio personativo — 233
2.6.13 Emprego do artigo definido com substantivo próprio locativo — 234
2.6.14 Particularidades do artigo indefinido — 235

2.7 Numeral — 237
2.7.1 Numerais cardinais, ordinais, fracionários, multiplicativos — 238
2.7.2 Numeral como adjetivo — 240
2.7.3 Numeral coletivo — 242
2.7.4 Emprego de numeral cardinal e ordinal — 242

2.8 **Conjunção** 245
2.8.1 Conjunções coordenativas 247
2.8.2 Conjunções subordinativas 248
2.8.3 Orações subordinadas de base substantiva 252
2.8.4 Papel da conjunção na argumentação de textos 252
2.8.5 Distinção entre conjunção coordenativa e subordinativa, respectivamente na indicação de motivo e causa 254
2.8.6 Formas nominais de verbos e oração reduzida
2.8.7 Conjunções correlativas 255

2.9 **Preposição** 261
2.9.1 Preposição essencial e preposição acidental 263
2.9.2 Preposição e significados expressos 264
2.9.3 Preposição como elo sintático 264
2.9.4 Preposição e orientação lógica do texto 265
2.9.5 Identidade entre preposição e conjunção 265

2.10 **Interjeição** 267
2.10.1 Classificação da interjeição 268
2.10.2 Valor da interjeição 269
2.10.3 Relação da interjeição com o interlocutor 269
2.10.4 Distinção entre interjeição e exclamação 270

Referências bibliográficas 272

3 SINTAXE 273
Introdução 273
3.1 **Mecanismos de estrutura sintática: coordenação e subordinação** 274
3.1.1 Subordinação 275
3.1.2 Coordenação 276
3.1.3 Esquema das diferenças entre coordenação e subordinação 277

3.2 **Orações coordenadas** 281
3.2.1 Orações coordenadas sindéticas 282

3.3 **Orações subordinadas** 289
3.3.1 Classificação das orações subordinadas substantivas 290
3.3.2 Orações subordinadas adjetivas 293
3.3.3 Classificação das orações subordinadas adverbiais 297

3.4 **Termos da oração** 305
3.4.1 Termos essenciais 306

3.5 **Regência** 333
3.5.1 Regência nominal 334
3.5.2 Particularidades da regência verbal 338

3.6 **Concordância** 348
3.6.1 Concordância nominal 348
3.6.2 Concordância verbal 355

Referências bibliográficas 366

4 SEMÂNTICA E LÉXICO 367
Introdução 367
4.1 **Texto e contexto** 369
4.1.1 Texto em contexto 369
4.1.2 Ambiguidade ou dubiedade de sentido 371
4.1.3 Ambiguidade sintática 372
4.1.4 Significado semântico e significado pragmático 375
4.1.5 Polissemia (denotação e conotação) 377
4.1.6 Significado *final* ou sentido *contextualizado* 379
4.1.7 Linguagem e ação 380

4.2 **Relações lexicais** 385
4.2.1 Sinonímia 385
4.2.2 Antonímia 388
4.2.3 Homonímia 391
4.2.4 Hiperonímia / hiponímia 392
4.2.5 Paronímia 393

4.3 **A seleção vocabular** 400
4.3.1 Adequação à situação de formalidade e informalidade da língua 400
4.3.2 Adequação ao referente 402
4.3.3 Adequação ao registro linguístico e à identidade dos interlocutores 404
4.3.4 Gíria, calão, jargão, regionalismo, neologismo 405
4.3.5 Adequação ao contexto sociocomunicativo dos usuários 407
4.3.6 Adequação ao ponto de vista do emissor: vocabulário positivo, negativo e neutro 408

4.3.7 Adequação espacial — 410
4.3.8 Adequação ao código escrito — 411
4.3.9 Adequação temporal — 413

4.4 Impropriedade semântica — 422
4.4.1 Novo conceito de erro como inadequação vocabular — 423
4.4.2 Falta de paralelismo de sentido de certos verbos — 425
4.4.3 Impropriedade lexical por incompatibilidade semântica — 426
4.4.4 Impropriedade lexical – mau emprego dos traços de significação de um termo — 427
4.4.5 Problemas de correlação de sentido e de mau emprego de parônimos — 429
4.4.6 Uso de *hiperonímia* e *sinonímia* para evitar repetição — 430
4.4.7 Ambiguidade — 431
4.4.8 Problemas de coesão ou mau emprego de conectivos — 432
4.4.9 Problema na escolha vocabular — 432
4.4.10 Vaguidade semântica — 433
4.4.11 Vocabulário geral e específico — 435
4.4.12 Definição e especificação semântica — 435
4.4.13 Repetição imprópria de vocábulos — 437

Referências bibliográficas — 444

RESPOSTAS A EXERCÍCIOS E A QUESTÕES DE CONCURSO — 445
1. Ortografia e pontuação — 447
2. Morfologia — 460
3. Sintaxe — 480
4. Semântica e léxico — 492

Prefácio

Há aproximadamente um século e meio, o gramático Antônio Estêvão da Costa e Cunha, que seguiu exitosa carreira docente no Rio de Janeiro, afirmava ironicamente no prefácio de sua *Gramática elementar*: "mais facilmente se contarão os gafanhotos que sob a forma de espessas nuvens abatem-se de tempos a tempos sobre a terra do que as gramáticas elementares que têm produzido e continuam a produzir os prelos de nosso país". Passadas tantas décadas, a situação não parece haver-se modificado, pois a cada ano renovam--se nas estantes das livrarias os manuais de língua portuguesa que prometem ao leitor interessado um aprendizado eficaz e definitivo das bases de nossa língua vernácula.

É nesse panorama editorial que vem a lume esta *Nova gramática para concursos: praticando a língua portuguesa*. Poder-se-ia supor que estivéssemos aqui perante mais um manual de regras gramaticais milagrosas, capazes de transformar em saber a ignorância, em excelência a mediocridade. Não, decerto não é este o caminho que buscam seguir as autoras desse compêndio didático, todas elas experientes professoras universitárias vinculadas à Universidade Federal do Rio de Janeiro. Afinal, é justamente a longa trajetória docente dessas especialistas que lhes faz ensinar a mais básica das lições: o sucesso vem, e com certeza sempre vem, mediante estudo dedicado e programado dos fatos linguísticos em metodologia segura.

O interesse pelos concursos públicos é uma das características mais marcantes da sociedade brasileira contemporânea. Inúmeros são os profissionais, formados nas mais variadas áreas do saber, que se dedicam à preparação intensa para enfrentar as provas que integram esses certames, esperançosos de ingressar nos quadros do funcionalismo municipal, estadual ou federal. Não sem razão, disseminou-se a crença de que o preparo sólido e aprofundado nas diversas disciplinas que integram os concursos constitui-se no melhor caminho para atingir-se o ideal da aprovação, tão ansiosamente esperado por todos.

No conjunto das disciplinas várias que se solicitam nos diversos concursos, duas se apresentam obrigatórias, têm lugar cativo seja qual for a natureza dos cargos oferecidos: a redação, hoje rebatizada por muitos especialistas como "produção textual", e a língua portuguesa. Assim, garantir um bom desempenho nessas disciplinas significa dar um passo decisivo para o sucesso e a realização do sonho da aprovação. Com efeito, seja nos concursos, seja em certames de outra natureza, tais como os vestibulares e processos seletivos simplificados, despontam a redação e a língua portuguesa como o "fiel da balança", que efetivamente distinguirão os candidatos bem preparados dos que não lograram boa formação para enfrentar os rigores das provas. Isto porque, como se sabe, para ter bom aproveitamento em qualquer disciplina, impõe-se a boa formação em língua portuguesa, seja pela capacidade de escrever com objetividade, coerência e correção, seja pela capacidade de ler e compreender o texto em seus variados gêneros.

Nos últimos anos, diríamos décadas, os grandes nomes da linguística contemporânea despiram-se de uma tarefa que a tradição sempre lhes atribuiu: a de elaborar textos didáticos voltados para o grande público, para o leitor interessado em questões de linguagem sem necessária formação profissional. Disto resultou pululuarem aqui e ali manuais pouco confiáveis, sem fundamentação teórica, que mais se assemelham a receituários gramaticais que pouco contribuem para o aprendizado científico da língua.

Este é o diferencial da *Nova gramática para concursos: praticando a língua portuguesa*. Temos aqui um trabalho cuidadosamente elaborado por quatro das mais conceituadas linguistas do mundo acadêmico brasileiro, dotadas de merecido reconhecimento por todos os que fazem do estudo linguístico o seu mister. Com a experiência de quem passou mais de quadro décadas dedicadas ao ensino e à pesquisa da língua portuguesa em seus diversos campos de investigação, Cilene da Cunha Pereira, Edila Vianna da Silva, Maria Aparecida Lino Pauliukonis e Regina Célia Cabral Angelim são efetivamente nomes expressivos da linguística brasileira que se dedicam à produção de obras didáticas para o público em geral, cada vez mais ávido de boa formação em questões de linguagem.

Enfim, as páginas que seguem falam por si sós para demonstrar a excelência e a acuidade com que são tratados os principais temas da língua portuguesa, tudo sob o amparo de um projeto pedagógico cuidadosamente elaborado, no sentido de apresentar a matéria gramatical na exata dosagem e na devida sequência temática. Dá-se ao leitor consulente uma visão segura da norma padrão contemporânea, em sua modalidade brasileira, a par dos instrumentos basilares para a produção de um texto escrito dotado de boa qualificação. Saliente-se, ademais, a excelência do projeto editorial com que a Lexikon enriquece o conteúdo da obra, tornando a leitura clara e agradável, o que, sem dúvida, facilita o processo de ensino e aprendizagem a que obra se propõe.

Boa leitura!

Ricardo Cavaliere

Apresentação

Nova gramática para concursos: praticando a língua portuguesa é um guia teórico e prático sobre temas da Língua Portuguesa, dirigido àqueles que pretendem aumentar seus conhecimentos gramaticais, especialmente aos que se preparam para concursos.

Com base nas noções aqui expostas, o usuário da língua poderá aperfeiçoar cada vez mais seu desempenho na variedade padrão, o que ampliará suas habilidades de compreensão e comunicação em Língua Portuguesa. Trata-se, portanto, de um instrumento de consulta que prima pela objetividade e eficácia.

Os conteúdos são apresentados sob forma de pequenos textos em que se explicam noções teóricas com rica exemplificação, seguidos de um elenco variado de exercícios, a título de fixação da aprendizagem. Alguns subcapítulos são acompanhados da seção SAIBA MAIS, com o objetivo de aprofundar alguns conteúdos; de um GLOSSÁRIO, em que se esclarecem os significados de termos empregados na teoria; de uma seção intitulada OLHO VIVO, em que se procura chamar a atenção para fenômenos importantes que nem sempre são observados pelo leitor; além de questões retiradas de provas de concursos recentes.

O livro se organiza em quatro capítulos. No capítulo 1, ORTOGRAFIA E PONTUAÇÃO, preparado por Cilene da Cunha Pereira, abordam-se questões relativas ao uso de letras e do acento gráfico, bem como ao emprego dos sinais de pontuação. No capítulo 2, dedicado à MORFOLOGIA, a autora Regina Célia Cabral Angelim revisa as classes de palavras, as categorias de flexão nominal e verbal e os processos de formação de palavras. No capítulo 3, SINTAXE, organizado por Edila Vianna da Silva, apresentam-se os mecanismos de estruturação da frase, os termos da oração e as noções de concordância e regência. No capítulo 4, SEMÂNTICA E LÉXICO, elaborado por Maria Aparecida Lino Pauliukonis, focalizam-se os problemas da significação das formas linguísticas e dos sentidos, conforme os diversos contextos. Entretanto, todo o livro foi objeto de exame conjunto e de troca de sugestões entre suas autoras, que são doutoras em Língua Portuguesa pela Universidade Federal do Rio de Janeiro, onde lecionaram por muitos anos.

Encerra cada capítulo uma bibliografia básica. Ao final do livro, o leitor encontrará o gabarito comentado dos exercícios e das questões de concurso.

As autoras agradecem à acolhida da Lexikon Editora, especialmente ao incentivo de Carlos Augusto Lacerda, à leitura atenta de Paulo Geiger e à equipe técnica editorial, na pessoa de Sonia Hey.

Cilene da Cunha Pereira
Edila Vianna da Silva
Maria Aparecida Lino Pauliukonis
Regina Célia Cabral Angelim

Regras gramaticais
Exercícios de fixação
Questões de concurso

1
ORTOGRAFIA E PONTUAÇÃO
Cilene da Cunha Pereira

Introdução

Neste capítulo, trataremos da ORTOGRAFIA, o correto emprego das letras e dos acentos que representam, na escrita, os fonemas, unidades mínimas da língua falada, e da PONTUAÇÃO cuja função é representar, na escrita, as pausas, o ritmo, a entoação da língua falada. O sistema ortográfico e os sinais de pontuação são, pois, meios que utilizamos para representar, na escrita, os inúmeros recursos e sutilezas da língua falada.

A ORTOGRAFIA da Língua Portuguesa é uma convenção, regida pelo Acordo Ortográfico, assinado, em Lisboa, em 16 de dezembro de 1990, pelos países que têm o português como língua oficial: Angola, Brasil, Cabo Verde, Guiné-Bissau, Moçambique, Portugal, São Tomé e Príncipe, e, posteriormente, por Timor-Leste.

Como a ortografia da Língua Portuguesa decorre não só da fonética, mas também da etimologia, sem pretendermos esgotar o assunto em pauta, ofereceremos, neste capítulo, um conjunto de explicações que buscam esclarecer dúvidas e eliminar os erros mais comuns, não só motivados pela complexa relação entre grafema e fonema, mas também decorrentes, muitas vezes, da pronúncia despreocupada ou da falta de observação da escrita das palavras, devido à ausência de hábito de leitura ou, ainda, de etapas não superadas do processo de alfabetização.

Para o esclarecimento das dúvidas remanescentes, aconselhamos a consulta ao *Vocabulário ortográfico da língua portuguesa*, elaborado pela Academia Brasileira de Letras.

Na PONTUAÇÃO, trataremos dos sinais que utilizamos na modalidade escrita para representar as pausas e os recursos rítmicos e melódicos da língua falada com implicações na significação da frase. O uso inadequado dos sinais de pontuação pode não só alterar o sentido de um texto como até prejudicar quem o elaborou.

Abordaremos, neste capítulo, os conteúdos abaixo discriminados, com explicações teóricas sucintas, exemplos e atividades de fixação da aprendizagem:

1.1 Grafia das palavras
1.2 Acentuação gráfica
1.3 Emprego de iniciais maiúsculas e minúsculas
1.4 Emprego do hífen
1.5 Crase (emprego do acento grave)
1.6 Pontuação

Encerra o capítulo uma bibliografia sumária sobre o assunto tratado.

Bom estudo!

1.1 Grafia das palavras

Para reproduzirmos na escrita as palavras de nossa língua, empregamos sinais gráficos chamados LETRA e DIACRÍTICO (cedilha, til, acento, hífen). O conjunto de letras de que nos servimos para transcrever os sons da fala (fonemas) denomina-se ALFABETO. O alfabeto da Língua Portuguesa consta de 26 letras, cada uma com uma forma maiúscula e uma forma minúscula.

A grafia das palavras é estabelecida convencionalmente e regulada por normas oficiais. Cada palavra tem uma grafia única que representa não só os sons da fala, mas reflete também sua história e tradição cultural. A palavra *hoje*, por exemplo, é escrita com *h* em função da sua etimologia: a forma latina era *hodie*.

Uma das dificuldades na escrita das palavras é o fato de um mesmo fonema poder ser representado por mais de uma letra, e uma única letra poder representar mais de um fonema. Além disso, há letras que não representam som algum, como o caso do *h* na palavra *hoje*, que se mantém, como já dissemos, por questões etimológicas, e o da palavra *Bahia*, mantido por tradição cultural.

A maneira correta de escrever palavras denomina-se ORTOGRAFIA, termo de origem grega: *orto* (= correto) + *grafia* (= escrita). Por isso, não devemos dizer ORTOGRAFIA CORRETA nem ERRO DE ORTOGRAFIA.

A ortografia brasileira oficial em vigor está registrada no *Vocabulário ortográfico da língua portuguesa*, publicado pela Academia Brasileira de Letras, em 2009.

Não há regras que deem conta da grafia de todas as palavras. O hábito de leitura e a consulta a dicionários e vocabulários ortográficos colaboram para a fixação da grafia das palavras. Entretanto, há alguns recursos que auxiliam a escrita correta, como veremos neste subcapítulo.

1.1.1 Fonema e letra

É necessário não confundirmos FONEMA, menor unidade de som capaz de distinguir palavras, com LETRA, representação gráfica de um fonema. Nosso alfabeto é constituído de 26 letras que representam 7 vogais tônicas orais, 5 vogais nasais e 21 consoantes.

A B C D E F G H I J K L M N O P Q R S T U V W X Y Z
a b c d e f g h i j k l m n o p q r s t u v w x y z

Apesar de a letra ser uma representação gráfica do fonema, não há, na Língua Portuguesa, uma correspondência exata entre letra e fonema, seu emprego é determinado fundamentalmente pela história das palavras. Vejamos:
- o fonema /š/ pode ser representado por ch (*chato*) e x (*xarope*);
- o fonema /ž/ pode ser representado por g (*gesto*) e j (*jeito*);
- o fonema /z/ pode ser representado pelas letras z (*zero*), s (*casa*), x (*exercício*);
- a letra x pode representar os fonemas /š/ (*xarope*); /s/ (*máximo*); /z/ (*exato*); /ks/ (*táxi*);
- as letras c (*acervo*), ç (*aço*), s (*sapo*), ss (*osso*), x (*sintaxe*) representam o fonema /s/ e podem distinguir na escrita palavras homófonas: *acento* (sinal gráfico) e *assento* (local onde se senta);
- o h não corresponde a nenhum som e usa-se nos seguintes casos:
    — no início de algumas palavras (*haver, hino, homem*);
    — no final de algumas interjeições (*ah!, oh!, uh!*);
    — em palavras derivadas, conforme o prefixo empregado (*anti-higiênico, pré--histórico, super-homem*);
    — nos dígrafos ch (*chuva*); lh (*ilha*); nh (*ninho*).

👍 Saiba mais

As letras *k*, *w* e *y* são usadas em:
- nomes próprios originários de outras línguas e seus derivados:
    Franklin (frankliniano), Darwin (darwinismo), Byron (byroniano)

- palavras estrangeiras não aportuguesadas:
    kart, *show*, *playboy*

- siglas e símbolos:
    k (potássio), kg (quilograma), km (quilômetro), kw (quilowatt), yd (jarda)

Glossário

CONSOANTE – fonema em cuja realização há sempre um obstáculo parcial ou total à passagem da corrente expiratória e aparece sempre junto a uma vogal.

FONEMA – som que, numa língua, distingue uma palavra da outra. Exemplos: *cato, gato, pato, bato, tato, dato, chato, jato* etc.

FONÉTICA – disciplina que estuda os sons da fala nas suas múltiplas realizações (individuais, socioculturais, regionais).

FONOLOGIA – disciplina que estuda as funções dos fonemas numa língua.

GRAFEMA – símbolo gráfico, constituído de traços gráficos distintivos. O termo se refere não só às letras como também aos sinais diacríticos.

GRAFIA – sistema empregado para registrar a linguagem por escrito.

LETRA – sinal gráfico que representa um fonema.

ORDEM ALFABÉTICA – sistema classificatório utilizado em dicionário, lista telefônica, lista de alunos, funcionários.

ORTOGRAFIA – escrita padrão, oficial, o mesmo que grafia correta.

SEMIVOGAL – fonemas /i/ e /u/, orais ou nasais, quando juntos a uma vogal formam uma sílaba. As semivogais podem ser representadas pelas letras *i, u, e, o*.

SINAL DIACRÍTICO – sinal que imprime às letras um valor fonológico especial: acento agudo, circunflexo, grave; til; hífen; cedilha.

VOGAL – fonema formado pela vibração das cordas vocais e modificado segundo a forma das cavidades supralaríngeas, que devem estar abertas ou entreabertas à passagem do ar. Funciona como centro de sílaba.

1. Indique o número de letras e de fonemas das seguintes palavras:
ferrolho – água – guerra – hélice – cama – canto – quilo – tranquilo – descer – descascar

2. Indique as letras que NÃO representam fonemas:
haver – nascer – exceção – florescer – abscesso – excelente – quilo – guinada – queda – campo

3. Um mesmo fonema pode ser grafado de diferentes maneiras. A série de palavras que exemplifica essa afirmação é:
a) asa – sacola – osso
b) casaco – zebra – exame
c) copa – crescer – exceto
d) figura – gesto – manga
e) próxima – xadrez – axila

4. Os vocábulos arrolados abaixo apresentam mais letras do que fonemas, EXCETO:
a) água – apaziguar
b) limpo – aguentar
c) pêssego – floresçam
d) prorrogar – riqueza
e) quebrar – manha

1.1.2 Vogais

As vogais podem ser ORAIS e NASAIS.
ORAIS, quando ressoam apenas na cavidade bucal: a é ê i ó ô u.
NASAIS, quando ressoam em parte na cavidade nasal: ã ẽ ĩ õ ũ.
As vogais são representadas pelas letras *a, e, i, o, u* e também pelo *y* e *w* em palavras estrangeiras, como *Ygor, Washington, web* (teia), forma reduzida de se referir à *www, wi-fi* (rede sem fio), *Windows* (sistema operacional desenvolvido pela Microsoft), *Yahoo* (provedor da internet).

> **👍 Saiba mais**
>
> Os fonemas /i/ e /u/ são SEMIVOGAIS quando juntos a uma vogal formam uma sílaba. Exemplo: *pai meu*. Se os fonemas /i/ e /u/ estiverem juntos na mesma sílaba, o primeiro será vogal e o segundo semivogal: *fui, Rui* (*u* vogal + *i* semivogal); *viu, riu* (*i* vogal + *u* semivogal).

5. Distinga, nas palavras a seguir, as vogais *i* e *u* das semivogais:
saúde – Itajaí – água – céu – dia – apoio – país – animais – outono – papéis

6. Indique se as afirmações são corretas ou incorretas:
a) na palavra *Grajaú* o *u* é semivogal.
b) na palavra *saída* o *i* é vogal.
c) na palavra *irmão* o *o* é semivogal.
d) na palavra *pães* o *e* é vogal.
e) na palavra *quando* o *u* é semivogal.

7. Em qual das alternativas todas as palavras apresentam semivogal?
a) ambiente, início, país
b) criatura, mingau, quilo
c) duas, caía, saúde
d) engenheiro, faixa, oito
e) saída, dia, peixe

8. Em qual das alternativas o *u* é semivogal em todas as palavras?
a) aqui, Caruaru, língua
b) Camboriú, fórum, guitarra
c) Paraguai, linguiça, eloquente
d) química, distinguir, ônibus
e) triunfo, ruína, freguês

1.1.3 Consoantes

Há CONSOANTES que têm uma só forma escrita, como as do quadro a seguir:

CONSOANTE	PRONÚNCIA	ESCRITA	EXEMPLIFICAÇÃO	
/p/	pê	p	pata	capa
/b/	bê	b	bala	taba
/t/	tê	t	toda	pato
/d/	dê	d	data	fada
/f/	fê	f	fato	bafo
/v/	vê	v	vela	ovo
/l/	lê	l	lema	ela
/lh/	lhê	lh	lhama	talho
/m/	mê	m	mata	fama
/n/	nê	n	nata	ano
/nh/	nhê	nh	nhoque	sonho
/r/	rê (simples)	r	-	caro

Outras, no entanto, têm mais de uma grafia. Assim:

CONSOANTE	PRONÚNCIA	ESCRITA	EXEMPLIFICAÇÃO	
/rr/	rrê (múltiplo)	r rr	rato	terra
/z/	zê	z s x	zero blusa exalar	vazio maisena exercício
/s/	sê	s ss ç c sc sç xc	senso osso açaí cenoura florescer desço excesso	ânsia massa açúcar amanhecer disciplina cresça exceção
/j/	jê	j g	jiló gente	injeção regime
/x/	xê	x ch	xarope chave	enxada bacharel

> ## 👍 Saiba mais
>
> Pelos quadros da página anterior, vemos que alguns sons são representados por mais de uma letra: *lh* (talho), *nh* (sonho), *rr* (terra), *ss* (massa), *sc* (florescer), *sç* (desço), *xc* (excesso), *ch* (chave). A esse grupo de letras que representam um som denomina-se DÍGRAFO. São DÍGRAFOS:
>
> *ch, lh, nh, rr, ss, gu, qu, sc, sç, xc, am, an, em, en, im, in, om, on, um, un.*

Glossário

DITONGO – encontro vocálico constituído de vogal + semivogal ou de semivogal + vogal, na mesma sílaba: *meu, mão; ioiô, ianque*. Classificam-se em decrescentes e crescentes, orais e nasais.

TRITONGO – encontro vocálico formado de semivogal + vogal + semivogal, na mesma sílaba. Classificam-se em orais (*Uruguai*) e nasais (*ninguém*).

HIATO – aproximação de vogais em sílabas distintas: *sa ú de, ju iz*.

ENCONTRO CONSONANTAL – agrupamento de consoantes num vocábulo. Podem ser inseparáveis, quando a segunda consoante for *l* ou *r* (*pl, pr; bl, br; tl, tr; dl, dr; cl, cr; gl, gr; fl, fr; vr*), ou separáveis, quando a segunda consoante não for nem *l* nem *r* (*pt, bd, tm, dg, bs* etc).

9. A alternativa que comprova que um mesmo fonema pode ser grafado de diferentes maneiras:
a) asa – selo – silêncio – sabiá – coisa
b) exército – táxi – enxame – relaxar – máximo
c) guerra – gelo – galo – gula – gilete
d) piscina – exceção – assado – celeste – sintaxe
e) quitar – catar – cinema – queijo – celeste

10. Assinale a alternativa em que todas as palavras possuem dígrafos.
a) aplauso – hipocrisia – drama – quatro
b) floresta – fraquejar – palavra – plano
c) graveto – branco – gnomo – psicologia
d) progresso – discente – braço – claro
e) sonho – pássaro – carruagem – ilhota

11. Assinale a afirmação INCORRETA:
a) na palavra *cheque*, o *h* forma dígrafo com a letra *c*.
b) na palavra *filho*, o *h* forma dígrafo com a letra *l*.
c) na palavra *humilde*, o *h* forma dígrafo com a letra *u*.
d) na palavra *flamengo*, o *l* forma encontro consonantal com a letra *f*.
e) na palavra *ficção*, o *c* forma encontro consonantal com a letra *ç*.

12. Em qual das alternativas todas as palavras apresentam ditongo?
a) criar, países, coração
b) produção, faixa, engenheiro
c) melhoria, campainha, couve
d) guitarra, miolo, pão
e) questionar, início, enjoar

1.1.4 Emprego de algumas letras que apresentam dificuldade

A representação gráfica das vogais *e* e *i*, *o* e *u* em posição átona apresenta muitas vezes dúvidas que devem ser resolvidas com a consulta a dicionários e a vocabulários ortográficos como já dissemos. No entanto, alguns empregos dessas vogais podem ser sistematizados, como faremos a seguir.

Usa-se *e* e não *i*

▶ nos ditongos nasais *ãe* e *õe*:
   mãe, cães, pães; põe, botões, tubarões

▶ na sílaba pretônica de substantivos e de adjetivos derivados de substantivos terminados em *-eio* e *-eia*:
   arreado ‹ arreio; candeeiro ‹ candeia; coreano ‹ Coreia

▶ nos verbos derivados de substantivos terminados em *-eio* e *-eia*:
   passear ‹ passeio; recear ‹ receio; cear ‹ ceia

▶ nas formas verbais terminadas em *-oar* e *-uar*:
   perdoem ‹ perdoar; continue ‹ continuar; enxague ‹ enxaguar

▶ nos derivados de palavras que terminam em *e* tônico:
   apear ‹ pé; cafeeiro ‹ café; guineense ‹ Guiné

GLOSSÁRIO

FORMA RIZOTÔNICA – forma verbal cujo acento tônico recai no radical: a̱mo, a̱mas, a̱ma.

FORMA ARRIZOTÔNICA – forma verbal cujo acento tônico recai na vogal temática ou nas desinências: ama̱mos, amo̱u, amará̱.

13. Assinale a alternativa em que todas as palavras são escritas com *e* e não com *i*.
a) abenço...., rod....ar, influ....
b) acentu...., cor....ano, ró....
c) atenu...., corró...., incend....ar
d) d....saforo, continu...., mago....
e) efetu...., atra...., anunc....ar

> ### 👍 Saiba mais
>
> Os verbos terminados em *-ear* recebem um *i* depois do *e* nas formas rizotônicas do presente do indicativo (*passeio, passeias, passeia, passeiam*) e nos tempos dele derivados, presente do subjuntivo (*passeie, passeies passeie, passeiem*) e imperativo (*passeia, passeie, passeiem*).

14. Assinale a alternativa em que todas as palavras estão escritas corretamente:
a) meada – cadiado – aldear – aéreo – umedecer
b) hastear – arial – encadear – estrear – antessala
c) destoe – aldeota – deságue – atue – cedilha
d) candeeiro – semeio – apazigui – efetue – mingue
e) galião – acentue – abençoe – continue – passeemos

15. Complete a grafia das palavras usando *e* ou *i,* conforme o caso:
a) ar....ento – m....ada – ....mpecilho – c....ar
b) art....manha – pass....ar – rec....ar – ant....diluviano
c) ant....ontem – cesar....ana – cad....ado – camp....ão
d) d....spencar – lamp....ão – ent....ado – ....ntupir
e) m....ntira – ....ntolerância – m....x....rico – náus....a

Usa-se *i* e não *e*

▶ nos substantivos e adjetivos derivados em que se encontram os sufixos *-iano* e *-iense,* mesmo que a palavra primitiva termine por *e*:
  acriano ‹ Acre, freudiano ‹ Freud, italiano ‹ Itália, parisiense ‹ Paris

▶ nas formas verbais terminadas em *-oer, -air* e *-uir*:
  dói ‹ doer; atrai ‹ atrair; distribui ‹ distribuir

▶ nas formas verbais terminadas em *-iar,* o *i* permanece:
  vario, variemos ‹ variar; contrario, contrariem ‹ contrariar

> 👍 **Saiba mais**
>
> Há cinco verbos terminados em *-iar* que mudam o *i* em *ei*, nas formas rizotônicas, por analogia com os verbos em *-ear*, já que na pronúncia se confundem o *e* e o *i*: *ansiar, incendiar, mediar, odiar, remediar*.
>
> ansiar › anseio, incendiar › incendeio, mediar › medeio, odiar › odeio, remediar › remedeio.

16. Complete a grafia das palavras usando *e* ou *i* conforme o caso:
a) confet.... – pal....tó – s....ringa
b) dent....frício – car....stia – influ....
c) mago.... – caço.... – tumultu....
d) tra.... – dó.... – possu....
e) camon....ano – atribu....s – atu....

Glossário

PARÔNIMO – termos que se assemelham na pronúncia e na grafia, mas têm significados diferentes.

HOMÔNIMO – palavras que apresentam identidade na grafia (homógrafos: *gosto* [substantivo], *gosto* [verbo]) ou na pronúncia (homófonos: *sessão* [de cinema], *seção* [departamento], *cessão* [de ceder]).

> 👍 **Saiba mais**
>
> Há algumas palavras que se distinguem quanto ao significado apenas pela troca de *e* e *i*:
> eminente (elevado)/iminente (prestes a acontecer)
> arrear (pôr arreios)/arriar (descer, cair)
> deferir (atender)/diferir (distinguir)
> descrição (ato de descrever)/discrição (prudência)
>
> Essas palavras que se assemelham na forma, sem que tenham qualquer parentesco de significado, denominam-se PARÔNIMAS.

Emprega-se *o* ou *u*

▶ no final de palavras de origem latina, emprega-se sempre *o*:
moto, tribo

- em verbos terminados em -*oar,* mantém-se o *o*:
  abençoar › abençoo, abençoas; perdoar › perdoe, perdoes

- em verbos terminados em -*uar,* preserva-se o *u*:
  acentuar › acentuo, acentuas; continuar › continue, continues

Entretanto é o conhecimento da grafia das palavras e a consulta a obras especializadas que leva o usuário da língua a escrever com *o*
  acostumar, atordoar, boate, bolacha, botequim, cobrir, cortiça, coruja, engolir, focinho, lombriga, mochila, mosquito, toalete, tostão, zoeira

e com *u*
  acudir, bueiro, bujão, cumbuca, cutucar, embutir, escapulir, jabuti, muamba, pirulito, regurgitar, sinusite, tábua, tabuleiro, usufruto

👍 Saiba mais

A troca das letras *o* e *u* pode acarretar mudança de significado de algumas palavras:
  comprimento (extensão)
  cumprimento (saudação)
  soar (emitir som)
  suar (transpirar)

17. Procure, no dicionário, o significado dos seguintes parônimos para evitar tropeçar na hora de escrever:
delatar/dilatar, descriminar/discriminar, despensa/dispensa, emigrar/imigrar, imergir/emergir, peão/pião, recrear/recriar, emissão/imissão.

Escrevem-se com *s*

- palavras derivadas que possuem *s* na primitiva:
  pesquisar, pesquisador ‹ pesquisa

- substantivo e adjetivo pátrio derivados de substantivo:
  paranaense ‹ Paraná; português, portuguesa ‹ Portugal

- substantivo que designa profissão ou título de nobreza:
  poetisa ‹ poeta; princesa ‹ príncipe; consulesa ‹ cônsul; duquesa ‹ duque

▶ formas dos verbos *pôr* e *querer* e derivados:
   pus, pusesse ‹ pôr; dispus, dispusera ‹ dispor; quis, quisesse ‹ querer; malquis, malquisesse ‹ malquerer

▶ adjetivo terminado em *-oso* (*osa*):
   gostoso, bondoso, caloroso, fervoroso, prazeroso

▶ vocábulos terminados em *-es*:
   mês; através, invés

▶ depois do ditongo oral:
   coisa, pouso, náusea

▶ substantivo e adjetivo relacionados a verbos que têm no radical do infinitivo *-corr*, *-nd*, *-pel*, *-rg*, *-rt*:
   recurso ‹ recorrer, concurso ‹ concorrer; defesa ‹ defender, distensão ‹ distender; compulsório ‹ compelir, repulsivo ‹ repelir; imersão ‹ imergir; inversão ‹ inverter

▶ verbos terminados em *-isar* e *-usar*, derivados de palavras primitivas com *s*:
   analisar › análise, paralisar › paralisia; acusar › acusação, escusar › escusa

👍 Saiba mais

CATEQUESE é com *s* e *catequizar* é com *z*, porque o verbo não é derivado desse substantivo, forma-se a partir do radical *catequ-*, sem o sufixo formador do substantivo *-ese*, acrescido do sufixo *-izar*, formador do verbo.
O mesmo ocorre nos derivados *catequizando*, *catequização*, *catequizador*.

18. Assinale a alternativa em que todas as palavras estejam corretamente grafadas:
a) atrasar – arrasada – sinusite – enviesar – improvisar
b) japoneses – burguesia – revesar – disposição – aplauso
c) maresia – quisses – empresa – asilo – balisa
d) cortês – casamento – glamorosa – profetisa – despreso
e) trânsito – escocesa – puseram – revesar – faisão

Escrevem-se com z

▶ palavras derivadas que possuem z na primitiva:
   enraizado ‹ raiz; deslize ‹ deslizar; razoável ‹ razão

▶ adjetivo primitivo, quando o substantivo da mesma família apresenta a sílaba *ci*:
   audaz ‹ audácia; capaz ‹ capacidade

▶ substantivo abstrato derivado de adjetivo:
   beleza ‹ belo; avareza ‹ avaro

▶ diminutivo e aumentativo de substantivo que não possui *s* na última sílaba:
   mãezinha, mãezona ‹ mãe; cãozinho, canzarrão ‹ cão

▶ sufixo *-izar* formador de verbo derivado de palavra que não apresenta *-s* na última sílaba:
   realizar ‹ real; amenizar ‹ ameno; informatizar ‹ informática

▶ verbos terminados em *-uzir*:
   conduzir, deduzir, produzir

▶ substantivo em *-triz*:
   atriz, embaixatriz, bissetriz, matriz, Beatriz

19. Preencha os espaços com as letras *s* ou *z*, de forma que as palavras sejam escritas corretamente:
a) capa.... – magre....a – qui....esse – industriali....ação – atra....ado
b) estupide.... – a....ar – introdu....ir – cafe....inho – tra....eiro
c) bu....ina – a....edo – concreti....ar – firme....a – imperatri....
d) ca....ar – u....ufruto – cer....ir – parali....ação – he....itar
e) mai....ena – rique....a – reprodu....ir – traumati....ar – coloni....ar

🔥 Saiba mais

- O infinitivo dos verbos derivados de palavras que apresentam *s* na última sílaba segue a regra geral, isto é, escreve-se com *s*: *-isar*:
  analisar ‹ análise; avisar ‹ aviso; paralisar ‹ paralisia; alisar ‹ liso

- O diminutivo dos substantivos se faz com os sufixos *-(z)inho* ou *-(s)inho*, dependendo de a primitiva grafar-se com *z* ou com *s*:
  raizinha ‹ raiz; amorzinho ‹ amor; lapisinho ‹ lápis; camponesinho ‹ camponês

Escrevem-se com *c, ç, ss*

Emprega-se *c* em
▶ verbos terminados em *-ecer* com sentido de início de ação:
  anoitecer, envelhecer, aborrecer

Emprega-se *ç* em
▶ substantivos e verbos relacionados a substantivos e adjetivos que têm *-to* no final:
  canção ‹ canto, ação ‹ ato, isenção ‹ isento, alçar ‹ alto

▶ substantivos derivados de verbos terminados em *-ter*:
  contenção ‹ conter, detenção ‹ deter

▶ substantivos derivados de verbos da 1ª conjugação:
  comprovação ‹ comprovar, degustação ‹ degustar

▶ substantivos da família dos verbos terminados em *-gir, -guir, -quirir, -uir, -nir*:
  ação ‹ agir, arguição ‹ arguir, inquisição ‹ inquirir, instrução ‹ instruir, punição ‹ punir

▶ substantivos da família dos verbos *pôr, ter, torcer*:
  reposição ‹ repor, obtenção ‹ obter, contorção ‹ contorcer

▶ sufixos *-aça, -aço, -iça, -iço, -uço, -uça, -ança*:
  carcaça, braço, cobiça, chouriço, dentuço, dentuça, criança

- fonema /s/ depois de ditongo ou de hiato átono:
  eleição, louça, calabouço; fruição, distribuição

- fonema /s/ depois de hiato:
  fruição, contribuição

- vocábulos de origem tupi, africana ou árabe:
  Iguaçu, caçula, açúcar

Emprega-se **ss** em
- substantivos derivados de verbos em *-ced*, *-gred*, *-met*, *-mit*, *-prim*:
  cessão ‹ ceder; agressão ‹ agredir; intromissão ‹ intrometer; admissão ‹ admitir; impressão ‹ imprimir

20. Preencha as lacunas com *c, ç, ss*:
a) re....ar....ido – re....entia – absten....ão – progre....o – a....elga
b) a....aí – a....ambarcar – ado....ão – bo....al – engui....o
c) inter....e....ão – esca....ez – dan....ar – repre....ão – expre....ão
d) arcabou....o – va....oura – a....e....ório – depre....ão – cen....ura
e) a....entamento – exce....o – discu....ão – ma....i....o – va....ilar

Escrevem-se com *x* ou *ch*

Emprega-se *x*
- depois de ditongo oral:
  caixa, peixe, frouxo

- depois da sílaba inicial *me-*:
  mexerica, mexicano, mexedor

- após sílaba inicial *en-*:
  enxada, enxergar, enxoval, enxugar

- em palavras de origem africana, indígena ou inglesa:
  xingar, axé; xará, xaxim; xampu, xerife

> 👍 **Saiba mais**
>
> Fogem às regras citadas na página anterior palavras como *guache*, *recauchutar*, *mecha*, *mechado*, *encher*, *enchente*, *enchido*, *enchimento*, *enchiqueirar*, *encharcar*.

Emprega-se *ch*
▶ depois do grupo inicial *re*, precedido ou não de consoante:
    rechaçar, rechunchudo, brecha, creche, trecho

> 👍 **Saiba mais**
>
> O emprego correto do *ch* depende do conhecimento da origem da palavra: *chama* (do latim *flama*); *chave* (do latim *clave*); *chuva* (do latim *pluvia*). Há também palavras que entraram na nossa língua por empréstimo do francês (*recauchutar*, *chassi*), do espanhol (*mochila*), do italiano (*espadachim*, *salsicha*), do alemão (*chope*, *chucrute*), do inglês (*sanduíche*), que se escrevem com c*h*. Por isso, o mais adequado é consultar um dicionário ou vocabulário ortográfico quando houver dúvida.
> Há palavras homófonas que se distinguem pelo emprego do *x* ou *ch*:
>   xeque (jogada do xadrez)/ cheque (ordem de pagamento); coxo (manco)/ cocho (vasilha para alimentar animais); taxa (imposto, tributo)/ tacha (pequeno prego)

21. Assinale a alternativa em que todas as palavras devem ser escritas com *x*:
a) bona....ão – pu....ador – en....uto – rou....inol – me....ilhão
b) en....aguar – fai....a – guei....a – lagarti....a – en....ertar
c) me....ilhão – en....ame – fanto....e – trou....a – en....arcar
d) ....ampu – en....aqueca – en....urrada – lu....o – col....ão
e) en....ofre – ....ícara – encai....e – gra....a – garran....o

Escrevem-se com *g* ou *j*

Emprega-se **g** em
▸ palavras derivadas que possuem *g* na primitiva:
    engessar ‹ gesso; massagista ‹ massagem

▸ substantivos terminados em *-ágio, -égio, -ígio, -ógio, -úgio, -agem, -igem, -ugem, -ege, -oge*:
    pedágio, colégio, vestígio, relógio, refúgio, carruagem, origem, penugem, elege, foge

▸ verbos terminados em *-ger* e *-gir*:
    eleger, mugir

Emprega-se **j** em
▸ palavras derivadas que possuem *j* na primitiva:
    cervejaria ‹ cerveja, laranjeira ‹ laranja, lojista ‹ loja, cajueiro ‹ caju

▸ vocábulos terminados em *-aje*:
    laje, enferruje, traje, viaje

▸ verbos terminados em *-jar*:
    arranjar, enferrujar, viajar

▸ palavras de origem tupi, africana e árabe:
    jiboia, canjica, berinjela

22. Assinale a alternativa correta quanto à grafia de todas as palavras:
a) agiu – monge – rabujento – herege – despejar
b) dirigiu – viajar – corajem – megera – submergir
c) pajem – jeito – gesto – jiboia – jiló – plágio
d) ojeriza – traje – gorjeta – beringela – majestade
e) pajé – tijela – jegue – tragédia – cafajeste

Escrevem-se com *h*

▶ palavras em decorrência da sua etimologia:
harmonia, hemorragia, hipismo, horário, humor

▶ dígrafos *ch, lh, nh*:
chave, filha, unha

▶ vocábulos compostos ligados por hífen:
anti-herói, pré-história, super-homem, sobre-humano

▶ interjeições:
ah! eh! ih! oh! uh!

▶ poucos nomes próprios, em que o "h" mantém-se por tradição:
Bahia, Thereza, Hamilton, Heitor, Helena, Horácio

23. Assinale a alternativa em que todas as palavras estão escritas corretamente:
a) harém – higiene – húmido – humor – herva
b) hiena – histeria – hárdua – humanidade – horto
c) hipopótamo – hábito – hêxodo – hífen – hóspede
d) hangar – hidráulico – hálito – humildade – hospício
e) hágil – harpa – hóstia – horripilante – hormônio

Escrevem-se com *k, w* ou *y*

▶ nomes próprios de pessoas originários de outras línguas e seus derivados:
Kant, kantiano; Wagner, wagneriano; Taylor, taylorizar

▶ nomes próprios de lugares originários de outras línguas e seus derivados:
Kuwait, kuwaitiano; Washington, washingtoniano; Hollywood, hollywoodiano

▶ símbolos, siglas, unidades de medidas:
kg (quilograma); w (watt); yd (jarda)

24. Assinale as alternativas cujas palavras estão todas corretamente grafadas:
a) gorjeta – contágio – laje – tijela – varejista
b) persevejo – contorção – movediço – acepipe
c) retrós – hemodiálise – emprezariado – acrescentar
d) afrouxar – enxergar – macaxeira – ducha
e) firmeza – viuvez – aspereza – hospitalização

👁 De olho vivo para não tropeçar ao escrever as seguintes palavras

adapta	e não	adapita	esteja	e não	esteje
adivinhar	e não	advinhar	estripulia	e não	estripolia
advogado	e não	adivogado	estupro	e não	estrupo
aeroporto	e não	aereoporto	frustração	e não	frustação
arrepio	e não	arripio	ginecologista	e não	genicologista
arteriosclerose	e não	arterisclerose			nem ginicologista
asterisco	e não	asterístico	identidade	e não	indentidade
astigmatismo	e não	astiguimatismo	infarto	e não	infarte
auscultar	e não	oscultar	irascível	e não	irrascível
basculante	e não	vasculante	isenção	e não	insenção
beneficência	e não	beneficiência	jabuticaba	e não	jaboticaba
bicarbonato	e não	bicabornato	lagartixa	e não	largatixa
botijão	e não	butijão	lagarto	e não	largato
braguilha	e não	barriguilha	lampião	e não	lampeão
bugiganga	e não	buginganga	manteiga	e não	mantega
cabeleireiro	e não	cabelereiro	manteigueira	e não	manteguera
caderneta	e não	cardeneta	meritíssimo	e não	meretíssimo
caminhoneiro	e não	camioneiro	opta	e não	opita
caranguejo	e não	carangueijo	osteoporose	e não	ostoporose
catequese	e não	catequeze	prazeroso	e não	prazeiroso
catequizar	e não	catequisar	privilégio	e não	previlégio
companhia	e não	compania	reivindicação	e não	revindicação
despender	e não	dispender	seiscentos	e não	seissentos
disenteria	e não	desenteria	seja	e não	seje
dispêndio	e não	despêndio	sucinto	e não	suscinto
dispendioso	e não	despendioso	superstição	e não	supertição
dormir	e não	durmir	suscetível	e não	sucetível
embaixo	e não	em baixo	umidade	e não	humidade
em cima	e não	encima	verossimilhança	e não	verussemelhança
engajar	e não	ingajar	viagem	e não	viage

Ortografia e Pontuação | 19

Questões de concurso

1. (CAIPIMES-EMTU/SP) Aponte o duplo erro ortográfico.
a) escassez – limpidez
b) realizar – catequizar
c) caranguejo – estranjeiro
d) flexa – mixto

2. (CAIPIMES-EMTU/SP) Assinale a alternativa que completa corretamente os espaços da frase abaixo.
Daqui .... pouco passarei em sua casa para irmos assistir ao .... Haverá uma única ....
a) há – conserto – cessão
b) a – concerto – seção
c) a – concerto – sessão
d) há – conserto – sessão

3. (Cesgranrio-IBGE) O verbo *contrapor*, presente no texto na forma verbal *contrapõe*, dá origem ao substantivo derivado *contraposição*, grafado com *ç*.
Os dois verbos que formam substantivos derivados grafados com ç são
a) ascender, considerar
b) confirmar, progredir
c) conceder, admitir
d) transmitir, polarizar
e) valorizar, aceitar

4. (Cesgranrio-Petrobras) Todas as palavras estão corretamente escritas, de acordo com a norma--padrão da língua portuguesa, em
a) analizar, pesquisar, anestesiar
b) atrás, admissão, canção
c) concurso, atravez, atenção
d) promessa, progresso, apezar
e) trânsito, atrazo, empresa

5. (Cesgranrio-Termobahia) No trecho "Os cálculos indicam que o consumo global ultrapassou a capacidade de REGENERAÇÃO do planeta em 1987", a palavra destacada é derivada do verbo REGENERAR.
O grupo em que todos os verbos também formam substantivos derivados grafados com ç é
a) ampliar, convergir, estagnar
b) agredir, converter, diminuir
c) declinar, imprimir, organizar
d) continuar, estabilizar, poluir
e) discutir, indicar, omitir

6. (Cesgranrio-Transpetro) Um professor de gramática tradicional, ao corrigir uma redação, leu o trecho a seguir e percebeu algumas inadequações gramaticais em sua estrutura.
Os grevistas sabiam o porque da greve, mas não entendiam porque havia tanta repressão.
O professor corrigirá essas inadequações, produzindo o seguinte texto:
a) Os grevistas sabiam o por quê da greve, mas não entendiam porque havia tanta repressão.
b) Os grevistas sabiam o porque da greve, mas não entendiam porquê havia tanta repressão.
c) Os grevistas sabiam o porquê da greve, mas não entendiam por que havia tanta repressão.
d) Os grevistas sabiam o por que da greve, mas não entendiam porque havia tanta repressão.
e) Os grevistas sabiam o porquê da greve, mas não entendiam porquê havia tanta repressão.

7. (Cesgranrio-Transpetro) A palavra *a*, na língua portuguesa, pode ser grafada de três formas distintas entre si, sem que a pronúncia se altere: *a*, *à*, *há*. No entanto, significado e classe gramatical dessas palavras variam.
A frase abaixo deverá sofrer algumas alterações nas palavras em destaque para adequar-se à norma-padrão.
A muito tempo não vejo a parte da minha família a qual foi deixada de herança a fazenda a que todos devotavam grande afeto.
De acordo com a norma-padrão, a correção implicaria, respectivamente, esta sequência de palavras:
a) A – a – à – há – à
b) À – à – a – a – a
c) Há – a – à – a – a
d) Há – à – à – a – a
e) Há – a – a – à – à

8. (Cesgranrio-Transpetro) Ao escrever frases, que deveriam estar de acordo com a norma-padrão, um funcionário se equivocou constantemente na ortografia. Ele só NÃO se enganou em:
a) O homem foi acusado de estuprar várias vítimas.
b) A belesa da duquesa era realmente de se admirar.
c) Porque o sapato deslisou na lama, a mulher foi ao chão.
d) Sem exitar, as crianças correram para os brinquedos do parque.
e) Sem maiores pretenções, o time venceu o jogo e se classificou para a final.

9. (Cesgranrio-Transpetro) A frase em que todas as palavras estão corretamente grafadas é:
a) A obra foi paralisada devido ao grande vazamento de água.
b) Quando o assunto é fome, é impossível banalizar a discução.
c) A análise dos fatos levou a se considerar a excessão como regra.
d) Ao canalisar o rio que passava na cidade, grandes enxentes aconteceram.
e) Não foi possível utilizar a metodologia programada para a execussão do projeto.

10. (CONRIO-Pref. Manduri/SP) Assinale a afirmação errada.
a) As letras destacadas em *aproximar* e *passinho* representam o mesmo fonema.
b) Fonema é a representação gráfica de uma letra.
c) Há um dígrafo consonantal em *queijo*.
d) As palavras *contei* e *irreal* têm o mesmo número de fonemas.

11. (CONSULPLAN-BANESTES) "Pessoas bem-humoradas fazem .... para manter uma vida social saudável, por isso são .... num mundo em que imperam pessoas .... e difíceis."
Assinale a alternativa que completa correta e sequencialmente a afirmativa anterior.
a) conseções / exceções / jeniozas
b) conseções / esseções / geniozas
c) concessões / exseções / jeniosas
d) conceções / exceções / geniosas
e) concessões / exceções / geniosas

12. (ESAF-PECFAZ) Assinale a opção que corresponde a erro gramatical ou de grafia.
Segunda maior etnia (1) indígena da região central do Brasil, com mais de 27 mil indivíduos, os terenas reinvindicam (2) há anos a posse de várias propriedades rurais exploradas por criadores de gado, a maioria com titulação em cartório e sujeita a (3) cobrança de impostos. A disputa se (4) arrasta, tendo a Justiça alternado decisões contraditórias, ora concedendo a posse aos fazendeiros, ora atendendo recursos da parte dos índios. O fato é que, à (5) falta de referências sólidas que permitam decisão cabal, surge um vácuo que tem sido, infelizmente, típico da questão indígena no país. (Estado de Minas, 7/6/2013, com adaptações).
a) 1   b) 2   c) 3   d) 4   e) 5

13. (FCC-SABESP) Considere as frases:
As variações climáticas existentes no Brasil resultam da ...... territorial do país.
O consumo ...... de água, sem desperdícios, evita a interrupção temporária do fornecimento.
A ...... de gases do efeito estufa pode explicar os atuais eventos climáticos extremos.
As palavras que preenchem corretamente as lacunas acima, são, na ordem:
a) imencidão – conciente – emissão
b) imensidão – conciente – emição
c) imensidão – consciente – emissão
d) imencidão – consciente – emição
e) imensidão – conciente – emissão

14. (FCC-TCE/SP) A frase que respeita a ortografia é:
a) Antes de cochilar, era-lhe natural fazer um exame de consciência e reiterar a si próprio seu empenho em vencer a itemperança.

b) O desleixo com que passou a manuzear os objetos da coleção fez o respeitado colecionador optar pela despensa do já antigo colaborador.

c) O debate recrudesceu, mas os mais bem-intencionados foram hábeis em dirimir as provocações, às vezes pungentes, das lideranças que se confrontavam.

d) Estava bastante ciente de que era à sua gulodice que podia creditar a desinteria que o abatera às vésperas do exótico casamento.

e) O poder descricionário dos ditadores, responsável por tantas atrocidades em tantas partes do mundo, é analisado na obra com um rigor admirável.

15. (FUNDATEC-Pref. Gramado/RS) Todos os seguintes vocábulos apresentam, cada um deles, mais letras do que fonemas, EXCETO:
a) hortênsias – gaúchos
b) atmosfera – ficção
c) passeio – riqueza
d) fechados – serrana
e) Quintanares – vinhos

16. (Pref. Rio de Janeiro/RJ-GM/Rio) Sabendo-se que dígrafos são grupos de letras que representam apenas um som da fala, constata-se que na palavra QUESTIONAMENTO há dois dígrafos, um consonantal e outro vocálico. Verifica-se o mesmo tipo de ocorrência na seguinte palavra:
a) detrimento
b) representantes
c) constitucional
d) excepcionalmente

17. (QUADRIX-COREN/DF) A palavra "Gelmax", nome de medicamento:
a) possui mais letras que fonemas.
b) possui mais fonemas do que letras, já que a letra "x" apresenta mais de um fonema.
c) é polissílaba.
d) é proparoxítona.
e) possui hiato.

18. (RUFFO-CIUENP-SAMU192/PR) Assinale a alternativa que completa as lacunas do período abaixo:
Na .... de ontem, sua palestra foi bem acatada pelos empresários, ... a acharam inteligente, criativa e pelos .... que circulam nos bastidores empresariais .... uma grande possibilidade, ainda para .... ano de 2013, de você ser o presidente da empresa. É justamente .... você queria chegar. Na ....
a) cessão, por que, porquês, há, esse, onde, eminência
b) sessão, porque, porquês, há, este, aonde, eminência
c) seção, por que, porques, a, este, aonde, iminência
d) sessão, porque, porquês, a, esse, onde, iminência

19. (RUFFO-CIUENP-SAMU 192/PR) Assinale a alternativa que completa as lacunas abaixo:
- Haverá no Congresso uma .... extraordinária no domingo.
- Depois de tanto trabalhar foi fazer uma ...., foi repousar.
- Aquele .... saiu definitivamente do país.
- Querem entender o .... de imensa dívida.
a) seção, sexta, emigrante, porque.
b) seção, cesta, imigrante, por que.
c) sessão, sesta, emigrante, porquê.
d) cessão, sesta, imigrante, porquê.

20. (SR. CONCURSOS-Pref. Ariranha/SP) Foneticamente, podemos afirmar que a palavra "laranja" possui:
a) ( ) sete letras e sete fonemas
b) ( ) sete letras e seis fonemas
c) ( ) seis letras e seis fonemas
d) ( ) seis letras e cinco fonemas

21. (SR. CONCURSOS-Pref. Ariranha/SP) O encontro vocálico presente na palavra: "zoológico" deve ser corretamente classificado como:
a) ( ) ditongo decrescente oral
b) ( ) ditongo crescente oral
c) ( ) hiato
d) ( ) tritongo

22. (SR. CONCURSOS-Pref. Ariranha/SP) Observe o par de palavras presentes em cada uma das alternativas abaixo e indique a única alternativa que possui palavra com grafia incorreta:
a) ( ) profetiza – buzina
b) ( ) atraso – revés
c) ( ) baronesa – puresa
d) ( ) lazer – deslize

23. (TJ/GO-Comarca de Serranópolis) Todas as palavras estão escritas corretamente, exceto:
a) canjica, caçador, embriaguez, hipnotizar
b) enxuto, estender, anarquizar, catequese
c) enxurrada, camponesa, avareza, cupidez
d) quiser, paralisar, fizesse, cozer

1.2 Acentuação gráfica

ACENTO GRÁFICO é o sinal que colocamos sobre as vogais de certos vocábulos para indicar a sílaba tônica e o timbre aberto — ACENTO AGUDO (´) —, ou o timbre fechado — ACENTO CIRCUNFLEXO (^). De modo geral, esses acentos são usados para auxiliar a pronúncia de palavras, sobretudo aquelas que fogem ao padrão prosódico da língua. Além desses acentos, há o til (~), que marca a nasalidade da vogal, e o acento grave (`), que indica a crase, ou seja, a fusão da preposição *a* com o artigo definido feminino *a* (*à*) ou da preposição *a* com o pronome demonstrativo (*àquele, àquela, àquilo*).

Antes de apresentarmos as regras de acentuação gráfica, é necessário relembrarmos algumas noções que têm implicações nas regras de acentuação. O acento consiste na maior intensidade de uma das sílabas em comparação com outras de determinada palavra. A sílaba pronunciada com maior força denomina-se tônica e as demais, átonas. As palavras de mais de uma sílaba, quanto ao acento tônico, se classificam em OXÍTONAS (acento na última sílaba), PAROXÍTONAS (acento na penúltima sílaba) e PROPAROXÍTONAS (acento na antepenúltima sílaba), e as de uma sílaba (MONOSSÍLABAS) em ÁTONAS e TÔNICAS. O estudo da tonicidade das palavras é importante para evitar a SILABADA, denominação que se dá ao erro de PROSÓDIA.

Neste subcapítulo trataremos da correta localização do acento tônico e das regras de utilização dos acentos gráficos.

Glossário

SÍLABA – cada som ou grupo de sons pronunciados numa única expiração. Pode ser constituída, entre outras, por uma única vogal (a-mar); por consoante e vogal (ma-ré); ditongo (eu); consoante e ditongo (mãe); consoante, vogal e consoante (mar).

OXÍTONA – palavra cujo acento tônico recai na última sílaba: *sofá*, *café*, *cipó*.

PAROXÍTONA – palavra cujo acento tônico recai na penúltima sílaba: *júri*, *menino*, *baía*.

PROPAROXÍTONA – palavra cujo acento tônico recai na antepenúltima sílaba: *lâmina*, *sólido*, *líquido*.

MONOSSÍLABO ÁTONO – palavra de uma sílaba que, por ser desprovida de tonicidade, apoia-se no vocábulo tônico anterior ou posterior: fala-*se*, *a* casa.

MONOSSÍLABO TÔNICO – palavra de uma sílaba que, por ter acento próprio, não precisa apoiar-se em outro vocábulo: *nós*, *pão*, *mês*.

1. Distribua as palavras abaixo em quatro grupos quanto à posição do acento tônico:
pontapé, faísca, abóbada, chá, dominó, cós, autóctone, chapéu, sótão, anéis, pés, heroísmo, ninguém, ônus, efêmero, lê, caráter, equívoco, ídolo, crê.

> **Saiba mais**
>
> É bom não esquecer que a maioria das palavras na Língua Portuguesa são paroxítonas terminadas nas vogais *-a*, *-e* e *-o*, por isso não recebem acento gráfico.

1.2.1 Regras de acentuação

A) Todas as palavras PROPAROXÍTONAS são acentuadas:
paráfrase   âmago   epístola   protótipo   agrônomo   cúpula

> **Saiba mais**
>
> A palavra *recorde* é paroxítona e não proparoxítona como muitos pensam:
> O nadador bateu o *recorde* sul-americano.
>
> Também são paroxítonas:
> *avaro, ciclope, ibero, decano, maquinaria, pegada, pudico, rubrica*
>
> • Alguns vocábulos apresentam oscilação de pronúncia mesmo no padrão culto:
> ambrosia ou ambrósia
> anidrido ou anídrido
> crisantemo ou crisântemo
> hieroglifo ou hieróglifo
> Oceania ou Oceânia
> ortoepia ou ortoépia
> projetil ou projétil
> zangão ou zângão

2. As palavras abaixo são todas proparoxítonas. Utilize o acento agudo ou o circunflexo para escrevê-las corretamente:
estomago, passaro, lampada, cerebro, solido, caracteristica, economico, prototipo, vitima, lucido.

3. Assinale a alternativa cuja ausência do acento gráfico cria outro sentido para as palavras:
a) abóbora, efêmero, antídoto, arquétipo, cáfila
b) álibi, autóctone, bússola, cânhamo, hipódromo
c) autódromo, ávido, vermífugo, vândalo, úlcera
d) cônjuge, hipódromo, fôlego, pântano, dálmata
e) fábrica, trânsito, sábia, público, secretária

B) São acentuadas as palavras PAROXÍTONAS terminadas em

▶ *-i(s), -us, -um, -uns:*
  júri, lápis, lótus, álbum, álbuns

▶ *-l, -n, -r, -x, -ps:*
  fácil, pólen, cadáver, tórax, bíceps

▶ *-ei(s), -ã(s), ão(s):*
  jóquei, túneis, irmã(s), órgão(s)

▶ ditongo crescente (*-ia, -ie, -io, -ua, -ue, -uo*) seguido ou não de *-s* (também considerados proparoxítonos ocasionais):
  agrária(s), série(s), exercício(s), árdua(s), tênue(s), mútuo(s)

👍 Saiba mais

• As palavras *hífen, hímen, pólen, sêmen,* cujo singular termina em *-en*, no plural, perdem o acento:
  hifens, himens, polens, semens

• Entretanto, *elétron, próton, íon, cátion,* paroxítonas terminadas em *-on*, mantêm o acento no plural:
  elétrons, prótons, íons, cátions

4. As palavras *táxi, amável, pônei, ária* seguem as mesmas regras de acentuação gráfica das palavras:
a) açaí, vírus, conteúdo, reúne
b) bênção, órfãos, fácil, herói
c) canapé, hotéis, ônus, ônix
d) lápis, níquel, répteis, colégio
e) guichê, aluguéis, fêmur, raízes

GLOSSÁRIO

DITONGO CRESCENTE – encontro vocálico constituído de semivogal + vogal: *pá-tria, sé-rie, gê-nio, á-gua, fre-quen-te, tran-qui-lo.*

DITONGO DECRESCENTE – encontro vocálico constituído de vogal + semivogal: *cai-xa, au-to, fei-xe, per-deu, oi-to, ou-ro, fu-giu.*

> ### 🔥 Saiba mais
>
> Não se acentuam
> - paroxítonos terminados em *-a, -e, -o, -am, -em* seguidos ou não de *-s*:
>   mesa(s), mestre(s), livro(s), eram, jovem(ns)
>
> - os prefixos e os elementos de composição paroxítonos terminados em *-i*:
>
> | anti-herói | anti-higiênico | anti-inflamatório | anti-imperialista |
> |---|---|---|---|
> | multi-horário | multi-hotelaria | multi-instalação | multi-irrigação |
> | semi-histórico | semi-humano | semi-inconsciente | semi-internato |
>
> - os prefixos paroxítonos terminados em *-r*:
>   inter-helênico, inter-regional; super-homem, super-requintado

C) São acentuadas as palavras OXÍTONAS terminadas em
▶ *-a, -e, -o*, seguidos ou não de *-s*:
   sofá, sabiás, café, inglês, avó, avós, camelô, propôs

▶ ditongo nasal grafado *-em (-ens)*:
   harém, convêm, mantêm, parabéns

▶ ditongos decrescentes abertos *-éi, -éu* e *-ói*, seguidos ou não de *-s*:
   papéis, chapéu(s), herói(s)

▶ *-i(s)* e *-u(s)*, quando em hiato:
   daí, Itaguaí, baú, Grajaú

5. Observe a sílaba tônica destacada nas seguintes palavras: *dendê, fiéis, troféu, ninguém, Icaraí*. Assinale a alternativa em que as palavras obedecem à mesma regra de acentuação das relacionadas acima.
a) baía, cajá, robô, inglês, pincéis
b) juíza, você, refém, cruéis, céu
c) reúne, também, três, mantém, país
d) viúva, nós, jiló, já, avós
e) você, anéis, ilhéu, armazém, traí

👍 Saiba mais

- As formas verbais monossílabas ou oxítonas em *-em* fazem o plural em *-êm*:
  tem/têm, convém/convêm, mantém/mantêm

- As formas verbais terminadas em *-a*, *-e* ou *-o* conjugadas com os pronomes enclíticos *lo(s)* ou *la(s)*, após a supressão das consoantes *-r*, *-s* ou *-z*, também são acentuadas:
  amá-la (de amar-a), adorá-los (de adorar-os), fá-lo (de faz-o), detê-las (de deter-as), repô-la (de repor-a)

- Não se acentuam os oxítonos com as terminações: *-i*, *-u*, *-ã*, *-ão*, ditongo, tritongo, *-im*, *-om*, *-um*, seguidos ou não de *-s*, *-l*, *-r*, *-x*, *-z*:
  caqui, tabu, irmã, irmão, passou, Paraguai, ruim, bombom, jejum, lençol, amar, xerox, feroz

6. No trecho "Fascinado pelas cores e cultura do Brasil, o *fotógrafo* e *etnólogo francês* Pierre Verger documentou o *país* com olhar apurado", as palavras destacadas são acentuadas graficamente pelo mesmo motivo pelo qual se acentuam as palavras:
a) ângulo, declínio, céu, parabéns
b) cônjuge, cajá, frequência, corrói
c) húngaro, viés, provém, permanência
d) inédito, ídolo, cortês, Piauí
e) míope, êxodo, Inês, rói

7. Acentue as palavras abaixo quando necessário e justifique a presença ou ausência do acento.
amor – cai – caja – caju – contem – destroi – dize-lo – jilo – fregues – refem

8. Reescreva as palavras destacadas, acentuando-as se necessário:
a) O *misterio* dos *indios* das tribos *amazonicas esta* sendo desvendado.
b) Os primeiros humanos para a *America* foram *nomades asiaticos*.
c) O homem chegou ao continente *americano* em uma *so* onda *migratoria*.
d) *Travessia* entre a *Siberia* e o Alasca ocorreu *ha* no *maximo* 23 mil anos.
e) *Indios* da *Amazonia* teriam a mesma *ascendencia genetica* dos *aborigenes* australianos.

9. Das frases do exercício anterior, retire as palavras paroxítonas terminadas em ditongo crescente.

> ### 🔥 Saiba mais
>
> - A 3ª pessoa do plural do presente do indicativo dos verbos *ter* e *vir* e de seus derivados recebem acento circunflexo:
>   têm, obtêm, contêm, vêm, advêm, provêm
>
> - Não se acentuam oxítonas terminadas em *-z*:
>   capaz, talvez, juiz, feroz, capuz
>
> - Não se acentuam também os ditongos decrescentes fechados *ei, eu* e *oi*:
>   lei, feia, ateu, europeu, boi, apoio

Glossário

CACOÉPIA – pronúncia incorreta das palavras: *estrupo* em vez de *estupro*; *cardeneta* em vez de *caderneta*; *abóbra* em vez de *abóbora*; *prostar* em vez de *prostrar*.

ORTOEPIA (ou ORTOÉPIA) – parte da gramática que trata da correta pronúncia das palavras.

PROSÓDIA – parte da fonética que trata do acento das palavras e da entoação das frases.

SILABADA – denominação que se dá ao erro de prosódia, ou seja, colocar acento tônico fora da sílaba adequada: *rúbrica* em vez de *rubrica*; *sútil* em vez de *sutil*; *côndor* em vez de *condor*.

10. Acentue convenientemente as palavras:
a) petroleo do Oriente Medio
b) Superintendencia da Policia
c) reporter politico
d) anuncio rapido
e) ultimo adversario
f) credito facil
g) inicio do mes
h) proxima decada
i) catastrofe gravissima
j) orgão economico
k) armazem de açucar
l) passeio publico
m) alcool etilico
n) saude publica
o) importancia da agua
p) Premio Nobel

D) São acentuados os MONOSSÍLABOS TÔNICOS terminados em
- *-a, -e, -o,* seguidos ou não de *-s*:
   pá, pás, pé, pés, rês, pó, sós, pôs

- ditongo *-eu, -ei, -oi,* seguidos ou não de *-s*:
   véu, réis, dói

🛈 Saiba mais

• Não se acentuam os monossílabos tônicos terminados em *-i, -u,* seguidos ou não de *-s, -m, -ns, -l, -r, -z*; ditongo decrescente ou tritongo:
   ri, Lu (forma afetiva de Luciana), rim, rins, mal, mar, luz, frei, mau, quais

• Nenhum monossílabo átono é acentuado graficamente:
   - artigos definidos e indefinidos: *o(s), a(s); um(a), uns, uma*s
   - conjunções: *e, nem, mas, ou, se, que*
   - preposições: *a, de, por*
   - contrações da preposição com artigo definido: *do(s), da(s), no(s), na(s), num(ns)*
   - pronomes pessoais: *me, te, se, o(s), a(s), lhe(s), nos, vos*
   - pronome relativo: *que*

11. Separe os monossílabos tônicos dos átonos das frases abaixo:
a) Minha sobrinha Lu ficou noiva no sábado.
b) Vou de trem para o meu trabalho.
c) Não, não vou viajar não.
d) Esperava ser ressarcido da quantia que havia pagado.
e) O sol apareceu só às três horas.

12. A alternativa em que todos os monossílabos devem ser acentuados de acordo com as regras de acentuação vigentes na língua portuguesa é:
a) gas, mes, pos
b) cos, reu, ele tem
c) fe, eu vi, ha
d) quem, eles vem, fiz
e) pra, dor, por (verbo)

Saiba mais

O monossílabo *que* é acentuado quando é
- substantivo:
  As canções de Roberto Carlos têm um *quê* de romantismo que encanta as mulheres.

- pronome interrogativo em final de frase:
  Você fez isso por *quê*?

E) Nos HIATOS, é acentuada, a segunda vogal tônica *i* ou *u*, seguida ou não de -s:
aí, caíra, egoísta, baú, saúde, balaústre.

13. Assinale a opção em que todos os vocábulos devem ser acentuados graficamente por serem *i* ou *u* a segunda vogal de hiato:
a) Alaide, cafeina, ciume, miudo
b) muito, linguiça, caixa, feixe
c) oito, auto, perdeu, falei
d) leite, beijo, mediu, paixão
e) cãibra, noite, passou, vaidade

14. Leia as afirmativas abaixo sobre as regras de acentuação gráfica de algumas palavras:
I. a palavra "graúdo" é acentuada porque a letra u é a segunda vogal tônica do hiato.
II. a palavra "hífen" é acentuada tanto no singular quanto no plural.
III. as palavras oxítonas terminadas em -em e -ens são acentuadas.
Está correto o que se afirma em:
a) I
b) II
c) III
d) I e II
e) I e III

15. Copie as frases passando-as para o plural:
a) A menina vê televisão à tarde.
b) De onde vem aquela encomenda?
c) Ele tem competência para julgar.
d) O diretor intervém demais na decisão do gerente.
e) O ministro mantém o diretor no cargo.

👍 Saiba mais

Não se acentuam graficamente

- a vogal *i* dos hiatos quando seguida de *l, m, n, r, z* ou *nh*:
   adail, ruim, contribuinte, retribuirdes, juiz, bainha

- a base dos ditongos tônicos *iu* e *ui* quando precedido de vogal:
   atraiu, contribuiu, pauis

- o hiato *oo*, seguido ou não de *-s*:
   abençoo, enjoo, voo, perdoo

- as formas verbais de 3ª pessoa do plural:
   creem, deem, leem, veem e em seus derivados descreem, desdeem, releem, reveem

- o *u* tônico (nas formas rizotônicas de verbos) nos grupos *gue, gui, que, qui*:
   argui, apazigue, oblique, obliques

F) Levam ACENTO DIFERENCIAL algumas palavras escritas com as mesmas letras, às vezes com timbre da vogal tônica diferente:

▶ *ás* (substantivo masculino – monossílabo tônico em "-as": carta de baralho; pessoa que é excelente numa atividade) para distinguir de *as* (artigo definido feminino plural – monossílabo átono);

▶ *pôde* (3ª pessoa do singular do pretérito perfeito do indicativo do verbo *poder*) para distinguir de *pode* (3ª pessoa do singular do presente do indicativo);

▶ *pôr* (verbo) para distingui-lo de *por* (preposição);

▶ É facultativo o acento no substantivo *fôrma* (*fôrma* de bolo) para se distinguir do substantivo *forma* (a *forma* do triângulo) ou da 3ª pessoa do singular do presente do indicativo ou 2ª pessoa do singular do imperativo afirmativo do verbo *formar* (Minha filha se *forma* daqui a três anos. *Forma* (tu) com ele e terás sucesso!).

🔥 Saiba mais

- As demais palavras terminadas em -*or*, incluindo os verbos derivados de *pôr*, não são acentuadas: *dor, cor, for, antepor, depor, impor*.

- Não se deve confundir *por* (preposição) com *pôr* (verbo):
  Você não deve caminhar *por* essas ruas desertas.
  Preciso *pôr* um quadro de fotos no seu quarto.

16. Assinale a alternativa em que todas as palavras são acentuadas pela mesma regra:
a) vatapá, bisavó, jacaré
b) dócil, útil, armazéns
c) néctar, saída, mágoa
d) órgão, álbum, chapéu
e) detêm, contém, anéis

17. Agrupe as palavras a seguir em oxítonas, paroxítonas ou proparoxítonas, e acentue graficamente se necessário:
aerolito – agape – alacre – alcoolatra – ambar – arquetipo – avido – barbaria – batavo – berbere – canon – ciclope – climax – decano – exegese – exodo – filantropo – fortuito – harem – harpia – humus – impio – impar – involucro – leucocito – misantropo – recem – refem – ruim – sutil – pegada – pleiade – textil

DE OLHO VIVO PARA NÃO TROPEÇAR NA HORA DE PRONUNCIAR AS SEGUINTES PALAVRAS E EVITAR SILABADA

am-bro-**si**-a	e não	am-**bró**-sia	**ín**-te-rim	e não	in-te-**rim**
a-**va**-ro	e não	**á**-va-ro	in-**tui**-to	e não	in-tu-**í**-to
a-zi-**a**-go	e não	a-**zí**-a-go	ma-qui-na-**ri**-a	e não	ma-qui-**ná**-ria
bá-va-ro	e não	ba-**va**-ro	mis-**ter**	e não	**mís**-ter
ca-te-**ter**	e não	ca-**té**-ter	No-**bel**	e não	**Nó**-bel
cir-**cui**-to	e não	cir-cu-**i**-to	O-ce-a-**ni**-a	e não	Oce**â**nia
con-**dor**	e não	**con**-dor	pe-**ga**-da	e não	**pé**-ga-da
cri-**sân**-te-mo	e não	cri-san-**te**-mo	pu-**di**-co	e não	**pú**-di-co
es-tra-**té**-gia	e não	es-tra-te-**gi**-a	ru-**bri**-ca	e não	**rú**-bri-ca
e-**tí**-o-pe	e não	e-ti-**o**-pe	ru-**im**	e não	**ru**-im
flui-do	e não	flu-**í**-do	pro-**tó**-ti-po	e não	pro-to-**ti**-po
for-**tui**-to	e não	for-tu-**í**-to	pu-**di**-co	e não	**pú**-di-co
gra-**tui**-to	e não	gra-tu-**í**-to	re-**cor**-de	e não	**ré**-cor-de
ha**bi**tat	e não	habi**tat**	re-**vér**-be-ro	e não	re-ver-**be**-ro
i-**be**-ros	e não	**í**-be-ros	u-re-**ter**	e não	u-**ré**-ter

Questões de concurso

1. (CAIPIMES-EMTU/SP) Assinale a alternativa que apresenta palavras acentuadas pela mesma regra de acentuação.
a) espécie – insuportável – diária
b) já – têm – pés
c) será – alguém – mês
d) arruínam – metrópole – históricas

2. (CEPERJ-SEFAZ) As duas palavras do texto acentuadas pelo mesmo motivo são:
a) período – relatório
b) páginas – indispensável
c) só – até
d) fácil – alfândega
e) conveniência – exercício

3. (Cesgranrio-BNDES) O grupo em que ambas as palavras devem ser acentuadas de acordo com as regras de acentuação vigentes na língua portuguesa é:
a) aspecto – inicio
b) instancia – substantivo
c) inocente – maiuscula
d) consciente – ritmo
e) frequencia – areas

4. (COMPERVE-UFRN-UFERSA) Há uma palavra acentuada graficamente pelo mesmo motivo da palavra em destaque no trecho "A questão não é essa constatação, que é *óbvia* [...]" em:
a) "Mesmo com todas as barreiras da profissão, considero um privilégio [...]"
b) "[...] como são alguns médicos, dentistas e policiais [...]"
c) "Se ninguém conhece um cientista [...]"
d) "[...] é ter cientistas visitando escolas públicas e particulares [...]"

5. (CONPASS-Pref. Extremoz/RN) Identifique o item em que um dos vocábulos recebeu acento gráfico de forma incorreta:
a) Jacareí – médium
b) Grajaú – juíz
c) balaústre – bênção
d) biquíni – gambá
e) órgão – herói

6. (EPL CONCURSOS-Câmara Paraíso do Norte/PR) De acordo com as novas regras ortográficas, só não devem receber acento as palavras da alternativa (atenção: os acentos foram omitidos propositadamente):
a) ideologico – pasteis.
b) ideia – baiuca
c) Itauna – jilo
d) chale – ion
e) anion – hifen

7. (EPL CONCURSOS-Câmara Paraíso do Norte/PR) NÃO há ERRO de acentuação apenas na alternativa:
a) brióche – biquini – lérdo
b) bávaro – íbero – catamarã
c) anátema – sistema – plâncton
d) biquíni – acéfalo – triviál
e) bálsamo – Brasilândia – quíbe

8. (FGV-INEA/RJ) Assinale a alternativa que indica os vocábulos que NÃO são acentuados pela mesma regra de acentuação gráfica.
a) após – só
b) Petrópolis – óbitos
c) possuíam – constituídas
d) através – também
e) vácuo – municípios

9. (FMP-MPE/AC) Assinale a alternativa cuja afirmação descreve corretamente a razão pela qual o vocábulo deve ser acentuado, de acordo com as regras de acentuação gráfica correntes da língua portuguesa.
a) *dólar* é acentuada porque se trata de uma palavra emprestada do inglês.
b) *admirável* é acentuada porque todas as palavras terminadas em -*vel* devem ser acentuadas.
c) *veemência* é acentuada porque se trata de proparoxítona terminada em ditongo.
d) *vê* é acentuada porque a pronúncia da vogal *e* é "fechada", e não aberta, em cujo caso deveria ser grafada é.
e) *ruído* é acentuada porque a vogal *i*, quando tônica, deve ser acentuada se precedida de vogal, formando hiato.

10. (FUNCAB-SESC/BA) Sobre a acentuação das palavras do texto, é correto afirmar:
a) Se fosse retirado o acento de CAÍAM, o tempo verbal permaneceria inalterado.
b) IMPOSSÍVEL recebe acento porque é proparoxítona.
c) As palavras ÁRABE e BÊBADOS são acentuadas pelo mesmo motivo.
d) A palavra GRAPIÚNAS recebe o acento gráfico por ser paroxítona.
e) Se fosse retirado o acento da palavra HISTÓRIA, haveria manutenção de sua classe gramatical.

11. (FUNDATEC-Pref. Nova Roma do Sul/RS) Em relação ao uso de acento gráfico, é INCORRETO dizer que:
a) *também* é acentuada por ser oxítona terminada em -*em*.
b) *está* recebe acento gráfico por ser monossílabo tônico terminado em *a*.
c) *responsável* é acentuada pela mesma razão que justifica o acento em *preferível*.
d) *página* acentua-se por ser proparoxítona.
e) *usuário* recebe acento gráfico por se tratar de uma paroxítona terminada em ditongo crescente.

12. (Pref. Divino/MG) Marque a alternativa em que a palavra é acentuada pelo mesmo motivo que se acentua a palavra "última":
a) milionário
b) boné
c) tímido
d) também
e) detém

13. (PRÓ-MUNICÍPIO-Pref. Eusébio/CE) O novo acordo ortográfico trouxe mudanças na norma-padrão da linguagem. Qual das alternativas abaixo não é uma inovação trazida com o novo acordo?
a) O nosso alfabeto, que antes era composto de 23 letras, agora possui 26, pois foram introduzidas as letras K, Y, W.

b) As palavras proparoxítonas, todas elas, recebem acento gráfico.

c) Os ditongos abertos em palavras paroxítonas não são mais acentuados. Exemplo: *assembleia*, *ideia*.

d) Não há mais o acento diferencial. Agora precisamos reconhecer a palavra, que antes era diferenciada de outra igual pelo acento, através do contexto.

e) Os verbos referentes à terceira pessoa do plural, terminados em (ee) e o hiato (oo) não são mais acentuados. Como por exemplo: *enjoo*, *voo*, que antes era acentuado, agora não é mais.

14. (QUADRIX-CRF/SP) Assinale a alternativa na qual a acentuação está incorreta.

a) Não brinque na rua próxima ao mercado.

b) O indivíduo foi embora sem pagar a diária do hotel.

c) Esta é a última vez que fico no mesmo lugar no estacionamento.

d) Ele faz as provas de modo médiano.

e) Quando falar de seus professores, não se esqueça de elevá-los com dignidade.

15. (UNICENTRO-Fundação Araucária) Leia as afirmativas abaixo sobre as regras de acentuação gráfica de algumas palavras do texto.

I. A palavra *revólveres* recebe acento pela mesma regra de acentuação da palavra *módico*.

II. A palavra *lá* é acentuada graficamente por ser uma oxítona terminada em *a*.

III. A palavra *baú* obedece à regra de acentuação gráfica dos hiatos.

Está(ão) correta(s)

a) apenas a I

b) apenas a II

c) I e II

d) I e III

16. (UNIJUÍ-Pref. Derrubadas/RS) Assinale a alternativa em que as palavras são acentuadas, respectivamente, pela mesma regra que OLIMPÍADA, ATÉ e PAÍSES:

a) império – só – história

b) básico – está – assistência

c) excelência – já – nível

d) básico – está – saúde

e) imundície – nível – já

1.3 Emprego de iniciais maiúsculas e minúsculas

O emprego de letras maiúsculas e minúsculas obedece à regulamentação oficial. Em quase todos os vocábulos da Língua Portuguesa empregamos letra minúscula, exceto nos nomes próprios e no início de frase. Entretanto, em alguns casos, o usuário da língua tem dúvida se a palavra deve ser escrita com maiúscula ou minúscula. São esses casos que pretendemos esclarecer aqui, seguidos de alguns exercícios de fixação. Não encontramos nenhuma questão de concurso que avaliasse especificamente tal emprego. Esse conhecimento, no entanto, está implícito no uso da modalidade escrita.

1.3.1 Emprega-se letra maiúscula

A) no início de período e de frase:
"Os mestres de saveiros, os pretos tatuados, os malandros sabem essas histórias e essas canções."
(Jorge Amado)
"Lá do alto da serra vai dar para ver, ao longe, as luzinhas de Florianópolis, seu Aimoré, tinha dito o capataz em tom ansioso."
(Godofredo de Oliveira Neto)

B) no início do verso tradicional e de citação direta:
"Aguardando-te, amor, revejo os dias / Da minha infância já distante, quando / Eu ficava, como hoje, te esperando / Mas sem saber ao certo se virias."
(Vinicius de Moraes)
"De outra vez o santo olha, consulta lá os seus assentamentos e diz:
— Você é o Zé do Burro, aquele que já me passou a perna!"
(Alfredo Dias Gomes)

> 👍 **Saiba mais**
>
> • Depois de ponto, ponto de exclamação ou de interrogação, emprega-se letra maiúscula. Entretanto, se o termo que segue a exclamação ou a interrogação integra o todo oracional, emprega-se letra minúscula. Exemplos:
>
> Por que você não telefonou? perguntou a mãe aflita. → A frase interrogativa completa o sentido do verbo "perguntar".
>
> "Oh! dias de minha infância!" (Casimiro de Abreu) → O sentido da interjeição é inferido pela oração que a segue.
>
> "Deus! Ó Deus! onde estás que não responde?" (Castro Alves) → O sentido do vocativo é inferido pela oração que o segue.
>
> • A partir do Movimento Modernista, encontram-se versos iniciados com minúscula:
>
> "A cidade / debruçada sobre / seus afazeres surda / de rock / não sabe ainda / que a garça / voltou." (Ferreira Gullar)

C) nos nomes próprios de qualquer natureza:

▶ pessoas (antropônimos):
Paulo, Edila, Regina Célia

▶ famílias (patronímicos, cuja origem encontra-se no nome do pai ou de um ascendente masculino, por extensão sobrenome):
Angelim, Cunha, Pereira, Silva, Vianna

▶ apelido, alcunha ou epíteto:
Zequinha, Nanda; Pinóquio (para mentiroso), Quatro-olhos (para quem usa óculos); Poeta dos escravos (Castro Alves), D. Maria, a Louca (Rainha de Portugal, mãe de D. João VI)

▶ lugares (topônimos):
Brasil, Rio Grande do Norte, Recife, Jacarepaguá

▶ tribos (grupo social de mesma etnia, que vive em comunidade e que compartilha a mesma língua e os mesmos hábitos):
Guarani, Karajá, Kaxinawá

- entidades mitológicas e religiosas:
    Zeus, Afrodite, Curupira, Deus, Alá

- constelações, galáxias, corpos celestes:
    Via Láctea, Cruzeiro do Sul, Sistema Solar

- eras históricas, época, datas significativas, festas e festividades:
    Antiguidade, Idade Média, Renascimento, Quinhentos (século XVI), Dia das Mães, Quinze de Novembro (Proclamação da República), Natal, Ano-Novo

- instituições religiosas ou políticas, agremiações culturais ou esportivas, empresas públicas ou privadas:
    Igreja Católica Apostólica Romana, Presidência da República, Câmara do Deputados, Ministério da Cultura, Academia Brasileira de Letras, Clube de Regatas Flamengo, Imprensa Oficial do Estado de Minas Gerais, Lexikon Editora Digital, Hospital Samaritano

- instituições de ensino:
    Universidade Federal do Rio de Janeiro, Universidade de São Paulo, Escola Técnica Nacional, Colégio Pedro II, Instituto de Educação

- títulos de obras, periódicos, filmes, peças, músicas, telas apresentam o primeiro vocábulo sempre com maiúscula, e os demais em maiúscula ou minúscula, com exceção para os nomes próprios:
    Minidicionário contemporâneo da língua portuguesa, Veja, O Globo, A folha de S. Paulo, Os Sertões (Os sertões), Memórias póstumas de Brás Cubas

- prêmios e distinções:
    Prêmio Nobel, Ordem do Cruzeiro do Sul, Prêmio Camões

- pontos cardeais quando indicam regiões do Brasil e do mundo:
    os povos do Ocidente, os mares do Sul, o falar do Nordeste, a vegetação do Centro-
    -Oeste

- nomes dos corpos celestes:
    Terra, Sol, Lua, Marte, Vênus, Via Láctea

> ### 👍 Saiba mais
>
> Em citação ou bibliografia, o título das obras deve vir em itálico ou em negrito, com a primeira letra da palavra que encabeça o título em maiúscula e as demais minúsculas, exceto se nele houver um nome próprio:
> PEREIRA, Cilene da Cunha, SILVA, Edila Vianna da e ANGELIM, Regina Célia Cabral. *Dúvidas em português nunca mais*. Rio de Janeiro: Lexikon, 2011. (ou **Dúvidas em português nunca mais**.)
> Em 1881, Machado de Assis publica *Memórias póstumas de Brás Cubas* (ou **Memórias póstumas de Brás Cubas**).

1. Reescreva as frases, empregando adequadamente letra maiúscula:

a) dom casmurro é um romance de machado de assis publicado em 1899 pela livraria garnier. seu personagem principal é bento santiago, o narrador da história.

b) guimarães rosa nasceu em cordisburgo, minas gerais, em 27 de junho de 1908. seus contos e romances ambientam-se quase todos no chamado sertão brasileiro.

c) rachel de queiroz nasceu em fortaleza, ceará, em 17 de novembro de 1910. sua bisavó materna — "dona miliquinha" — era prima de josé de alencar, autor de *o guarani*.

d) o poeta manuel bandeira estudou no colégio pedro II, antigo ginásio nacional, foi professor de literaturas hispano-americanas na faculdade de filosofia da universidade do brasil, atual faculdade de letras da ufrj, e membro da academia brasileira de letras.

e) cupido, deus do amor na mitologia latina, é geralmente representado como um menino alado que carrega um arco e um carcás com setas para atirar no coração dos homens.

2. Todas as alternativas são verdadeiras quanto ao emprego da inicial maiúscula, exceto em:

a) dias da semana e meses do ano.

b) instituições religiosas e de ensino.

c) nomes de fatos históricos e festas religiosas.

d) substantivos próprios em geral.

e) títulos de livro, jornal, filme, música.

D) nos pronomes e expressões de tratamento:
D. (Dom ou Dona), Sr. (Senhor), Sr.ª (Senhora), DD. ou Dig.^{mo} (Digníssimo), MM. ou M.^{mo} (Meritíssimo), Rev.^{mo} (Reverendíssimo), S. E. (Sua Eminência), V. M. (Vossa Majestade), V. A. (Vossa Alteza), V. S.ª (Vossa Senhoria), V. Ex.ª (Vossa Excelência), V. Mag.ª (Magnífico, Vossa Magnificência).

E) nos atos das autoridades governamentais, quando empregados em correspondência ou documentos oficiais:
Lei de 13 de maio, Decreto n.º 20.108, Portaria de 15 de junho, Regulamento n.º 737, Acórdão de 3 de agosto, Código Penal

F) nas palavras que, no estilo epistolar, se dirigem a um amigo, a um parente, a uma pessoa respeitável, as quais, por deferência, consideração ou respeito, se queira realçar:
Meu Amigo, Caro Colega, Prezado Mestre, Estimado Professor, Querido Pai, Distinta Diretora, Caro Doutor, Prezado Coronel

G) nos nomes comuns sempre que personificados ou individualizados:
o Amor, o Ódio, a Virtude, a Morte, o Lobo, o Cordeiro, a Cigarra, a Formiga, a Capital, a República, a Transamazônica, a Indústria, o Comércio

H) nas siglas, símbolos ou abreviaturas:
STF (Supremo Tribunal Federal), ONU (Organização das Nações Unidas), H2O (água), S.O. ou S.W. (sudoeste)

3. Quanto ao emprego de iniciais maiúsculas, assinale a alternativa em que há erro de grafia:
a) A Lagoa Rodrigo de Freitas está ligada ao mar pelo canal do Jardim de Alá, que separa o Leblon de Ipanema.
b) A Via Láctea é uma galáxia espiral da qual o Sistema Solar faz parte.
c) Em 1923, o governo francês doou à Academia Brasileira de Letras um prédio, réplica do Petit Trianon de Versailles.
d) Muitos pensam que o ocidente é fundamentalmente a Europa, o oriente é fundamentalmente a Ásia.
e) Quando se fala em Renascimento, pensa-se logo no grande desenvolvimento artístico e literário da época.

> ## 🔥 Saiba mais
>
> • As abreviaturas dos pontos cardeais são escritas com letras maiúsculas sem serem seguidas de ponto:
>
>   N = norte   L = leste
>   S = sul   W ou O = oeste
>
> • As siglas com até três letras, sejam elas pronunciadas como palavras ou letra por letra, são escritas apenas com maiúsculas: SUS, ONU. A partir de quatro letras, as siglas pronunciáveis como palavras são escritas com a inicial maiúscula e as demais minúsculas: Faperj, Unicamp, Varig. As siglas pronunciadas letra por letra são grafadas apenas com maiúsculas: UFRJ, INSS, IPTU, CNBB. Algumas siglas são grafadas, por convenção, com letras maiúsculas e minúsculas: CNPq, UnB.
>
> • Se a palavra for separada por hífen, a letra maiúscula deve incidir sobre todos os elementos, entretanto não se escrevem com maiúsculas os monossílabos situados no interior de vocábulos compostos:
>
>   Grã-Bretanha, Pós-Graduação, Todos-os-Santos, Trás-os-Montes

4. Substitua a letra minúscula por maiúscula quando necessário:
a) o norte do brasil é constituído dos estados do amazonas, pará, acre, amapá, roraima e rondônia.
b) érico veríssimo, autor da saga o tempo e o vento, é o mais importante romancista do sul do brasil.
c) ao subscritar um envelope, não se pode esquecer de colocar o número do cep.
d) o natal é uma festa cristã, comemorado anualmente no dia 25 de dezembro, e faz parte da tradição a troca de presentes.
e) apesar do sol e do calor no início da manhã, já venta no sentido sul/sudoeste e a tendência é que o vento aumente de intensidade com a aproximação da frente fria.

5. Assinale a única AFIRMAÇÃO FALSA quanto ao emprego de inicial maiúscula. Grafa-se com inicial maiúscula:
a) "Atlântida", o nome de uma ilha lendária.
b) "Branca de Neve" por ser um antropônimo fictício.
c) "Páscoa" por ser o nome de uma festa religiosa.
d) "Sua Santidade", forma de tratamento empregada para o Papa.
e) "Verão e Inverno", estações do ano.

1.3.2 Emprega-se letra minúscula

A) nas titulações (axiônimos):
   senhor   doutor   cardeal   bacharel   coronel

B) nos nomes próprios de personagens reais ou fictícios, que se celebrizaram por seus atributos ou ações e são empregados como atributos de outros:
   Ele é *um judas*.   Você é *um mecenas*.
   Não queira ser *uma joana d'arc* neste caso.

C) nos nomes comuns que designam acidentes geográficos e divisão política:
   rio Amazonas   baía de Todos os Santos   estado do Piauí
   oceano Atlântico   mar do Caribe   município de Palmas

D) nos pontos cardeais, mas não nas suas abreviaturas:
   norte   sul   leste   oeste

E) nos nomes dos dias da semana, meses e estações do ano:
   segunda-feira   terça-feira   sábado   domingo
   janeiro   fevereiro   março   abril
   primavera   verão   outono   inverno

F) nos substantivos *senhor* e *senhora*:
   Vi uma *senhora* idosa entrando num ônibus.
   O *senhor* idoso trabalhava com muita dedicação.

👍 Saiba mais

- Os pronomes que se referem a Deus, a Cristo e à Virgem Maria podem ser escritos com maiúscula ou com minúscula, mas tradicionalmente escrevem-se com maiúscula:
   "O Senhor é meu pastor nada me faltará."

- Os nomes "Estado" e "País", quando empregados com sentido de determinada nação, grafam-se com maiúscula:
   O Estado brasileiro, País (= Brasil).

6. Justifique o emprego de letra maiúscula ou minúscula das palavras sublinhadas:
a) Os alunos aguardavam ansiosamente o feriado de Finados.
b) A diretora da escola municipal era uma senhora muito competente.
c) Drummond faleceu em 17 de agosto de 1987, segunda-feira, no Rio de Janeiro.
d) O Rei do futebol recebeu o título de Atleta do Século em 15 de maio de 1981.
e) Vento Minuano é o nome dado à corrente de ar que ocorre nos estados do Sul do Brasil.

1.3.3 Emprega-se maiúscula ou minúscula indistintamente nos seguintes casos

A) nos designativos de nomes sagrados (hagiônimos):
Santa (santa) Edwiges
Santo (santo) Antônio
São (são) Jorge
São (são) José
Anjo (anjo) Gabriel
Arcanjo (arcanjo) Miguel

B) na denominação de logradouros públicos, templos e edifícios:
Avenida (avenida) Suburbana
Largo (largo) do Boticário
Terreiro (terreiro) de São Francisco
Igreja (igreja) da Candelária
Edifício (edifício) Gustavo Capanema
Praça (praça) Tiradentes
Travessa (travessa) do Comércio
Viaduto (viaduto) do Chá
Pirâmides (pirâmides) de Gizé
Rua (rua) Bom Jesus

C) nos nomes que designam domínios do saber, cursos ou disciplina:
Agricultura (agricultura)
Arquitetura (arquitetura)
Educação Física (educação física)
Língua Portuguesa (língua portuguesa)

7. Julgue se as afirmações quanto ao emprego de letra maiúscula e minúscula são falsas (F) ou verdadeiras (V):
a) "Medicina", com as demais áreas do conhecimento, pode ser escrita apenas com maiúscula.
b) "praça, ruas, avenidas" podem ser escritas tanto com maiúscula como com minúscula.
c) Os hagiônimos só podem ser escritos com maiúscula.
d) Os pontos cardeais e suas abreviaturas escrevem-se com maiúscula.
e) Os nomes dos corpos celestes escrevem-se sempre com maiúscula.

⊙ De olho vivo para não tropeçar ao usar letras maiúsculas e minúsculas

A *Antiguidade* clássica termina com a queda do Império Romano do Ocidente, mas há poucas lojas de *antiguidade* na cidade.

Avenida Presidente Vargas ou *avenida* Presidente Vargas, as duas grafias são possíveis.

Cabo Verde, *Costa* do Marfim, mas *baía* de Guanabara, *oceano* Atlântico, *mar* Mediterrâneo.

A *Coroa* de Dom João VI é a *coroa* dos Reis de Portugal.

Deus criou o mundo em sete dias, mas a greve dos lixeiros, no Rio de Janeiro, foi um *deus* nos acuda.

O *Diabo* é o espírito do mal, e ela passou o pão que o *diabo* amassou.

Estado brasileiro, *Estado* do Rio de Janeiro, mas o *estado* de espírito, *estado* líquido, sólido e gasoso.

A *Justiça* (Poder Judiciário) absolveu os grevistas, mas a população queria fazer *justiça* com as próprias mãos.

Igreja Santa Margarida Maria ou *igreja* Santa Margarida Maria, as duas grafias são possíveis.

Lei de Diretrizes e Bases, mas *lei* 9394.

Natal, *Páscoa*, *Carnaval*, mas não *natal*, *páscoa*, *carnaval*.

Há fortes disputas entre o *Ocidente* e *Oriente*, mas o Sol nasce no *oriente* e se põe no *ocidente*.

Nenhum escritor brasileiro ganhou o *Prêmio Nobel de Literatura*, o aluno ganhou um *prêmio* pelo seu desempenho em *literatura*.

A *República* no Brasil começou quando da sua proclamação em 1889, mas a *república* pode ser presidencialista ou parlamentarista.

Sol, *Lua* (corpos celestes), mas banho de *sol*, *lua* minguante, *lua* cheia

1.4 Emprego do hífen

HÍFEN é um sinal gráfico que se usa para:

• ligar elementos em vocábulos compostos por justaposição em que se mantém a noção da composição:
>caixa-preta, má-formação, guarda-chuva, segunda-feira

• unir prefixos à palavra primitiva, na formação de vocábulos derivados:
>além-Pirineus, aquém-mar, ex-presidente, recém-casado, pós-operatório, pré-nupcial, pró-excedentes, vice-governador

• ligar pronomes átonos a formas verbais:
>amá-lo, vendê-lo-ei, via-se

• separar sílabas:
>psi-có-lo-go, subs-cre-ver, ma-nhã

O emprego do hífen é uma simples convenção. Quem escreve fica muitas vezes confuso diante da incoerência de alguns casos. Por que *café da manhã, fim de semana, cão de guarda* não têm hífen e *água-de-colônia, cor-de-rosa, mais-que-perfeito* têm? Por que *bem-visto* é escrito com hífen e *benquisto* não? Segundo o *Vocabulário ortográfico da língua portuguesa*, trata-se de exceções consagradas pelo uso, noção que nos parece vaga. Entretanto, há algumas normas que não resolvem todas as dificuldades do seu emprego, mas auxiliam o usuário na solução da maioria delas. São essas regras que apresentaremos a seguir. Trataremos também da translineação, divisão silábica das palavras no final da linha.

1.4.1 Regras para o emprego do hífen

1.4.1.1 Em palavras compostas por justaposição

▶ Com elementos de natureza nominal (substantivo e adjetivo), numeral ou verbal que constituem uma unidade sintagmática e semântica, e cada qual mantém uma tonicidade própria, podendo o primeiro elemento estar reduzido:

    arco-íris   alta-costura   meia-noite   conta-gotas

▶ Nos topônimos iniciados pelos adjetivos *grão*, *grã*, naqueles cujo primeiro elemento é uma *forma verbal* e nos ligados por *artigo*:

    Grão-Pará   Grã-Canária   Passa-Quatro   Entre-os-Rios

▶ Em palavras que designam *espécies botânicas* e *zoológicas*, ligadas por qualquer elemento:

    copo-de-leite   couve-flor   bem-te-vi   peixe-boi

▶ Com os advérbios *bem* e *mal* antes de elemento iniciado por *vogal* ou *h*:

    bem-educado   bem-humorado   mal-educado   mal-humorado

▶ Com os advérbios *além*, *aquém*, *recém* e a preposição *sem*:

    além-fronteiras   aquém-fronteiras   recém-eleito   sem-razão

▶ Para ligar duas ou mais palavras que se combinam, para formar um encadeamento vocabular:

    Liberdade-Igualdade-Fraternidade   Casa França-Brasil

▶ Em locuções consagradas pelo uso:

    água-de-colônia   cor-de-rosa   mais-que-perfeito   pé-de-meia

▶ Nas onomatopeias que usam duas ou mais vezes a mesma palavra:

    blá-blá-blá   corre-corre   lenga-lenga   nhém-nhém-nhém   tique-taque

▶ Com elementos de origem tupi-guarani: *açu*, *guaçu*, *mirim*, combinados com palavras oxítonas:

    capim-açu   cipó-guaçu   cajá-mirim

Glossário

DERIVAÇÃO – processo de formação de palavras mediante o acréscimo de prefixo ou sufixo ao radical: *desumano*, *anti-herói*, *analisável*.

COMPOSIÇÃO – processo de formação de palavras por meio da junção de duas ou mais palavras numa só: *guarda-chuva*, *caixa-d'água*.

COMPOSIÇÃO POR AGLUTINAÇÃO – junção de vocábulos num todo fonético: *aguardente*, *pernalta*.

COMPOSIÇÃO POR JUSTAPOSIÇÃO – junção de vocábulos que mantém sua autonomia fonética e gráfica: *amor-perfeito*, *cor-de-rosa*.

🖒 Saiba mais

• *Bem-me-quer* leva hífen, mas *malmequer* não.

• O advérbio *bem*, ao contrário de *mal*, não se aglutina com palavras começadas por consoante: *bem-criado* e *malcriado*.

• Não se emprega hífen nas locuções: *fim de semana, sala de jantar, café com leite, antes de ontem, a fim de, visto que*.

• Não levam hífen: *bumbum, bombom*.

1. Assinale a alternativa em que o hífen NÃO está usado corretamente:
a) A barca manobrava no meio da Baía-de-Guanabara.
b) Meu namorado é um alto-astral, está sempre bem-humorado.
c) Na batida, o para-choque do carro foi arrancado e lançado longe.
d) Em setembro, haverá um congresso luso-brasileiro na cidade de Fortaleza.
e) O diretor compareceu à formatura com um terno muito bem-talhado.

2. Assinale a alternativa em que o emprego do hífen está correto em todas as palavras:
a) marca-passo, jardim-de-infância, beira-mar
b) passa-tempo, girassol, afro-asiático
c) Cabo-Frio, Todos-os-Santos, lobo-marinho
d) bem-falante, recém-casado, meia-calça
e) queima-roupa, água-de-colônia, fim-de-semana

3. Se necessário, use o hífen para formar as palavras compostas:
a) água+de+coco
b) mal+agradecido
c) conta+gotas
d) sem+número
e) bem+te+vi

> ### 👍 Saiba mais
>
> Não se emprega o hífen
> - nos compostos cuja noção de composição, em certa medida, se perdeu:
>
>   girassol   pontapé   passaporte   paraquedista
>
> - com o advérbio de negação *não* com valor de prefixo:
>
>   não fumante   não ficção   não cumprimento
>
> - em outros topônimos compostos:
>
>   Rio de Janeiro   Foz do Iguaçu   Trás os Montes
>
> - nas locuções (substantivas, adjetivas, pronominais, adverbiais, prepositivas, conjuntivas):
>
>   fim de semana   sala de jantar   café com leite
>   antes de ontem   em vez de   posto que

4. Leia as frases e indique em quais palavras o hífen é obrigatório:

a) No Brasil, o decreto lei deixou de ser previsto na Constituição de 1988.

b) A cidade de Passa Quatro está localizada no sul do estado de Minas Gerais.

c) Bico de lacre é uma pequena ave também conhecida como beijo de moça.

d) Esse rapaz é mal agradecido, não reconhece os favores que lhe fiz.

e) Estes funcionários foram recém admitidos na fábrica que acabou de ser criada.

f) Na loja da esquina, pode-se encontrar pisca pisca com 100 lâmpadas de led.

g) A expressão calcanhar de aquiles significa o ponto fraco e vulnerável de alguém.

h) A Idade Média foi considerada por muitos pensadores a guardiã dos conhecimentos produzidos na Antiguidade greco romana.

i) "Estava à toa na vida, o meu amor me chamou / Pra ver a banda passar, cantando coisas de amor..." (Chico Buarque)

j) A Estrada de Ferro Madeira Mamoré é conhecida como a Estrada do Diabo pelas perdas humanas ocorridas durante sua construção.

1.4.1.2 Em palavras derivadas

▶ com os prefixos *ex-*, *sota-*, *soto-*, *vice-*, *vizo-*:
  ex-marido   sota-ministro   soto-mestre   vice-reitor   vizo-rei

▶ com os prefixos tônicos (acentuados) *pós-*, *pré-*, *pró-* quando o segundo elemento tem significado próprio:
  pós-graduação   pré-natal   pró-europeu

▶ com os prefixos *circum-* e *pan-* quando o segundo elemento iniciar por *vogal, h-, m-, n-*:
  circum-adjacente   circum-hospitalar   circum-murar   circum-navegação
  pan-americano   pan-helênico   pan-mítico   pan-negritude

▶ com prefixo (ou falso prefixo) terminado em vogal seguido de palavra iniciada pela mesma vogal:
  anti-inflamatório   arqui-inimigo   contra-ataque   infra-assinado
  micro-ondas   neo-ortodoxo   semi-interno   supra-atmosférico

▶ com os prefixos *hiper-*, *inter-*, *super-* se o segundo elemento for iniciado por *r*:
  hiper-resistente   inter-regional   super-racional

▶ com o prefixo *sub-* se o segundo elemento começar por *b, h* ou *r*:
  sub-bibliotecário   sub-reitor   sub-humano

▶ com os prefixos *anti-*, *extra-*, *semi-* e *sobre-* se a palavra seguinte começar por *h*:
  anti-higiênico   extra-humano   semi-hospitalar   sobre-humano

---

5. Em qual das palavras *vice presidente, pré carnavalesco, anti hemorrágico, contra ataque, hiper correção*, o hífen é obrigatório?
a) Na primeira apenas.
b) Nas duas primeiras.
c) Em quatro delas.
d) Em todas.
e) Em nenhuma delas.

6. Assinale a alterativa errada quanto ao emprego do hífen:
a) O sota-capitão é o segundo homem no comando de um navio.
b) Os médicos estão preocupados com o pós-operatório dos acidentados.

c) A primeira viagem de circum-navegação da Terra foi feita por Fernão de Magalhães.

d) O engenheiro fez um esforço sobre-humano para concluir o ante-projeto no prazo.

e) Os funcionários da indústria têxtil são sub-remunerados, recebem um salário bem aquém da sua qualificação.

> 👍 **Saiba mais**
>
> • Não se emprega hífen em palavras formadas de prefixos (ou falsos prefixos) terminados em vogal seguidos de palavras iniciadas por *r* ou *s*, devendo ser essas letras dobradas:
>
> | | | | |
> |---|---|---|---|
> | autorretrato | antirruga | ultrarradical | ultrarrefinado |
> | contrassenso | macrossistema | semissólido | ultrassonografia |
>
> • Com os prefixos *des-*, *in-*, *co-* e *re-* caem o *h* e o hífen:
>
> | | | | | |
> |---|---|---|---|---|
> | desumano | desarmonia | desonra | inábil | inumano |
> | coerdar | coabitar | reabilitar | reaver | reidratação |

7. Das alternativas abaixo, assinale a única em que há INCORREÇÕES quanto ao emprego do hífen em todas as palavras:

a) auto-retrato, anti-rábica, sub-mundo, ante-sala

b) ex-diretor, semi-interno, micro-onda, tele-educação

c) hiper-requintado, sub-humano, pós-parto, geo-história

d) jacaré-açu, anti-higiênico, super-realismo, sub-rogar

e) semi-interno, micro-organismo, Controladoria-geral, inter-relação

8. Escreva as palavras usando o hífen se necessário:

a) auto+escola

b) anti+sequestro

c) pro+mover

d) co+edição

e) supra+renal

9. Avalie se as afirmações estão corretas ou incorretas:

a) Emprega-se o hífen com o prefixo *pró-* (pró-europeu).

b) Emprega-se o hífen em vocábulos terminados por sufixo de origem tupi (capim-guaçu).

c) Emprega-se o hífen com o prefixo *semi-* quando o segundo elemento iniciar-se com qualquer letra (semi-final).

d) Não se emprega o hífen com os prefixos *des-* e *in-* seguidos de palavra iniciada por h (desumano, inábil).

e) Não se emprega o hífen com prefixo ou falso prefixo terminado em vogal quando o segundo elemento começar por vogal diferente (autoaprendizagem).

1.4.1.3 Com pronomes átonos

Os pronomes oblíquos átonos podem estar, em relação ao verbo, ENCLÍTICOS (depois do verbo), PROCLÍTICOS (antes do verbo) ou MESOCLÍTICOS (no meio do verbo). No primeiro e terceiro casos, emprega-se o hífen para separar a forma verbal do pronome:

Impressionou-me a reação da menina.

Ter-lhe-ia dado uma caixa de bombom se tivesse merecido.

10. Reescreva as frases empregando os pronomes átonos enclíticos, fazendo as adaptações necessárias:

a) Eu *me* calei diante da proposta absurda.

b) Se soubesse o enredo *do romance* não o teria começado a ler.

c) Não posso deixar *minha filha* sozinha um instante.

d) Que dizer *a meu amigo* diante de tanta revolta?

e) Encontrei *meu grande amigo* muito triste.

f) Viram *a criança* sair muito cedo para a escola.

g) Esperamos *os primos* durante uma hora e meia.

h) Esqueci-me de pagar a conta, por favor, paguem *ela* para mim.

11. Reescreva as frases com os pronomes átonos mesoclíticos, fazendo as adaptações necessárias:

a) Neste departamento, se resolverão as pendências financeiras.

b) Quando receber a fatura, a pagarei imediatamente.

c) O sucesso nas provas lhe dará ânimo para continuar os estudos.

d) A grande notícia te daremos no próximo mês.

e) O almoço de domingo lhe teria feito mal?

1.4.1.4 Na divisão silábica (translineação)

Quando não há espaço na linha para escrever a palavra inteira é necessário dividi-la em duas partes, uma fica numa linha e a outra vai para a linha seguinte. Essa divisão é feita por meio de hífen e deve obedecer às regras de silabação ou soletração, ou seja, à pausa entre as sílabas.

me-ni-no   cri-an-ça   pro-ble-ma   ma-lha   man-cha

👍 Saiba mais

- Na translineação de vocábulo composto, ligado por hífen, se a divisão acontecer exatamente no encontro dos dois vocábulos primitivos, aconselha-se repetir, na linha seguinte, o hífen:

    guarda – / – chuva

- Sugere-se evitar, por razões estéticas, vogal isolada no *final* ou no *início* de linha, na translineação:

    evo- /car (não e- / vocar)
    re- / caí (e não reca- / í)

SÍLABA é um som ou um grupo de sons pronunciados numa só expiração. As sílabas podem ser formadas por
- vogal: *a*
- semivogal + vogal: *iô-iô*
- vogal + semivogal: *ai*
- consoante + vogal: *me*
- consoante + vogal + semivogal: *pai*
- consoante + semivogal + vogal: á-*gua*
- consoante + vogal + consoante: *mar*
- consoante + consoante + vogal: *blo*-co

Na nossa língua, não há sílaba sem a presença de vogal.

1.4.1.4.1 Regras de separação de sílaba

Não se separam
- os sons vocálicos de ditongos crescentes e decrescentes e de tritongos:
lé-guas	a-nún-cio	cãi-bra	cau-sa
ca-dei-ra	he-roi-co	en-xa-guei	de-sa-guou

- os grupos consonânticos formados com *r* ou *l*:
  bra-ço   dra-ma   de-clí-nio   pla-ti-na

- os grupos consonânticos *pn, ps, gn, mn*, quando iniciam palavra:
  pneu-mo-ni-a   psi-co-lo-gi-a
  gnais-se   mne-mô-ni-ca

- os dígrafos *ch, lh, nh, gu* e *qu*:
  con-cha   fi-lho   ca-ri-nho   al-guém   que-ri-do

- o *s* dos prefixos *bis-, cis-, des-, dis-, trans-*, bem como o *x* do prefixo *ex-*, quando a sílaba seguinte começa por consoante:
  bis-ne-to   cis-pla-ti-no   des-li-gar
  dis-jun-to   trans-lú-ci-do   ex-po-en-te

---

12. Separe as sílabas dos vocábulos abaixo:
animais, herói, azuis, cãibra, papéis, bloco, averiguei, dragão, achar, ilhota, unha, delinquente

13. Assinale a alternativa em que as palavras estão corretamente separadas:
a) his-tó-ria, gri-sa-lho, pseu-dô-ni-mo
b) mil-ho, prai-a, pu-nho
c) pneu-mo-nia, ve-lha, tá-bua
d) sé-rie, ab-lu-ção, an-zó-is
e) su-bli-me, a-real, ar-le-quim

14. Considerando as palavras:
I. pneu-má-ti-co   III. jo-ias
II. bro-to-e-ja   IV. de-sa-mor

pode-se afirmar que a separação silábica está INCORRETA em:
a) I
b) II
c) III
d) IV
e) I e II

15. Assinale a alternativa em que as palavras estão separadas INCORRETAMENTE:
a) pal-ha, cru-é-is, flu-i-do
b) ab-di-car, sub-ju-gar, bis-ne-ta
c) op-ção, sub-por, ex-ce-ção
d) fo-lha-gem, cri-an-ça, a-ma-nhe-cer
e) i-guais, brin-que-do, pseu-dô-ni-mo

Separam-se

▶ as vogais que formam hiato:

| ru-im | ca-a-tin-ga | co-or-de-na-ção | ca-o-lho |
| a-la-ú-de | ca-í-mos | tran-se-un-te | mo-e-da |

▶ os grupos formados por ditongo decrescente seguido de vogal (*aia, eia, oia, uia, aie, eie, oie, aio, eio, oio, uiu*):

| prai-a | tei-a | sa-bo-rei-e | joi-a | tui-ui-ú |

▶ os encontros consonantais *tm, dv, bs, pt, ps, pc, gn* no interior do vocábulo:

| rit-mo | ad-ver-tir | ab-so-lu-to | ap-ti-dão |
| a-po-ca-lip-se | ex-cep-cio-nal | dig-no | |

▶ as letras dos dígrafos *cc, cç, sc, sç, xc, ss, rr*:

| oc-ci-pi-tal | con-vic-ção | a-do-les-cen-te | nas-ça |
| ex-ce-ção | mas-sa | car-ro | |

▶ o *s* dos prefixos *bis-, cis-, des-, dis-, trans-*, bem como o *x* do prefixo *ex-*, quando a sílaba seguinte começa por vogal:

| bi-sa-vô | ci-san-di-no | de-sen-ten-di-men-to |
| di-sen-te-ri-a | tran-sa-tlân-ti-co | e-xo-ne-rar |

▶ as letras *b* e *d* dos prefixos *sub-, ad-* e *ab-* do radical da palavra:

| sub-lin-gual | ad-ven-tis-ta | ab-du-ção |

16. Separe as sílabas dos vocábulos abaixo:

cooperação, saímos, abdicar, sublingual, superinteressante, seccionar, bainha, obsessão, transgressão, microssistema.

17. Em uma das alternativas, as sílabas de uma palavra estão separadas em desacordo com as regras de divisão silábica, assinale-a:
a) at-mos-fe-ra, al-fai-a-te, ad-je-ti-vo
b) tran-se-un-te, su-bli-me, dis-rit-mi-a
d) pai-óis, ap-to, ab-dô-men
c) ads-trin-gen-te, re-cep-ção, ex-ce-to
e) cog-no-me, bí-ce-ps, cáp-su-la

18. Das alternativas a seguir, só uma está correta quanto à separação silábica. Assinale-a:
a) né-vo-a, mi-o-lo, goi-a-ba-da
b) ab-rup-to, pers-pi-caz, cir-cuns-pec-to
c) si-gni-fi-ca-do, lap-so, su-bli-me
d) ve-nho, cor-re-ção, fil-ha
e) ad-vo-ga-do, psi-co-lo-gi-a, na-scer

19. Faça a divisão silábica das palavras destacadas no texto.
"Aglaia era efusiva, *autêntica*, desafiadora, real. Isso real. Tinha seus *arroubos* oníricos — quem não os tem — , mas estava plantada na terra e sabia *distinguir* o que era visão do que era convenção, a convenção *social* que *impregnava* toda a *atmosfera* do mundo em que vivia."
(Geraldo Holanda Cavalcanti)

20. Identifique as afirmações corretas:
a) Qualquer consoante não seguida de vogal fica na sílaba anterior: *e-lip-se*.
b) Separa-se o prefixo *sub-* do radical da palavra: *sub-li-nhar*.
c) Nunca se separam os ditongos e tritongos: *prai-a, sa-guão*.
d) Nunca se separam os dígrafos: *a-char, pa-lha, ca-rro, o-sso*.
e) O *-s* do prefixo *bis-* se separa se a palavra primitiva começar por vogal: *bi-sa-vô*.

👁 DE OLHO VIVO PARA NÃO TROPEÇAR NA HORA DE USAR O HÍFEN

PREFIXO/ELEMENTO DE COMPOSIÇÃO	PALAVRA INICIADA POR	EXEMPLO
ab-	r	ab-rogar
ad-	r	ad-rogado
além-	qualquer letra	além-mar
ante-	e, h	ante-estreia, ante-histórico
anti-	h, i	anti-herói, anti-inflação
aquém-	qualquer letra	aquém-mar
arqui-	h, i	arqui-hipérbole, arqui-inimigo
auto-	h, o	auto-hipnose, auto-observação
bem-	vogal, h, consoante	bem-amado, bem-humorado, bem-dotado
circum-	h, vogal, m, n	circum-hospitalar, circum-escolar, circum-murar, circum-navegação
contra-	a, h	contra-argumento, contra-haste
ex-	qualquer letra	ex-marido, ex-aluno

PREFIXO/ELEMENTO DE COMPOSIÇÃO	PALAVRA INICIADA POR	EXEMPLO
extra-	a, h	extra-abdominal, extra-hepático
Grã-	topônimo	Grã-Bretanha
Grão-	topônimo	Grão-Pará
hiper-	h, r	hiper-hidrose, hiper-requintado
infra-	a, h	infra-assinado, infra-humano
inter-	h, r	inter-helênico, inter-resistente
intra-	a, h	intra-abdominal, intra-hepático
mal-	vogal, h	mal-agradecido, mal-humorado
micro-	h, o	micro-história, micro-ondas
mini-	i	mini-intervenção
neo-	h, o	neo-hegeliano, neo-ortodoxo
ob-	r	ob-rogar
pan-	vogal, h, m, n	pan-americano, pan-helênico, pan-místico, pan-negro
pré- (tônico)	qualquer letra	pré-escolar, pré-requisito

PREFIXO/ELEMENTO DE COMPOSIÇÃO	PALAVRA INICIADA POR	EXEMPLO
pró- (tônico)	qualquer letra	pró-reitor
proto-	h, o	proto-história, proto-orgânico
pseudo-	h, o	pseudo-história, pseudo-occipital
recém-	qualquer letra	recém-eleito
sem-	qualquer letra	sem-teto
semi-	h, i	semi-heresia, semi-inconsciência
sob-	r	sob-roda
sobre-	e, h	sobre-elevar, sobre-humano
sota-, soto-	qualquer letra	soto-embaixador, soto-soberania
sub-	b, h, r	sub-base, sub-humano, sub-remunerado
super-	h, r	super-homem, super-resfriado
supra-	a, h	supra-atmosférico, supra-humanismo
tele-	e	tele-educação
ultra-	a, h	ultra-apressado, ultra-honesto
vice-	qualquer letra	vice-reitor

Questões de concurso

1. (CAIPIMES-EMTU/SP) A divisão silábica está correta na alternativa:
a) su - bju - gar – i-guais – du-e-lo
b) sub - ju - gar – i-guais – du-e-lo
c) sub - ju - gar – i-gu-ais – due-lo
d) su - bju - gar – igu-ais – due-lo

2. (Cesgranrio-BNDES 2013) No trecho "pelas exigências de *infraestrutura* e de serviços públicos", a palavra destacada não apresenta o emprego do hífen, segundo as regras ortográficas da Língua Portuguesa.
Da mesma forma, o hífen não deve ser empregado na combinação dos seguintes elementos:
a) mal + educado
b) supra + atmosférico
c) anti + higiênico
d) anti + aéreo
e) vice + reitor

3. (CONSULPLAN-CODEG) Assinale a alternativa que apresenta a palavra corretamente separada em sílabas.
a) am-bien-te
b) o-b-ten-ção
c) ad-vo-ga-do
d) a-da-pta-ções
e) ex-ce-ssi-va-men-te

4. (MAKIYAMA-IF/RO) A separação silábica das palavras *ultrapassada*, *algoritmos* e *cobaias*, retiradas do texto, dá-se correta e respectivamente em:
a) ultra-pa-ssa-da – al-go-rit-mos – co-baias
b) ultra-pas-sa-da – al-gor-it-mos – co-bai-as
c) ul-tra-pas-sa-da – al-go-rit-mos – co-bai-as
d) ul-tra-pa-ssa-da – al-gor-it-mos – co-ba-i-as
e) ul-tra-pa-ssa-da – algo-rit-mos – co-ba-i-as

5. (QUADRIX-COREN/DF) Como se faz a separação em sílabas da palavra "antisséptico":
a) anti-ssép-ti-co
b) an-tis-sép-ti-co
c) an-ti-ssép-ti-co
d) antis-sépti-co
e) anti-ssé-ptico

6. (USCS-CAIPIMES) Apresenta divisão silábica incorreta a alternativa:
a) ó-bvi-a
b) as-pec-to
c) em-pol-ga-ção
d) a-tra-ves-sar

1.5 Crase

A palavra CRASE vem do grego *krásis* e significa *fusão* ou *mistura*. Em Português é o nome que se dá à junção de duas vogais idênticas. Quando esse fenômeno fonêmico for o resultado da fusão da preposição *a* com o artigo definido feminino *a* ou com os pronomes demonstrativos *a(s)* (= aquela, aquelas) com *aquele, aquela, aquilo*, bem como os relativos também com *a* inicial (*a* qual, *as* quais), deve ser representado na escrita pelo acento grave (`).

Você vai observar que, em todos os casos, o primeiro elemento é sempre a preposição *a* e o seu uso vai depender da regência nominal ou verbal. Assim, o primeiro passo é saber se o nome ou o verbo exige a preposição *a*. A seguir veja se cabe o segundo *a* das situações vistas (artigo definido feminino, pronome demonstrativo ou pronome relativo iniciado por *a*). Só então você vai usar o *à* (craseado), assunto deste subcapítulo.

Dominar o emprego do acento grave é uma exigência do padrão formal escrito da língua e um sinal de competência linguística.

Neste subcapítulo vamos falar-lhes do emprego obrigatório do acento grave, do emprego facultativo e dos casos em que não se emprega esse acento.

CRASE não é acento, é um processo fonético, resultado da fusão de dois *aa*, representada por um *a* com acento grave:

a + a = à

O primeiro *a* é preposição e o outro pode ser
- o artigo definido *a(s)*, que precede substantivo feminino claro ou subentendido:
  Minha filha foi à festa de quinze anos de uma amiga.
  a + a (artigo que precede o substantivo *festa*)

  Irei à Itália depois de visitar várias cidades do Leste europeu.
  a + a (artigo precede o substantivo locativo *Itália*)

- o pronome demonstrativo *a(s)*:
  Não me referi a esta menina da primeira fila, mas à no fundo da sala.
  (a + a = aquela)

- primeira letra dos pronomes demonstrativos: *aquela(s), aquele(s), aquilo*:
    Não assistirei *àquele* festival de inverno.
              a + aquele
- o *a* do pronome relativo *a qual, as quais*:
    Essas eram as questões *às* quais você se referia no seu parecer.
              a + as quais

👍 Saiba mais

• São condições para o emprego do acento grave:
a) a existência de palavra feminina, clara ou oculta;
b) a palavra regente exigir a preposição *a*;
c) a palavra regida admitir o artigo *a*, o demonstrativo *a* (= *aquela*) e outros demonstrativos iniciados por *a*, bem como o relativo *a qual, as quais*.

• Nas locuções adverbiais, prepositivas e conjuntivas, formadas de substantivo feminino, o *a* recebe o acento grave, sem que haja, propriamente, crase: *à noite, à custa de, à medida que, à força, à margem, à noite, à tarde*.
    Saiu *à tarde* para ir à exposição de pintura.

1. Leia as frases e indique em quais delas o acento grave é obrigatório:
a) No Natal deu presentes a todos os parentes.
b) Dirigi-me a livraria mais próxima para comprar o último *best-seller*.
c) Fernanda é uma amiga a quem quero muito bem.
d) Eis o menino e a tia a qual me referi durante o processo.
e) Não me refiro aqueles processos judiciais.

2. Em uma das frases abaixo, o emprego do acento indicativo de crase NÃO está correto:
a) Não fui mais àquela praça cheia de árvores centenárias.
b) Não sei quem é àquela criança sentada no carrinho.
c) Os alunos deram um presente à professora querida.
d) Sempre gostei de assistir às novelas da televisão.
e) Pedi calma àquele grupo de badernistas.

3. Assinale com C as frases corretas e com E as incorretas quanto ao emprego do acento grave:
a) É proibida à entrada de pessoas estranhas ao recinto.
b) As compras foram superiores às que tinha planejado.
c) As crianças não devem chegar atrasadas à escola.
d) As escolas devem oferecer às crianças boas instalações.
e) Enviei à Brasília a documentação necessária.

> **👍 Saiba mais**
>
> Regras práticas para saber se deve usar o acento grave:
> - substitua o substantivo feminino por um masculino:
>   à = feminino   ao = masculino
>   amor à família   amor ao próximo
>
> - substitua *à* por *da* em substantivos designativos de lugar:
>   fui à   cheguei da
>   Fui à Europa   Cheguei da Europa
> mas
>   fui a   cheguei de
>   Fui a Manaus   Cheguei de Manaus
> sem acento grave porque a palavra regida *Manaus* não admite artigo.

4. Coloque o acento grave diante de nomes de cidades e de estados quando necessário:
a) Fui a Maceió.
b) Fui a Bahia.
c) Retornei a Paraíba.
d) Retornei a João Pessoa.
e) Vou a Goiânia.

5. Complete os espaços com *a*, *à*, *as*, *às*:
a) Vou ..... missa aos domingos.
b) Refiro-me ..... alunas aplicadas.
c) Assistimos ..... estreia do festival.
d) Passou o dia ..... espera do telefonema.
e) A mãe disse ..... filhas para economizarem água.

1.5.1 Emprego obrigatório do acento grave

▶ na indicação de hora precisa ou partes do dia:
Sairemos *às 10 horas*.
Chegaremos *à noitinha*.

▶ com expressões que indicam moda ou maneira de ser:
Bife *à milanesa*. (Bife à moda da cidade italiana de Milão)

▶ com as palavras rua, avenida, empresa (explícitas ou implícitas):
Retornei *à rua Sete de Setembro*. (Retornei *à Sete de Setembro*)
Vou *à avenida Presidente Vargas*. (Vou *à Presidente Vargas*.)
Enviei um documento *à Universidade Federal do Rio de Janeiro*.

▶ em locuções adverbiais, prepositivas e conjuntivas formadas com substantivo feminino:

adverbiais	prepositivas	conjuntivas
à beça	à beira de	à medida que
à direita	à custa de	à proporção que
à margem	à espera de	
à noite	à frente de	
à parte	à maneira de	
à toa	à moda de	
à vista	à procura de	

👍 Saiba mais

É preferível não usar acento grave nas locuções adverbiais de instrumento:
Escrever *a mão*, *a tinta* ou *a máquina* (comparar com escrever *a lápis*, e não *ao lápis*); ferir *a faca*, *a bala* (comparar com ferir *a fuzil*, e não *ao fuzil*).

6. Assinale a alternativa que preenche corretamente as lacunas:
Não ..... via ..... tanto tempo, que ..... primeira vista ..... achei muito envelhecida.
a) a, há, à, a
b) a, a, há, à
c) a, há, a, à
d) à, à, há, a
e) à, a, há, a

7. Observe as frases:
I. Os jovens cortaram o cabelo à Neymar.
II. O casamento será às 21 horas.
III. Mudarei para à avenida Ayrton Senna na próxima semana.
IV. Os candidatos permaneceram ansiosos à espera do resultado do concurso.
De acordo com as regras de emprego do acento grave, podemos afirmar que
a) todas as frases estão corretas.
b) nenhuma das frases está correta.
c) apenas estão corretas I e II.
d) apenas estão corretas III e IV.
e) estão corretas I, II e IV.

▶ antes da palavra *casa* se ela for determinada:
   Irei *à casa da minha mãe* no próximo domingo.

▶ antes da palavra *terra* seguida de uma especificação:
   Foi *à terra de seus familiares* passar as férias.
   A nave espacial retornará *à Terra* no próximo ano. (= planeta)

▶ antes da palavra *distância* quando estiver determinada em metro, quilômetro etc.:
   O trem descarrilou *à distância* de cinco quilômetros da estação.

👍 Saiba mais

- *casa* no sentido de *lar* não é precedida de acento grave:
   Vou *a casa*, buscar meus óculos. (= *a* minha casa)

- *terra* em oposição a *mar* ou a *bordo* não admite artigo, logo não há crase:
   Os marinheiros desceram *a terra*. (= solo firme)

- *distância*, quando indeterminada, não há crase:
   Ensino *a distância*.

Observação: Alguns gramáticos consideram que, no caso de *ensino à distância*, também se deve colocar acento grave por se tratar de locução adverbial com palavra feminina *distância*.

8. Nas opções abaixo, há duas incorretas quanto ao emprego do acento grave. Assinale-as:
a) Daqui à escola são 10 minutos de carro.
b) Daqui à uma hora estaremos em Porto Alegre.
c) Os manifestantes ficaram à distância de 100 metros das autoridades.
d) Os jornais comentavam o assalto às joalherias do shopping.
e) Os passageiros chegaram à terra muito cansados da tempestade em alto-mar.

1.5.2 Emprego facultativo do acento grave

▶ Diante de nomes próprios personativos femininos:
Deu uma gravura de presente a *Fernanda*. (ou *à Fernanda*)

▶ Diante de pronome possessivo:
Prestava muita atenção *a sua indignação*. (ou *à sua indignação*)

▶ Com a locução prepositiva até a:
Leu o romance *até* a última página. (ou *até à última página*)

Saiba mais

• *até à* = *até a* (locução) + *a* (artigo) exprime limite:
A água da chuva inundou tudo, *até à* sala. (A água não inundou a sala, chegou perto dela.)

• *até a* = *até* (preposição) + *a* (artigo):
A água da chuva inundou tudo, *até a* sala. (A água inundou inclusive a sala.)

9. Use o acento grave, quando for necessário:
a) Vamos a Campos do Jordão. Vamos a colonial Ouro Preto.
b) Solicitamos a V. S.ª o arquivamento do processo. Solicitamos a diretora o despacho favorável.
c) Assistimos a uma peça premiada. Assistimos sempre as novelas de época.
d) Deram um prêmio a professora. Deram um prêmio a você.
e) Anda a cavalo pelo sítio. Anda a procura de apartamento.

👍 Saiba mais

Nos exemplos abaixo, não ocorre a crase porque, em todos os casos, trata-se apenas da preposição *a*. Antes de

- nome masculino:
    Compras *a prazo*. Andar *a cavalo*. Automóvel *a álcool*.
    Observação: Compras *a prazo*, mas compras *à vista*, compras *à prestação*.

- verbo:
    A partir de hoje, não comerei mais doces.

- artigo indefinido:
    A professora se referia *a uma aluna* muito aplicada.
    Observação: Não confundir artigo indefinido com a expressão formada por numeral na indicação de hora:
    A solenidade começará *à uma hora*.

- pronomes pessoais, de tratamento (exceção: *senhora, madame* e *dona*), demonstrativos, indefinidos e relativos (*quem e cujo*):
    Não me refiro *a Vossa Excelência*, mas *à senhora* que está ao seu lado.
    A única pessoa da família *a quem* o menino obedecia era o pai.

- locuções adverbiais com palavras repetidas:
    gota a gota, frente a frente, cara a cara.

- *a* seguido de substantivo plural:
    Refiro-me *a jovens*. (mas Refiro-me *às jovens*)
    Compras *a prestações*.

- nomes de cidades que se empregam sem artigo:
    Irei *a Salvador* no próximo verão.

10. Empregue o acento grave indicador da crase, quando necessário:
a) Pedi no almoço couve a mineira.
b) Sairei de casa a uma hora.
c) Pintou o quadro a óleo.
d) Há pessoas que só compram a prazo e outras só a vista.
e) Dirigi-me a inúmeras livrarias a procura de um livro para meu sobrinho.

11. Explique por que o acento grave está empregado incorretamente nas frases abaixo:
a) Demorou à chegar o dia da viagem à Manaus.
b) Na recepção de posse do presidente, exigia-se traje à rigor.
c) Não me submeto à críticas infundadas do grupo de oposição.
d) Apelava à Santa Edwiges, protetora dos pobres e desvalidos.
e) O aluno era desatento, conversava com os colegas durante à aula.

De olho vivo para não tropeçar na hora de usar o acento grave

1. Emprega-se o acento grave
- na contração da preposição *a* com as formas femininas do artigo definido *a*;

- na contração da preposição *a* com os demonstrativos *a(s), aquele(s), aquela(s), aquilo*;

- na contração da preposição *a* com o *a* dos pronomes relativos *a qual, as quais*;

- nas locuções adverbiais, conjuntivas e prepositivas de base feminina:
  à beira de, à custa de, à noite, à primeira vista, às cegas, às vezes.

2. Não se emprega acento grave
- antes de palavra masculina: *andar a pé, a fim de, máquina a vapor, venda a prazo, caminhão a frete, dinheiro a rodo, viagem a São Paulo, TV a cabo, traje a rigor;*

- antes de verbo no infinitivo: *aprendeu a ler, assunto a pesquisar, condições a combinar, demorou a chegar, disposto a colaborar;*

- em expressões compostas de palavras repetidas: *de parte a parte, face a face, frente a frente, gota a gota;*

- diante de artigo indefinido: *a uma grave questão;*

- antes de pronome pessoal, de tratamento (exceção: *senhora, madame, dona*) e relativo: *a ela; a você; a que, a quem, a cuja;*

- depois das preposições *ante, após, com, conforme, contra, desde, durante, entre, mediante, para, perante, sob, sobre, segundo;*

- antes de numerais cardinais: de 2000 *a* 2010.

Questões de concurso

1. (CAIPIMES-EMTU/SP) Assinale a alternativa INCORRETA quanto ao emprego da crase.
a) Encontrei-o à porta de minha casa.
b) À noite, se reuniam para ouvi-lo.
c) Não fui àquela festa.
d) Submeterei àqueles alunos a uma prova.

2. (Cesgranrio-BNDES) Segundo a norma-padrão, o sinal indicativo da crase não deve ser utilizado no seguinte trecho: "Certamente porque não é fácil compreender certas questões, as pessoas *tendem a aceitar* algumas afirmações".
A mesma justificativa para essa proibição pode ser identificada em:
a) "É natural que isso aconteça, quando mais não seja porque as certezas nos dão segurança e tranquilidade. Pô-las em questão *equivale a tirar* o chão de sob nossos pés."
b) "Com o desenvolvimento do pensamento objetivo e da ciência, aquelas certezas inquestionáveis *passaram a segundo plano*, dando lugar a um novo modo de lidar com as certezas e os valores."
c) "a visão inovadora veio ganhando terreno e, mais do que isso, conquistando posições estratégicas, o que tornou possível influir na formação de novas gerações, *menos resistentes a visões questionadoras*."
d) "Ocorre, porém, que essa certeza *pode induzir a outros erros*: o de achar que quem defende determinados valores estabelecidos está indiscutivelmente errado."
e) "Uma comunidade cujos princípios e normas *mudassem a cada dia* seria caótica e, por isso mesmo, inviável."

3. (Cesgranrio-BNDES) A frase em que o sinal indicativo de crase está usado de acordo com a norma-padrão é:
a) As determinações do comitê destinam-se àqueles atletas indicados.
b) Ele se apoderou à bola e saiu correndo.
c) Ele ajuntou-se à um conjunto de mulheres inteligentes.
d) Este fato é comum à todo campeonato mundial.
e) Tenho todas essas contas à pagar.

4. (Cesgranrio-Petrobras) De acordo com a norma-padrão da língua portuguesa, o sinal indicativo da crase é obrigatório na palavra destacada em:
a) Antigamente não existiam _a_ comunicação via satélite, a internet e o telefone celular, dificultando a correspondência entre as pessoas situadas em países diferentes.
b) Os processos informacionais e comunicativos dos seres estão relacionados, atualmente, _a_ modernas tecnologias da informação.
c) Nos dias de hoje, a rapidez na transmissão da informação está invariavelmente associada _a_ evolução da tecnologia, própria da sociedade pós-industrial.
d) Até o século passado, o sentido da palavra informação estava restrito _a_ dados que eram transmitidos ao receptor com certa defasagem temporal.
e) O desenvolvimento de *hardwares* e *softwares* garante _a_ operacionalização da comunicação e dos processos deles decorrentes em meios virtuais.

5. (Cesgranrio-Petrobras) O sinal indicativo de crase é obrigatório na palavra destacada em:
a) A maior parte dos jovens está disposta _a_ se casar ao encontrar a pessoa certa.
b) A opção por apartamentos unipessoais levou _a_ redução do preço dos imóveis.
c) O uso intensivo de redes sociais diminui _a_ distância física entre as pessoas.
d) Os jovens recém-formados têm expressado _a_ vontade de morar sozinhos.
e) Hoje há um movimento mundial crescente para conquistar _a_ eterna juventude.

6. (Cesgranrio-Petrobras) De acordo com a norma-padrão da língua portuguesa, o emprego do sinal indicativo da crase só é possível em:
a) O alto preço dos ingressos levou _a_ redução do público em alguns estádios brasileiros.
b) A maior parte dos jogadores brasileiros está disposta _a_ deixar o país para jogar na Europa.
c) Em época de Copa do Mundo, há um esforço crescente dos países para conquistar _a_ taça.
d) O futebol emociona tanto a população que os produtos ligados _a_ ele têm alta vendagem.
e) A imprensa começa _a_ criticar o excessivo endeusamento dos nossos jogadores de futebol.

7. (CETRO-CREF 4ª Região/SP) Leia o trecho abaixo e, em seguida, assinale a alternativa que completa correta e respectivamente as lacunas.
Ontem .... tarde, encontrei César. Ele foi .... Londres .... trabalho. Morou lá por quatro anos. A casa dele ficava .... 300 metros de Piccadilly Circus.
a) à/ a/ a/ a
b) a/ à/ a/ à
c) à/ a/ à/ a
d) a/ a/ à/ à
e) à/ à/ a/ a

8. (COMPERVE-UFRN-UFERSA) Leia o trecho reproduzido a seguir.
"Proponho que, como parte da bolsa, estudantes de mestrado e doutorado devam fazer uma

visita ao ano (ou mais se desejarem) *a uma escola local* [...]" NÃO há ocorrência de uso do acento indicativo da crase porque

a) o verbo "visitar", nesse caso, não exige complemento preposicionado.
b) a palavra "escola" está antecedida por um numeral.
c) o nome "visita", nesse caso, não exige complemento preposicionado.
d) a palavra "escola" está antecedida por um artigo indefinido.

9. (CONRIO-Pref. Manduri/SP) Em qual frase o sinal indicativo da crase foi indevidamente empregado?

a) Todos já haviam saído àquela hora.
b) A mim nada disseram, disseram, no entanto, à ela.
c) Daremos o prêmio àquele que o merecer.
d) Cheguei hoje à Buenos Aires de tangos deliciosos.

10. (CONSULPLAN-Pref. de Natal/RN) Leia o texto abaixo e preencha as lacunas.

Buraco negro gigante confunde cientistas

Uma nova descoberta astronômica está confundindo cientistas que se dedicam .... vasculhar diferentes galáxias e sistemas solares.

Um grupo de astrônomos identificou um buraco negro gigante – o segundo mais pesado já observado da Terra – em uma galáxia menor até do que .... que costumam abrigar formações desse tipo, bastante modestas.

Os buracos negros são formações extremamente densas e com uma força gravitacional fortíssima que atrai e "engole" até a luz que está a seu redor.

Um "buraco negro médio" poderia ter uma massa equivalente .... 1.000 sóis, mas ser menor que a Terra.

Acredita-se que haja uma dessas formações no centro de todas as grandes galáxias.

A galáxia NGC 1277 está a 220 milhões de anos-luz de distância da Terra, mas aparece nas imagens de alta resolução feitas pelo telescópio Hubble. "Em geral fazemos um modelo de galáxia (que estamos estudando) e calculamos todas as órbitas possíveis das estrelas (que pertencem a ela)", explicou Van den Basch .... BBC. "É como montar um quebra-cabeça, analisamos essas órbitas (possíveis) para tentar reproduzir uma galáxia que tem as mesmas velocidades estelares que medimos (com ajuda de telescópio)."

(Disponível em: ⟨http://www1.folha.uol.com.br/bbc/1193115-buraco-negro-gigante-confunde-cientistas.shtml⟩. Adaptado.)

Assinale a alternativa que completa correta e respectivamente o texto anterior.

a) à/ a/ a/ à
b) à/ às/ à/ a
c) a/ as/ a/ à
d) a/ as/ à/ a

11. (COVEST-UFPE) Assinale a alternativa na qual o sinal indicativo de crase foi utilizado corretamente.

a) Quando se trata de ética, cabe à toda a população vigiar os governantes.

b) Ao longo da História, nem sempre à ética foi percebida da mesma maneira.

c) Dizem que a moral, ao contrário da ética, é variável, à depender da cultura de cada povo.

d) Precisamos admitir que a ética é indispensável à sobrevivência das sociedades.

e) Tolerância, respeito e ética constituem à base para a construção de relacionamentos duradouros.

12. (FCC-SABESP) Thomas Mann, autor do romance *A Montanha Mágica*, ... quem coube a pergunta sobre o que considerava mais importante ..... vida do ser humano, respondeu que considerava ..... transitoriedade, contrária ..... atemporalidade.

Preenche respectivamente as lacunas da frase acima o que se encontra em:

a) a – a – à – a

b) a – a – à – à

c) à – à – a – à

d) a – à – a – à

e) à – a – a – à

13. (FCC-TRT 9ª) Costuma-se atribuir ..... originalidade da obra de Glauber Rocha o êxito do movimento denominado Cinema Novo, cujos filmes ajudaram ..... alavancar temporariamente ..... indústria cinematográfica nacional.

Preencha corretamente as lacunas da frase acima, na ordem dada:

a) à/ à/ a

b) a/ à/ a

c) a/ a/ à

d) a/ à/ à

e) à/ a/ a

14. (FUNCAB-CODATA) Em qual das frases abaixo o acento indicativo de crase foi corretamente colocado?

a) Eles aderiram à manifestação.

b) À tarde estava muito fresca.

c) Daqui à pouco eles sairão da sala.

d) Tomaram o remédio gota à gota.

e) Eles assistiam à tudo, indiferentes.

15. (Gestão de Concursos-CODEMIG) Leia este fragmento do texto.

"A exploração do pré-sal ilustra bem essa complexidade, que vai da física em *águas profundas à economia da distribuição dos* 'royalties'."

Desconsideradas as alterações de sentido, assinale a alternativa em que o termo proposto pode substituir o trecho destacado, sem que se incorra em erro quanto ao uso do acento indicativo de crase.

a) à diferentes propostas relativas à distribuição de "royalties".

b) à elaboração de leis que regulamentarão a distribuição dos "royalties".

c) à qualquer particularidade relativa à distribuição dos "royalties".

d) à uma distribuição de "royalties" equitativa e razoável.

16. (IMA-Pref. Jaicós/PI) Aponte a alternativa em que NÃO ocorra ERRO no uso do acento indicativo da crase.

a) Caminhava passo à passo a procura de um lugar onde pudesse estar a vontade.

b) Aquela hora ninguém estaria disposto à fazer mais nada.

c) A vontade daquele homem era ir a Roma.

d) Não conte aquilo à ninguém.

17. (MAKIYAMA-IF/RO) Assinale a única alternativa em que a crase está empregada CORRETAMENTE.

a) Àquela garota é a mais linda que já conheci.

b) Meu pai me convenceu à não sair de casa hoje.

c) Fui a primeira à chegar para a reunião de pais.

d) Continuamos à espera de uma resposta sua.

e) Se quiser saber mais sobre o assunto, peça explicações à ele.

18. (UFRJ-UFRJ) Leia o trecho abaixo, adaptado — sem as marcações de crase — de matéria publicada na revista *Carta Capital* (Ano XVIII, n.º 750, de 29 de maio de 2013), e responda à questão proposta:

A pobreza leva a loucura

Estudos estabelecem relação direta entre a desigualdade social e a incidência de doenças mentais nos desassistidos.
Na Londres do século XIX, Charlie Chaplin viveu uma infância atormentada pela pobreza e pelo declínio mental de sua mãe em meio a miséria. Embora evidências recentes sugiram que a "loucura" de Hannah Chaplin tenha sido causada pela sífilis, o ícone do cinema mudo registrou em sua autobiografia que os problemas mentais da matriarca decorreram do fato de ela passar fome para alimentar os filhos.
Marque a alternativa em que ocorre, em todos os casos, o emprego correto da crase:

a) A pobreza leva a loucura. Estudos estabelecem relação direta entre a desigualdade social e à incidência de doenças mentais nos desassistidos. Na Londres do século XIX, Charlie Chaplin viveu uma infância atormentada pela pobreza e pelo declínio mental de sua mãe em meio à miséria. Embora evidências recentes sugiram que a "loucura" de Hannah Chaplin tenha sido causada pela sífilis, o ícone do cinema mudo registrou em sua autobiografia que os problemas mentais da matriarca decorreram do fato de ela passar fome para alimentar os filhos.

b) A pobreza leva à loucura. Estudos estabelecem relação direta entre à desigualdade social e a incidência de doenças mentais nos desassistidos. Na Londres do século XIX, Charlie Chaplin viveu uma infância atormentada pela pobreza e pelo declínio mental de sua mãe em meio à miséria. Embora evidências recentes sugiram que a "loucura" de Hannah Chaplin tenha sido causada pela sífilis, o ícone do cinema mudo registrou em sua autobiografia que os problemas mentais da matriarca decorreram do fato de ela passar fome para alimentar os filhos.

c) A pobreza leva a loucura. Estudos estabelecem relação direta entre à desigualdade social e à incidência de doenças mentais nos desassistidos. Na Londres do século XIX, Charlie Chaplin viveu uma infância atormentada pela pobreza e pelo declínio mental de sua mãe em meio à miséria. Embora evidências recentes sugiram que a "loucura" de Hannah Chaplin tenha sido causada pela sífilis, o ícone do cinema mudo registrou em sua autobiografia que os problemas mentais da matriarca decorreram do fato de ela passar fome para alimentar os filhos.

d) A pobreza leva a loucura. Estudos estabelecem relação direta entre a desigualdade social e a incidência de doenças mentais nos desassistidos. Na Londres do século XIX, Charlie Chaplin viveu uma infância atormentada pela pobreza e pelo declínio mental de sua mãe em meio a miséria. Embora evidências recentes sugiram que à "loucura" de Hannah Chaplin tenha sido causada pela sífilis, o ícone do cinema mudo registrou em sua autobiografia que os problemas mentais da matriarca decorreram do fato de ela passar fome para alimentar os filhos.

e) A pobreza leva à loucura. Estudos estabelecem relação direta entre a desigualdade social e a incidência de doenças mentais nos desassistidos. Na Londres do século XIX, Charlie Chaplin viveu uma infância atormentada pela pobreza e pelo declínio mental de sua mãe em meio à miséria. Embora evidências recentes sugiram que a "loucura" de Hannah Chaplin tenha sido causada pela sífilis, o ícone do cinema mudo registrou em sua autobiografia que os problemas mentais da matriarca decorreram do fato de ela passar fome para alimentar os filhos.

19. (UFRJ-UFRJ) O trecho abaixo foi adaptado — sem as marcações de crase — de parte da entrevista concedida ao *Jornal da UFRJ*, em outubro de 2005, pelo Professor Nelson Souza e Silva, Titular de Cardiologia do Departamento de Clínica Médica da Faculdade de Medicina da UFRJ. Na entre-vista, o professor analisa o impacto das novas tecnologias na Saúde e avalia que a prática e o ensino médicos são reféns do poder do complexo médico-industrial. Leia-o, atentamente, e responda à questão proposta.

Os planos de saúde acabaram entrando como incentivo a (1) indústria de novas tecnologias e contra eles mesmos. Gastam demais com o uso excessivo de tecnologia — que não ajuda a (2) população — e sequer se programaram para isso. Também não vão poder aumentar os seus preços, porque a (3) população não vai aguentar pagar. Quem gerou esses custos? Foi a (4) própria propaganda enganosa deles mesmos. Oferecem hotelaria e acesso a (5) equipamentos de alta tecnologia. Só que isso é caríssimo. Cresceram com muito menos planejamento que o SUS. O resultado disso já está acontecendo, o que vai acabar estourando o sistema de saúde privado.

Marque a alternativa em que ocorre, em todos os casos, o emprego correto da crase:

a) (1) à (2) à (3) a (4) a (5) à
b) (1) a (2) a (3) a (4) a (5) a
c) (1) à (2) a (3) a (4) a (5) à
d) (1) à (2) a (3) a (4) a (5) a
e) (1) a (2) à (3) a (4) a (5) à

20. (UFRJ-UFRJ) O trecho abaixo foi adaptado — sem as marcações de crase — de parte do capítulo de conclusão do livro *Testemunhos da Maré*, de Eliana Sousa Silva, Doutora em Educação e Técnica em Assuntos Educacionais da UFRJ. Leia-o, atentamente, e responda à questão proposta.

Vencer o mito da cidade partida, então, é fundamental para estabelecer outro olhar sobre a (1) cidade que não se referencie pela dicotomia em relação a (2) cidade-favela. (...) Entender que a (3) favela é cidade e que, portanto, aos seus cidadãos devem ser oferecidas as (4) mesmas condições, assim como deve se exigir o cumprimento de deveres, representará uma mudança de paradigma das políticas públicas para essas áreas.

Marque a alternativa em que ocorre, em todos os casos sublinhados e numerados, o emprego correto da crase:

a) (1) à (2) à (3) a (4) as
b) (1) a (2) a (3) a (4) às
c) (1) à (2) a (3) a (4) as
d) (1) a (2) a (3) à (4) as
e) (1) a (2) à (3) a (4) as

21. (VUNESP-FUNDUNESP) Assinale a alternativa em cuja frase, que conclui o trecho apresentado a seguir, o acento indicativo de crase foi corretamente empregado.

Com a pressão vinda de todos os lados, foram poucos os que resistiram

a) à avançada ferramenta de trabalho.
b) à adquirir a novidade tecnológica.
c) à tantas promessas de inovação.
d) à tudo que a novidade prometia.
e) à uma invenção tão importante.

22. (VUNESP-Câmara da Estância de Bragança Paulista) Releia o trecho do penúltimo parágrafo.

Além disso, todo debate que visa regular o *marketing* infantil acaba sendo *direcionado para um outro foco*: a restrição à liberdade de expressão, como se disciplinar o assédio de fabricantes de produtos não saudáveis às nossas crianças fosse algo negativo, *prejudicial à sociedade*. Trata-se de um esforço no sentido de manter os canais *abertos para a divulgação* nociva que contribui para comprometer a saúde dos mais jovens.

No que se refere às regras de uso da crase, os trechos destacados estão, correta e respectivamente, reescritos em

a) direcionado à um outro foco .... prejudicial à cada cidadão .... abertos à divulgação.
b) direcionado à um outro foco .... prejudicial à cada cidadão .... abertos a divulgação.
c) direcionado a um outro foco .... prejudicial à cada cidadão .... abertos a divulgação.
d) direcionado à um outro foco .... prejudicial a cada cidadão .... abertos à divulgação.
e) direcionado a um outro foco .... prejudicial a cada cidadão .... abertos à divulgação.

23. (VUNESP-Polícia Civil) Assinale a alternativa em que o acento indicativo de crase está empregado corretamente.

a) A combinação de vidro e concreto armado é comum à praticamente toda a obra de Niemeyer.
b) No ano passado, Niemeyer falou à vários estudantes de arquitetura.
c) Em Belo Horizonte, fomos à uma igreja projetada por Niemeyer.
d) Niemeyer sempre procurava integrar suas construções à paisagem local.
e) Darcy Ribeiro chegou à atribuir ao arquiteto o título de "único gênio" do Brasil.

24. (VUNESP-Pref. Estância Hidromineral de Poá/SP) Assinale a alternativa em que o acento indicativo de crase está empregado corretamente.

a) Calligaris se reporta à duas fontes bibliográficas: uma ficcional e outra jornalística.
b) Aparentemente, o livro de Dan Brown parece propenso à levantar polêmica.
c) O autor se volta à uma discussão instigante sobre crescimento demográfico.
d) A escassez generalizada de água potável é uma questão que interessa à todos.
e) É necessário traçar estratégias concretas que levem à preservação da humanidade.

25. (VUNESP-UNESP-Campus Bauru-FE) Observe a seguinte passagem do quarto parágrafo. Outra, muito diferente, é o Estado *impor* determinadas condutas restritivas da liberdade de escolha...
Atendendo às regras referentes ao uso do acento indicativo de crase, o verbo *impor* pode ser completado por:

a) à todos
b) à uma pessoa
c) à qualquer indivíduo
d) à seu povo
e) à população

26. (VUNESP-PROCON/SP) Considere as frases a seguir.
I. Para o Procon-SP, a Campanha "De Olho na Validade" é uma medida educativa que traz benefícios ..... população, uma vez que aprimora o mecanismo de controle para a questão dos produtos com prazo de validade vencido.
II. Vale ressaltar que a APAS (Associação Paulista de Supermercados) comprometeu-se .....

reforçar a comunicação interna da Campanha junto aos seus associados.

III. Dos consumidores que afirmaram conhecer a Campanha, 30% se informaram ..... respeito por meio do site do Procon-SP e 26% por intermédio dos veículos de comunicação.

IV. O Código de Defesa do Consumidor determina que os fornecedores, que colocam ..... venda produtos inadequados ao consumo, devem substituir o item por outro similar ou restituir a quantia paga, sem prejuízo de eventuais perdas e danos.

Assinale a alternativa que preenche, correta e respectivamente, as lacunas das frases.

a) à/ a/ a/ a
b) a/ à/ à/ a
c) a/ a/ à/ à
d) à/ à/ à/ a
e) à/ a/ a/ à

27. (VUNESP-SEJUS/ES) O Instituto Nacional de Administração Prisional (INAP) também desenvolve atividades lúdicas de apoio ..... ressocialização do indivíduo preso, com o objetivo de prepará-lo para o retorno ..... sociedade. Dessa forma, quando em liberdade, ele estará capacitado ..... ter uma profissão e uma vida digna.

(Disponível em: www.metropolitana.com.br/blog/qual_e_a_importancia_da_ressocializacao_de_presos.
Acesso em: 18.08.2012. Adaptado)

Assinale a alternativa que preenche, correta e respectivamente, as lacunas do texto, de acordo com a norma-padrão da língua portuguesa.

a) à/ à/ à
b) a/ a/ à
c) a/ à/ à
d) à/ à/ a
e) a/ à/ a

28. (VUNESP-SEAP) O acento indicativo de crase está corretamente empregado em:

a) Tendências agressivas começam à ser relacionadas com as dificuldades para lidar com as frustrações de seus desejos.

b) A agressividade impulsiva deve-se à perturbações nos mecanismos biológicos de controle emocional.

c) A violência urbana é comparada à uma enfermidade.

d) Condições de risco aliadas à exemplo de impunidade alimentam a violência crescente nas cidades.

e) Um ambiente desfavorável à formação da personalidade atinge os mais vulneráveis.

1.6 Pontuação

PONTUAR é marcar linguística e expressivamente um texto escrito. Por isso, na sua elaboração, o conhecimento do emprego dos sinais de pontuação é essencial. Esses sinais servem para reproduzir na escrita as pausas e os recursos rítmicos e melódicos da língua falada. As pausas têm função sintática com implicação no significado do texto. A entoação tem função eminentemente expressiva e pode indicar uma declaração, um questionamento, uma exclamação.

A vírgula, o ponto, o ponto e vírgula são sinais indicadores de pausa. Os dois-pontos, as reticências, os pontos de interrogação e de exclamação marcam a entoação das frases. Ainda há o travessão, as aspas, os parênteses, os colchetes, o negrito e o itálico que servem para destacar algum segmento.

Um texto escrito adquire sentidos diferentes dependendo da pontuação, cujo emprego está relacionado ao contexto, os interlocutores e às intenções comunicativas.

A falta de pontuação ou a pontuação inadequada podem prejudicar ou alterar o sentido do texto.

Vamos fazer um teste? Veja se você consegue compreender a frase a seguir?

Um fazendeiro tinha um bezerro e a mãe do fazendeiro era também o pai do bezerro.

Provavelmente não conseguiu compreendê-la. Observe agora a mesma frase com o ponto e vírgula depois da palavra mãe:

Um fazendeiro tinha um bezerro e a mãe; do fazendeiro era também o pai do bezerro.

Com a pontuação adequada, entendemos que o fazendeiro tinha um bezerro, a mãe [a vaca] e o pai do bezerro [o touro], ou seja, os três animais pertenciam ao fazendeiro [1].

Esse breve exemplo ilustra a necessidade do domínio dos sinais de pontuação para a compreensão e produção de texto com sentido. É do emprego dos sinais de pontuação que trataremos neste subcapítulo, acompanhado de exercícios de fixação.

---

[1] PEREIRA, Cilene da Cunha; SILVA, Edila Vianna da; ANGELIM, Regina Célia Cabral. *Dúvidas em português nunca mais*. 3 ed. Rio de Janeiro: Lexikon, 2011. p. 247-248.

Podemos agrupar, didaticamente, os SINAIS DE PONTUAÇÃO em aqueles que

- MARCAM A PAUSA: vírgula, ponto e ponto e vírgula;
- INDICAM A ENTOAÇÃO: dois-pontos, ponto de interrogação, ponto de exclamação e reticências;
- DESTACAM SEGMENTOS: travessão, aspas, parênteses, colchetes.

A pontuação, de maneira geral, indica, ao mesmo tempo, pausa e melodia.

1.6.1 Sinais marcadores de pausa
1.6.1.1 Vírgula

A VÍRGULA é empregada para separar, NO INTERIOR DA ORAÇÃO,
- termos de mesma função sintática sem a utilização de conectivo:
  Meu namorado, a irmã dele, o namorado dela e eu estivemos juntos toda a tarde.

- conjunções repetidas numa enumeração (polissíndeto):
  "*Nem* a física, *nem* a moral, *nem* a intelectual, *nem* a política que julgava existir, havia." (Lima Barreto)

- termos repetidos:
  Toda manhã ela gritava meu nome: *Paulo, Paulo, Paulo*.

- aposto:
  Os Sertões, *retrato da Guerra de Canudos*, foi publicado em 1901.

- vocativo:
  Fernanda, você quer ir comigo ao *cinema*?

- palavras ou expressões de natureza explicativa (*isto é, aliás, a saber, ou seja, por exemplo*):
  Os olhos daquela jovem são acinzentados, *isto é*, nem cinza nem verde.

- adjunto adverbial anteposto:
  Antes do pôr do sol, chegaram os convidados.

- elipse de um verbo:
  Na praça, uma multidão de manifestantes. [havia]

- nome do lugar na datação:
  São Paulo, 9 de novembro de 2013.

1. De acordo com as regras de pontuação da Língua Portuguesa, um dos empregos da vírgula é isolar o adjunto adverbial ou a oração adverbial antecipada. A frase que exemplifica esse tipo de uso é:
a) A antipatia de Lima Barreto pelo futebol será tema de uma das mesas do Placar Literário da Bienal.
b) A 16ª Bienal Internacional do Livro terá um espaço exclusivo, o Placar Literário, para falar de futebol.
c) Escritores, jornalistas e pesquisadores debaterão o desentrosamento entre a literatura e o futebol.
d) Há um consenso de que, com exceção da crônica, a produção literária sobre o futebol é pequena.
e) Pela primeira vez, a Bienal do Livro terá espaço dedicado a debates sobre esporte.

2. Assinale as alternativas que justificam corretamente o emprego das vírgulas.
a) Em "Seu pai, sua avó, seus irmãos e eu saímos muito cedo", as vírgulas foram empregadas para separar elementos que exercem a mesma função sintática (sujeito).
b) Em "Durante o jantar, planejamos nossa ida à Bienal do Livro", a vírgula foi empregada para isolar o adjunto adverbial antecipado.
c) Em "Paulo, você pretende passar o fim de semana em Ilhéus?", a vírgula foi empregada para separar termos coordenados.
d) Em "Na escola, apenas uma sala de informática", a vírgula foi empregada para indicar a supressão do verbo *haver*.
e) Em "Machado de Assis, criador de personagens femininas marcantes, nasceu em 21 de junho de 1839", as vírgulas foram empregadas para isolar o aposto.

A VÍRGULA é empregada ENTRE ORAÇÕES para separar
- orações coordenadas assindéticas:
  "Avizinhou-se da casa, bateu, tentou forçar a porta." (Graciliano Ramos)

- orações coordenadas sindéticas que não sejam aditivas:
    Fez um belo discurso, *mas se arrependeu profundamente.*
    Amanhã é feriado, *logo não haverá expediente.*
    Não fale alto, *porque pode acordar a criança.*

- orações coordenadas aditivas, quando o sujeito é diferente:
    "As alpercatas dele estavam gastas nos saltos, *e a embira tinha-lhe aberto entre os dedos rachaduras muito dolorosas.*" (Graciliano Ramos)

- orações subordinadas adverbiais quando antepostas à principal:
    Quando via crianças brincando na rua, pensava qual seria o futuro delas.
    Se chover, o show de MPB será cancelado.

- orações subordinadas adjetivas explicativas:
    O jovem, *que entendia de finanças,* prosperou logo.

- orações reduzidas de infinitivo, gerúndio e particípio:
    Pertence ao conselho do Museu, *apesar de não ser artista plástico.*
    Precisando de mim, telefone-me.
    Terminada a cerimônia religiosa, o coquetel será servido.

- orações intercaladas:
    A exposição, *afirmou o curador,* foi o maior sucesso.

3. Nas frases abaixo, retiradas do jornal *O Globo*, de 24 de agosto de 2013, assinale a única alternativa que NÃO justifica corretamente o emprego das vírgulas.
a) Em "Com abertura marcada para quinta-feira, dia 29, a 16ª edição da Bienal do Livro do Rio tem como maior novidade um espaço dedicado a debates sobre futebol e literatura", as vírgulas foram empregadas para intercalar o aposto "dia 29".
b) Em "Neste caderno especial sobre o evento, que terá como país homenageado a Alemanha, convidados da Bienal fazem um aquecimento para os bate-papos sobre o tema, analisando a relação entre o mundo das letras e o esporte", a vírgula depois da palavra "tema" foi empregada para separar a oração reduzida de gerúndio "analisando a relação entre o mundo das letras e o esporte".
c) Em "O primeiro clube a aceitar amplamente os negros em sua equipe, por exemplo, foi o Vasco da Gama, na década de 1920", a vírgula foi empregada para destacar a expressão de natureza explicativa: "por exemplo".

d) Em "Haverá também uma mesa especial sobre os 30 anos do evento, com Ruy Castro, Ferreira Gullar, Tânia Zagury e Beatriz Resende", as vírgulas foram empregadas para separar a enumeração de termos de mesma função sintática.

e) Em "Num país ainda carente de estímulos a ações culturais e educacionais, eventos como o de Passo Fundo e a Bienal do Livro ajudam a promover o diálogo entre o público e a literatura", a vírgula foi usada para destacar o aposto.

4. Marque com C as frases cujo emprego da vírgula está correto e com I as frases cujo emprego está incorreto:

a) Saudosismo à parte Santa Teresa, um dos bairros mais pitorescos do Rio, se ressente, dos efeitos do desastre de 2011.

b) Com a substituição dos bondes por ônibus, o trânsito piorou e o número de turista caiu.

c) Ao desembarcar no Brasil, em meados da década de 30, o japonês Manabu Mabe foi para as fazendas de café em São Paulo, onde boa parte dos imigrantes encontrava trabalho.

d) Mabe, naturalizado brasileiro, trocou o trabalho nas fazendas de café pelos pincéis.

e) Está na moda fazer cercadinho de grama sintética dentro de casa, para criar jabuti bichinho que não dá trabalho e ocupa pouco espaço.

1.6.1.2 Ponto

O PONTO assinala pausa máxima da voz. É empregado para marcar o término de uma oração declarativa absoluta ou a última oração de um período composto.

O PONTO pode ser
- SIMPLES, quando encerra períodos simples ou compostos, que se sucedem uns aos outros;
- PARÁGRAFO, quando encerra um conjunto de períodos que se organizam em torno de uma mesma ideia;
- FINAL, quando encerra um enunciado escrito.

Glossário

ORAÇÃO DECLARATIVA – informa sobre um acontecimento ou situação.

ORAÇÃO INTERROGATIVA – formula uma pergunta direta ou indireta.

ORAÇÃO EXCLAMATIVA – exprime sentimentos e emoções.

ORAÇÃO IMPERATIVA – formula uma ordem, um pedido, uma exortação.

👍 Saiba mais

- O PONTO emprega-se também em abreviaturas:
  V.Ex.ª (Vossa Excelência), V.S.ª (Vossa Senhoria), Dr. (Doutor); Sr. (Senhor) etc. (expressão latina *et cetera* que significa "e as demais coisas").

- Quando a palavra abreviada estiver no final do período, não se coloca outro depois do marcador da abreviação.

1.6.1.3 Ponto e vírgula

O PONTO E VÍRGULA marca uma pausa intermediária entre o ponto e a vírgula. Seu emprego depende basicamente do contexto e varia muito de autor para autor. Entretanto, algumas normas podem ser estabelecidas. Usa-se o ponto e vírgula para separar

▶ partes de um período mais ou menos extenso, se internamente estiver subdividido por vírgula:

"A espingarda lazarina, a melhor espingarda do mundo, não mentia fogo e alcançava longe, alcançava tanto quanto a vista do dono; a mulher, Cesária, fazia renda e adivinhava os pensamentos do marido." (G. Ramos)

▶ diversos itens de enunciados enumerativos — leis, decretos, portarias, regulamentos:

"Parágrafo único. A garantia de prioridade compreende:
a) primazia de receber proteção e socorro em quaisquer circunstâncias;
b) precedência de atendimento nos serviços públicos ou de relevância pública;
c) preferência na formulação e na execução das políticas sociais públicas;
d) destinação privilegiada de recursos públicos nas áreas relacionadas com a proteção à infância e à juventude." (Estatuto da Criança e do Adolescente)

▶ as várias partes de uma enumeração descritiva, narrativa ou um estilo oratório:
"Não é o clássico da língua; não é o mestre da frase; não é o árbitro das letras; não é o filósofo do romance; não é o mágico do conto; não é o joalheiro do verso, o exemplar sem rival entre os contemporâneos, da elegância e da graça, do aticismo e da singeleza no conceber e no dizer; é o que soube viver intensamente a arte, sem deixar de ser bom." (Rui Barbosa)

▶ as orações coordenadas adversativas e conclusivas, quando a conjunção vier posposta:
Está ameaçando muita chuva; devemos, pois, levar agasalho e guarda-chuva.

5. Sobre o emprego do ponto e vírgula nas frases abaixo, indique com C as justificativas corretas e com I as incorretas:
a) Em "Desperta então o viajante; esfrega os olhos; distende preguiçosamente os braços; boceja; bebe um pouco de água; fica uns instantes sentado, a olhar de um lado para outro" (Visconde de Taunay), o ponto e vírgula foi usado para separar partes de uma enumeração descritiva.
b) Em "Custou-lhe muita hesitação, muito arrependimento; mais de uma vez chegou a sair com o propósito de visitar Sofia e pedir-lhe perdão" (Machado de Assis), o ponto e vírgula foi empregado para separar oração coordenada assindética em período. Em que uma oração já possuía termos separados por vírgula.
c) Em "O incêndio é a mais impaciente das catástrofes; a explosão, a mais impulsiva e lacônica; o abalroamento, a mais colérica; a inundação, a mais feminina e majestosa" (A. M. Machado), o ponto e vírgula foi empregado para separar partes de um período que internamente está subdividido por vírgula.
d) Em "De um lado cunhavam pedras cantando; de outro a quebravam a picareta; de outro afeiçoavam lajedos a ponta de picão; mais adiante faziam paralelepípedos a escopro e macete" (Aluísio Azevedo), o ponto e vírgula foi usado para separar partes de uma enumeração descritiva.
e) Em "No jardim zoológico havia uma placa com as seguintes informações: não pise na grama; não jogue lixo no chão; não dê alimentos aos animais; não jogue objetos nos animais", o ponto e vírgula foi empregado para separar orações de mesmo valor, o que acontece na separação dos diversos itens de um regulamento.

1.6.2 Sinais que indicam entoação

1.6.2.1 Dois-pontos

Os DOIS-PONTOS marcam a suspensão da voz na melodia de uma frase não concluída. A primeira oração introduz claramente a segunda, e a oração que termina com os dois-pontos completa-se sintática e semanticamente com a seguinte.

Empregam-se os DOIS-PONTOS para

▶ introduzir a fala de um interlocutor em discurso direto, geralmente depois de verbos *dicendi*, tais como *dizer, perguntar, responder* e sinônimos:

"Cesária entrou, alguns minutos depois, regressou cachimbando e falou:
— Alexandre, a terça de cinquenta e dois e meio é muita coisa, mais de quinze, mais de dezesseis." (Graciliano Ramos)

▶ enunciar uma enumeração explicativa, ou o detalhamento de uma informação:

"Naquela noite de lua cheia estavam acocorados os vizinhos na sala pequena de Alexandre: seu Libório, cantador de emboladas, o cego Firmino e mestre Gaudêncio, curandeiro, que rezava contra mordeduras de cobras."
(Graciliano Ramos)

▶ introduzir uma citação:

"E todos acudiam, repetindo com mais força: 'quando eu morrer, / não quero choro, nem vela. Quero uma fita amarela, gravada com o nome dela'." (Marques Rebelo)

▶ introduzir uma explicação, um esclarecimento, uma síntese ou uma consequência do que foi enunciado:

"Eis aí um monte de verdades inestimáveis. O governo da demagogia não passa disso: o governo do medo." (Rui Barbosa)

> **Saiba mais**
>
> - Depois do vocativo que encabeça carta, requerimento, ofício, costuma-se colocar dois-pontos, vírgula ou ponto:
>   Prezado diretor: Prezado diretor,   Prezado diretor.
>
> - Verbo *dicendi* é o que introduz a fala de outrem:
>   dizer   perguntar   responder   contestar   concordar   exclamar

6. Em "Leituras prévias sobre o destino; viagens anteriores a países asiáticos; conversas com quem já foi: nada prepara para a extraordinária surpresa de chegar a Cingapura." (Jornal *O Globo*, 9-3-2014), está correta a seguinte afirmação:
a) os dois-pontos introduzem um aposto resumitivo do que foi dito.
b) os dois-pontos introduzem uma citação.
c) os dois-pontos introduzem um discurso direto.
d) o ponto e vírgula separa elementos em oposição.
e) o último ponto e vírgula poderia ser substituído pela conjunção "ou".

7. Indique se os dois-pontos foram empregados antes de (A) um discurso direto, (B) uma enumeração explicativa, (C) uma citação, (D) um esclarecimento.
a) "E uma tarde um moleque chegou às carreiras, gritando: — A cheia vem no engenho de seu Lula!" ( )
b) Por causa da namorada, meu irmão abriu mão do que mais gostava: uma roda de samba. ( )
c) "Tive um movimento espontâneo: atirei-me em seus braços." (Machado de Assis) ( )
d) "De vez em quando o olhar distraído esbarra numa novidade: bangalôs em construção, obras na calçada, ou apenas um papel na vidraça." (Augusto Meyer) ( )
e) Lembrei-me dos versos de Vinícius: "Que não seja imortal, posto que é chama / mas que seja infinito enquanto dure." ( )

1.6.2.2 Ponto de interrogação

Emprega-se o PONTO DE INTERROGAÇÃO para expressar uma pergunta feita de forma direta:
"— O senhor mora na capital?" (Graciliano Ramos)

👍 Saiba mais

- Quando a pergunta envolver dúvida, costuma-se colocar reticências depois do ponto de interrogação:
  Seria um sonho?... (J. Simões Lopes Neto)

- Nas perguntas que envolvem surpresa, o ponto de interrogação costuma vir seguido do de exclamação:
  Vocês comeram toda a sobremesa?!

- Nas interrogações indiretas não se usa o ponto de interrogação:
  Gostaria de saber se vocês comeram toda a sobremesa.

8. Nas frases a seguir, coloque o ponto de interrogação, quando necessário, e explique a razão do seu emprego:
a) Quando você vai ao cinema
b) Gostaria de saber se você vai ao cinema
c) Falou com seu pai sobre o casamento
d) Sua avó perguntou se já falou com seu pai sobre o casamento
e) Vocês voltarão de viagem no sábado ou no domingo

9. Preencha os espaços com a pontuação adequada:
a) A menina perguntou à cozinheira como fazia bolo de chocolate .....
b) As alunas disseram à professora que haviam concluído a pesquisa .....
c) Já entregou o formulário aos pais .....
d) Enviou as fotos de formatura para o grupo .....
e) Preciso saber se já conseguiram falar com o juiz .....

1.6.2.3 Ponto de exclamação

Emprega-se o PONTO DE EXCLAMAÇÃO depois de interjeições, termos interjetivos, onomatopeias, vocativos, imperativo:
"Lei! exclamou. Isso lá é lei!" (Lima Barreto)
"O que assim fosse era lei, o mais... bobagens!" (Lima Barreto)
"E ah! que desejo de a tomar nos braços..." (Olavo Bilac)
"Deus! Ó Deus! Onde estás que não respondes?" (Castro Alves)
"Encilha os nossos cavalos! Já!" (Simões Lopes Neto)

10. Coloque o ponto de exclamação ou de interrogação nas frases quando necessário:
a) Olá, amigo
b) Valha-me Deus
c) Quem iniciou a manifestação
d) No sinal, o menino gritava: três por um real
e) Boa viagem

11. Observe as seguintes afirmações sobre a pontuação empregada no seguinte fragmento: "Quando o conteúdo se revelou, surpresa total: quem poderia imaginar que um poema roubado há 30 anos voltasse ao lar daquela maneira?!" (Cora Rónai).
I. A vírgula foi usada para marcar a oração adverbial deslocada.
II. Os dois-pontos para introduzir uma explicação.
III. Os pontos de interrogação e de exclamação para marcar a surpresa da pergunta.
Está correto o que se afirma em
a) I, apenas
b) II, apenas
c) I e II, apenas
d) III, apenas
e) I, II, III

1.6.2.4 Reticências

As RETICÊNCIAS marcam uma interrupção da frase e empregam-se para indicar
► hesitação, dúvida, surpresa de quem fala:
"— É promessa, há de cumprir-se.
— Sei que você fez promessa... mas, uma promessa assim... não sei... Creio que, bem pensando... Você que acha, prima Justina?" (Machado de Assis)

► interrupção da fala do narrador ou personagem a fim de introduzir outras considerações:
"Talvez estejas a criar pele nova, outra cara, outras maneiras, outro nome, e não é impossível que... Já me não lembra onde estava... Ah! Nas estrelas escusas." (Machado de Assis)

► o corte na fala de um personagem pela interferência da fala de outro:
"— Posso confessar?
— Pois, sim, mas seria aparecer francamente, e o melhor é outra coisa. José Dias...
— Que tem José Dias?" (Machado de Assis)

12. Observe as afirmações sobre o emprego dos sinais de pontuação:
I. Em "E agora?... O que podemos fazer?...", o ponto de interrogação seguindo de reticências indica dúvida.
II. Em "Como foi que sua bolsa foi roubada?!", o ponto de interrogação seguindo do ponto de exclamação sugere surpresa.
III. Em "Mamãe... eu queria lhe dizer que... não me saí bem na prova", as reticências indicam hesitação.
Está correto o que se afirma em:
a) I
b) II
c) III
d) I e II
e) Todas

👍 Saiba mais

Não se devem confundir as reticências que têm valor expressivo na frase com os três pontos que se empregam para indicar que foram suprimidas palavras ou fragmentos no início, no meio ou no fim de uma citação. Segundo Celso Cunha (2012:383), nesses casos devem-se usar quatro pontos, deixando os três apenas para as reticências.

13. Observe as afirmações sobre a pontuação empregada no seguinte fragmento: "Afrouxei de vez o colarinho, larguei a pasta, afastei o mais que pude os joelhos... e respirei bem fundo por alguns minutos." (Clarice Lispector)

I. as vírgulas foram empregadas para separar termos de mesma função sintática sem a utilização de conectivo.
II. as vírgulas foram empregadas para separar orações coordenadas assindéticas.
III. as reticências foram empregadas para marcar a hesitação de quem fala.
IV. as reticências foram empregadas para indicar o corte na fala do narrador pela interferência da fala de um personagem.

Está correto o que se afirma em
a) I e II apenas
b) II apenas
c) III apenas
d) II e III apenas
e) todas

1.6.3 Sinais que servem para destacar algum segmento do texto

1.6.3.1 Travessão

O TRAVESSÃO emprega-se para
▶ indicar a fala de personagens em discurso direto:
"— Olhem aquele monte ali na frente. É longe, não é?
— Muito longe, respondeu o cego preto Firmino." (Graciliano Ramos)

▶ isolar uma palavra, um comentário ou uma ponderação adicional, fazendo as vezes da vírgula (no caso de termo intercalado, usa-se travessão duplo):
"Acudiu à memória de Rubião que o Freitas — aquele Freitas tão alegre — estava gravemente enfermo." (M. de Assis)

▶ destacar a parte final de um enunciado, equivalendo aos dois-pontos:
"Tudo aquilo para mim era uma delícia — o gado, o leite de espuma morna, o frio das cinco horas da manhã, a figura alta e solene de meu avô." (J. L. do Rego)

> **👍 Saiba mais**
>
> Não se repete o travessão quando coincidir com o final da frase, conforme se pode observar no exemplo anterior.

14. Sobre a pontuação, em "Então uma rã pulou para o seu colo e disse:
— Linda princesa, eu já fui um príncipe muito bonito. Um beijo teu, no entanto, há de me transformar de novo num belo príncipe" (L. F. Verissimo), está INCORRETO o que se afirma em:
a) os dois-pontos foram empregados para introduzir a fala de um personagem em discurso direto.
b) a vírgula foi usada para isolar o vocativo "Linda princesa".
c) o travessão para indicar o início da fala de um personagem.
d) os parênteses foram empregados para indicar a autoria da frase.
e) a vírgula depois do pronome "teu" foi usada para introduzir uma oração coordenada assindética.

15. Observe as seguintes afirmações sobre a pontuação empregada nos textos.
I. "Resolveu mandar um recado ao pai pela copeira:
— Diga a meu pai que eu sei de um jeito para essa doença." (Ana Maria Machado)
Os dois-pontos foram empregados para anunciar a fala de um interlocutor em discurso direto.

II. "A prensa, uma máquina multiplicadora de livros, foi criada pelo alemão Gutenberg." (Paulo Eduardo Zanettini)
As vírgulas foram empregadas para destacar uma oração explicativa.

III. "Não conheço nem quero conhecer, de modo que — zap — mudo de canal." (Moacyr Scliar)
Os travessões foram empregados para destacar a onomatopeia "zap".
Está correto o que se afirma em
(a) I apenas
(b) I e II apenas
(c) I e III apenas
(d) I, II e III
(e) III apenas

1.6.3.2 Aspas

Empregam-se as ASPAS para
- distinguir uma citação do resto do texto, fala de personagem, por exemplo:
  O pai de vez em quando ainda se lembrava: "E dizer que a obriguei a correr naquele estado!" (Clarice Lispector)

- destacar palavras ou expressões não próprias de quem escreve (gíria, estrangeirismo, neologismo):
  Era melhor que fosse "clown". (É. Veríssimo)

- acentuar o sentido de palavras ou expressões (sentido figurado):
  A partir dos 14 anos comecei a escrever histórias "mais sérias", com pretensão literária. (Fernando Sabino)

- destacar título de artigo, capítulo de livro, parte de uma publicação:
  Ele era copidesque – aquele que dá a forma final ao texto jornalístico – dos então famosos editoriais do jornal "O Estado de S. Paulo". (Luiz Caversan)

🔘 Saiba mais

Sobre o emprego dos sinais de pontuação depois das aspas, leia-se o que nos ensina o *Vocabulário ortográfico da língua portuguesa*: "Quando a pausa coincide com o final da expressão ou sentença que se acha entre ASPAS, coloca-se o competente sinal de pontuação depois delas, se encerram apenas uma parte da proposição; quando, porém, as aspas abrangem todo o período, sentença, frase ou expressão, a respectiva notação fica abrangida por elas.

"Aí temos a lei", dizia o Florentino. "Mas quem as há de segurar? Ninguém."
(Rui Barbosa)
"Mísera! tivesse eu aquela enorme, aquela
Claridade imortal, que toda a luz resume!"
"Por que não nasci eu um simples vaga-lume?"
(Machado de Assis)

> Numa redação de concurso, não se devem usar as aspas para marcar um novo sentido figurado de uma palavra. Embora as regras gramaticais prevejam esse emprego como uma variante linguística distinta da do resto do texto, as aspas nesse caso apontam para um vocabulário reduzido, e, na avaliação de um texto escrito, a propriedade e riqueza vocabular são extremamente importantes.

16. Observe as seguintes afirmações sobre o emprego das aspas.
I. Naquela época os programas de rádio faziam tanto sucesso quanto os de televisão hoje em dia, e uma revista semanal do Rio, especializada em rádio, mantinha um concurso permanente de crônicas sob o título "O que pensam os rádio-ouvintes". (Fernando Sabino)
As aspas foram empregadas para destacar o título do concurso de crônicas.
II. E sorrindo, falou para o filho: "Eu errei o seu nome! Seria Roberto!"
Mas o filho falou: "Não errou, não senhor! O amor faz tudo certo". (Gabriel, o Pensador)
As aspas foram usadas para destacar a fala dos personagens em discurso direto.
III. Boa Conceição! Chamavam-lhe "a santa", e fazia jus ao título, tão facilmente suportava os esquecimentos do marido. (Machado de Assis)
As aspas foram empregadas para destacar a expressão.
Está correto o que se afirma em
(a) I e II apenas
(b) I apenas
(c) I, II e III
(d) III apenas
(e) II e III apenas

17. No fragmento Prima Justina exortava: *"Prima Glória! Prima Glória!"* José Dias desculpava-se: *"Se soubesse, não teria falado, mas falei pela veneração, pela estima, pelo afeto, para cumprir um dever amargo, um dever amaríssimo..."* (Machado de Assis), as aspas foram empregadas para
a) acentuar o sentido de palavras e expressões.
b) destacar uma informação anteriormente citada.
c) distinguir a fala de personagens do resto do texto.
d) indicar a autoria de um texto literário.
e) separar as orações de um mesmo período

1.6.3.3 Parênteses

Empregam-se os PARÊNTESES para
- intercalar uma explicação, uma reflexão, um comentário:
"Na mesa do café-sentado (pois tomava-se café sentado nos bares, e podia-se conversar horas e horas sem incomodar nem ser incomodado) eu tirava do bolso o que escrevera durante o dia, e meus colegas criticavam." (Carlos Drummond de Andrade)

- transcrever uma fonte bibliográfica:
(ANDRADE, Carlos Drummond de. *Crônicas*. Para gostar de ler. v. 4. São Paulo: Ática, 1980, p. 4.)

- indicar como deve ser executado, em peça teatral, a mudança de cenário, a fala ou o gesto dos atores:
"— Está bem. Você não quer...
(A voz anasalada, contida, era um velho sinal de desgosto)" (Osman Lins)

---

18. No fragmento "A última pessoa que intercedeu por ele (porque depois do que vou contar ninguém mais se atreveu a procurar o terrível médico) foi uma pobre senhora, prima do Costa" (Machado de Assis), os parênteses foram empregados para
a) distinguir uma citação do resto do texto.
b) intercalar uma explicação.
c) introduzir uma oração adjetiva explicativa.
d) marcar a mudança de interlocutor.
e) separar o aposto.

19. Observe as afirmações sobre a pontuação empregada no trecho a seguir "E quando todos me perguntassem — 'mas de onde é que você tirou essa história?' — eu responderia que ela não é minha, que eu a ouvi por acaso na rua, de um desconhecido que a contava a outro desconhecido, e que por sinal começara a contar assim: 'Ontem ouvi um sujeito contar uma história...'". (Rubem Braga)
I. Os travessões foram empregados para destacar a pergunta do resto do texto.
II. As aspas simples para distinguir uma citação de autoria diferente da do resto do texto.
III. As reticências foram usadas para indicar uma interrupção da frase que pode ser completada pelo leitor.

IV. O ponto de interrogação para expressar uma pergunta direta.
V. Os dois-pontos para introduzir a fala de um interlocutor em discurso direto.
Está correto o que se afirma em
a) I e II
b) I, II e III
c) III e IV
d) IV e V
e) em todas

1.6.3.4 Colchetes

Empregam-se COLCHETES para
▶ intercalar observações próprias em um texto alheio:
"Tudo quieto, o primeiro cururu [certo tipo de sapo] surgiu na margem, molhado, reluzente na semiescuridão." (Jorge de Lima)

▶ inserir, numa referência bibliográfica, qualquer informação que não conste da obra citada:
RAMOS, Graciliano. **São Bernardo**. Prefácio de Antônio Cândido, ilustrações de Darel. 17 ed. São Paulo: Martins [1972].

▶ transcrever foneticamente um fonema ou uma palavra:
sol ['sɔw]

20. Sobre a pontuação em "Parte da cidade que mais aparece na votação organizada pela VEJA RIO, a Lapa tem, digamos assim, o seu biógrafo oficial: Wilson Baptista, que chegou a fazer uma espécie de trilogia sobre o bairro onde morou, formada por Largo da Lapa e Flor da Lapa (essas duas citadas na enquete), além de História da Lapa." *Veja Rio*, 8 mar. 2014, p. 29, pode-se afirmar que a única justificativa INCORRETA é
a) a vírgula foi usada depois de "VEJA RIO" para isolar o aposto com o objetivo de realçá-lo.
b) as vírgulas em "digamos assim" separam uma expressão de natureza explicativa.
c) os dois-pontos depois de "oficial" foram usados para introduzir uma explicação.
d) a vírgula depois de "Baptista" e de "morou" foi empregada para destacar a oração subordinada adjetiva restritiva.
e) os parênteses para intercalar um comentário.

21. Observe as afirmações sobre a pontuação empregada no seguinte trecho: "Nenhum desses compositores viveu para ver a virada que há cerca de dez anos aconteceu por lá, com o surgimento de bares, casas de samba e uma nova juventude badalando no local – que ainda sofre, porém, com trânsito caótico (piorou quando, há alguns meses, deixaram de fechar parte do bairro nos fins de semana) e muita sujeira na rua." (*Veja Rio*, 8 mar. 2014, p. 29.)
I. a vírgula depois de "bares" foi empregada para separar termos coordenados.
II. as vírgulas antes e depois de "porém" servem para realçar a conjunção intercalada.
III. as vírgulas em "há alguns meses" para isolar o adjunto adverbial intercalado.
IV. o travessão foi usado para separar um comentário.
V. os parênteses foram empregados para introduzir um esclarecimento.
Está correto o que se afirma em
a) I e II   b) I, II e III   c) III e IV   d) IV e V   e) em todas

DE OLHO VIVO PARA NÃO TROPEÇAR NO USO DOS SINAIS DE PONTUAÇÃO QUE PODE PREJUDICAR OU ALTERAR O SENTIDO DA FRASE

1. Colocar ponto no final em um período.

2. Separar por vírgula os diversos elementos de uma enumeração.

3. Empregar também a vírgula para isolar o vocativo, o adjunto adverbial antecipado ou intercalado, qualquer elemento de valor explicativo, aposto, ou indicar a omissão de uma palavra.

4. Não separar por vírgula, em hipótese alguma, o verbo do sujeito, na ordem direta ou inversa, do objeto direto e indireto, do predicativo e do agente da passiva.

5. Usar vírgula nas orações coordenadas, com exceção da que vem precedida pela conjunção aditiva e, desde que não se trate de polissíndeto; em orações adjetivas explicativas e em orações adverbiais quando estiverem no início ou no meio do período.

6. Colocar entre aspas o fragmento de uma citação textual.

7. Fechar as aspas, os parênteses e os colchetes.

8. Não colocar ponto de interrogação, mas ponto, no final de uma interrogação indireta.

Questões de concurso

1. (Cesgranrio-BNDES) De acordo com as regras de pontuação da Língua Portuguesa, um dos empregos da vírgula é a separação do adjunto adverbial antecipado na estrutura da oração.
O trecho que exemplifica esse tipo de uso é:
a) "É natural que isso aconteça, quando mais não seja porque as certezas nos dão segurança e tranquilidade."
b) "Com o desenvolvimento do pensamento objetivo e da ciência, aquelas certezas inquestionáveis passaram a segundo plano."
c) "Questioná-los, reavaliá-los, negá-los, propor mudanças às vezes radicais tornou-se frequente e inevitável."
d) "Essas mudanças não se deram do dia para a noite, nem tampouco se impuseram à maioria da sociedade."
e) "Ocorre, porém, que essa certeza pode induzir a outros erros: o de achar que quem defende determinados valores estabelecidos está indiscutivelmente errado."

2. (Cesgranrio-Petrobras) No trecho "o que é muito saudável para o crescimento pessoal de cada um, seja homem, seja mulher, jovem ou adulto, solteiro, casado ou viúvo", as vírgulas são empregadas para separar elementos de uma enumeração, assim como em:
a) A liberdade de escolha do indivíduo, o divórcio, o individualismo crescente, as novas configurações familiares vêm gerando novos ideais.
b) Apesar da proximidade de parentes e dos amigos, às vezes, a falta de convivência pode se tornar um problema.
c) De acordo com os dados do IBGE, o número de pessoas morando sozinhas cresceu cerca de 30%, no Brasil, entre 2000 e 2010.
d) Durante as pesquisas, no século passado, o estudioso observou que as mulheres que viviam sós eram objeto de desconfiança.
e) Embora apreciem a autonomia, os jovens que moram sozinhos estão dispostos a se casar quando chegar o momento certo.

3. (Cesgranrio-Petrobras) No trecho "E eu esconderia completamente a humilde verdade: que eu inventei toda a minha história em um só segundo", os dois-pontos cumprem o papel de introduzir uma:
a) explicação
b) restrição
c) concessão
d) enumeração
e) exclusão

4. (Cesgranrio-Petrobras) O emprego de duas vírgulas tem, entre outras, a função de isolar expressões que detalham uma informação anterior, como em "o principal traço característico do debate público sobre desenvolvimento, seja em nível local ou global, neste alvorecer do século XXI".
As vírgulas foram utilizadas com a mesma função em:
a) "definem um novo paradigma, o da tecnologia da informação, que expressa a essência da presente transformação tecnológica".
b) "seguem uma lógica técnica e, portanto, neutra e estão fora da interferência de fatores sociais e políticos".
c) "fatores sociais preexistentes como a criatividade, o espírito empreendedor, as condições da pesquisa científica afetam o avanço tecnológico".
d) "identificar o papel que essas novas tecnologias podem desempenhar no processo de desenvolvimento educacional e, isso posto, resolver como utilizá-las".
e) "aceleração do processo em direção à educação para todos, ao longo da vida, com qualidade e garantia de diversidade".

5. (FCC-TRT3ª) A frase que está pontuada como dispõe a gramática normativa é:
a) Foi o caráter destrutivo da guerra tanto física quanto moral, que finalmente levou os países em confronto a conhecerem as situações mais dramáticas e desumanas.
b) Podemos indagar o sentido que têm essas manifestações recentes: seriam, por acaso, a expressão de que o cidadão comum chegou a seu limite no que se refere a aceitar, inerte, a usurpação de seus direitos?
c) Nem pelas razões alegadas contudo, altera-se o mecanismo de apelo imediato à justiça quando os cidadãos não se entendem entre si, modo de agir que impede esforços de outros tipos de mediações.
d) Não é de se admirar que: muitos críticos contemporâneos entendam como mero exibicionismo, certas atitudes e práticas artísticas das primeiras décadas do século XX.
e) Estudar o ontem em função do hoje — e também do amanhã, é o propósito das reflexões, que ocorrem, semanalmente no centro de cultura instalado numa das regiões mais carentes da cidade.

6. (FCC-Defensoria Pública/RS) Estrasburgo é ao mesmo tempo romana e pagã, francesa e católica, alemã e protestante.
Na frase acima, as vírgulas separam
a) três categorias distintas de adjetivos, enumerados aleatoriamente.
b) segmentos que se opõem e se restringem, enfatizando os conflitos religiosos de Estrasburgo.
c) pares de características que acentuam a diversidade de Estrasburgo.
d) características de Estrasburgo, enumeradas de acordo com sua relevância.
e) elementos organizados de modo hierárquico, do inferior ao superior.

7. (FCC-Defensoria Pública/RS) "Preocupado com a crescente adoção da religião protestante trazida pelos alemães, o rei da França — Luis XIV, o Rei Sol — resolveu intervir em 1861..."
Os travessões acima isolam, no contexto,
a) uma informação adicional.
b) um resumo do que foi dito.
c) uma ressalva.
d) uma citação.
e) um comentário enfático, que relativiza o que foi dito.

8. (FCC-Defensoria Pública/RS) "O lugar funcionava como uma espécie de posto avançado do exército romano, *encarregado de evitar* que os Teutões da Germânia invadissem a Gália (França)." Atente para as seguintes afirmações sobre a frase transcrita acima.
I. Os parênteses isolam um esclarecimento relevante no contexto.
II. Sem prejuízo para a correção, o segmento os Teutões da Germânia pode ser isolado por vírgulas.
III. Respeitando-se a correção, o segmento destacado pode ser reescrito do seguinte modo: *cuja função era a de evitar*.
Está correto o que se afirma APENAS em
a) I
b) I e II
c) I e III
d) III
e) II e III

9. (FCC-Defensoria Pública/RS) Sem prejuízo para o sentido e a correção, uma vírgula poderia ser colocada imediatamente depois de
a) notícia, na frase "É uma boa notícia que haja um calendário como o da biblioteca de Dresden..."
b) conta, na frase "Relatos dão conta de que o bibliotecário e capelão da corte Christian Götze o descobriu em 1739..."
c) visão, na frase "As paredes são pintadas de preto, uma luz pálida dificulta a visão e um mistério parece pairar no ar".
d) saibam, na frase "e não saibam a forma como o documento chegou da América Latina para a Europa..."
e) ordenou, na frase "os deuses maias eram tão estranhos para eles que o bispo Diego de Landa ordenou que todos os 5 mil livros maias fossem queimados..."

10. (FCC-Defensoria Pública/SP) Atente para as afirmações abaixo sobre a pontuação empregada em segmentos do texto.
I. *Recordam-nos, entretanto, a singular importância dessas estradas para a região de Piratininga, cujos destinos aparecem assim representados em um panorama simbólico.*
A vírgula colocada imediatamente depois de Piratininga poderia ser retirada sem alteração de sentido.
II. *Eram de vária espécie esses tênues e rudimentares caminhos de índios.*

A inversão da ordem direta na construção da frase acima justificaria a colocação de uma vírgula imediatamente depois de espécie, sem prejuízo para a correção.

III. *Era o processo chamado ibapaá, segundo Montoya, caapeno, segundo o padre João Daniel, cuapaba, segundo Martius, ou ainda caapepena, segundo Stradelli: talvez o mais generalizado, não só no Brasil como em quase todo o continente americano.*

Os dois-pontos poderiam ser substituídos por um travessão, sem prejuízo para a correção e a clareza.

Está correto o que se afirma APENAS em

a) III
b) I e II
c) II
d) II e III
e) I e III

11. (FCC-Sergipe Gás S.A.) Atente para as afirmações abaixo sobre pontuação.

I. Em *A astronomia é uma das ciências que custam mais caro*, uma vírgula poderia ser colocada imediatamente depois do termo ciências, sem prejuízo para o sentido e a correção.

II. Em *Bem poderíamos lhes falar da navegação, cuja importância ninguém ignora...*, a retirada da vírgula implicaria prejuízo para o sentido original.

III. Em *Mas o que eu gostaria de mostrar, antes de tudo, é a que ponto a astronomia...*, as vírgulas poderiam ser substituídas por travessões, sem prejuízo para a correção.

Está correto o que se afirma em

a) II e III apenas
b) I apenas
c) II apenas
d) I, II e III
e) I e III apenas

12. (FCC-Tribunal Regional do Trabalho/1ª Região) Sobre a pontuação empregada no texto, afirma-se corretamente:

a) Em Bem disse Le Corbusier que Niemeyer tinha "as montanhas do Rio dentro dos olhos", a justificativa para o emprego de aspas é o realce irônico que se quer dar à expressão que elas isolam.
b) Em "Mas o ser humano, este continua desprotegido...", a vírgula poderia ser retirada sem prejuízo para o sentido e a lógica.
c) Em "Brasília, em que pese o sonho necessário, resultara em alguma decepção", as vírgulas poderiam ser substituídas por travessões sem prejuízo para a clareza e a lógica.
d) Em "um observador diante da monumentalidade que ele próprio idealizara para Brasília...", uma vírgula poderia ser colocada imediatamente depois de monumentalidade, sem prejuízo para o sentido.
e) Em "No Planalto Central, construíra a identidade escultural do Brasil", a retirada da vírgula implicaria prejuízo para a clareza e a lógica.

13. (FCC-Tribunal Regional do Trabalho/9ª Região) A frase que apresenta pontuação inteiramente adequada é:

a) Ainda que tenha se aproximado, dos poetas concretos, Paulo Leminski deixou uma obra poética, que não se reduz ao concretismo, mas que é caracterizada antes de tudo, por uma dicção extremamente pessoal, avessa a todas as tentativas de rotulação.

b) Ainda que tenha se aproximado dos poetas concretos, Paulo Leminski deixou uma obra poética que não se reduz ao concretismo, mas que é caracterizada, antes de tudo, por uma dicção extremamente pessoal, avessa a todas as tentativas de rotulação.

c) Ainda, que tenha se aproximado dos poetas concretos, Paulo Leminski deixou uma obra poética que não se reduz ao concretismo, mas, que é caracterizada, antes de tudo por uma dicção, extremamente pessoal, avessa a todas as tentativas de rotulação.

d) Ainda que tenha se aproximado dos poetas concretos, Paulo Leminski, deixou uma obra poética, que não se reduz ao concretismo mas que é caracterizada, antes de tudo, por uma dicção extremamente pessoal avessa, a todas as tentativas de rotulação.

e) Ainda que tenha se aproximado dos poetas, concretos, Paulo Leminski deixou uma obra poética que, não se reduz ao concretismo, mas que é caracterizada antes de tudo por uma dicção extremamente pessoal, avessa a todas, as tentativas de rotulação.

14. (FCC-Tribunal Regional do Trabalho/1ª Região) Está plenamente adequada a pontuação do seguinte período:

a) Acredita-se sobretudo entre os estudiosos da linguagem, que por não haver dois sinônimos perfeitos, há que se empregar com toda a precisão os vocábulos de uma língua, ainda que com isso, se corra o risco de passar por pernóstico.

b) Acredita-se, sobretudo entre os estudiosos da linguagem que, por não haver dois sinônimos perfeitos há que se empregar, com toda a precisão, os vocábulos de uma língua ainda que com isso, se corra o risco de passar por pernóstico.

c) Acredita-se sobretudo entre os estudiosos da linguagem que, por não haver dois sinônimos perfeitos, há que se empregar com toda a precisão, os vocábulos de uma língua ainda que, com isso, se corra o risco de passar por pernóstico.

d) Acredita-se, sobretudo, entre os estudiosos da linguagem, que, por não haver dois sinônimos perfeitos, há que se empregar com toda a precisão, os vocábulos de uma língua, ainda que com isso, se corra o risco de passar por pernóstico.

e) Acredita-se, sobretudo entre os estudiosos da linguagem, que, por não haver dois sinônimos perfeitos, há que se empregar com toda a precisão os vocábulos de uma língua, ainda que com isso se corra o risco de passar por pernóstico.

15. (FCC-Tribunal Regional do Trabalho/9ª Região) Atente para as seguintes afirmações sobre a pontuação empregada no texto.

I. *Os homens que se tornaram conhecidos por terem abalado o mundo de forma decisiva no passado tinham começado como reis, como Alexandre, ou patrícios, como Júlio César...*
O segmento em destaque poderia ser isolado por vírgulas, sem prejuízo para o sentido e a correção.

II. *Para os franceses ele foi também algo bem mais simples: o mais bem-sucedido governante de sua longa história.*
Uma vírgula poderia ser colocada imediatamente depois do termo franceses, sem prejuízo para a correção e a lógica.

III. *Ele destruíra apenas uma coisa: a Revolução de 1789, o sonho de igualdade, liberdade e fraternidade, do povo se erguendo na sua grandiosidade para derrubar a opressão.*
Os dois-pontos introduzem no contexto um segmento explicativo.

Está correto o que se afirma em
a) I e II apenas
b) I apenas
c) I, II e III
d) III apenas
e) II e III apenas

16. (FGV-DETRAN) Sobre a pontuação em "Três fatores criam a confusão: semáforos desligados; alagamentos nas ruas; falta de energia."
Pode-se afirmar corretamente que
a) os dois-pontos antecipam uma enumeração.
b) as ocorrências de (;) mostram finalidades diferentes.
c) os (;) mostram elementos em oposição.
d) a última ocorrência de (;) poderia ser substituída por "ou".
e) após (:) a palavra seguinte deveria iniciar-se com letra maiúscula.

17. (FGV-TCM/SP) No texto 1, há duas oportunidades em que o autor empregou dois pontos (:):
1. "...as mesmas mazelas dos presídios para adultos: superpopulação, maus-tratos, desprezo por ações de educação...";
2. "...para uma conclusão que dele se dissocia: seria contraproducente enviar jovens delinquentes...".
Sobre essas duas ocorrências desses sinais de pontuação, a afirmação correta é:
a) as duas ocorrências precedem enumerações.
b) as duas ocorrências introduzem exemplificações.
c) as duas ocorrências mostram explicações.
d) só a primeira ocorrência introduz uma explicação.
e) só a segunda ocorrência prepara uma explicitação.

18. (FGV-TJ/AM) A necessidade de se remunerar o investimento realizado faz com que, não raramente, os remédios sejam caros em relação à renda da maioria das pessoas, e isso provoca conflitos de toda ordem, em especial nos países menos desenvolvidos, onde se encontram também as maiores parcelas da população que sofrem de doenças endêmicas, causadas por falta de saneamento básico, habitação insalubre, deficiências na alimentação etc.
Assinale a alternativa que justifica corretamente o emprego das vírgulas.
a) As vírgulas na expressão "não raramente" mostram a presença de um aposto explicativo.
b) A vírgula após o vocábulo "pessoas" se deve à presença da conjunção E a seguir.
c) As vírgulas no segmento "em especial nos países menos desenvolvidos" indicam um termo intercalado.
d) A vírgula após "endêmicas" assinalam a necessidade de se evitar uma ambiguidade.
e) As vírgulas entre os vocábulos na última linha do fragmento destacado se devem à presença de vocativos.

19. (VUNESP-UNESP-Campus Bauru-FE) A frase retirada do texto que se mantém correta após o acréscimo das vírgulas é:
a) Vai longe o tempo em que Giordano Bruno e Galileu, foram condenados, à morte.
b) Isso é especialmente, visível no uso da ciência por, políticas públicas de saúde.
c) Tais ações públicas estão, particularmente, presentes nas políticas conduzidas contra alimentos gordurosos e bebidas açucaradas.
d) Cidadãos administrados são, cidadãos tutelados, incapazes de discernir, por si mesmos o que é "bom" para eles.
e) Cidadãos administrados cientificamente, tendem a se tornar, servos do Estado.

20. (VUNESP-FUNDUNESP) Releia o seguinte trecho do penúltimo parágrafo.
Um livro enviado por uma amiga, no entanto, me fez repensar o caso: o delicioso "Retratos Parisienses", com entrevistas e perfis de escritores e pintores franceses por Rubem Braga.
Considerando as regras de uso de pontuação, pode-se afirmar que os dois-pontos (:), no contexto do trecho, foram empregados para introduzir
a) uma enumeração dos fatos mencionados anteriormente.
b) um esclarecimento, uma explicação para algo que foi dito anteriormente.
c) uma pergunta direta do autor sobre os fatos que foram mencionados.
d) uma enumeração dos fatos novos que serão mencionados.
e) uma resposta direta para o que foi perguntado anteriormente.

21. (VUNESP-Pref. Estância Hidromineral de Poá/SP) Assinale a alternativa em que a vírgula está empregada corretamente, seguindo a norma-padrão da língua portuguesa.
a) O autor, em seu artigo, faz referência a um livro de Dan Brown e a uma matéria da "Veja".
b) O autor faz em seu artigo, referência a um livro, de Dan Brown, e a uma matéria da "Veja".
c) Em seu artigo, o autor faz, referência a um livro de Dan Brown, e a uma matéria da "Veja".

d) O autor faz referência em seu artigo, a um livro de Dan Brown, e a uma matéria da "Veja".

e) O autor faz, referência a um livro de Dan Brown, e a uma matéria da "Veja", em seu artigo.

22. (VUNESP-Câmara de São Carlos) Assinale a alternativa correta quanto à pontuação.

a) Músico, cantor e escritor, Jorge Mautner é um homem das artes.

b) O carioca iniciou em 1958, a vida profissional como jornalista.

c) Jorge Mautner inicialmente, foi para Nova York.

d) Depois encontrou em Londres, Caetano Veloso e Gilberto Gil.

e) Ele retomou ao regressar ao Brasil, a carreira de músico.

23. (VUNESP-SEFAZ-SP) Observe o uso dos dois-pontos (:) nos trechos que seguem.

• Na prática, o consumidor é avaliado por seu desempenho no pagamento de suas contas, que vão além do varejo: financiamento imobiliário, consórcio, leasing, contas de luz, escola.

• O presidente do Procon-PE, José Rangel, questiona um outro problema: e se a pessoa passar por um momento de aperto financeiro?

É correto afirmar que os dois-pontos introduzem, respectivamente,

a) uma exemplificação dos diferentes tipos de consumidor e uma explicação para o sentido de "momento de aperto financeiro" empregado por José Rangel.

b) uma síntese das ideias apresentadas na primeira parte do enunciado e uma enumeração dos diversos tipos de "aperto financeiro" pelos quais uma pessoa pode passar.

c) uma conclusão para o raciocínio exposto em "o consumidor é avaliado por seu desempenho no pagamento de suas contas" e uma resposta à pergunta feita na primeira parte do enunciado.

d) uma enumeração que exemplifica o sentido expresso em "vão além do varejo" e um esclarecimento do sentido da expressão "um outro problema".

e) uma explicação para o sentido do termo "varejo" e uma listagem dos questionamentos mencionados na primeira parte do enunciado.

24. (VUNESP-CETESB) Assinale a alternativa em que a pontuação foi corretamente empregada, de acordo com a norma-padrão da língua portuguesa.

a) Embora, não pareça ser uma boa solução, algumas grandes cidades brasileiras que estavam muito congestionadas, optaram pela desconcentração, incentivando a criação de novos centros urbanos.

b) Embora não pareça ser uma boa solução algumas grandes cidades, brasileiras que estavam muito congestionadas, optaram, pela desconcentração, incentivando a criação de novos centros urbanos.

c) Embora não pareça ser uma boa solução, algumas grandes cidades, brasileiras, que estavam muito congestionadas, optaram pela desconcentração, incentivando a criação de novos centros, urbanos.

d) Embora não pareça ser uma boa solução, algumas grandes cidades brasileiras que estavam muito congestionadas optaram pela desconcentração, incentivando a criação de novos centros urbanos.

e) Embora não pareça ser uma boa solução, algumas grandes cidades brasileiras que estavam muito congestionadas, optaram pela desconcentração, incentivando a criação de novos centros urbanos.

25. (VUNESP-COREN/SP) Seguindo a norma-padrão da língua portuguesa, a frase — Um levantamento mostrou que os adolescentes americanos consomem em média 357 calorias diárias dessa fonte — recebe o acréscimo correto das vírgulas em:
a) Um levantamento mostrou, que os adolescentes americanos consomem em média 357 calorias, diárias dessa fonte.
b) Um levantamento mostrou que, os adolescentes americanos consomem, em média 357 calorias diárias dessa fonte.
c) Um levantamento mostrou que os adolescentes americanos consomem, em média, 357 calorias diárias dessa fonte.
d) Um levantamento, mostrou que os adolescentes americanos, consomem em média 357 calorias diárias dessa fonte.
e) Um levantamento mostrou que os adolescentes americanos, consomem em média 357 calorias diárias, dessa fonte.

26. (VUNESP-UFABC) Considere o seguinte trecho:
Sistemas que beneficiam apenas uma elite, além de fracassarem em seu compromisso democrático, carregam as sementes de sua própria destruição.
Assinale a alternativa em que o trecho está corretamente reescrito, no que diz respeito às regras de pontuação, de acordo com a norma-padrão da língua portuguesa.
a) Além de fracassarem em seu compromisso democrático, sistemas que beneficiam apenas uma elite, carregam as sementes de sua própria destruição.
b) Além de fracassarem em, seu compromisso democrático, sistemas que beneficiam apenas uma elite carregam as sementes, de sua própria destruição.
c) Sistemas que beneficiam apenas uma elite, carregam as sementes de sua própria destruição, além de fracassarem, em seu compromisso democrático.
d) Sistemas que beneficiam apenas uma elite, carregam as sementes de sua própria destruição, além de fracassarem em seu compromisso, democrático.
e) Sistemas que beneficiam apenas uma elite carregam as sementes de sua própria destruição, além de fracassarem em seu compromisso democrático.

Referências bibliográficas

ACADEMIA BRASILEIRA DE LETRAS. *Vocabulário ortográfico da língua portuguesa*. 4. ed. Rio de Janeiro: A Academia, 2004.

ACADEMIA BRASILEIRA DE LETRAS. *Vocabulário ortográfico da língua portuguesa*. 5. ed. São Paulo: Global, 2009.

AZEVEDO, José Carlos (Coord.). *Escrevendo pela nova ortografia: como usar as regras do novo acordo ortográfico*. Instituto Antônio Houaiss. São Paulo: Publifolha, 2008.

____. *Gramática Houaiss da língua portuguesa*. São Paulo: Publifolha, 2008.

BECHARA, Evanildo. *A nova ortografia*. Rio de Janeiro: Nova Fronteira, 2008.

____. *Gramática escolar da língua portuguesa*. 2. ed. Ampliada e atualizada pelo novo Acordo Ortográfico. Rio de Janeiro: Nova Fronteira, 2010.

____. *O que muda com o novo acordo ortográfico*. Rio de Janeiro: Nova Fronteira, 2008

CUNHA, Celso. *Gramática do português contemporâneo*: edição de bolso. Organização Cilene da Cunha Pereira. 2. ed. Rio de Janeiro: Lexikon; Porto Alegre: L&PM, 2012.

____ ; LINDLEY CINTRA, Luís F. *Nova gramática do português contemporâneo*. 5. ed. Rio de Janeiro: Lexikon, 2013.

____. *Gramática essencial*. Organização Cilene da Cunha Pereira. Rio de Janeiro: Lexikon, 2013.

GEIGER, Paulo; SILVA, Renata de Cássia Menezes da. *A nova ortografia sem mistério: do ensino fundamental ao uso profissional*. Rio de Janeiro: Lexikon, 2009.

GUALDA, Luiz Fernando. *O novo acordo ortográfico: mudanças e permanências ortográficas no português*. De acordo com o VOLP (Vocabulário ortográfico da língua portuguesa – ABL). Niterói: Livraria Panorama Editora, 2009.

HENRIQUES, Cláudio Cezar. *Fonética, fonologia e ortografia – Nova edição*. Rio de Janeiro: Elsevier, 2012.

KURY, Adriano da Gama. *Ortografia, pontuação, crase*. 2. ed. Rio de Janeiro: MEC-FAE, 1988.

LUFT. Pedro Celso. *Grande manual de ortografia*. 3. ed. São Paulo: Globo, 2013.

PEREIRA, Cilene da Cunha; SILVA, Edila Vianna da; ANGELIM, Regina Célia Cabral. *Dúvidas em português nunca mais*. 3.ed. Rio de Janeiro: Lexikon, 2011.

PROENÇA FILHO, Domício. *Guia prático da língua portuguesa*. Rio de Janeiro: Record, 2009.

____. *Por dentro das palavras da nossa língua portuguesa*. Rio de Janeiro: Record, 2003.

RIBEIRO, Manoel P. *O novo acordo ortográfico: todas as soluções*. 2. ed. Rio de Janeiro: Metáfora, 2012.

2 MORFOLOGIA
Regina Célia Cabral Angelim

Introdução

Na gramática da língua, o estudo das classes de palavras pertence ao campo da MORFOLOGIA, nosso assunto deste capítulo.

Distinguem-se, na Língua Portuguesa, dez classes de palavras. Estudaremos cada uma delas nas subdivisões que seguem.

Sugerimos que você preste atenção à definição de cada classe, antes de aprofundar o estudo da mesma. A especificidade presente na definição facilita entender o papel da classe, na seleção criteriosa dos vocábulos da língua — importante recurso do usuário na elaboração da sua frase.

Neste capítulo, aprofundaremos o estudo dos vocábulos que expressam ação ou estado dos seres (verbos), dos que nomeiam os seres do mundo (substantivos) e substituem essa nomeação no período (alguns pronomes), dos que determinam e qualificam esses seres (artigos, outros pronomes, numerais, adjetivos), bem como daqueles que modificam processos verbais e outros termos na oração (advérbios), e ainda dos elementos que estabelecem relações entre as palavras e as orações (preposições e conjunções). Falaremos até mesmo da interjeição, um grupo de palavras que não se enquadra na especificidade das demais, por fugir às relações sintáticas que constituem a organização da frase.

Ao descrevermos resumidamente cada uma dessas formas, detalhando as categorias de gênero e número nas classes variáveis — com destaque para as categorias de modo, tempo, pessoa e número no verbo —, enfim pontuando as flexões de algumas classes, estaremos ampliando seu conhecimento da bagagem gramatical do nosso vernáculo. Quanto melhor você dominar seu idioma, melhor se comunicará.

Esperamos que, ao final deste capítulo, você esteja mais familiarizado com as situações do intercâmbio linguageiro e, consequentemente, tenha melhorado sua proficiência como usuário da língua portuguesa.

Seguem as dez classes de palavras, na ordem em que aparecem neste capítulo:

2.1 verbo
2.2 substantivo
2.3 adjetivo
2.4 pronome
2.5 advérbio
2.6 artigo
2.7 numeral
2.8 conjunção
2.9 preposição
2.10 interjeição

Bom estudo!

2.1 Verbo

Uma palavrinha sobre esta classe de palavras...

O verbo é a base da oração. Opõe-se ao nome, na proporção processo em andamento *versus* estado de repouso: o verbo equivale ao processo em si (*construir algo, ser bela, ficar triste*); os nomes referem-se a objetos estáticos (*construção* = edifício construído), ou especificam noções estáticas e abstratas (*beleza, tristeza*). Por sua associação a processo, o verbo expressa o tempo, momentâneo ou durativo, do fato; além de referir-se geralmente a um sujeito, agente ou referente (*Maria saiu. Maria é bela*) do processo, ou paciente dele (*José foi castigado*).

Como processo, o verbo flexiona-se em aspecto, modo e tempo. Por referir-se geralmente a um sujeito, o verbo flexiona-se em número e pessoa, conforme as pessoas do discurso (1ª, 2ª, 3ª, do singular e do plural).

O verbo centraliza o processo da oração, ainda que nem sempre, semanticamente falando, o verbo exprima ação (caso do verbo de estado, em que o núcleo da oração é o predicativo).

Dissemos também ser pelo verbo que geralmente nos reportamos a um sujeito, mas há situações especiais em que não há sujeito na oração, como é o caso de verbos que indicam fenômenos da natureza (*chover, trovejar*). Importa destacar que você sempre terá um verbo na oração, para expressar o tempo do processo ali descrito.

Distribuímos os diversos aspectos deste estudo (definição, classificação, flexão; os modos do verbo, as formas nominais do verbo, tempos compostos, vozes do verbo, verbos quanto à conjugação — regulares, irregulares, auxiliares, impessoais, defectivos, pronominal, anômalo) em pequenos tópicos a que seguem alguns exercícios de fixação e questões de concursos mais recentes que versam sobre o assunto.

O VERBO é a base da oração: ora explicita uma ação (*A menina saiu*), ora exprime um estado – permanente (*Ela é bela*) ou provisório (*Ele está triste*) — do ser, ora especifica um fenômeno da natureza (*Nevou*).

1. Reconheça, nas frases a seguir, o tipo de verbo empregado.

Modelo: Carlos ganhou o prêmio de melhor funcionário.

R: ganhou – verbo *ganhar* – explicita uma ação.

a) Antônio Carlos é um menino muito levado.
b) Alguns valores andam esquecidos no mundo político.
c) Eduardo caminhava devagar.
d) Como trovejou ontem, hein?!
e) Choveram impropérios naquela reunião.

2.1.1 Flexão do verbo

O VERBO flexiona-se para expressar categorias próprias de ASPECTO (concluso, não concluso); MODO (indicativo, subjuntivo, imperativo); TEMPO (presente, pretérito ou passado, futuro); PESSOA (1ª, 2ª, 3ª) e NÚMERO (singular, plural).

2. Reconheça as categorias expressas pelo verbo nas frases a seguir.

Modelo: Deus te abençoe!

R: abençoe – aspecto não concluso, modo subjuntivo, tempo presente, 3ª pessoa do singular.

a) Carlos viajou ontem.
b) Maria Amélia comprava frutas no mercado.
c) Tatiana encontrará um presente para mim.
d) Estudáramos bem nossas lições.
e) Estudastes bem vossas lições de hoje.

2.1.2 Imperativo afirmativo e negativo

O MODO IMPERATIVO exprime ordem ou pedido de quem fala. Distinguimos, neste modo, o IMPERATIVO AFIRMATIVO e o IMPERATIVO NEGATIVO. O imperativo não possui a primeira pessoa do singular, por razões óbvias, mas você pode empregar a primeira pessoa do plural, quando conclama o interlocutor a uma ação conjunta, você e ele (*Analisemos a questão, com cuidado!*).

A ação do imperativo não se conclui no ato da fala, ou seja, é não conclusa.

3. Classifique os verbos destacados nas frases a seguir.
Modelo: *Estude* bem suas lições, até amanhã.
R: ação não conclusa, modo imperativo, afirmativo, 2ª pessoa do singular, tratamento você.
a) *Obedeçamos* às leis!
b) "*Ama* com fé e orgulho a terra em que nasceste!" (O. Bilac)
c) *Respeite* o seu próximo.
d) *Distribuí*, por favor, todo este material com vossos colegas.
e) Não *vendais* o que não vos pertence.

👍 Saiba mais

- Como você explica a afirmação de que não existe a primeira pessoa do singular do imperativo, "por razões óbvias"?
   — Porque ninguém dá ordens, ou faz pedidos, a si mesmo!

- Os pronomes de tratamento (*você, V. Ex.ª* etc.) que se referem à pessoa com quem falamos são considerados de segunda pessoa, embora com eles empreguemos o verbo na terceira pessoa.

- Podemos usar o infinitivo pelo imperativo, como acontece nos mandamentos da Lei de Deus (*Amar a Deus sobre todas as coisas. Não tomar seu santo nome em vão. Honrar pai e mãe.*) e em ordens militares (*Apresentar armas! Descansar!*)

2.1.3 Verbo com pronome de tratamento

O VERBO FICA SEMPRE NA TERCEIRA PESSOA — singular ou plural — quando o sujeito é um pronome de tratamento (*você(s)*, *V. S.ª*, *V. Ex.ª*, *Vossas Ex.ªs*) que se refere à pessoa com quem se fala: *Vocês estão felizes com a nova residência? V. Ex.ª pernoitará aqui?*

Obviamente, também usamos verbo na 3ª pessoa com pronomes de tratamento que se referem à pessoa de quem se fala (*S. Ex.ª, S. Ex.ªs*): *S. Ex.ªs pronunciarão o juramento.*

4. Assinale o item em que há uma inadequação no emprego da forma verbal referente ao pronome de tratamento:
a) V. Ex.ª ficareis bem instalado aqui, Senhor Ministro.
b) Você merece uma promoção, meu amigo!
c) V. Revm.ª deseja seu chá agora, Senhor Bispo?
d) V. S.ª será bem recebido ali, caro Diretor!
e) V. M. deseja mais alguma coisa?

> **Saiba mais**
>
> Os pronomes possessivos e os oblíquos que se referem aos pronomes de tratamento também ficam na terceira pessoa:
> *V. M. ficou feliz com o casamento do seu filho? Você está triste porque seu filho não lhe obedeceu?*

2.1.4 Formas nominais do verbo

Além dos modos — indicativo, subjuntivo e imperativo — podemos distinguir ainda, no verbo, as FORMAS NOMINAIS. Elas acrescentam ao valor de verbo uma função de nome (substantivo, adjetivo, advérbio). Com exceção do infinitivo, essas formas não apresentam flexões de número e pessoa.

5. Reconheça as formas nominais (infinitivo, gerúndio, particípio) destacadas nas frases a seguir, e substitua-as convenientemente por uma oração e/ou pela classe de palavra correspondente.

Modelo: *Vencer* é preciso.

R: Infinitivo. Equivale à oração subordinada substantiva "que a gente vença", ou ao substantivo "vitória".

a) "*Viver* é muito perigoso!" (G. Rosa)
b) *Terminada* a guerra, o saldo foi negativo.
c) *Saindo* mais cedo, chegaremos a tempo!
d) Antes de *sair*, apague a luz, João.
e) Vejo um pato *voando* ali.

2.1.5 Infinitivo

O INFINITIVO expressa o processo verbal propriamente dito — a ação, o estado, o fenômeno. Equivale a um substantivo. Na língua portuguesa, alguns infinitivos flexionam-se em pessoa e número. Há, portanto, dois tipos de infinitivo: o impessoal e o pessoal.

6. Classifique os infinitivos das frases a seguir, em pessoal ou impessoal, reconhecendo a pessoa, quando for o caso:

Modelo: *Vencer* é preciso.

R: Infinitivo impessoal.

a) Deixei *sair* as crianças e mandei os adultos *permanecerem*.
b) "*Viver* é lutar!" (G. Dias)
c) Para *honrarem* seus compromissos, ser-lhes-ia necessário um grande aporte de dinheiro.
d) Não saiam depois de *iniciarmos* a sessão.
e) Mandou-nos *ficar* aqui.

> **① Saiba mais**
>
> • Chamam-se VERBOS CAUSATIVOS aqueles verbos que, na oração principal, são os causadores da ação da oração subordinada com verbo no infinitivo. São causativos os verbos *mandar, fazer, deixar* e sinônimos. Exemplos: *Mandei sair os alunos. Fiz todos saírem. Deixou-nos ficar ali.*
>
> • O infinitivo da oração subordinada a esses verbos *flexiona-se* com mais frequência quando seu sujeito for um substantivo plural, ou um pronome indefinido plural, inserido entre os dois verbos (*Mandei os alunos saírem. Deixei todos saírem*); *não se flexiona* quando o sujeito for um pronome átono (*Mandou-nos ficar ali. Mandei-os sair logo*); ou quando um verbo vier imediatamente seguido do outro (Mandei sair os alunos.)
>
> • Se o infinitivo da oração subordinada a verbos causativos e/ou sensitivos for um verbo pronominal flexiona-se, mesmo que seu sujeito seja um pronome átono (*Deixei-os queixarem-se à vontade*).
>
> • O mesmo acontece com os verbos sensitivos (*sentir, ver, ouvir* e sinônimos), ou seja, verbos que indicam o sentido pelo qual é percebida a ação do infinitivo. Exemplos: *Vi os alunos saírem* (infinitivo flexionado). *Ouviu-nos passar por ali* (infinitivo não flexionado). *Senti-os desfalecer nos meus braços* (infinitivo não flexionado). *Ouvi-os queixarem-se de mim* (infinitivo flexionado por ser verbo pronominal). *Ouvi passar os soldados.* (infinitivo não flexionado porque os dois verbos estão imediatamente próximos)
>
> • Bom destacar que o pronome oblíquo átono só neste caso se emprega como sujeito: nas construções com verbos causativos e sensitivos (*Deixou-nos ficar ali. Ouvi-o passar*).

2.1.6 Particípio

O PARTICÍPIO exprime ação acabada e exerce função sintática equivalente a adjetivo ou a advérbio. O particípio regular termina em *-(a)do* e *-(i)do*, respectivamente terminações da primeira conjugação e da segunda e terceira. O particípio é empregado na formação dos tempos compostos do verbo e na formação da passiva analítica (geralmente com auxiliar ser: *Ele foi castigado*).

7. Reconheça o emprego dos particípios dos verbos a seguir, especificando-lhes a conjugação e a flexão.
Modelo: Casas são alugadas.
R: alugadas – particípio do verbo da 1ª conjugação *alugar*, feminino plural; voz passiva analítica.
a) Encerrados os trabalhos, todos se retiraram.
b) Sairei após conferir todas as informações solicitadas.
c) Ela tinha sido minha melhor amiga.
d) Vocês não haviam pagado todas as suas contas?
e) Saí triste, após serem esgotados todos os meus argumentos.

8. Consulte um breviário de verbos, um dicionário, ou uma gramática, e cite os particípios dos verbos:
a) escrever
b) dizer
c) fazer
d) pagar
e) pôr

👍 Saiba mais

- Os particípios formadores da passiva flexionam-se para concordar com os substantivos a que se referem:
    Casas são destruídas.

- Você não deve flexionar os particípios formadores de tempos compostos na voz ativa, caso em que se empregam os auxiliares *ter* e *haver*: *tinha sido, haviam pagado*.

- Os particípios dos verbos podem ser: regulares (*amado, vendido, partido*), irregulares (*feito ‹ fazer*). Há os que apresentam duplo particípio (*pagado, pago ‹ pagar*).

- O particípio de *pegar* é *pegado*. A forma *pego*, popularmente empregada, foge à regra gramatical da flexão desse verbo. Assim se dirá: *Eu tinha pegado o ônibus ali.*

- O verbo *vir* apresenta a mesma forma para o gerúndio e o particípio: *vindo*.

- No caso dos verbos irregulares que apresentam duas formas para o particípio, a regular (*pagado*) é usada com auxiliar *ter* e *haver* (*tinha pagado*); a irregular (*pago*) é usada com auxiliar *ser* e *estar* (*é pago, está pago*).

2.1.7 Gerúndio

O GERÚNDIO é uma forma nominal, de sufixo *-ndo*, que indica o processo verbal em andamento, não concluso: *amando, vendendo, partindo*. Exerce geralmente a função de advérbio ou de oração adverbial. Às vezes exerce função de adjetivo ou de oração adjetiva.

9. Substitua os gerúndios a seguir por expressões de valor adverbial (locuções, ou orações com verbo na forma finita).
Modelo: Maria foi vista *trocando* informações com ele.
R: trocando – gerúndio empregado como oração reduzida (= cujo verbo está numa forma nominal, ou seja, infinitivo, gerúndio, particípio), subordinada adverbial temporal. Equivale à oração desenvolvida (= cujo verbo está numa forma finita, ou seja, no modo indicativo, subjuntivo, imperativo) *quando trocava*, ou à locução adverbial de tempo (*na troca de*).
a) *Saindo* cedo, viajarei com menos trânsito.
b) Vi o José *saindo* do trabalho ontem.
c) *Estando* com febre, não compareci à sua festa.
d) Ela economizou mais, *comprando* frutas no final da feira.
e) *Escrevendo* o diário, ela desabafava.

👍 Saiba mais

• Deve-se evitar o emprego do gerúndio em frases que expressam ações no futuro, como *Amanhã vou estar fazendo os exercícios determinados pelo fisioterapeuta*. Diga-se *Amanhã farei/vou fazer os exercícios determinados pelo fisioterapeuta*.

• Não confundir com a referência a uma ação em momento determinado: *Amanhã, a esta hora, já estarei viajando*.

• Na frase *Vi os meninos jogando pedra na vidraça*, pode-se entender que *Vi os meninos que jogavam pedra na vidraça* (gerúndio equivalendo à oração subordinada adjetiva restritiva) ou *Vi os meninos quando jogavam pedra na vidraça* (gerúndio equivalendo à oração subordinada adverbial temporal).

10. Substitua por substantivo, adjetivo, advérbio — ou expressão equivalente — as formas nominais destacadas a seguir:
a) *Estudar* é importante.
b) *Vencidos* seus temores, você será mais feliz.
c) *Conferida* a conta, o saldo foi negativo.
d) *Cantando* espantarei minhas mágoas.
e) Antes de *receberes* a carta, tinhas alguma suspeita?

2.1.8 Infinitivo e futuro do subjuntivo

É comum a CONFUSÃO ENTRE INFINITIVO E FUTURO DO SUBJUNTIVO, especialmente quando o verbo tem regulares essas formas. Nos dois tempos, as desinências número--pessoais são as mesmas, seja o verbo regular ou irregular; o radical é que muda, no verbo irregular. Distinções a fazer:

▶ usa-se infinitivo depois de preposição ou locução prepositiva (*para; a fim de, antes de, defronte a* etc.):

> Antes de eu viajar para Paris, vamos esclarecer esse assunto. Alberto saiu cedo, para trazer o presente do filho.

▶ usa-se a forma finita do verbo, ou seja, o futuro do subjuntivo, depois de conjunção (*quando, se, logo, que* etc.):

> Quando eu viajar para Paris, vou esclarecer esse assunto. Se ela trouxer o irmão, você poderá conhecê-lo.

11. Preencha os parênteses com (1) para infinitivo pessoal e (2) para futuro do subjuntivo:
a) ( ) Antes de ela *sair*, fechou a porta.
b) ( ) Quando ela *sair*, fechará a porta.
c) ( ) Esta encomenda é para eu *levar* para casa.
d) ( ) O ladrão te abordará assim que tu *chegares* à porta da igreja.
e) ( ) A polícia foi mobilizada, a fim de *prender* o ladrão.

> **Saiba mais**
>
> Nos verbos que apresentam irregularidade no futuro do subjuntivo, as formas do radical são bem distintas e há menos possibilidade de confusão. Compare e comprove o que foi dito:
>
> *Antes de tu fazeres o exercício, deves ler sobre verbos.* (infinitivo pessoal; empregado com locução prepositiva *antes de*)
>
> *Quando fizeres o exercício, presta atenção aos verbos irregulares.* (futuro do subjuntivo; empregado com a conjunção *quando*)

2.1.9 Tempos simples e compostos. Tempos compostos do modo indicativo

Os TEMPOS VERBAIS podem ser SIMPLES E COMPOSTOS. No MODO INDICATIVO são COMPOSTOS: o pretérito perfeito composto (presente do indicativo do verbo auxiliar + particípio do verbo conjugado), o mais-que-perfeito composto (imperfeito do indicativo do auxiliar + particípio do verbo conjugado), o futuro do presente composto (futuro do presente do auxiliar + particípio do verbo conjugado) e o futuro do pretérito composto (futuro do pretérito do auxiliar + particípio do verbo conjugado). Como auxiliares empregam-se os verbos *ter* ou *haver*.

12. Com base na formação dos tempos compostos do modo indicativo, analise a forma verbal destacada.
Modelo: *Tem chovido* muito por aqui.
R: ação não conclusa, modo indicativo, pretérito perfeito composto, 3ª pessoa do singular.
a) Ela não *teria chegado* tão cedo, com trânsito ruim!
b) *Teríamos compreendido* suas razões, se você as apresentasse.
c) Até amanhã, você *terá completado* a tarefa?
d) Ninguém *tinha encomendado* pizza!
e) Teus primos *têm frequentado* a piscina do clube.

> #### 👍 Saiba mais
>
> • O particípio é empregado na formação dos tempos compostos dos verbos.
>
> • A ação verbal, nos tempos compostos do verbo, geralmente é não conclusa, exceção para o mais-que-perfeito composto:
> *Maria já tinha saído.*

2.1.10 Tempos compostos do subjuntivo

No MODO SUBJUNTIVO são COMPOSTOS: o pretérito perfeito (presente do subjuntivo do verbo auxiliar + particípio do verbo conjugado), o mais-que-perfeito (imperfeito do subjuntivo do auxiliar + particípio do verbo conjugado), o futuro composto (futuro do subjuntivo do auxiliar + particípio do verbo conjugado).

13. Com base na formação dos tempos compostos do modo subjuntivo, analise os tempos verbais destacados.
Modelo: Desejo que você *tenha chegado* a tempo no trabalho.
R: ação não conclusa, modo subjuntivo, pretérito perfeito, 2ª pessoa do singular.
a) Quando ele *houver chegado*, iniciaremos a sessão.
b) Se ela não *tivesse vindo*, eu me aborreceria muito.
c) Quando vós *tiverdes compreendido* nossas razões, nos perdoareis.
d) Espero que os senhores *tenham encontrado* os documentos em perfeita ordem.
e) Tudo aconteceu como se eu *tivesse previsto* aquela vitória.

> #### 👍 Saiba mais
>
> Como o modo subjuntivo só possui um tempo simples no passado (o pretérito imperfeito), desnecessário empregar a palavra composto na denominação dos tempos compostos do passado (pretérito perfeito e mais-que-perfeito) desse modo, certo?

2.1.11 Formas nominais

As FORMAS NOMINAIS são geralmente empregadas em locuções verbais: *tenho de sair, vou saindo, tenho saído*. Na formação dos tempos compostos do verbo, emprega-se o verbo principal no particípio: *tem saído, que eu tenha saído, tínhamos saído, se nós tivéssemos saído*. Não se tratando de tempos compostos, você pode empregar ora o infinitivo (*quero sair*), ora o gerúndio (*estou saindo*), ora o próprio particípio (*foi castigado*).

14. Sublinhe as locuções verbais empregadas a seguir e analise o sentido que elas conferem às frases.
Modelo: Hei de vender todos os livros até o final do mês, conforme combinamos.
R: <u>hei de vender</u>. Indica propósito, desejo. Expressa ação futura.
a) Ficou a ver navios!
b) Meu time estava ganhando até os 40 minutos do segundo tempo.
c) Quero convidar você para a festa do meu aniversário, dia 20, no Clube Elite, início às 22 horas.
d) Para encerrar a festa, iremos convidar os cantores José e Jairo.
e) Melhor fechar a loja, já que a rua será interditada por dois anos.

2.1.12 Vozes do verbo

Conforme a relação actancial que o verbo estabelece com o sujeito, você vai distinguir três VOZES VERBAIS: a voz ATIVA (o sujeito é o agente da ação: *Maria viu o leão*), voz PASSIVA (o sujeito é o paciente: *O leão foi visto por Maria*), voz REFLEXIVA (o sujeito é o agente e o paciente da ação mesma que ele pratica: *Maria feriu-se com a faca*).

15. Distinga a relação actancial do sujeito com o verbo nas frases a seguir.
Modelo: Maria Amélia me trouxe um presente.
R: voz ativa – o sujeito *Maria Amélia* é o agente da ação.
a) Aprecio música clássica.
b) Você se viu naquele espelho?
c) Fernando ficou envolvido pelas más companhias.
d) Maria foi demitida.
e) Márcia se dá importância demasiada.

2.1.13 Voz reflexiva e reciprocidade

Como você acabou de ver, a VOZ REFLEXIVA acontece quando o sujeito é o paciente da ação mesma que ele pratica. Muitas vezes, no entanto, essa mesma ação é trocada entre dois ou mais sujeitos e diz-se que há uma RECIPROCIDADE na ação verbal: *Maria e Joana feriram-se mutuamente naquela luta.*

16. Reconheça o único caso em que as ações são trocadas entre os dois sujeitos.

a) Paulo e Antônio vendiam livros naquele colégio.

b) Romeu e Julieta amaram-se perdidamente.

c) Verônica e Paulo compraram uma casa na cidade.

d) Os livros e os brinquedos da criança ficaram fora do lugar.

e) Os corruptos e os corruptores merecem punição.

17. Reconheça o único caso em que não existe voz reflexiva, nem reciprocidade:

a) Os conterrâneos se encontram ali.

b) Aqueles alunos se queixavam do mestre

c) Todos se viram no grande espelho.

d) Eles não se entregam facilmente.

e) João e José se conhecem desde o ginásio.

2.1.14 Voz passiva

A VOZ PASSIVA acontece geralmente com verbo transitivo direto, e o paciente da ação na voz ativa (o objeto direto, ou seja, a pessoa ou coisa que recebe a ação verbal) é que aparece como sujeito da voz passiva. Há dois tipos de passiva: a PASSIVA ANALÍTICA, formada com os auxiliares *ser*, *estar* e sinônimos (*Maria sempre é / está acompanhada de belos rapazes*) e a PASSIVA SINTÉTICA, formada com a partícula *se* (*Alugam-se carros*). O agente da ação aparece geralmente na voz passiva analítica (Ela foi premiada *pelo mestre*).

18. Reconheça as duas modalidades da voz passiva, citando também o agente da ação, quando houver.

Modelo: Alugam-se estas casas; o preço do aluguel foi agora aumentado pelo dono.

R: Veem-se aqui os dois tipos de passiva: *alugam-se* — passiva pronominal ou sintética, caso em que geralmente não aparece o agente da ação; *foi aumentado* — passiva analítica; e o agente da ação é *o dono*.

a) Diz-se que havia ali um monstro de três olhos!
b) Rita não foi reconhecida pelo amigo.
c) A cidade estava cercada de inimigos.
d) Ninguém ficara ferido.
e) Conhecia-se a fama de corrupto daquele político.

🔔 Saiba mais

- A passiva analítica geralmente vem com o agente da ação explícito, o que não quer dizer que ele não possa vir, às vezes, subentendido, como em
    Ninguém ficara ferido.

- A passiva pronominal, também chamada de passiva sintética, geralmente vem com o agente da ação implícito:
    Alugam-se casas.

- Caso raríssimo, em que se encontra agente da ação com passiva sintética:
    Alugam-se casas por pessoas inidôneas.

- O auxiliar *ser* usa-se geralmente na passiva analítica com ação (*Ele foi premiado pelo mestre*); o *estar* usa-se com passiva analítica de estado (*A cidade está cercada de inimigos*).

- Há verbos com sentido passivo, embora aparentemente se conjuguem como ativos:
    Batizei-me na Igreja São José.
    Ela se chama Caroline.

2.1.15 Verbos com dois particípios

Quando o verbo possui dois particípios (*pago, pagado*), usa-se a forma regular na locução verbal de ação (*Amanda tinha pagado a conta*) e a forma irregular na passiva analítica de estado (*A conta está paga*).

O particípio da voz passiva concorda em gênero e em número com o sujeito.

19. Reconheça uma formação de passiva inadequada nas frases a seguir:
a) Nossos estudos foram pagos pelo meu tio.
b) As lições não tinham sido estudadas por vocês.
c) A mesa não estava posta ainda.
d) Se os soldados tivessem preso o malfeitor José, hoje ele estaria preso, certo?
e) O cheque foi aceito pela empresa.

2.1.16 Modalização no verbo

Pela variação de alguns modos do verbo, são indicadas situações de certeza, dúvida, suposição, da parte de quem comunica algo. Essas situações são reforçadas, às vezes, por expressões adverbiais ditas modalizadoras [*com certeza, é certo, é possível, quero crer (que)*].

20. Reconheça as situações de certeza e possibilidade, bem como seus reforços adverbiais, nas frases a seguir.
Modelo: Talvez eu *vá* à sua festa de aniversário.
R: ação não conclusa expressa no modo subjuntivo; ideia de possibilidade. O advérbio *talvez* é um modalizador.
a) Quero crer que José *vá* à sua festa de aniversário.
b) Com certeza *irei* à sua festa de aniversário.
c) É certo que ela não *irá* à sua festa de aniversário.
d) Parece-me que ainda *chove* na festa de seu aniversário, pela previsão meteorológica.
e) Às sextas-feiras ela *vai* a festas de aniversário.

> 👍 **Saiba mais**
>
> Pelas expressões *com certeza, é certo, é possível, quero crer* (*que*), *parece-me*, o enunciador intervém no que ele diz, e a isso se chama MODALIZAÇÃO.

2.1.17 Verbos auxiliares de modalização

Alguns verbos também funcionam como modalizadores e expressam o modo como o locutor considera o processo verbal expresso pela forma nominal. Podem indicar: desejo ou volição (*querer, desejar*), dúvida (*parecer*), necessidade, obrigação (*ter de, haver de*), consecução (*conseguir*), hipótese, possibilidade (*poder*), capacidade (*poder*).

21. Reconheça, nas frases a seguir, o sentido expresso pelo verbo auxiliar modal.
Modelo: Você terá necessariamente de cumprir a lei, sempre.
R.: Sentido deôntico (= sentido de obrigação) — terá de (cumprir).
a) O jardineiro pode ter praticado o crime.
b) Indubitavelmente você terá de estar presente amanhã.
c) Felizmente você conseguiu chegar a tempo.
d) Quero vencer na vida!
e) Você parece estar segura e poderá vencer a disputa.

2.1.18 Auxiliares indicadores de aspecto

Alguns auxiliares acrescentam uma noção de aspecto ao verbo principal, ou seja, exprimem como o processo verbal se realiza no tempo: inicial, final, habitual, descontínuo, progressivo, conclusivo. São eles: *começar, pôr-se a, estar, ter, voltar a, continuar, ir, vir de, acabar de* etc. O verbo principal fica no infinitivo ou no gerúndio.

22. Reconheça nas frases a seguir a noção de aspecto expressa pelo auxiliar.
Modelo: O dia *começa* a nascer.
R: auxiliar *começar* é incoativo, indica início da ação.

a) O sol está nascendo.
b) João voltou a cantar e Maria pôs-se a aplaudi-lo.
c) A moça continuava chorando.
d) Como tem passado aquela senhora?
e) O ônibus acabou de passar.

2.1.19 Emprego do verbo *ficar*

O verbo FICAR emprega-se: a) com o particípio do verbo principal, na indicação de mudança de estado — *Ele ficou encantado com o fato*; b) com gerúndio (no Brasil) ou com infinitivo antecedido da preposição *a* (em Portugal), na indicação de ação duradoura — *Ficava falando sem pausas* (Brasil) // *Ficava a falar sem pausas* (Port.); c) com infinitivo antecedido da preposição *por*, na indicação de ação não realizada — *Minha redação ficou por elaborar*.

23. Reconheça os diversos sentidos do verbo *ficar* nas frases a seguir:

a) Você ficaria rotulado de "criador de casos".
b) Maria ficava a olhar o quadro de Dégas.
c) João ficava olhando para a rua.
d) Afinal, muitas questões ficariam por terminar ainda.
e) Você fica esperando agradecimentos dela?

2.1.20 Emprego dos verbos *ir* e *vir*

Os verbos IR e VIR empregam-se com o gerúndio do verbo principal, indicando ação progressiva — *Amélia ia chegando. Venho conversando com eles sobre o assunto.* O verbo *ir* emprega-se ainda com infinitivo do verbo principal, indicando futuro próximo — *Minha prima vai partir para Minas*. O verbo *vir* emprega-se ainda: a) com infinitivo precedido da preposição *a* — *Só vieste a saber disso aos vinte anos?* (resultado final da ação); b) com infinitivo precedido da preposição *de* — *Veio de lutar insanamente com o primo* (resultado recente da ação); c) com infinitivo, indicando intenção — *Ela veio fazer compras no Rio*.

24. Reconheça os diversos sentidos expressos pelo emprego do verbo *vir* nas frases:
a) Ela vem conversando comigo.
b) A menina só veio a saber que era adotada na adolescência.
c) Você vai fazer festa no seu aniversário?
d) Nós vimos de esclarecer todos os pontos para os alunos.
e) Marta virá completar o trabalho.

> **Saiba mais**
>
> Na frase *Ela veio chorando* não há locução verbal. Trata-se de uma oração de predicado verbo-nominal, em que *chorando* é o verbo principal da segunda oração. Equivale a um desdobramento com duas orações: *Ela veio e (estava) chorando*. Difere da construção com verbo que indica ação progressiva: *Ela vem chorando (= tem chorado) muito ultimamente*.

2.1.21 Emprego do verbo *haver*

Alguns verbos, como o HAVER, admitem vários empregos: a) pronominal e conjugado em todas as pessoas, no sentido de *comportar-se* (*Como você se houve na escola?*); b) auxiliar de tempos compostos (*Ela havia chegado* — pretérito perfeito composto do indicativo); c) auxiliar de modalização (*Ela há de vencer!*); d) pessoal e transitivo direto e indireto, sentido de *obter* (*Ela houve dos pais um bom dinheiro*); e) impessoal, sinônimo de *existir* e de *acontecer* (*Há bons alunos na turma. Há aula hoje*); f) impessoal na indicação de tempo passado, tempo transcorrido (*Houve dias difíceis para nós*).

25. Reconheça, nas frases a seguir, os diversos empregos do verbo *haver*, preenchendo os parênteses com a letra equivalente à especificação de sentido feita à direita:

a) (   ) Ela não se houve bem naquela reunião.
b) (   ) Há vários anos não o vejo.
c) (   ) Você há de ajudar seus pais.
d) (   ) Houve alguns percalços na sua vida.
e) (   ) Os agricultores houveram do patrão o legado da terra.

(I) existir, acontecer
(II) comportar-se
(III) tempo transcorrido
(IV) obter
(V) auxiliar de obrigação

2.1.22 Verbos quanto à conjugação

Os verbos classificam-se, quanto à conjugação, em REGULARES (seguem a regra geral) e IRREGULARES (apresentam algumas alterações no radical e nas flexões); DEFECTIVOS (não se conjugam em todas as formas, como *precaver-se*); UNIPESSOAIS (conjugados numa só pessoa, pelo sentido que expressam, como *florir*); ANÔMALOS (apresentam alterações profundas no radical, como o verbo *ser*); PRONOMINAIS (são sempre conjugados com os pronomes oblíquos reflexivos, como *queixar-se*); ABUNDANTES (apresentam mais de uma forma para a mesma flexão, como o verbo *pagar* e seus dois particípios — *pagado* e *pago*).

26. Classifique, quanto à conjugação, o verbo das frases a seguir.
Modelo: Não afastes teus amigos.
R: afastar – regular
a) Gustavo tinha estudado pouco e Maria se queixou dele.
b) Se o diretor tinha suspendido o aluno, ele está suspenso, certo?
c) A fábrica faliu.
d) O cachorro latiu.
e) Ninguém é perfeito.

👁 DE OLHO VIVO PARA NÃO ERRAR NA HORA DE USAR OS VERBOS

1. Importante atentar para a definição de Ana Maria Barrenechea: "Os verbos são as palavras que têm a função obrigatória de predicado e um regime próprio" (*apud* Cunha e Cintra, 2013), para entender o verbo como parte obrigatória do predicado, mesmo no caso do predicado nominal.

2. Do ponto de vista semântico, o verbo pode expressar ação (praticada — *Maria saiu*; ou sofrida — *Maria foi castigada*), ou pode ser elemento de ligação entre o sujeito e um estado ou uma qualidade reconhecidamente a ele atribuídos. (*Ela está triste. Maria é bela.*).

3. O verbo expressa categorias de aspecto, modo, tempo, pessoa e número. Daí as formas finitas apresentarem flexões próprias para modo, tempo, pessoa e número.

4. Distinguem-se como formas finitas do verbo (modos indicativo, subjuntivo e imperativo) as que apresentam flexão de modo, tempo, pessoa e número. Já as formas nominais, ou formas infinitas do verbo (infinitivo impessoal, gerúndio e particípio), não apresentam tais flexões (exceção para o infinitivo pessoal).

5. O infinitivo pessoal coloca-se como um caso à parte: é forma nominal, mas apresenta flexão de pessoa e número.

6. O único caso em que um pronome oblíquo átono pode ser sujeito é na oração reduzida que completa um verbo causativo ou um verbo sensitivo. O infinitivo da oração reduzida será pessoal: *Deixei-os sair. Vi-o sair.*

7. Um recurso para distinguir o infinitivo pessoal e o futuro do subjuntivo é o conector: — no infinitivo pessoal o conector é uma preposição ou locução prepositiva (*Para* ele sair, precisou de minha ajuda. *Antes de* nós viajarmos, iremos visitar você); — no futuro do subjuntivo, o conector é uma conjunção ou locução conjuntiva (*Se* você trouxer minha encomenda, ficar-lhe-ei muito grata. *Logo que* você chegar, iremos à praia).

8. Os modos indicativo e subjuntivo apresentam tempos compostos: pretérito perfeito composto, pretérito mais-que-perfeito composto, futuro do presente composto e futuro do pretérito composto — no modo indicativo; e pretérito perfeito, pretérito mais-que-perfeito, futuro composto — no modo subjuntivo. Como não temos pretérito perfeito, nem pretérito mais-que-perfeito *simples*, no modo subjuntivo, não usamos o adjetivo "composto" na denominação dos pretéritos (perfeito e mais-que-perfeito) desse modo.

9. Na formação do tempo composto, usa-se sempre o particípio do verbo principal (*Eu tenho ido ao cinema*). Isso não impede que tenhamos outras locuções verbais, em que o verbo principal esteja no infinitivo ou no gerúndio (*Ela quer ir ao cinema. Maria está indo ao cinema*).

10. As vozes verbais são: ativa, passiva e reflexiva. A recíproca é um desdobramento da reflexiva. A diferença é que na reflexiva a ação praticada e sofrida diz respeito ao mesmo sujeito (*Nara se feriu*); na recíproca, a mesma ação é trocada entre dois ou mais sujeitos (*Nara e Antônio se amam*).

11. Verbo abundante é o que possui mais de uma forma para indicar a mesma flexão. É o caso dos duplos particípios (*pago, pagado*). Nesse caso, cumpre

observar que o particípio regular (terminado em -*do*) é usado com auxiliares *ter* e *haver*; e o particípio irregular é usado com auxiliares *ser* e *estar* (*Felizmente* tenho/hei pagado *minhas contas em dia, de modo que essas contas hoje estão pagas*).

12. Alguns verbos e seus respectivos particípios duplos: anexar (*anexado, anexo*), benzer (*benzido, bento*), dispersar (*dispersado, disperso*), eleger (*elegido, eleito*), entregar (*entregado, entregue*), enxugar (*enxugado, enxuto*), exprimir (*exprimido, expresso*), ganhar (*ganhado, ganho*), imergir (*imergido, imerso*), imprimir (*imprimido, impresso*), incluir (*incluído, incluso*), isentar (*isentado, isento*), omitir (*omitido, omisso*), pagar (*pagado, pago*), prender (*prendido, preso*), salvar (*salvado, salvo*), soltar (*soltado, solto*), suspender (*suspendido, suspenso*), tingir (*tingido, tinto*).

13. Um verbo modalizador expressa o modo como o locutor considera o processo verbal: desejo (*Quero vencer*), dúvida (*Ela parecer fingir*), necessidade/obrigação (*Tenho de chegar cedo*), consecução (*Consegui passar no concurso*), hipótese/possibilidade (*Ela poderá visitar-me*), capacidade (*Ela pode sair desse sufoco*).

14. Coincidem as formas de gerúndio (*vindo*) e de particípio (*vindo*) do verbo *vir*.

15. Forma rizotônica de um verbo é a que possui a tônica no radical, o que acontece na 1ª, 2ª, 3ª do singular e 3ª do plural do presente do indicativo, presente do subjuntivo e formas do imperativo: *eu estudo, tu perdes, ela parte; que eles durmam; não cantes mais.*
As demais formas são ditas arrizotônicas.

16. O verbo *ser* em português resulta da fusão de dois verbos latinos *sedere* e *esse*. Esse verbo é anômalo, e apresenta radicais variáveis, derivados ora de um, ora de outro verbo latino. Também, por essa fusão, o verbo *ser* acumula os significados de estado definitivo (*ser < essem*) e de estado provisório (*estar < sedere*).

17. O verbo cujo sujeito é um pronome de tratamento fica na terceira pessoa: *V. Ex.ª está contente? Os senhores estão bem? S. M., o Rei D. Manuel, custeou as naus.*

Questões de concurso

1. (CESGRANRIO-BNDES) De acordo com a norma-padrão, o verbo *haver* não pode assumir a forma de plural quando é usado como verbo impessoal. A forma verbal destacada NÃO é impessoal em:

a) Em muitos casos, não há alternativa senão defender uma visão conservadora da sociedade.
b) Embora muitas pessoas insistam em não aceitar a mudança, para mim não há verdade indiscutível.
c) Houve época em que os valores religiosos se impunham à quase totalidade das pessoas.
d) Não haverá convívio social equilibrado e produtivo sem princípios e valores estabelecidos.
e) Uma comunidade que não respeitasse certos princípios e normas haveria de fracassar.

2. (CESGRANRIO-BNDES) O verbo *dispor*, no trecho "Outros elementos adentram o cenário brasileiro nas últimas décadas e *dispõem* a cidade como instância privada", apresenta irregularidade na sua conjugação. A sequência em que todos os verbos também são irregulares é:

a) crer – saber – exaltar
b) dizer – fazer – generalizar
c) opor – medir – vir
d) partir – trazer – ver
e) resultar – preferir – aderir

3. (CESGRANRIO-BNDES) No fragmento "Pela simples razão de que toda sociedade é, por definição, conservadora, uma vez que, sem princípios e valores estabelecidos, seria impossível o convívio social", a forma verbal *seria* é empregada para

a) relatar um fato
b) anunciar um acontecimento
c) apresentar uma certeza
d) afirmar um desejo
e) expressar uma hipótese

4. (FCC-DPE/RS) "O lugar *funcionava* como uma espécie de posto avançado do exército romano..." O verbo empregado no mesmo tempo e modo que o destacado acima está em:

a) As raízes da área, porém, remontam ao período dos romanos.
b) A influência germânica na cidade era tão forte...
c) ...o que contribuiu fortemente para a formação do dialeto alsaciano...
d) Entre si, os alsacianos adotam um dialeto de origem alemã.
e) ...que os Teutões da Germânia invadissem a Gália (França).

5. (FCC-DPE/RS) "Um dos grandes poetas brasileiros, o escritor gaúcho Mário Quintana ......, na década de 1940, uma indicação para a Academia Brasileira de Letras, que, no entanto, nunca se .... Sobre isso ele ......, com seu famigerado sarcasmo, o Poeminha do Contra." Preenchem corretamente as lacunas do texto acima, na ordem dada:

MORFOLOGIA | 131

a) recebia – concretizaria – compusera
b) recebe – concretiza – compunha
c) recebeu – concretizou – compôs
d) recebeu – concretizava – compora
e) recebera – concretizara – componha

6. (FCC-DPE/RS) "O dia começava a clarear quando terminei de transportar para a pauta o primeiro movimento duma sonata. Atirei-me na cama tão extenuado, que ...... imediatamente. Quando despertei, o sol ...... já no zênite. ...... à mente os acontecimentos do dia anterior e eu disse para mim mesmo:
'Foi tudo um sonho.' Mas não! Encontrei sobre o peito papel pautado com o primeiro movimento da sonata." (Érico Veríssimo. Sonata. *Contos*. 10. ed. Rio de Janeiro: Globo, 1987, p. 74)
Preenchem corretamente as lacunas do trecho acima transcrito, na ordem dada:
a) dormiria – estivera – viera-me
b) dormia – estivera – viram-me
c) dormi – estivesse – viriam-me
d) dormi – estava – vieram-me
e) dormia – esteve – viram-me

7. (FCC-DPE/RS) "É uma boa notícia que *haja* um calendário como o da biblioteca de Dresden."
O verbo empregado no mesmo tempo e modo que o destacado acima está em:
a) ...os pesquisadores não tenham uma datação mais precisa...
b) Relatos dão conta de que o bibliotecário e capelão da corte...
c) ...de onde o levou para a Biblioteca Real, em Dresden.
d) ...os deuses maias eram tão estranhos para eles que o bispo...
e) Nesse dia, começa um novo ciclo de 400 anos...

8. (FCC-DPE/RS) "O rio marca a fronteira entre a Floresta Negra, na Alemanha, e a Alsácia, a menor região da França."
Transpondo-se a frase acima para a voz passiva, a forma verbal resultante será:
a) marcaram-se
b) foi marcada
c) eram marcadas
d) são marcadas
e) é marcada

9. (FCC-DPE/RS) "A sala guarda escritos seculares como, por exemplo, um cone de argila da Suméria de quase 4 mil anos, um livro de orações hebraico e uma Missa em si menor, de Johann Sebastian Bach." Transpondo-se a frase acima para a voz passiva, a forma verbal resultante será:
a) foi guardada
b) são guardados
c) tem guardado
d) é guardada
e) foram guardados

10. (FCC-TRT 1ª Região) ...aquelas que um observador pode vislumbrar a partir do Museu de Arte Contemporânea de Niterói...
Transpondo-se a frase acima para a voz passiva, a forma verbal resultante será:
a) pode ser vislumbrado
b) vislumbra-se
c) podem ser vislumbradas
d) pode-se vislumbrar
e) podem vislumbrar

11. (FCC-TRT 1ª Região) Assim *pensava* o maior arquiteto e mais invocado sonhador do Brasil.
O verbo empregado no mesmo tempo e modo que o verbo destacado acima está em:
a) Houve um sonho monumental...
b) ...descolara-se dela, na companhia de seu líder, em 1990.
c) ...com que a vida seja mais justa.
d) ...Niemeyer tinha "as montanhas do Rio dentro dos olhos"...
e) ...este continua desprotegido, entregue à sorte que o destino...

12. (FCC-TRT 9ª Região) ...além de poeta, *traduzia*...
O verbo empregado no mesmo tempo e modo que o destacado acima está em:
a) Numa homenagem aos 80 anos de Edgard Braga, escreveu...
b) Paulo Leminski foi um escritor múltiplo...
c) ...Leminski é o nome mais representativo...
d) Em seguida, publicaria...
e) ...considerava que os grandes poetas...

13. (FCC-TRT 9ª Região) Em seguida, publicaria, em dois exemplares da revista *Invenção*, alguns poemas...
Transpondo-se a frase acima para a voz passiva, a forma verbal resultante será:
a) eram publicados
b) viria a publicar
c) seria publicado
d) seriam publicados
e) havia publicado

14. (FCC-TRT 9ª Região) ...esta vida é uma viagem / *pena eu estar* / só de passagem
O segmento em destaque nos versos acima transcritos equivale a: que eu
a) estivera
b) esteja
c) estaria
d) estivesse
e) estava

15. (FCC-TRT 9ª Região) O verbo que pode ser corretamente flexionado no plural está destacado em:
a) ... na última década *surgiu* a comunicação digital...
b) ... e parte das interações sociais *adquiriu* um caráter virtual...

c) ... é difícil definir e medir separadamente a contribuição...
d) Mais tarde, nas cidades, *havia* discussões em praça pública...
e) Como *teria* sido a Primavera Árabe sem e-mail, Twitter e Facebook?

16. (FCC-TRT-12ª Região) "problemas *têm família grande*". O verbo que, no contexto "...mas problemas não se resolvem, // problemas têm família grande" (Paulo Leminski, *Toda Poesia*, São Paulo: Cia. das Letras, 2013, p. 195), exige o mesmo tipo de complemento que o destacado na frase acima está empregado em:

a) ...lá pra trás não há nada
b) ...maldito seja quem...
c) ...a gente gostaria de...
d) ...quem olhar pra trás
e) ...e aos domingos saem todos passear

17. (FCC-TRT-12ª Região) No fragmento... "a gente gostaria //de ver nossos problemas // resolvidos por decreto // a partir desta data, // *aquela mágoa sem remédio // é considerada nula*", transpondo-se a frase acima destacada para a voz ativa, a forma verbal resultante será:

a) considerava
b) consideram-se
c) considerou
d) consideraram
e) considera

18. (FCC-DPE-SP) "Koch-Grünberg viu uma dessas marcas de caminho na serra de Tunuí..." Transpondo-se a frase acima para a voz passiva, a forma verbal resultante será:

a) foi visto
b) foram vistas
c) fora vista
d) eram vistas
e) foi vista

19. (FCC-SABESP) O segmento em que a forma verbal exprime acontecimento passado anterior a outro igualmente passado está em:

a) Nelson ficara encantado com a personagem...
b) Vinte anos depois, repetiu a façanha...
c) Tem sido assim desde 1963...
d) Queria autorização do autor para mudar o destino de Madalena...
e) Quebrou na ocasião uma lei antiga...

20. (FCC-SABESP) Pereira *pretendia* levar à tela o livro *São Bernardo* (1934), de Graciliano. O verbo flexionado no mesmo tempo e modo que o destacado acima está empregado em:

a) Criei uma história original...
b) O cineasta viu o autor uma única vez...
c) ... que se mata no fim do romance.
d) A relação artística começaria de fato uma década depois...
e) ... e imaginava um desfecho positivo para ela.

21. (FCC-SABESP) "Nenhum fator isolado nessa coleção poderia tê-los derrubado tão severamente..." A transposição da frase acima para a voz passiva terá como resultado a forma verbal:
a) poderiam ter vindo a derrubar.
b) poderiam ter derrubado.
c) poderia ter sido derrubado.
d) poderiam ter sido derrubados.
e) poderia terem sido derrubados.

22. (FCC-SABESP) É importante que a inserção da perspectiva da sustentabilidade na cultura empresarial, por meio das ações e projetos de Educação Ambiental, *esteja* alinhada a esses conceitos.
O verbo empregado no mesmo tempo e modo que o verbo destacado na frase acima está em:
a) ... a Empresa desenvolve todas as suas ações, políticas...
b) ... as definições de Educação Ambiental são abrangentes...
c) ...também se associa o Desenvolvimento Sustentável...
d) ... e incorporou [...] também aspectos de desenvolvimento humano.
e) ... e reforce a identidade das comunidades.

23. (FCC-SERGAS) É impossível que nossos homens políticos não tenham conservado um resto de idealismo...
A forma verbal resultante da transposição da frase acima para a voz passiva é:
a) conservassem
b) tenha sido conservado
c) fora conservado
d) tenham sido conservados
e) conservasse

24. (FCC-SERGAS) Antes de Edison, *diziam* os utópicos...
O verbo flexionado no mesmo tempo e modo que o destacado acima está em:
a) ...a tecnologia acabaria com a música...
b) ...a tecnologia não aprisionou a música...
c) ...nossos ouvidos registram música em quase todos os momentos...
d) ...gente que avalia o que a gravação...
e) ...como se dava no passado.

25. (FCC-SERGAS) Embora ...... a ideia de gravar música em seu artigo de 1878, Edison não ...... alusão a uma indústria musical. (Adaptado de Alex Ross, *op. cit.*)
Preenchem corretamente as lacunas da frase acima, respectivamente,
a) menciona – faz
b) mencione – fizesse
c) mencionasse – fazia
d) mencionou – faria
e) mencionava – fará

26. (FCC-DPE/SP) Quando em terreno fragoso e bem vestido, *distinguiam*-se graças aos galhos cortados a mão de espaço a espaço.
O verbo empregado no mesmo tempo e modo que o destacado acima está em:
a) ...um auxiliar tão prestimoso e necessário quanto o fora para o indígena...
b) Onde houvesse arvoredo grosso, os caminhos...
c) Os toscos desenhos e os nomes estropiados desorientam, não raro...
d) ...nada acrescentariam aqueles de considerável...
e) ...constava simplesmente de uma vareta quebrada em partes desiguais...

27. (FGV-DETRAN/MA) A frase inicial do texto "Tem saído nos jornais" mostra uma forma verbal que indica:
a) uma ação que ocorreu há pouco tempo.
b) uma ação que ocorria no passado.
c) uma ação iniciada no passado e que se repete no presente.
d) uma ação que ocorre no presente e vai repetir-se no futuro.
e) uma ação que depende de uma condição para realizar-se.

28. (FGH-INEA/RJ) "*Criou-se* o Centro Nacional de Monitoramento e Alerta de Desastres Naturais, a Força-Tarefa de Apoio Técnico e Emergência, a Força Nacional do SUS e *reestruturou-se* o Centro Nacional de Gerenciamento de Riscos de Desastres."
Com relação às formas verbais destacadas, é correto afirmar que
a) permitem elogios às autoridades criadoras dos órgãos citados.
b) fazem com que se aumente o valor das medidas tomadas.
c) produzem uma expressão mais popular e informal.
d) omitem os criadores dos órgãos citados.
e) criam suspense, escondendo-se informações importantes.

29. (FGV-INEA/RJ) "...não prolongando os efeitos dos desastres, como *temos visto*". O tempo verbal destacado indica uma ação
a) terminada há algum tempo.
b) realizada antes de outra ação passada.
c) a ser iniciada em futuro breve.
d) começada há algum tempo e continuada no presente.
e) ocorrida no presente, sob condição.

30. (FGV-MPE/MS) A pergunta que serve de introdução ao texto [A repressão não seria uma forma mais simples de diminuir o problema das drogas?] mostra uma forma verbal no futuro do pretérito do indicativo: "seria".
Essa forma verbal indica

a) uma maneira educada de dialogar com o próximo.
b) um fato ocorrido no passado.
c) uma possibilidade a ser considerada.
d) um fato futuro dependente de uma condição.
e) uma referência a uma possível dúvida do interlocutor.

31. (FGV-MPE/MS) "É necessário *tratar a questão de forma equilibrada.*"
Assinale a alternativa que indica a forma desenvolvida adequada da oração reduzida destacada desse período.
a) Que se tratasse a questão de forma equilibrada.
b) Que fosse tratada a questão de forma equilibrada.
c) Que se trate a questão de forma equilibrada.
d) Que haja o tratamento da questão de forma equilibrada.
e) Que ocorresse tratamento da questão de forma equilibrada.

32. (FGV-MPE/MS) "... *reduzindo* tanto a oferta por parte do traficante (mediante a repressão) quanto a procura por parte do usuário (mediante a prevenção)".
Nesse segmento do texto, a forma de gerúndio "reduzindo" tem o valor de
a) modo
b) tempo
c) explicação
d) proporção
e) concessão

33. (FGV-MPE/MS) "Se um jovem *quiser* experimentar drogas." Nessa frase, empregou-se corretamente o futuro do subjuntivo do verbo *querer* (*quiser*).
Assinale a frase em que a forma do futuro do subjuntivo destacada está ERRADA.
a) Quando ele *vir* a prova do delito, confessará o crime.
b) Quando os traficantes *serem* presos, a situação melhorará.
c) Se o viciado *requerer* ajuda, tudo ficará mais fácil.
d) Se a polícia *intervier*, o problema aumentará.
e) Quando *vierem* as testemunhas, o processo ficará mais claro.

34. (FGV-TJ/AM) Assinale a alternativa em que a modificação de uma frase verbal para uma frase nominal foi realizada de forma EQUIVOCADA.
a) "para obter no mercado o retorno do investimento feito" / para a obtenção no mercado do retorno do investimento feito.
b) "Por não embutirem os custos de pesquisa e desenvolvimento do produto original" / pelo não embutimento dos custos de pesquisa e desenvolvimento do produto original.
c) "tiveram a oportunidade de conquistar a confiança do consumidor" / tiveram a oportunidade de conquista da confiança do consumidor.

d) "A necessidade de se remunerar o investimento realizado" / A necessidade de remuneração do investimento realizado.

e) "Muitas vezes para reduzir o custo da distribuição de medicamentos" / Muitas vezes para o reducionismo do custo da distribuição de medicamentos.

35. (FGV-TJ/AM) Assinale a frase que não apresenta uma forma verbal na voz passiva.
a) "Patentes de medicamentos geralmente são reconhecidas pelo prazo de dez anos...".
b) "A quebra de patente não pode ser banalizada."
c) "Optou por uma atitude mais pragmática, que tem dado bons resultados...".
d) "A patente foi reconhecida nos Estados Unidos e em outros 39 países...".
e) "os genéricos e similares podem ser lançados a preços mais baixos".

36. (VUNESP-Procon) A pesquisa foi feita em abril em 15 drogarias nas cinco regiões do município de São Paulo. *Foram pesquisados* 58 medicamentos, sendo 29 de referência e 29 genéricos. Assinale a alternativa em que a substituição da forma verbal destacada não altera a concordância e o tempo verbal, e em que a colocação pronominal está correta.
a) Se pesquisou
b) Pesquisar-se-ão
c) Pesquisam-se
d) Pesquisaram-se
e) Se pesquisariam

37. (VUNESP-Câmara Municipal de São José do Rio Preto/SP) Assinale a alternativa em que a frase – Não existe gente que tem medo de palhaço? – está reescrita conforme a norma-padrão.
a) Não tem gente que têm medo de palhaço?
b) Não há gente que tem medo de palhaço?
c) Não têm gente que teem medo de palhaço?
d) Não há gente que têm medo de palhaço?
e) Não existe pessoas que têm medo de palhaço?

38. (VUNESP-Câmara Municipal de São José do Rio Preto/SP) Assinale a alternativa que completa, correta e respectivamente, de acordo com a norma-padrão, as lacunas das frases a seguir.
I. Não _____ pessoas que sentem pavor de palhaço?
II. Eu _____ medo, se um dia ficasse frente a frente com a Gisele Bündchen.
III. A fobia, _____ origem não está na infância, é desconhecida.
a) existem ... sentiria ... cuja
b) existe ... sinto ... cuja
c) existem ... sentira ... de cuja
d) existe ... sentia ... cuja
e) existem ... sentirei ... em cuja

2.2 Substantivo

E agora uma palavrinha sobre outra classe de palavras, o SUBSTANTIVO.

Vimos, no subcapítulo anterior, como alguns estudiosos da língua opõem o dinamismo do verbo ao caráter estático do substantivo. O substantivo é a palavra que nomeia todos os seres — reais (pessoas, instituições, objetos) ou imaginários (fada, gnomo) —, bem como as noções estáticas e abstratas, referentes a ação (colheita), sentimento (amor), estado (tristeza), qualidade (limpeza) dos seres.

O SUBSTANTIVO flexiona-se em gênero e número, além de poder expressar uma noção de grau, frequentemente explorada como recurso de comunicação.

Como você vê, cabe ao SUBSTANTIVO uma responsabilidade grande na comunicação. Acresçamos a isso as possibilidades de jogar com a flexão desta classe, partir de um nome para criar novas palavras, elaborar figurações na linguagem, enfim, explorar os recursos que tornam mais eficiente nossa comunicação! Tudo isso, junto e misturado, é o que veremos neste subcapítulo sobre o SUBSTANTIVO e suas flexões, formação de novas palavras na língua, figuras de linguagem.

No processo de comunicação verbal, o SUBSTANTIVO desempenha papel fundamental na estrutura da oração, ora como agente ou paciente da ação verbal (sujeito, objeto direto), ora como aquele em benefício de quem ela é praticada (objeto indireto), ora como pessoa a quem dirigimos uma fala (vocativo), entre outras funções.

Continuamos a apresentar o assunto por tópicos teóricos, em que destacaremos a definição desta classe de palavras, sua classificação e flexão, além de breve incursão pelos assuntos afins — formação de palavras na língua, funções da linguagem, figura de linguagem. Cada tópico teórico seguido de exercícios de fixação. Ao final do capítulo, algumas questões de concurso, sobre o tema.

SUBSTANTIVO é a palavra que nomeia os seres — reais (*livro*) ou imaginários (*fada*); palpáveis (*livro*) ou não palpáveis (*ar*). São os chamados substantivos concretos.

Também descreve ação verbal (*morte, saída*), sentimento (*amor*), qualidade (*feiura*), propriedade (*durabilidade*) e estado dos seres (*instabilidade*). São os chamados substantivos abstratos.

Observação: O substantivo abstrato existe em função de outro substantivo.

---

1. Reconheça o substantivo concreto e o abstrato dentre os termos destacados.

Modelo: Meus *netos* me trouxeram um *ramo* de *flor*, como *prova* de *amor*.

R: netos, ramo, flor – substantivos concretos

prova, amor – substantivos abstratos

a) A *fada* deu uma *varinha* enfeitada à *visita*.
b) O *crescimento* e a *beleza* da *cidade* tornou-a digna da *visita* de *turistas*.
c) A *instabilidade* emocional daquele *homem* é uma *doença*.
d) O *ar* atmosférico não tem *peso*, nem *tamanho*.
e) A *construção* ali de *armazéns*, em 1800, explica as diversas *construções* atuais.

👍 Saiba mais

• Alguns SUBSTANTIVOS ABSTRATOS não derivam diretamente de verbos, nem de adjetivos, mas enquadram-se como tais, por existirem em função direta de outro substantivo: peso (nomeia a força exercida por um corpo sobre uma superfície), tamanho (nomeia volume, área ou comprimento de outro substantivo), saudade (nomeia sentimento da falta de uma pessoa), cor (existe em função de um substantivo).

• Às vezes, temos necessidade de distinguir o substantivo abstrato, relativo à ação de, do seu homônimo, concreto, que nomeia algo feito, ação concluída: *A redação* (ato de redigir) *do editorial do jornal* e *A redação* (texto redigido) *cheia de erros, do aluno*.

• O SUBSTANTIVO diz-se PRÓPRIO quando distingue um entre vários elementos da mesma espécie. Subdivide-se em próprio personativo e próprio locativo, conforme nomeie respectivamente uma pessoa (*José*) ou um lugar (*Rio de Janeiro*).

2.2.1 Classificação do substantivo – pares opositivos

Além da oposição CONCRETO/ABSTRATO, há outros pares opositivos na classificação do substantivo: PRIMITIVO (*ferro*) e DERIVADO (*ferrugem*), SIMPLES (*roupa*) e COMPOSTO (*guarda-roupa*), GENÉRICO (*fruta*) e ESPECÍFICO (*maçã*), ANIMADO (*pato*) e INANIMADO (*pedra*), HUMANO (*homem*) e NÃO HUMANO (*pato, pedra*), REAL (*moça*) e IMAGINÁRIO (*fada*), PALPÁVEL (*árvore*) e NÃO PALPÁVEL (*ar, vento*), CONTÁVEL (*lápis*) e NÃO CONTÁVEL (*mar, multidão, enxame*).

2. Com base nos pares opositivos, classifique os substantivos destacados nas frases a seguir.
Modelo: *Paulo* esperava que o *fidalgo* melhorasse a *condição* de *vida* dele.
R.: *Paulo* — substantivo concreto, próprio personativo, simples, animado, humano, real, palpável, contável; *fidalgo* (= filho de alguém importante) — substantivo comum, concreto, composto (< filho + de + algo), derivado, animado, humano, real, palpável, contável; *condição* — substantivo comum, abstrato (existe em função direta de outro substantivo, expressa o estado desse outro substantivo), simples, primitivo, inanimado, não humano, real, não palpável, não contável; *vida* — substantivo comum, abstrato (existe em função direta de outro substantivo), simples, primitivo, real, não palpável, não contável.

a) Prefiro o *vermelho* ao *amarelo*.
b) Ali estava o *oceano*, majestoso e misterioso! E os *minutos* passavam...
c) A *foliã* fantasiada de *fada* trazia um *copo* de *cobre* cheio de *vinho*.
d) Como são lindas as *manhãs* do *outono*!
e) *Antônio Carlos* e *Eduardo* viajaram para *São Lourenço*.

3. A compreensão dos elementos semânticos da palavra (animado/inanimado, humano/não humano...) é que torna sem sentido uma frase como *A pedra-sabão viu o homem*, exceção para sentido figurado.
Assinale a explicação adequada:
a) substantivo inanimado só pode ser agente de um verbo de ação.
b) substantivo não humano não pode ser sujeito de verbo.
c) substantivo inanimado não pode praticar ação de ver.
d) substantivo não humano só pode ser complemento de verbo.
e) substantivo composto não pode ser sujeito de verbo de ação.

2.2.2 Classificação do substantivo – o coletivo

O SUBSTANTIVO COLETIVO nomeia todo um conjunto de elementos, embora empregado no singular: *multidão, manada* etc. Alguns coletivos numerais (*duplo, centena*) especificam o número de objetos.

4. Assinale as opções em que se encontram substantivos coletivos:
a) Você comprou vários enfeites, dezenas deles.
b) Parece que todos estariam ali na festa.
c) O fazendeiro comprou toda a tropa de burros.
d) Apoiou-se com ambas as mãos.
e) Prenderam todo o bando de malfeitores.

2.2.3 Formação de palavras – noções

Os pares opositivos primitivo/derivado e simples/composto fundamentam-se na FORMAÇÃO DE PALAVRAS da língua. As palavras primitivas (*ferro*) não se formam a partir de outras na língua e ainda podem dar origem a derivadas (*ferrugem, ferramenta*), pelo acréscimo de prefixos (derivadas por prefixação: *subverbete*) ou de sufixos (derivadas por sufixação: *ferreiro*). Outras vezes combinam-se dois ou mais radicais de palavras existentes para a formação de outra palavra — caso da formação por composição (*fidalgo, passatempo, guarda-roupa*). Na composição, pode haver perda de fonemas (*filho de algo › fidalgo*), caso da composição por aglutinação, como também pode não haver perda de fonemas das palavras primitivas (*passatempo, guarda-roupa*).

Glossário

CISBORDO – grande abertura, com portas, no costado de alguns navios, para embarque e desembarque de objetos pesados.

SUBURGO – termo popular para designar uma aldeola.

SOBPÉ – base, sopé.

5. Preencha a coluna da direita com 1 ou 2, conforme a palavra seja derivada, respectivamente, por prefixação ou por sufixação; e preencha a coluna da esquerda com 3 ou 4, conforme as palavras se combinem, respectivamente, sem perda de som (composição por justaposição), ou com perda de algum som (composição por aglutinação).

( ) madrepérola   ( ) lealdade
( ) pernalta   ( ) ferreiro
( ) couve-flor   ( ) cisbordo
( ) aguardente   ( ) sobpé
( ) pé de moleque ( ) suburgo (= aldeola)

6. Assinale o item em que há falha no confronto entre derivação e composição:

a) Na derivação há um só radical; na composição, dois ou mais.

b) A derivação se faz com radical e afixos; a da composição, com radicais.

c) A palavra formada por derivação pode receber desinências; a da composição não.

d) Tanto na derivação, quanto na composição, pode haver perda de fonemas.

e) Derivação e composição são processos de formação de novas palavras.

7. Assinale o item em que se encontra exemplo de substantivo formado por composição:

a) Para mim, nada se compara ao hábito de ler como passatempo.

b) Seguem duas questões para a prova de amanhã.

c) Não subestime a capacidade do inimigo.

d) Nem tanto ao mar, nem tanto à terra!

e) Você tem visitado seus pais no exterior?

8. Assinale o item em que se encontra exemplo de substantivo formado por derivação:

a) Que lindo o pôr do sol naquela praia!

b) Você não tem necessidade de mentir, José Maria!

c) Há vinte anos a família de Maria Clara supre o mercado de queijo da cidade.

d) Como está passando aquela sua amiga que adora pé de moleque?

e) Foi muito útil aquele encontro entre mim e ela.

🔥 Saiba mais

• A DERIVAÇÃO POR PREFIXAÇÃO acontece com mais frequência em adjetivos e verbos (*desleal, cisandino, subverter, repor* etc.).

• No processo de composição, denomina-se HÍBRIDA a palavra formada por elementos de línguas diferentes:
    automóvel (radical grego *auto* + radical latino *móvel*)

• Chama-se ONOMATOPEIA a palavra que imita um som físico — a voz do animal, ou o barulho de uma máquina:
    ciciar (rumor leve — dos ramos das árvores ou de cochichos), *tique-taque* (barulho da máquina do relógio)
A onomatopeia pode apresentar dissimilação dos sons:
    tique-taque (por tic-tic) — para indicar o barulho mais frequente dos relógios.

• DERIVAÇÃO POR PARASSÍNTESE é a formação de nova palavra pelo acréscimo *concomitante* de prefixo e sufixo, de modo a que não exista vocábulo só com um desses afixos:
    apedrejar, anoitecer, empobrecer

• DERIVAÇÃO POR PREFIXAÇÃO E POR SUFIXAÇÃO é aquela em que ou o sufixo, ou o prefixo se acrescenta a um conjunto em que já aparece um afixo:
    deslealdade («des + lealdade ou desleal + dade)

• DERIVAÇÃO IMPRÓPRIA é aquela em que a palavra se emprega em outra classe gramatical, sem alterar sua forma:
    Ele não sabe receber um *não*! (emprego do advérbio como substantivo: não = negativa)
Segundo Moura Neves (2000), é o caso de derivação em que o substantivo é obtido "pela recategorização de outro nome, sobre uma base metafórica ou metonímica". Outro exemplo: Ele era o lanterninha do cinema.

2.2.4 Derivação regressiva

Chamamos de DERIVAÇÃO REGRESSIVA ao processo de se formar nova palavra a partir de outra em que se elimina o sufixo: *janta* (de *jantar*), *comuna* (de *comunista*).

9. Reconheça um caso de derivação regressiva empregado nas frases a seguir:
a) Todos acudiram ao apelo desesperado da criança.
b) Ninguém acredita mais em cataplasma?
c) Convém a presença de todos, certo?
d) Uma declaração desse tipo é catastrófica.
e) Nossa sugestão foi acatada, felizmente.

👍 Saiba mais

• Geralmente a DERIVAÇÃO REGRESSIVA ocorre pela redução de um verbo, ou seja, o substantivo (geralmente abstrato) é a palavra derivada e o verbo de ação é a palavra primitiva:
  abalo (*abalar*), *ajuda* (*ajudar*), *apelo* (*apelar*), *busca* (*buscar*), *censura* (*censurar*), *choro* (*chorar*) etc.

• Quando o substantivo designa um objeto (*âncora*), ele é que é o primitivo; e o verbo (*ancorar*), o derivado.

• Popularmente vemos casos de derivação regressiva em que o substantivo deriva de outro substantivo:
  maruja (< *marinheiro*), *milico* (< *militar*), *portuga* (< *português*), *boteco* (< *botequim*)

• Convém lembrar ainda termos populares que derivam de verbos (Nesse caso, o verbo sendo o termo primitivo):
  agito (< *agitar*), *amasso* (< *amassar*)

2.2.5 Derivação própria e derivação imprópria

Chamamos de DERIVAÇÃO PRÓPRIA àquela em que a nova palavra se forma a partir de acréscimo ou redução da primitiva (*lealdade*, *janta*); e de DERIVAÇÃO IMPRÓPRIA àquela em que a nova palavra simplesmente resulta de mudança de classe gramatical. Exemplos de derivação imprópria:

Os últimos serão os *primeiros* (numeral › substantivo).
Os *corruptos* foram premiados (adjetivo › substantivo).

10. Assinale o único item em que não se empregou derivação imprópria:
a) Você conseguiu um feito extraordinário!
b) "Viver é lutar!" (G. Dias)
c) Não fale alto para ele não acordar.
d) Você não é nenhum pelé!
e) Dia primeiro de cada mês ele efetua meu pagamento.

2.2.6 Sigla e abreviatura

Um vocábulo formado a partir da primeira letra ou da primeira sílaba de uma denominação extensa chama-se SIGLA, caso de SESI = Serviço Social da Indústria. Sigla difere de ABREVIATURA, em que a palavra é representada por alguma de suas sílabas: *lat.* por *latim*, ou por algumas de suas letras: *sr.* por *senhor*.

11. Assinale o único item em que se tem uma abreviatura:
a) Visitei uma escola SENAI no Rio de Janeiro.
b) Você leu o último ato do MEC?
c) O CINE Brasil está exibindo um ótimo filme hoje.
d) Você sabe o que é COFINS e CPMF?
e) Visitei o MAR ontem.

2.2.7 Linguagem figurada – metáfora

A LINGUAGEM FIGURADA é importante recurso na comunicação. A figura mais usada é a METÁFORA — emprego de uma palavra com novo sentido, com base na associação comparativa de alguma unidade de significação do termo primitivo. Em *Ele é um leão*, destaca-se a força da pessoa, associada à força física do animal (uma unidade de significação do signo verbal *leão*).

A linguagem figurada pertence à CONOTAÇÃO. Não confundir com o emprego próprio da palavra, a DENOTAÇÃO.

> ### 👍 Saiba mais
>
> No EMPREGO FIGURADO DAS PALAVRAS, você deve distinguir:
> - METÁFORA (emprego de substantivo concreto para caracterizar noção abstrata, com base numa comparação em que se omite o conectivo):
>   *Ele é um leão = ... (é) forte como um leão.*
>
> - METONÍMIA (emprego de um termo por outro, com base em alguma relação entre eles, tal como efeito e causa, continente e conteúdo, autor e obra):
>   *Eis um museu que é uma* construção *do século XVII. Bebi um* copo *de vitamina agora. Gosto de ler* Guimarães Rosa.
>
> - SINÉDOQUE (emprego de um termo por outro, com base no alargamento ou na diminuição de significado):
>   *O pobrezinho não tem teto* (teto por moradia). *O Brasil conheceu esta fase!* (O Brasil por os brasileiros)
>
> - CATACRESE (um tipo de metáfora esvaziada, porque já de uso corrente):
>   *Limpe bem os pés da mesa* (pés por base).

12. Assinale o único item em que acontece o emprego metafórico do termo destacado:
a) Você não é o *Pelé*, mas se parece com ele.
b) Você não é um *neymar*, mas joga futebol razoavelmente bem.
c) Uso sempre o *Feijão Saci* em minhas feijoadas.
d) Por que você também não experimenta usar *Feijão Saci* nas feijoadas?
e) Preciso ler a obra de *Guimarães Rosa*.

13. Efetue o casamento das colunas a seguir, com o preenchimento dos parênteses, conforme o *emprego conotativo das palavras* encontrado nas frases:
a) ( ) Ele nunca leu Machado de Assis.   (A) metáfora
b) ( ) Devemos honrar nossa bandeira!   (B) metonímia
c) ( ) Os mortais sabem disso.   (C) sinédoque
d) ( ) Bebeu um copo de suco, hein?
e) ( ) Ela é a cocadinha dos pais!

14. Assinale o item que se encontra uma sinédoque:
a) Bebi todo o suco de abacaxi do jarro.
b) Comprei belíssima porcelana naquela loja.
c) O professor elogiou o trabalho do aluno.
d) Você bebeu champanhe demais.
e) Quase todo o Brasil está revoltado com o roubo.

2.2.8 Funções da linguagem

Pela linguagem você explicita seu pensamento e/ou seu sentimento. Essa distinção entre objetividade do pensamento e comunicação de emoção classifica-se nas FUNÇÕES DA LINGUAGEM, denominação que abrange as variações de comunicação conforme o objetivo de quem comunica. São seis as funções da linguagem: REFERENCIAL ou DENOTATIVA (comunica algo de forma objetiva, sem comentários pessoais), EMOTIVA (comunica emoções), APELATIVA ou CONATIVA (comunicação com busca de convencimento), METALINGUÍSTICA (uso do código linguístico para falar dele mesmo), FÁTICA (busca manter o interlocutor preso à comunicação), POÉTICA (comunicação com preocupação estética).

15. Reconheça as funções da linguagem nas frases a seguir:

a) Se você chegar cedo, encontrará melhores lugares no salão.

b) Olhe aqui, a palavra *comunicação* escreve-se com ç!

c) "(Havia pombos...) e libélulas que valsavam com seus vestidos de gaze e seus adereços de ametista." (Cecília Meireles)

d) O quadrado tem quatro lados iguais.

e) Ai que saudades tenho da minha infância em cidade pequena!

2.2.9 Gênero do substantivo

O SUBSTANTIVO possui um GÊNERO determinado, caso do feminino *mesa* e do masculino *livro*. Quando se refere a pessoa e a animal, no entanto, o substantivo FLEXIONA-SE frequentemente em gênero para indicar o sexo. Normalmente o feminino é formado pela troca da vogal do tema (-o, -e) pela desinência -a (Exemplos: *menino/menina; mestre/mestra*), ou pelo acréscimo dessa desinência ao masculino terminado em *-or* e *-es* tônico (*pastor/pastora; inglês/inglesa*).

Alguns SUBSTANTIVOS apresentam radicais diferentes para indicar a oposição de sexo, como *bode/cabra, homem/mulher, cão/cadela, carneiro/ovelha, cavalheiro/dama, cavalo/égua, compadre/comadre, frade/freira, frei/sóror, genro/nora, macho/fêmea, marido/mulher, padrasto/madrasta, pai/mãe, touro/vaca, veado/corça, zangão/abelha*.

16. Reescreva as frases a seguir, passando adequadamente para o feminino os substantivos masculinos:

a) Todos os alunos visitaram o frade, o monge e o pintor.

b) O camponês e o cavalheiro viram um veado.

c) O mestre castigou o aluno vadio.

d) O cavalo do infante é um belo animal.

e) Meu padrinho fantasiou-se de zangão.

2.2.10 Feminino do substantivo

Alguns SUBSTANTIVOS em -*dor* fazem o FEMININO em -*eira*: *cerzidor/cerzideira*. Substantivos outros em -*dor* e -*tor* apresentam sufixo -*triz* no correspondente feminino: *ator/atriz, embaixador/embaixatriz*. O feminino de *prior* é *prioresa*, mas existe a forma *priora* (irmã da Ordem Terceira).

17. Consulte uma gramática, ou um dicionário, e indique o feminino dos substantivos a seguir:
a) imperador   b) pastor   c) senador   d) contestador   e) trabalhador

> ### 👍 Saiba mais
>
> - Algumas formas femininas adquiriram significados distintos no decorrer do tempo:
>   *embaixador/embaixatriz* (esposa do embaixador) e *embaixadora* (mulher que exerce as funções de representante do país)
>
> - O mesmo vem acontecendo com *senador*:
>   *senatriz* (esposa do senador) e *senadora* (mulher que exerce as funções de senador)
>
> - Bom lembrar formas de femininos ainda pouco usadas no Brasil:
>   *giganta* (< gigante), *hóspeda* (< hóspede), *presidenta* (< presidente)

2.2.11 Feminino de substantivos masculinos em -*ão*

SUBSTANTIVOS MASCULINOS em -*ão* fazem o feminino em -*ã* (*alemão/alemã*), -*oa* (*beirão/beiroa; ermitão/ermitoa*) e -*ona* (geralmente femininos de aumentativos: *solteirão/solteirona*).

18. Consulte uma gramática, ou um dicionário, e indique o feminino dos substantivos a seguir:

a) bonachão   b) ladrão   c) ermitão   d) ancião   e) lebrão

> ### 👍 Saiba mais
>
> - Substantivos que fogem à regra geral da formação de feminino quando o masculino termina em *-ão*:
>   barão (› *baronesa*); cão (› *cadela*); lebrão (› *lebre*); perdigão (› *perdiz*); sultão (› *sultana*); zangão (› *abelha*)
>
> - Alguns masculinos em *-ão* possuem várias formas de feminino:
>   *anfitrião/anfitrioa, anfitriã; bretão/bretoa, bretã; ladrão/ladra, ladrona; vilão/vilã, viloa*
>
> - Substantivos terminados em *-ão*, com exceção de *mão* e dos abstratos (*aflição, admissão, vocação* etc.), geralmente são masculinos:
>   *algodão, mamão, limão*
>
> - Substantivos que designam títulos de nobreza e dignidades fazem o feminino em *-esa* e *-essa*:
>   barão › *baronesa*; conde › *condessa*; duque › *duquesa*; príncipe › *princesa*; cônsul › *consulesa*
>
> - Os femininos de *abade* e *maestro* são, respectivamente, *abadessa* e *maestrina*.

19. Releia o que foi dito sobre o assunto e passe para o feminino as frases a seguir:

a) Nosso atual embaixador da simpatia virá para os festejos juninos.
b) O barão atirou no lebrão e acertou no perdigão.
c) O ladrão foi mordido pelo zangão e o touro ainda veio atrás dele.
d) O vilão viu o genro do meu compadre roubar o carneiro.
e) O sultão premiou o bretão e o maestro.

2.2.12 Substantivos epicenos, sobrecomuns e comuns de dois

Alguns SUBSTANTIVOS referentes a animais e pessoas possuem um só gênero, independentemente do sexo. São os chamados SUBSTANTIVOS EPICENOS (quando se referem a animais: *a águia, a araponga, a cobra, o condor, a baleia, o besouro, a borboleta, o gavião, a mosca, a onça, o polvo, a pulga, o rouxinol, a sardinha, o tatu, o tigre*), e SOBRECOMUNS (quando se referem a pessoas: *o algoz, o apóstolo, o carrasco, o cônjuge, a criança, a criatura, o indivíduo, a pessoa, a testemunha, a vítima, o verdugo*). Há substantivo que possui uma só forma comum aos dois gêneros, o chamado COMUM DE DOIS (*o/a agente, o/a estudante, um/uma doente, o/a mártir, o/a suicida*).

20. Preencha os parênteses com o artigo definido, conforme o gênero do substantivo:
a) ( ) cedilha   ( ) juriti   ( ) champanha   ( ) sentinela
b) ( ) sanduíche   ( ) lagarta   ( ) pessoa   ( ) soprano
c) ( ) libido   ( ) fonema   ( ) telefonema   ( ) diabete
d) ( ) eclipse   ( ) diploma   ( ) cobra   ( ) sabiá
e) ( ) bate-boca   ( ) passatempo   ( ) aguardente   ( ) saca-rolhas

👍 Saiba mais

- O sexo, no sobrecomum, é explicitado pela junção de um determinante ao nome da pessoa ou do animal:
    a cobra *macho*/a cobra *fêmea*; o cônjuge *masculino*/o cônjuge *feminino*

- Alguns substantivos em *-a* são masculinos:
    anátema, clima, cometa, dia, emblema, fantasma, idioma, jesuíta, mapa, poema, pirata, problema, sistema, telefonema, tema, teorema

- Há femininos indicados por alternância vocálica:
    avô/avó

- Femininos que indicam dignidades religiosas apresentam terminações especiais:
    sacerdotisa (< sacerdote), *papisa* (< papa), *diaconisa* (< diácono), *pitonisa* (< píton, no sentido de mago, adivinho), *profetisa* (< profeta)

- Femininos ainda dignos de destaque:
    czar (imperador da Rússia)/*czarina*; *felá/felaína*; *grou/grua*; *herói/heroína*; *jogral/jogralesa*; *maestro/maestrina*; *poeta/poetisa*; *rajá/rani*; *rapaz/rapariga* (em Portugal); *rei/rainha*; *réu/ré*; *silfo* (= o gênio do ar)/*sílfide*

21. Complete as lacunas com o feminino dos substantivos citados nos parênteses:
a) Visitamos a casa da .... (poeta) espanhola.
b) Visitei a .... (profeta).
c) Aquela .... (czar) russa foi muito infeliz.
d) Foram vistas no castelo muitas .... (silfos) maravilhosas.
e) A .... (embaixador), esposa do embaixador João, recebeu a ....(diácono).

Saiba mais

- Há quem prefira empregar apenas a forma masculina para indicar posições destacadas na sociedade intelectual:
    Aquela poeta foi premiada.

- Vale lembrar substantivos em cujo emprego há vacilação de gênero e suas tendências:
    ágape, antílope, caudal, clã, contralto, diabete, gengibre, lança-perfume, praça (soldado), sanduíche, soprano, suéter tendem para o MASCULINO;
    abusão, alcíone, aluvião, áspide, fácies, filoxera, jaçanã, juriti, omoplata, ordenança, sentinela, sucuri tendem para o FEMININO.

2.2.13 Oposição de gênero e oposição de significados

Há SUBSTANTIVOS cuja oposição de gênero implica oposição de significados, ou seja, o masculino tem um significado e o feminino, outro: *o guia* (pessoa cuja função é orientar outras)/ *a guia* (documento que acompanha uma mercadoria em trânsito); *o grama* (unidade de medida de massa)/ *a grama* (erva da família das gramíneas); *a moral* (= regras de conduta válidas numa sociedade)/ *o moral* (conjunto das nossas faculdades morais); *o voga* (remador que se senta no final de embarcação miúda)/ *a voga* (divulgação, moda).

22. Preencha as lacunas com artigo definido ou indefinido, feminino ou masculino, conforme o sentido do substantivo na frase:
a) ( ) lente da escola, Dr. Fulano, tirou os óculos para limpar ( ) lente.
b) ( ) cura do doente devia-se ao Fulano, ( ) falecido cura daquela freguesia.
c) ( ) língua deve falar muito bem ( ) língua para a qual traduz o texto.
d) ( ) cabeça da revolta foi preso e cortaram-lhe ( ) cabeça.
e) Você tem ( ) cisma de que haverá ( ) cisma dentro do partido.

2.2.14 Flexão de número

O SUBSTANTIVO flexiona-se, quanto a número, em SINGULAR e PLURAL.
A) No SINGULAR, ora o substantivo pode designar um só elemento, ora pode designar um conjunto de seres considerados como um todo (SUBSTANTIVO COLETIVO):
   gato, livro, menino, multidão, batalhão, cardume

B) No PLURAL, o substantivo designa vários seres ou vários conjuntos de seres:
   gatos, livros, meninos, multidões, batalhões, cardumes

23. Coloque 1 ou 2 nos parênteses que precedem os substantivos a seguir, conforme se trate, respectivamente, de vários seres ou vários conjuntos de seres:

( ) cruzes   ( ) líquenes
( ) enxames   ( ) lebres
( ) mesas   ( ) homenzarrões
( ) itens   ( ) caravanas
( ) sons   ( ) manadas
( ) cardumes   ( ) hifens

> **Saiba mais**
>
> Alguns substantivos terminados em -s não designam conjunto de vários elementos, mas um conjunto de procedimentos referentes ao significado do substantivo (*núpcias* — vários procedimentos na celebração do casamento; *exéquias* — cerimônias nas honrarias fúnebres), ou uma intensificação de significado (*trevas* — muita escuridão, muita treva).

2.2.15 Formação do plural de substantivos

▶ Normalmente o PLURAL DOS SUBSTANTIVOS se forma pelo acréscimo de *-s* à vogal, ou ao ditongo final — oral ou nasal —, do singular da palavra:
   salas, bambus, órfãs, troféus, mães

▶ Substantivos terminados em consoante *-r, -z* e *-n* recebem *-es*:
   mares, hambúrgueres, rapazes, cânones

▶ Substantivos paroxítonos terminados em *-s* e *-x* ficam invariáveis no plural:
   os *tênis*, os *tórax*, os *fax*

▶ Substantivos monossílabos em *-s* fazem o plural com acréscimo de *-es*:
   mês/meses; rês/reses

▶ Também os oxítonos em *-s* recebem *-es*:
   inglês/ingleses; país/países

24. Assinale o item em que o plural do substantivo empregado na frase foge às regras anteriormente lidas:
a) Todos os prédios estavam danificados pelas bombas.
b) Os tênis trazidos por aqueles ônibus foram trocados por lápis coloridos.
c) Os meses que antecederam o evento foram de muita correria.
d) Colamos vários cartaz nas paredes dos prédios da rua.
e) Os tórax dos rapazes inflaram de orgulho nacionalista.

25. Complete com o plural do substantivo no parêntese:
a) Comi vários .... (hambúrguer)
b) Conferi todos os .... (fax) recebidos na semana.
c) Havia fotos de vários .... (czar) russos.
d) Na infância colecionei .... (álbum) de figurinhas.
e) Preste atenção aos .... (hífen) empregados no texto

> ## ⚡ Saiba mais
>
> • Os monossílabos *cais* e *cós* ficam geralmente invariáveis, embora se encontre a forma *coses* em alguns autores.
>
> • O plural de substantivos invariáveis é assinalado, na frase, pelo determinante do substantivo:
> *os lápis macios, os tórax*
>
> • A palavra cuja nasalidade da vogal final é grafada com *-em, -im, -om, -um* troca a letra *m* por *-ns*:
> *atum/atuns, bem/bens, flautim/flautins, som/sons*
>
> • Não é regra geral, mas alguns substantivos, além da formação do plural com acréscimo de *-s*, trocam o timbre da vogal (timbre fechado para aberto):
> *caroços, corpos, olhos, ossos, reforços, rogos* etc.

2.2.16 Plural de substantivos em -al, -el, -ol e -ul

▶ O PLURAL DOS SUBSTANTIVOS terminados em -al, -el, -ol e -ul se faz trocando o -l por -is:

jornal/jornais, papel/papéis, anzol/anzóis, paul/pauis

▶ Substantivos terminados em -il tônico (ou seja, oxítonos) fazem o plural com a troca do -il por -is:

funil/funis

▶ Se forem terminados em -il átono (ou seja, paroxítonos), trocam o -il por -eis:

fóssil/fósseis

26. Assinale o item em que o plural dos substantivos empregado na frase foge às regras anteriormente lidas:

a) Ali há muitos pauis.
b) Os caroços dos girassóis estavam nos fornos das fazendas.
c) Aqui no Brasil, hoje, quem tem muito dinheiro tem muitos réis.
d) Os anzóis trazidos por aqueles ônibus foram trocados por muitos lápis coloridos.
e) Os projetis da época da guerra estavam lá.

Saiba mais

• O plural de *real*, nome da moeda brasileira, é *reais*: *Aqui hoje quem tem muito dinheiro tem muitos reais*. O plural da moeda antiga brasileira, o *real* antigo, é que era *réis* (*Nossos avós falavam em réis*).

• Há substantivos com duas formas de plural, em razão da variação da sílaba tônica no singular: as formas paroxítonas *répteis* (< réptil) e *projéteis* (< projétil), ao lado das oxítonas *reptis* (< reptil) e *projetis* (< projetil).

2.2.17 Plural dos substantivos em -ão

Na formação do PLURAL DOS SUBSTANTIVOS EM -ÃO, você encontra três opções, a saber:

A) O PLURAL EM -ÕES é encontrado na maioria desses substantivos (*botões, limões, tubarões*). É encontrado ainda em plural de aumentativo (*homenzarrões, facões, moleirões*), em substantivos derivados em geral (*ações, canções, eleições, derivações, inclusões*), respectivamente *de agir, cantar, eleger, derivar, incluir*) e também em substantivos que fazem feminino em -*ona* (*cabeção/cabeçona* › *cabeções; sabichão/sabichona* › *sabichões*).

B) Menos frequente é o PLURAL EM -ÃOS, geralmente em substantivos cujos derivados apresentam -*anu* no radical (*mão* › m<u>anu</u>*faturado*), ou que fazem o feminino em -*ã* (*cidadão/cidadã* › cidadãos; *cortesão/cortesã* › cortesãos, *cristão/cristã* › cristãos; *irmão/irmã* › irmãos). Nem sempre é fácil fazer essas associações, mas elas ajudam. Existem ainda outros substantivos que fazem plural em -*ãos: desvão(s), acórdão(s), bênção(s), órgão(s), sótão(s)*.

C) O plural -ÃES é o menos frequente dos três e corresponde geralmente a substantivos cujos derivados apresentam -*ani* no radical (*), como: *pães* (› *pan*ific*ação*), *cães* (› *can*ino), *capelães* (› *capel*ania), *capitães* (› *capit*ania), *charlatães* (› *charlat*anice), *escrivães* (› *escriv*aninha).

(*) Podemos depreender o radical dos substantivos nos cognatos, como apresentamos nos parênteses.

27. Com base nessa variação de plural em -ão, indique o plural dos substantivos:
a) solteirão
b) irmão
c) navegação
d) guardião
e) tostão

> ### 🛈 Saiba mais
>
> - Alguns substantivos oxítonos terminados em *-ão* apresentam mais de uma terminação no plural:
>   - encontram-se as três terminações em *aldeão, ancião, ermitão, sultão*; respectivamente: *aldeãos, aldeões, aldeães; anciãos, anciães, anciões; ermitãos, ermitães, ermitões; sultãos, sultães, sultões.*
>   - *anão, corrimão, cortesão, verão, vilão* apresentam plural em *-ãos* e *-ões*: *anãos, anões; corrimãos, corrimões; cortesãos, cortesões; verãos, verões; vilãos, vilões.*
>   - para *refrão* e *sacristão* podem-se empregar as terminações *-ães* e *-ãos*: *refrães, refrãos; sacristães, sacristãos.*
>   - para *guardião* e *charlatão* podem-se usar *-ães* e *-ões*: *guardiães, guardiões; charlatães, charlatões.*
>
>   Na palavra *catalão* encontra-se uma série de realizações que fogem aos itens comuns das regras vistas: seu feminino é *catalã*, mas o plural é *catalães*. E há um derivado em *-ano*: *catalano*.
>
>   Como você pode ver, há muitas coordenadas a considerar no plural dos substantivos em *-ão*. Tentamos algum artifício de associação, mas o melhor a fazer é consultar gramáticas e dicionários.
>
> - Há dois sentidos para *artesão*, o que vai implicar plurais distintos:
>   - significando *artífice*, o plural é *artesãos*;
>   - significando *adorno arquitetônico*, apresenta dois plurais possíveis — *artesãos, artesães*.
>
> - Por serem derivações de outras línguas, encontram-se os plurais: *alemão/-ães, bastião/-ães, guardião/-ães, sacristão/-ães, tabelião/-ães.*

2.2.18 Plural de diminutivos em *-zinho*

DIMINUTIVOS formados com sufixo *-zinho* fazem o plural da seguinte maneira: perdem o *s* final do plural da primitiva, antes do acréscimo do sufixo diminutivo; finalmente recoloca-se o *s*. Exemplos: *dolarezinhos* (< dólare(s) + zinho + s); *papeizinhos* (< papéi(s) + zinho + s).

28. Assinale o item em que se encontra uma formação de plural de substantivo fora do padrão formal:

a) Vamos falar dos Joões ou dos Antônios?
b) Comprei vários colarzinhos de pedras para as meninas.
c) A ideia é enxugar os pauis da região, para aproveitá-la ao máximo.
d) O plural de *mão* é *mãos*, e o de *corrimão* é *corrimões*?
e) A costureira ajustou os coses das calças dos jogadores.

Saiba mais

• Se um termo de língua estrangeira continua a ser usado, no singular, em sua forma original, a formação do plural segue a regra da língua de origem:
  curriculum/curricula (latim), *topos/topoi* (grego), *lady/ladies* (inglês)

• Palavras e expressões substantivadas seguem as regras de formação do plural em português, com preferência da terminação mais frequente, no caso:
  Se terrível palavra é um 'não', imagino dois 'nãos'!

• Nomes de pessoas seguem normalmente as regras de formação de plural:
  Todos os Josés da cidade casaram-se naquela igreja.

• Já nos sobrenomes, a flexão de plural geralmente aparece só nos determinantes:
  Os Almeida e os Pereira sempre foram amigos, ...casaram-se com moças dos Ribeiro.

---

29. Assinale o item em que se exploram, equivocadamente, as duas formas — o singular e o plural — de uma expressão:

a) Por que ela chegou a casa com tantos *por quês*?
b) Você disse *dandy*? Pois aqueles dois rapazes vestiam-se como dois *dandys*.
c) Ah, o amor! Hoje os netos são os meus amores!
d) A senhorinha pôs os óculos para ver melhor pelo óculo da casa de campo.
e) O pirata pôs o prisioneiro a ferros, e o ferro da argola feriu o pé do coitado.

2.2.19 Oposição singular e plural e mudança de sentido

NOMES DE METAIS E SUBSTANTIVOS ABSTRATOS geralmente só se usam no singular. No plural adquirem outro sentido: *cobre* (metal)/*cobres* (dinheiro), *amor* (sentimento)/*amores* (pessoas prediletas).

30. Dê um sinônimo para os termos destacados nas frases a seguir:
a) O homem foi posto *a ferros*.
b) Ela não levou *os bens* que o tio lhe deixara.
c) Você está com o ás *de ouros*?
d) Não tenho que me sujeitar a seus *ódios*!
e) Você é pobre com *fumaças* de rico!

> 👍 **Saiba mais**
>
> Substantivos que só se usam no plural:
> *anais, antolhos, belas-artes, xéquias, fezes, naipes do baralho* (*copas, espadas, ouros, paus*), *núpcias, óculos,* (objeto usado para corrigir ou proteger a vista), *pêsames, trevas* (sentido figurado de falta de conhecimento), *víveres*.

2.2.20 Plural de substantivos compostos

No PLURAL DOS SUBSTANTIVOS COMPOSTOS, você deve observar o que acontece aos seguintes substantivos:

A) composto sem hífen, somente se acrescenta o plural no final da palavra: *claraboias*;

B) composto em que os elementos formadores mantêm sua tonicidade primitiva, sendo todos eles variáveis, ambos vão para o plural: *couves-flores*;

C) composto em que os elementos formadores mantêm sua tonicidade, se o primeiro é verbo ou advérbio, e o segundo é variável, só este vai para o plural: *guarda-roupas, sempre-vivas*;

D) elementos ligados por preposição, só o primeiro varia: *pés de moleque, mulas sem cabeça*;

E) primeiro elemento é um prefixo, ou forma reduzida de adjetivo, só o segundo varia: *vice-prefeitos, grão-duques*;

F) se o segundo elemento indica finalidade, semelhança, ou outro tipo de associação com o primeiro, só o primeiro varia: *navios-escola, peixes-boi, bananas-ouro*.

31. Assinale o item em que o plural da frase NÃO está adequadamente construído:
a) Os examinadores analisaram os *curricula* dos candidatos a professores titular das duas faculdades.
b) Todas as ultrassonografias realizadas naquele dia foram perdidas.
c) Vamos a dois bota-fora hoje.
d) O pescador viu três peixes-boi na água.
e) Troavam os reco-recos na madrugada das sextas-feiras naquela cidade.

🔔 Saiba mais

• A palavra *guarda* emprega-se nos compostos ora como verbo, ora como substantivo, razão por que ora não varia no plural — *guarda-roupas* (local onde se guardam as roupas) —, ora varia — *guardas-marinhas* (soldado da marinha).

• O plural de *banana-nanica* é *bananas-nanicas*, porque o composto é formado de duas palavras variáveis: o substantivo *banana* e o adjetivo *nanica*.

• Substantivos com prefixos, com ou sem hífen, fazem o plural com acréscimo de *-s* ao último elemento:
  arquissacerdotes, autosserviços, pseudoartistas, ultrassonografias, circum-navegações, ex-diretores, soto-mestres

Observação: Não confunda o *s* dobrado por questão de grafia com o *s* plural, no final de *arquissacerdotes, autosserviço, ultrassonografia*.

2.2.21 Plural de compostos em que os dois elementos são verbos

No SUBSTANTIVO COMPOSTO EM QUE OS DOIS ELEMENTOS SÃO VERBOS, ligados por hífen:
- se o segundo é de significado oposto ao primeiro, o plural se faz apenas com variação no determinante (*os leva-e-traz*);
- se os termos se repetem, ambos vão para o plural (*os corres-corres*).

32. Assinale o item em que há um plural INADEQUADO:
a) Os vaivéns das pessoas sempre me incomodam.
b) Triste é pensar nas famílias mineiras que usaram os vai-volta para enterrar seus parentes.
c) Vamos rezar duas ave-marias por eles e fugir desses corres-corres!
d) Nos jogos de mexes-mexes, as pessoas com mais conhecimento do vocabulário são privilegiadas.
e) Encontrei vários pisa-flores na festa, em incessantes leva-e-trazes.

🔥 Saiba mais

- Se o segundo elemento do composto já vem no plural, só o determinante varia:
  *os salta-pocinha*s (= indivíduo afetado no andar), *os pisa-flores* (= salta-pocinhas)

- Sendo ambos os elementos invariáveis, também só varia o determinante:
  os bota-fora, os louva-a-Deus

- Em nomes de reza, varia somente o último elemento:
  ave-marias, padre-nossos

2.2.22 Grau – flexão ou derivação

Considerar GRAU como flexão está muito discutido atualmente. Sem entrar no mérito da questão se grau é flexão ou derivação, queremos lembrar a você que há dois graus possíveis no substantivo, ora indicados por sufixos, ora por uma expressão determinante: o aumentativo (*bocarra, boca grande; manzorra, mão grande*) e o diminutivo (*cadeirinha, cadeira pequena; homúnculo, homem pequeno*).

33. Reconheça o grau dos substantivos nas frases a seguir, explicando se ele se formou por sufixo ou por expressão determinante.
Modelo: Mimi era a gatinha da moça grande.
R: gatinha – diminutivo formado com sufixo "-inha";
   moça grande – aumentativo formado com um determinante, o adjetivo *grande*.
a) Este é um assunto longo demais.
b) Você tem uma manzorra, hein?
c) Aquele homúnculo é um grande homem!
d) A mão grande de alguns torna-os pessoas pequenas.
e) O terrenão destinado à praça foi todo aterrado.

> 👍 **Saiba mais**
>
> • Algumas palavras em *-ão, -im* não expressam noção de grau aumentativo ou diminutivo:
>   *violão, cartão, flautim*
>
> • Diminutivos eruditos:
>   *nódulo* (< nó), *montículo* (< monte), *partícula* (< parte), *questiúncula* (< questão)

2.2.23 Sentido afetivo e pejorativo do grau

Frequentemente, a modificação do SIGNIFICADO DO SUBSTANTIVO quanto a GRAU presta-se a outros sentidos: AFETIVO (*benzinho, amorzinho*), PEJORATIVO (*narigão, homúnculo*).

34. Explique a mudança de sentido nos pares de frases a seguir:
a) Meu filho, você precisa comprar um presente para sua esposa. Meu filhinho, você precisa comprar um presente para sua esposa.
b) Nas charges sobre aquele artista, sempre se explora o seu nariz grande. Nas charges sobre aquele artista, sempre se explora o seu narigão.
c) Qualquer questão deve ser discutida. Qualquer questiúncula deve ser discutida.
d) Recebi uma carta de meu primo. Recebi um cartão de meu primo.
e) Você toca viola? Você toca violão?

👁 DE OLHO VIVO PARA NÃO SE ENGANAR NO EMPREGO DOS SUBSTANTIVOS

1. Na formação de novas palavras em português, o par primitivo (vocábulo que não se forma na língua a partir de outro, caso de *ferro*) e derivado (vocábulo que se forma a partir de uma primitiva — *ferreiro, ferramenta*) diz respeito à formação de palavras por DERIVAÇÃO; e o par simples (palavra com um só radical — *roupa, filho*) e composto (nova palavra formada pela combinação de dois ou mais radicais de palavras existentes na língua — *guarda-roupa; fidalgo*) diz respeito à formação por COMPOSIÇÃO.

2. No processo de derivação, há que destacar a PARASSÍNTESE, ou formação de novas palavras pelo acréscimo *concomitante* de prefixo e sufixo: *apedrejar, entardecer*. Não confundir com situação em que a palavra existe só com um dos afixos, caso da derivação por prefixação e sufixação: *deslealdade* (existem *desleal* e *lealdade*).

3. No processo de formação de palavras por composição, denomina-se HÍBRIDA a palavra formada por elementos de línguas diferentes: *automóvel* (radical grego *auto* + radical latino *móvel*).

4. Denomina-se ONOMATOPEIA a palavra que imita um som físico – a voz do animal, ou o barulho de uma máquina: *ciciar* (cochichar), *tique-taque* (barulho da máquina do relógio).

5. SIGLA é o nome que se dá a um vocábulo formado a partir da primeira letra (INSS = Instituto Nacional de Seguro Social) ou da primeira sílaba (SESI = Serviço Social da Indústria) de uma denominação extensa (organizações nacionais e internacionais, partidos políticos, sociedades industriais e comerciais etc.).

6. ABREVIATURA é o nome que se dá à palavra formada a partir da junção de letras ou de sílabas da palavra primitiva: *sr.* = senhor; *lat.* = latim.

7. Urge distinguir o SUBSTANTIVO ABSTRATO, relativo à *ação de*, do seu homônimo, CONCRETO, que nomeia algo feito, ação concluída: "A *construção* (ato de construir) do prédio demorou muito, mas hoje é a *construção* (prédio construído) mais bela da praça."

8. Lembrar que os EPICENOS são substantivos de um só gênero que se referem a animais, independentemente do sexo: *a cobra*.

9. Substantivos SOBRECOMUNS são os que também possuem um só gênero e referem-se a pessoas, independentemente do sexo: *o algoz, o apóstolo, o carrasco, o cônjuge, a criança, a criatura, o indivíduo, a pessoa, a testemunha, a vítima, o verdugo*.

10. Substantivo COMUM DE DOIS GÊNEROS é o substantivo que possui uma só forma para atender aos dois gêneros, e o gênero é marcado pelo determinante: *o/a estudante aplicado(-a), o/a amante*.

11. Substantivos homônimos, opostos pelo gênero:
o cabeça (líder de um movimento) // a cabeça (parte do corpo);
o caixa (livro de registros — créditos, débitos) // a caixa (local onde se guardam objetos);
o cisma (separação de grupos) // a cisma (mania, preocupação excessiva);
o cura (vigário) // a cura (ato de curar);
o lente (professor) // a lente (parte dos óculos);
o língua (intérprete) // a língua (parte do corpo);
o moral (disposição de espírito) // a moral (conjunto de valores éticos)

12. Denominam-se FUNÇÕES DA LINGUAGEM as diversas formas de comunicação, conforme o objetivo de quem comunica. As funções da linguagem são seis:
a) REFERENCIAL ou DENOTATIVA: explicita uma informação de modo objetivo, sem apreciação subjetiva, com texto geralmente na terceira pessoa. Exemplo: Amanhã todos viajarão pela manhã.
b) EMOTIVA: transmissão de emoções do emissor, com emprego da primeira pessoa. Exemplo: Minhas lágrimas expressam meu desencanto com você.
c) APELATIVA ou CONATIVA: em que se busca convencer o interlocutor. Exemplo: Você não pode perder essa liquidação!
d) METALINGUÍSTICA: comunicação em que se usa o código linguístico para falar dele mesmo. Exemplo: O vocábulo *três* é monossílabo.
e) FÁTICA: uso da linguagem para verificar se a mensagem está sendo entendida, ou para manter o interlocutor preso à comunicação. Exemplo: Você está acompanhando meu pensamento? Alô!
f) POÉTICA: transmissão de emoções do emissor, de forma acurada, buscando forma estética de expressar seus sentimentos. Exemplo: poemas, letras de música.

13. Um texto não é um amontoado de palavras e orações. É necessário que nele exista uma COERÊNCIA no desenrolar das frases, e que interajam elementos de COESÃO na sua estrutura. Os mecanismos linguísticos de COESÃO permitem uma retomada do que foi dito e garantem assim a COERÊNCIA textual. Importante observar o valor anafórico e o valor catafórico dos elementos com que você pode contar na coesão de elementos, conforme a posição deles no texto.

14. Chamamos ANÁFORA ao termo que se refere, total ou parcialmente, direta ou indiretamente, a um termo anteriormente visto no texto. Exemplos: Você viu o menino de *quem* lhe falei ontem? O governador Fulano de Tal esteve na inauguração do campo de futebol; o *Governador* aproveitou para fazer campanha política. Maria vai casar-se; *ele* é um político influente nesta cidade. Denomina-se CATÁFORA o termo que se refere ao que é posteriormente citado no texto. Exemplos: Só lhe desejo *isto*: juízo! Vi-*o* ali, José! Você estava de terno.

15. Algumas figuras de linguagem ainda a destacar:
a) PLEONASMO ou REDUNDÂNCIA: recurso de intensificação na forma de dizer. Consiste na repetição da palavra ou da ideia nela contida. (Às vezes empobrece o texto, caso do pleonasmo vicioso). Exemplo: João, João, o que você quer? Vamos intensificar esse aumento de cores no quadro!
Observação: Dizer *subir para cima* é pleonasmo vicioso.

b) COMPARAÇÃO: aproximação de dois termos, com base em alguma semelhança de significação entre eles. Distingue-se da metáfora, pela presença do conectivo comparativo. Exemplo: Maria reagiu *como* uma leoa!

c) PROSOPOPEIA (= personificação, animismo): consiste em atribuirmos a animais ou a seres inanimados ações e sentimentos próprios de seres humanos. Exemplos: O *gatinho* chorou, coitado! O *lago* me dizia que a solidão acompanha os humanos.

d) SINESTESIA: é um tipo de metáfora que consiste na associação de percepções sensoriais distintas entre um adjetivo e um verbo; ou entre um adjetivo e um substantivo. Exemplo: O perfume gritante das flores de maio (odor/audição). Ouvir a cor púrpura que grita a sua dor! (audição/visão)

e) HIBÉRBOLE: figura de linguagem em que se aumenta ou se diminui uma realidade. Exemplo: Ela chorou um rio de lágrimas. Você tem um milímetro de razão no que diz.

Questões de concurso

1. (ADVISE-Pref. Brejo da Madre de Deus/PE) O ato da comunicação está ligado ao uso das funções da linguagem, estas, por sua vez, estão relacionadas abaixo e devem confluir com suas definições. Sabe-se que a sequência correta encontra-se na alternativa:
I. Função referencial ou denotativa
II. Função emotiva ou expressiva
III. Função conativa ou apelativa
IV. Função metalinguística
V. Função fática
VI. Função poética
( ) Transmite uma informação objetiva, expõe dados da realidade de modo objetivo.
( ) O objetivo do emissor é expressar seus sentimentos através de textos que podem ser enfatizados por meio das formas das palavras.
( ) O objetivo dessa função é estabelecer uma relação com o emissor.
( ) Essa função refere-se à explicação de um código.
( ) O objetivo é de influenciar, convencer o receptor de alguma coisa.
( ) O objetivo do emissor é transmitir suas emoções e anseios.
a) II – I – VI – IV – III – V
b) I – VI – V – IV – III – II
c) I – II – III – V – VI – IV
d) I – II – V – IV – III – VI

2. (FGV-SEJAP/MA) "Outra solução criativa foi pensada e realizada na Austrália, onde um centro de detenção foi elaborado a partir de containers de transporte de mercadorias em navios modificados para servir como celas temporárias. Outra prisão na Nova Zelândia também passou a usar a mesma solução para resolver problemas de superlotação."
Assinale a alternativa que mostra três substantivos derivados de verbos.
a) solução – centro – detenção
b) detenção – mercadorias – navios
c) detenção – transporte – superlotação
d) solução – mercadorias – prisão
e) custos – prisão – celas

3. (FUNCAB-Cagece) Em "[...] placas por todos os lados neste MAR DE AREIA.", a figura de linguagem predominante é:
a) metáfora
b) pleonasmo
c) personificação
d) comparação
e) hipérbole

4. (FUNCAB-Cagece) Assinale a alternativa que aponta corretamente o processo de formação da palavra destacada em "[...] aqui não há COMEÇO, não há fim."
a) derivação parassintética
b) composição por justaposição
c) derivação regressiva
d) hibridismo
e) composição por aglutinação

5. (FUNCAB-Detran/PB) As palavras estão em constante processo de evolução, o que torna a língua um fenômeno vivo que acompanha o homem. Considerando os processos de formação de palavras, pode-se afirmar que *cachoeirense* é formada por:
a) regressão
b) justaposição
c) prefixação
d) sufixação
e) aglutinação

6. (FUNCAB-EMDUR-Pref. Porto Velho/RO) A gramática da língua portuguesa diz que substantivo concreto é aquele que designa seres com existência própria, que são independentes de outros seres. (ABAURRE, M. Maria Luiza; PONTARA, Marcela. *Gramática – Texto*: Análise e construção

de sentido. São Paulo: Moderna, 2007). A alternativa que contém exemplos de palavras que contrariam esse conceito é:

a) quadro – linhas
b) música – palavra
c) burrice – medo
d) parede – teto
e) lençóis – quarto

7. (FUNRIO-INSS) "A língua é viva, eu sei, mas sujeita a vírus que, de repente, atacam a TV, a internet e a imprensa, contaminam milhões, e as pessoas começam a achar que foi sempre assim que se falou ou se deve falar." (Ruy Castro. *Folha de S. Paulo*, 27-6-2012)

Assinale a assertiva **correta** sobre o emprego, no texto, da flexão de número da palavra "vírus":

a) esta é uma palavra que só se emprega no plural, tal como ocorre com "bodas" e "óculos".
b) está empregada no singular, como se pode depreender do uso do artigo definido que a precede.
c) está empregada no plural, como se percebe pela flexão da forma verbal de "atacar".
d) foi empregada no singular por ter-se originado do Latim.
e) exemplifica o emprego de uma palavra que preserva integralmente a grafia latina.

8. (ENEM 2010) A biosfera, que reúne todos os ambientes onde se desenvolvem os seres vivos, se divide em unidades menores chamadas ecossistemas, que podem ser uma floresta, um deserto e até um lago. Um ecossistema tem múltiplos mecanismos que regulam o número de organismos dentro dele, controlando sua reprodução, crescimento e migrações. (DUARTE, M. *O guia dos curiosos*. São Paulo: Cia. das Letras, 1995)

Predomina no texto a função da linguagem

a) emotiva, porque o autor expressa seu sentimento em relação à ecologia.
b) fática, porque o texto testa o funcionamento do canal de comunicação.
c) poética, porque o texto chama a atenção para os recursos de linguagem.
d) conativa, porque o texto procura orientar comportamentos do leitor.
e) referencial, porque o texto trata de noções e informações conceituais.

2.3 Adjetivo

Outra classe de palavras a ser vista com você é o ADJETIVO.

O ADJETIVO modifica o substantivo (seja de forma positiva, seja de forma negativa), indica-lhe a maneira de ser, caracteriza-o. A presença do adjetivo amplia a informação do que se comunica.

Comparem-se os exemplos:
1. A moça merece aplausos.   /// A moça <u>educada</u> merece aplausos.
   (qualifica positivamente o substantivo)
2. A estrada é perigosa.   /// A estrada <u>tortuosa</u> é perigosa.
   (indica-lhe maneira de ser)
3. Atendeu-se à reivindicação.   /// Atendeu-se à reivindicação <u>operária</u>.
   (caracteriza o substantivo)
4. A bolsa é cara.   /// A bolsa <u>brega</u> é cara.
   (qualifica negativamente o substantivo)

A modificação acrescida pelo adjetivo ao substantivo pode ser subjetiva (exemplos 1 e 4, em que ser educada a moça ou ser brega a bolsa podem não equivaler à opinião de todos), ou objetiva (exemplos 2 e 3, características inegáveis – estrada *tortuosa*; reivindicação *operária*). O adjetivo subjetivo exerce papel essencial no desenvolvimento do texto: por exemplo, a progressão pode ser, na frase 1, explicitar a razão de eu julgar educada a moça; na frase 4, demonstrar o mau gosto da bolsa, enumerando qualidades negativas.

Como vimos fazendo nos demais subcapítulos, dividiremos em tópicos teóricos os assuntos relativos a esta classe de palavra. Neles cuidaremos de definir o adjetivo, distinguir o subjetivo e o objetivo na adjetivação, mostrar como o texto se prolonga pelo adjetivo subjetivo, explicar a fronteira *adjetivo* e *substantivo*, falar da flexão do adjetivo e da questão do grau. Após cada tópico você terá exercícios de fixação e, no final, selecionamos questões de concursos sobre o tema, as quais ampliarão seu desempenho nesse tipo de prova.

2.3.1 Reiterando, com novos exemplos, para melhor fixação da modificação feita pelo adjetivo ao substantivo

O ADJETIVO modifica o substantivo, qualificando-o (seja qualidade positiva, seja negativa), indicando-lhe a maneira de ser, caracterizando-o. Insistimos na presença do adjetivo para ampliar a informação do que é comunicado, como você pode ver pela comparação dos exemplos:

▶ A menina desapareceu. /// A menina bonita desapareceu.
(adjetivo modifica positivamente o substantivo)

▶ O céu anuncia chuva.   /// O céu cinzento anuncia chuva.
(indica-lhe a maneira de ser)

▶ Gosto de sobremesas.   /// Gosto de sobremesas cremosas.
(caracteriza o substantivo)

▶ A menina merece ser castigada.   /// A menina malcriada merece ser castigada.
(modifica negativamente o substantivo)

---

1. A modificação acrescida ao substantivo pelo adjetivo pode ser subjetiva (opinião de quem fala) ou objetiva (realidade independente da opinião do falante). Reconheça o adjetivo e classifique-o, conforme seu emprego, nas frases a seguir, colocando S (= subjetivo) ou O (= objetivo) nos parênteses:

a) ( ) Visitei as principais livrarias do bairro.
b) ( ) Identificou-se a defasagem atual do orçamento.
c) ( ) As suas melhores obras não estavam ali.
d) ( ) Eles não tinham armas bastantes para enfrentar os invasores.
e) ( ) Havia bastantes homens na grande praça.

> **ⓘ Saiba mais**
>
> A palavra *bastante* é pronome adjetivo indefinido quando equivale a *muitos* e vem anteposta ao substantivo (*Havia bastantes homens ali*); é adjetivo quando equivale a *suficiente* e vem posposta ao substantivo (*...não tinham armas bastantes*). Em ambos os casos, admite plural. Como advérbio, não admite plural e modifica verbo, adjetivo e advérbio (*Falou bastante. Falou bastante bem. Chegou bastante cedo*).

2.3.2 Sentido denotativo e sentido figurado

O adjetivo mantém o sentido primeiro, ou seja, seu sentido exato, quando posposto ao substantivo (SENTIDO DENOTATIVO). Já anteposto ao substantivo, pode adquirir um SENTIDO FIGURADO. Na frase *Ele não era um homem grande, mas foi um grande homem*, a posposição do adjetivo em *homem grande* denota uma qualidade concreta, de *homem de grande* estatura; e a anteposição em *grande homem* expressa qualidades abstratas e figuradas, de honesto, inteligente.

2. Reconheça, nas frases a seguir, um caso semelhante ao emprego do adjetivo *grande*, em *Ele não era um homem grande, mas foi um grande homem*:
a) Meu irmão mais velho não é o mais velho dos amigos dele.
b) Após o gosto amargo da comida, o que sentia era o amargo gosto da decepção.
c) As melhores produções do poeta não estão entre as produções melhores classificadas como tais, no concurso de poesia.
d) Não sei se premio o bom poeta ou o poeta bom, do ponto de vista da preocupação social.
e) Você esqueceu o agravo intencional ou a intencionalidade do agravo que ele lhe fez?

🔥 Saiba mais

• Um exemplo de substantivação do adjetivo pode ser visto em *menina meiga* e *meiguice da menina*: do adjetivo do primeiro sintagma origina-se o substantivo abstrato meiguice, agora modificado pela expressão adjetiva *da menina*. É o mesmo caso de *agravo intencional* e *intencionalidade do agravo*, visto no exercício 2.

• O adjetivo subjetivo equivale a um juízo de valor feito em relação ao substantivo e varia de pessoa para pessoa. Pode vir antes ou depois do substantivo: *menina bela // bela menina*. Geralmente a anteposição do adjetivo presta-se a sentido figurado: *Ele não é um funcionário alto* (sentido denotativo = *de elevada estatura*), *mas um alto funcionário da empresa* (sentido figurado ou conotativo = *muito importante*).

• O adjetivo objetivo indica o modo de ser do substantivo (*sala quadrada*), ou caracteriza-o (*reivindicação operária*). Geralmente vem posposto ao substantivo e não admite variação de grau.

• Expressões com preposição (*da menina*) também funcionam como adjetivo: *blusa da menina*.

Glossário

SINTAGMA – combinação de palavras em que se explicita uma relação entre um termo determinante e um determinado, como em *a menina* (*a* = determinante e *menina* = determinado), *belo rapaz* (*belo* = determinante e *rapaz* = determinado), *livro de português* (*livro* = determinado e *de português* = determinante).

3. Substitua o sintagma *substantivo concreto + adjetivo* por outro, constituído de *substantivo abstrato derivado de adjetivo + preposição + substantivo concreto*.
Modelo: menina meiga = meiguice da menina.
a) arbusto flexível
b) obra autêntica
c) número indivisível
d) político incorruptível
e) homem hesitante

4. Substitua as expressões com preposição por um sintagma constituído de *substantivo + adjetivo*.

Modelo: textura de marfim = textura ebúrnea.

a) minas de ouro = minas ....
b) timbre de prata = timbre ....
c) cor de chumbo = cor ....
d) cidadão de Jerusalém = cidadão ....
e) homem de Salvador (antiga forma) = ...

2.3.3 Relação de sentido entre adjetivo e substantivo

O adjetivo pode estabelecer com o substantivo uma relação de espaço (*fachada lateral*), de finalidade (*movimento reivindicatório*), de matéria (*parede ebúrnea*), de procedência (*relógio suíço*), de tempo (*boletim anual*), de modo de ser (*águas calmas*), de estado (*semblante triste*), entre outras.

5. Reconheça as relações de sentido atribuídas pelo adjetivo ao substantivo, nas frases:

a) Comprei um vinho chileno para nosso jantar hoje.
b) Como limite fronteiro está a Praça Pio XII.
c) O relógio de ouro chamou a atenção do ladrão.
d) Suas palavras apaziguadoras me comoveram.
e) A planta anfíbia era cultivada ali.

2.3.4 Orações adjetivas

Orações iniciadas por pronomes relativos (*que, o qual, cujo* etc.) são classificadas como ORAÇÕES SUBORDINADAS ADJETIVAS:

Premiamos a menina que estuda (= menina estudiosa).

6. Substitua por orações adjetivas os termos destacados, a exemplo do que se vê em homem *hesitante* = homem que hesita.

a) graça *alcançada pelo José* = ...
b) homem *persistente* = ...
c) fruta *fibrosa* = ...
d) faca *pontiaguda* = ...
e) homem *defunto* = ...

Saiba mais

A oração adjetiva pode vir reduzida de gerúndio [*Vi a menina saindo da casa* (= que saía da casa)].

2.3.5 Flexão do adjetivo

O ADJETIVO flexiona-se em gênero e número, para concordar com o substantivo que acompanha. A formação do feminino do adjetivo é semelhante à do substantivo, com alguns casos dignos de nota, que destacaremos a seguir.

7. Reescreva, no masculino, quando for possível, as frases a seguir:

a) A vizinha da jovem glutona comprou plantas ornamentais e presenteou a nora trabalhadeira.
b) A hipócrita mulher cortês comprou uma perdiz no mercado.
c) Uma jovem andaluza adotou uma garota surda-muda.
d) A órfã chinesa foi abandonada na estação do metrô.
e) A moça hindu visitou a senhora hebreia e a menina sandia.

2.3.6 Casos especiais de formação do feminino dos adjetivos

Alguns CASOS ESPECIAIS DE FORMAÇÃO DO FEMININO dos adjetivos podem ser observados:

A) Adjetivos em *-ão* fazem feminino em *-ona* (*glutão – glutona*); a maioria em *-ã* (*folgazão – folgazã, são – sã*). Exceção: *perdigão – perdiz*.

B) Os terminados em *-or* ora ficam invariáveis (*exterior, melhor, pior, posterior, incolor, multicor, sensabor*), ora trocam a terminação *-dor* e *-tor* por *-triz* (*gerador – geratriz, motor – motriz*), ora substituem *-or* por *-eira* [(*trabalhador – trabalhadeira*); não confundir com o feminino do substantivo, *trabalhadora*], ora recebem apenas um *-a*, caso da distinção *embaixadora* (mulher que exerce a função) e *embaixatriz* (esposa do embaixador).

C) Adjetivos em *-ês* recebem *-a* (*inglês – inglesa*), ou ficam invariáveis (*cortês, descortês, montês, pedrês*).

D) Geralmente os compostos flexionam-se apenas no segundo elemento (*luso-espanhola*), exceção de *surdo-mudo – surda-muda*.

E) Adjetivos em *-u* recebem a desinência *-a* no feminino (*cru – crua*), exceção de *hindu* e *zulu*, que ficam invariáveis.

F) Adjetivos em *-eu* fechado fazem feminino em *-eia* (*hebreu – hebreia*); adjetivos em *-éu* aberto fazem feminino em *-oa* (*tabaréu – tabaroa*). Atenção às exceções: *judeu – judia; sandeu – sandia*.

G) Adjetivos paroxítonos em *-s* e em *-a* ficam invariáveis: *simples, reles, homicida, asteca, celta, israelita, maia, persa* etc.

H) Adjetivos proparoxítonos em *-a* também ficam invariáveis no feminino: *silvícola, hipócrita*.

8. Passe para o feminino as frases a seguir, atentando para os adjetivos destacados:

a) O menino *folgazão* é *glutão*.

b) O menino *sandeu* saiu correndo da sala do homem *homicida*.

c) O guerreiro *surdo-mudo* foi filmado naquela sala.

d) O aluno *francês* foi contemplado com prêmios, apesar de ter sido *descortês*.

e) O irmão do *senador* Fulano de Tal cumprimentou o viúvo *hebreu*.

2.3.7 Adjetivos uniformes

ADJETIVOS UNIFORMES são os que possuem uma única forma para masculino e feminino. Há os terminados em -*l* (*amável, cordial* etc. Exceção para *espanhol*); os terminados em -*m* (*virgem, ruim*); em -*e*, -*nte* e -*ense* (*breve, doce, humilde, constante, crescente, catarinense*); em -*ar* (*exemplar*); em -*s* (*simples*) e em -*z* (*feliz, audaz, feroz*. Exceção para *andaluz*).

9. Passe para o feminino as frases a seguir, sublinhando os adjetivos:

a) O rapaz matogrossense foi cordial e cumprimentou o rapaz andaluz.

b) O menino nu saiu correndo da sala do homem homicida.

c) O gatinho espanhol foi separado dos meninos tabaréus doentes.

d) O aluno exemplar foi contemplado com prêmios.

e) O genro do senhor mais trabalhador dali comprou plantas do rapaz hindu.

2.3.8 Flexão de número

No que se refere à FLEXÃO DE NÚMERO, os adjetivos simples seguem as regras da formação do plural dos substantivos: acréscimo da desinência -*s* (*limpo* – *limpos*). Urge destacar as terminações em -*ão* (trocadas geralmente por -*ões*: *glutão* – *glutões*) e em -*ul* (que passa a -*uis*: *taful* – *tafuis*), bem como os oxítonos em -*il* (que trocam o -*l* por *s*: *senil* – *senis*) e a invariabilidade dos adjetivos que apresentam uma só forma para os dois números (*simples*).

10. Reescreva no plural as frases a seguir:

a) A árvore cinzenta encantou o rapaz luso-brasileiro.

b) Ela visitou o médico-cirurgião e levou rosa vermelho-sangue para enfeitar o consultório.

c) O jovem surdo-mudo comprou roupa azul.

d) A moça gentil cedeu seu lugar no ônibus para a senhora simples.

e) Destacava-se ali o chapéu amarelo-ouro do médico-legista.

Saiba mais

- Normalmente a flexão de plural acontece somente no segundo elemento dos compostos: *médico-legistas*.

- Exceção fazem os plurais: *surdo-mudo (surdos-mudos), médico-cirurgião (médicos-cirurgiões)*.

- Adjetivos compostos que se referem a cores ficam invariáveis: roupas *azul-celeste*, blusas *amarelo-ouro*.

2.3.9 Grau dos adjetivos

Sem entrar em detalhes sobre ser o GRAU um caso de FLEXÃO ou de DERIVAÇÃO, convém lembrar que os adjetivos subjetivos podem expressar variação de intensidade, o chamado GRAU DO ADJETIVO. Distinguem-se dois graus: o COMPARATIVO (indica que a qualidade de um substantivo é superior, inferior ou igual à de outro: *Maria é mais alta que / menos alta que / tão alta quanto Joana*), e o SUPERLATIVO (indica um exagero da qualidade, o que pode ser feito isoladamente — SUPERLATIVO ABSOLUTO: *Maria é altíssima!... é muito alta*; ou relacionando o substantivo a vários outros — SUPERLATIVO RELATIVO: *Maria é a mais alta de minhas amigas*.

11. Preencha os parênteses da esquerda com os números correspondentes ao grau dos adjetivos subjetivos empregados nas frases:

a)( ) A jovem plebeia era muito vulgar.
b)( ) Ele é menos inteligente que o irmão.
c)( ) Você é o máximo!
d)( ) Maria é mais bela que Joana.
e)( ) Jiló é o mais amargo dos legumes.

1. comparativo de superioridade
2. comparativo de inferioridade
3. comparativo de igualdade
4. superlativo absoluto
5. superlativo relativo

2.3.10 Formas sintéticas e formas analíticas no grau dos adjetivos

Há formas especiais para expressar o GRAU DOS ADJETIVOS:

▶ Os adjetivos *bom*, *mau*, *grande* e *pequeno* apresentam formas especiais de comparativo (*melhor*, *pior*, *maior*, *menor*) e de superlativo (*ótimo/o melhor*; *péssimo/o pior*; *máximo/o maior*; *mínimo/o menor*). São chamadas formas SINTÉTICAS.

▶ Na comparação de *duas qualidades*, em lugar de *melhor* você deve usar *mais bom*; em lugar de *maior*, diga *mais grande*: *Ele é mais bom que mau. Ela é mais grande que pequena.*

▶ Os superlativos apresentam formas sintéticas e analíticas: SUPERLATIVO ABSOLUTO SINTÉTICO: formado com terminação *-íssimo, -érrimo*; SUPERLATIVO ABSOLUTO ANALÍTICO: formado com o auxílio de advérbios ou expressões equivalentes: *muito inteligente*; *inteligente pra chuchu*.

▶ No superlativo relativo emprega-se a forma de comparativo precedida do artigo (*o melhor*; *o pior*; *o maior*; *o menor*): *Ela é a melhor amiga que tenho.*

▶ O SUPERLATIVO RELATIVO pode ser de superioridade ou de inferioridade: *Você era a mais bonita dali. Joana é a menos suspeita, sem sombra de dúvida!*

▶ Podem-se comparar apenas qualidades: *Maria é mais simpática que bela. José é tão astuto quanto inteligente.*

12. Substitua os adjetivos destacados pela forma de superlativo absoluto sintético equivalente:
a) Você é um *sábio*!
b) Marta foi *sutil* nas suas observações.
c) A menina era *pudica*.
d) Tais atitudes são *comuns* aqui.
e) João é *cruel*, mas o irmão dele é *simples* e *íntegro*.

> ### 👍 Saiba mais
>
> - Antes de receber a terminação do superlativo, muitas vezes o adjetivo assume radical latino:
>   *dulcíssimo* (« *dulce*),
>   *amabilíssimo* (« *amabili*)
>
> - O superlativo absoluto também pode ser expresso por comparações hiperbólicas (*violento como um tsunâmi, podre de rico, bela de fechar o comércio* etc.), por recursos fonológicos (*maravilhooooooso!*), por escansão de sílabas (*ma-ra-vi-lho-so!*)
>
> - A expressão *o mais possível* é frequentemente empregada no superlativo (*Ela foi o mais possível cuidadosa*). Às vezes, há transposição do adjetivo e ele aparece intercalado na expressão (*Ela foi o mais cuidadosa possível*).
>
> - Adjetivos em *-ático, -ético* e *-ítico* só admitem superlativo absoluto analítico:
>   *muito prático, muito ético, muito pacífico*

13. Reconheça a frase em que se pode entender um exagero na qualificação do substantivo:
a) Ele é sempre o primeiro qualificado, nos concursos, nas festas, em tudo!
b) Você é ético, nada fará de errado.
c) Não é possível que ele não venha.
d) Ela é componente do grupo frenético de moças, de quem lhe falei.
e) A questão é fácil; nada difícil.

👁 De olho vivo no emprego dos adjetivos

1. Em vocábulos eruditos, é comum encontrarmos superlativos sintéticos com sufixo *-íssimo, -érrimo* e radicais latinos: crudelíssimo (< *crudel + -íssimo*), paupérrimo (< *pauper + -érrimo*).

2. O artigo definido acompanha sempre o superlativo relativo: *o melhor, o pior, o maior, o menor, a mais bela de..., o menos inteligente dentre.*

3. Sempre atente para a distinção entre forma sintética — com terminações próprias (*dulcíssimo, belíssimo*) e forma analítica do superlativo — formada com auxílio de advérbios ou expressões equivalentes (*muito doce, cansado pra burro*).

4. Adjetivos em *-l* são uniformes, ou seja, apresentam uma só forma para os dois gêneros (*louvável, cordial*), exceção para *espanhol (-a)*.

5. O dicionário registra os seguintes plurais: *i) médicos-cirurgiões* ou *médicos-cirurgiães; ii) médico-legistas, médico-legais; médico-hospitalares; médico-dentários.* Isso leva a uma distinção possível: em *i)* temos o médico que acumula a profissão de cirurgião, tudo dentro da medicina; em *ii)* temos um médico cuja especialidade se liga a conhecimento de leis, um serviço médico associado a hospitais, um tratamento médico associado ao dos dentes.

6. O adjetivo mantém seu significado denotativo, de atributo concreto, quando colocado depois do substantivo (*homem grande*). Adquire um novo significado, de atributo abstrato, se colocado antes do substantivo (*grande homem*).

Questões de concurso

1. (CAIPIMES-EMTU/SP) Cometeu-se erro no emprego de ANEXO em:
a) Anexas seguirão as fotocópias.
b) Em anexos estou mandando dois documentos.
c) Estão anexos a certidão e o requerimento.
d) Anexa seguiu uma foto.

2. (CAIPIMES-EMTU/SP) Assinale a alternativa em que o adjetivo apresenta uma única forma para os dois gêneros.

a) rapaz estudioso
b) quarto pequeno
c) homem simples
d) pessoa má

3. (CONRIO-Pref. Manduri/SP) Qual correlação locução adjetiva e adjetivo correspondente não está correta?

a) alimento sem sal = alimento insolúvel
b) cor de chumbo = cor plúmbea
c) ação de bispo = ação episcopal
d) nuvem semelhante a um cogumelo = nuvem fungiforme

4. (FGV-MPE/MS) Todas as alternativas a seguir mostram a junção de um substantivo + um adjetivo. Assinale a alternativa em que o adjetivo tem valor subjetivo, ou seja, representa uma opinião.

a) internação compulsória
b) comunidades terapêuticas
c) castigo excessivo
d) pesquisa recente
e) réus primários

5. (Instituto Machado de Assis-Pref. São José do Piauí/PI) Assinale a alternativa em que o plural dos adjetivos foi feito de forma CORRETA.

a) surdo-mudo = surdos-mudos
b) azul-marinho = azuis-marinho
c) azul-celeste = azuis-celestes
d) verde-folha = verdes-folhas

2.4 Pronome

Falemos agora de outra classe de palavras, o PRONOME.

O PRONOME associa-se ao substantivo, de duas formas: os pessoais, que substituem o substantivo e indicam a pessoa do discurso (pessoa que fala, com quem se fala, de quem se fala), e os que identificam o substantivo de alguma forma – demonstram a posição dele no tempo e no espaço (demonstrativos), indicam o possuidor de um substantivo (possessivos), referem-se a um substantivo sem defini-lo (indefinidos), indicam o que se deseja conhecer numa interrogação (interrogativos), relacionam duas orações representando o substantivo numa delas (relativos).

O PRONOME é fator importante na coesão textual, especialmente na substituição e/ou na referência a uma ideia já explicitada:
Comprei um livro; *ele* tem 400 páginas.
Hoje é possível que Maria saia mais cedo; *essa* possibilidade alegraria João.

O PRONOME destaca-se por sua função dêitica (de dêixis), ou seja, pela faculdade que tem de designar, em lugar de conceituar o ser.

O PRONOME será o tema deste quarto subcapítulo de Morfologia, também dividido em tópicos teóricos. Neles cuidaremos da definição desta classe de palavras, sua classificação (pronomes pessoais, demonstrativos, possessivos, indefinidos, interrogativos, relativos) e sua flexão. Em cada tópico você terá exercícios de fixação e, no final, selecionamos questões de concursos sobre o tema, para melhorar seu desempenho em provas.

O PRONOME refere-se ao substantivo – ora indicando a pessoa do discurso, ora destacando alguma particularidade na referência a um substantivo. Distinguem-se:
A) PRONOME PESSOAL (indica as pessoas do discurso): *eu, me*, primeira pessoa, a que fala; *tu, te*, segunda pessoa, aquela com quem se fala, e *ele, lhe, o(s), a(s),* terceira pessoa, a de quem se fala.

B) PRONOME DEMONSTRATIVO (destaca a posição do substantivo no tempo e no espaço): *este* e flexões (junto à pessoa que fala e tempo presente); *esse* e flexões (junto à pessoa com quem se fala e tempo imediatamente passado); *aquele* e flexões (junto à pessoa de quem se fala e tempo passado).

C) PRONOME POSSESSIVO (indica o possuidor do substantivo): *meu, teu, seu, nosso, vosso* e flexões.

D) PRONOME INDEFINIDO (refere-se a um substantivo sem defini-lo): *algum* e flexões, *nenhum* e flexões, *nada, tudo* etc.

E) PRONOME INTERROGATIVO (determina ou substitui o substantivo a conhecer, numa interrogação): *que, qual* etc.

F) PRONOME RELATIVO (relaciona duas orações pela substituição, na segunda, de substantivo que nela se repetiria): *que, o qual* e flexões, *quem, cujo* e flexões etc.

1. Reconheça os pronomes destacados nas frases:
Modelo: *Meu* amigo comprou aquela casa; *ela* é espaçosa.
R: *meu* — pronome possessivo de primeira pessoa; *ela* — pronome pessoal de terceira pessoa.
a) João, conheci *sua* namorada e elogiei-*a* muito na festa.
b) Como estaríamos *nós*, sem o amigo a *quem* tanto admiramos!
c) *Que* dia é hoje?
d) *Ela* conheceu o homem *cujo* filho ganhou a loteria esportiva.
e) *Alguém* precisa avisá-*lo* do perigo *que* corre.

2.4.1 Pronome pessoal

O PRONOME PESSOAL identifica a pessoa do discurso (a que fala, aquela com quem se fala e a de quem se fala). Divide-se em:
- RETO – formas sempre tônicas: *eu, tu, ele/ela, nós, vós, eles/elas*;
- OBLÍQUO – formas tônicas: *mim, ti, si*; e formas átonas: *me, te, se, o, a, lhe; nos, vos, os, as, lhes*.

2. Reescreva a frase *Espero que tu tenhas sucesso na empreitada que ora inicias*, substituindo o tratamento *tu* por *vós*, com as alterações que se fizerem necessárias.

> 👍 **Saiba mais**
>
> • Apenas o pronome pessoal de terceira pessoa é, de fato, uma pró-forma, visto que só ele substitui um substantivo já presente no texto, ao se referir à pessoa de quem se fala:
>
>   A menina não estava presente, mas João se referia a *ela* de forma carinhosa.
>
> • Os pronomes pessoais da primeira e da segunda pessoas referem-se exclusivamente às pessoas do discurso – a que fala e a com quem se fala. Não remetem a substantivo presente no texto.

2.4.2 Pronomes de tratamento

Os PRONOMES DE TRATAMENTO se enquadram nos pronomes pessoais e dizem respeito à posição que a pessoa ocupa na sociedade: rei, Papa etc. Fazem-se acompanhar da 3ª pessoa do verbo – singular ou plural –, conforme eles estejam no singular ou no plural. Exemplos:

S. S. visitará o museu católico. (falando do Papa)
V. Ex.ªs fizeram boa viagem? (falando com dois ministros)
Vocês virão amanhã? (falando com dois amigos, na maioria das regiões brasileiras)

3. Reescreva a mesma frase *Espero que tu tenhas sucesso na empreitada que ora inicias*, substituindo, primeiro, o pronome *tu* pelo pronome de tratamento você; a seguir, pelo pronome de tratamento *V. Ex.ª*.

🔆 Saiba mais

- A posição social exercida pelo substantivo é indicada, no PRONOME DE TRATAMENTO, pelo substantivo abstrato que compõe a expressão pronominal: para um rei, *majestade*; para um presidente e/ou ministro, *excelência*; para um papa, *santidade*; para expressar respeito à pessoa, de modo geral, *senhoria*, e assim por diante.

- Os pronomes de tratamento levam o verbo e os pronomes que os acompanham para a terceira pessoa:
    Vossa Excelência aceita *seu* café agora? *Você* viu *seu* tio?
    Sua Santidade viajou no avião especial.

- Nos pronomes de tratamento, distinguem-se duas pessoas:
    • a segunda pessoa, *com quem se fala* (*você*, V. S.ª, V. Ex.ª etc.) — pronomes iniciados por *vossa*;
    • a terceira pessoa, *de quem se fala* (S. S.; S. Ex.ª etc.) — pronomes iniciados por *sua*.

- O pronome *você* é a última forma evolutiva da expressão pronominal *Vossa Mercê*: *vossa mercê* › *vosmicê* › *você*.

- Os pronomes oblíquos e os possessivos que acompanham os de tratamento também ficam na terceira pessoa:
    S. Ex.ª estava aqui? Não o vi.
    V. Ex.ª aguardará aqui mesmo seu transporte? S. S., o Papa, deverá visitar o Brasil e, a seguir, sua terra natal, a Argentina.

- O termo *senhor* (feminino *senhora*) é pronome de tratamento, referindo-se à pessoa com quem se fala (O *senhor* quer sentar-se?), ou enquadra-se na classe de substantivo, referindo-se à pessoa de quem se fala (Aquele *senhor* ali está esperando o ônibus).

2.4.3 Pronomes retos *eu* e *tu*

Os PRONOMES RETOS EU e TU empregam-se geralmente como sujeito e nunca vêm regidos de preposição. Na frase "*Eu* não posso sair antes de *tu* prometeres cautela na disputa pelo prêmio", *eu* e *tu* são sujeitos, respectivamente da primeira e da segunda orações. Observe que a segunda oração é reduzida de infinitivo pessoal e inicia-se pela locução prepositiva *antes de*, preposição esta que rege o infinitivo da oração e não o pronome.

4. Assinale o item em que o emprego do pronome *eu* ou *tu* difere da situação encontrada nesta frase "*Eu* não posso sair antes de *tu* prometeres cautela na disputa pelo prêmio":
a) Eu só sairei daqui quando tu prometeres que agirás com cautela na disputa pelo prêmio.
b) Eu não gostaria de sair daqui sem tu prometeres que agirás com cautela na disputa pelo prêmio.
c) Eu terei de sair daqui para tu prometeres que agirás com cautela na disputa pelo prêmio?
d) Eu sairei daqui a fim de tu prometeres que agirás com cautela na disputa pelo prêmio.
e) Eu só posso sair depois de prometeres que agirás com cautela na disputa pelo prêmio.

2.4.4 Preposição nunca rege pronome sujeito

A PREPOSIÇÃO NUNCA REGE PRONOME SUJEITO; daí não se combinam de + ele(s) e de + ela(s), quando o pronome *ele* e/ou flexões for(em) sujeito(s) do infinitivo. Dir-se-á, pois, *Antes de eles saírem da casa*, irei até lá. Fora da função de sujeito, combina-se a preposição com o pronome: Sairemos *antes deles*.

5. Complete as frases a seguir com o pronome reto masculino, de terceira pessoa do plural, *eles*, efetuando ou não a combinação com a preposição, se for o caso:
a) Atrasou-se o início da sessão a fim de .... assistirem a todo o evento.
b) Antes de ...., ninguém conhecia esse atalho.
c) Nada faremos contra ....
d) Ninguém entrou na casa depois de .... terem estado ali.
e) Nunca eu agiria como ....!

> **Saiba mais**
>
> • Bom lembrar que, depois de conjunção e de preposição, emprega-se pronome reto (*Você é como eu. Você fala com ele?*).
>
> • A forma pronominal oblíqua tônica emprega-se quando a expressão é complemento (*Trouxe a encomenda para mim?*).

2.4.5 Reforço de pronomes pessoais

Os PRONOMES PESSOAIS podem vir reforçados pelas formas *mesmo* e *próprio*, que se flexionam em gênero e número para concordarem com eles:

Elas mesmas fariam isso.
Você próprio discorda disso.

6. Complete as lacunas com *mesmo* e flexões:
a) Vocês ...., meus amigos, não seriam capazes de tal atitude, certo?
b) Eu .... jamais faria isso! — disse José.
c) Antes de nós ...., Mauro e eu, termos saído, ela já chegara.
d) Sua atitude fala por si ....
e) V. Ex.ª .... vai dar o recado, Dr. João?

7. Complete as frases a seguir com os pronomes indicados nos parênteses:
a) Ninguém escreve como .... (2ª pessoa singular, tratamento *tu*)
b) Antes de .... (2ª pessoa singular, tratamento *tu*), ninguém aqui conhecia o atalho.
c) Maria é mais inteligente que .... (2ª pessoa singular, tratamento *tu*)?
d) Apesar de .... (3ª pessoa singular, feminino), conseguimos o prêmio
e) Anita atirou contra .... (3ª pessoa singular) mesma?

> ### 👍 Saiba mais
>
> - Em linguagem coloquial, emprega-se com frequência *a gente* em lugar da primeira pessoa – do singular ou do plural:
>   > *Eu até compareceria, mas a gente não foi convidado. Nós até compareceríamos, mas a gente não foi convidado.*
>
> - O pronome de primeira pessoa do plural pode ser empregado pela primeira do singular, no chamado plural de modéstia (*nosso* por *meu*):
>   > *Nosso objetivo neste trabalho foi demonstrar que é possível ensinar pronomes.*
>
> - Os pronomes retos podem ser empregados com as conjunções comparativas *(do) que* e *como*:
>   > *Ela é mais estudiosa (do) que eu. Nós somos mais aplicados que elas. Você é como eu: não gosta de jaca. Ninguém é como tu.*

2.4.6 Pronomes oblíquos – átonos e tônicos

Os PRONOMES OBLÍQUOS podem ser ÁTONOS e TÔNICOS. Os pronomes oblíquos átonos são: *me, te, se, o, a, lhe, nos, vos, se, os, as, lhes*. Os pronomes oblíquos tônicos são: *mim, comigo, ti, contigo, si, consigo*.

8. Preencha adequadamente as lacunas com os pronomes oblíquos e indique a seguir os itens em que empregou formas tônicas:

a) Se puder atender ...., ficarei feliz. (1ª pessoa singular)
b) Sua irmã Marta trará o livro para .... ? (1ª pessoa singular)
c) Ela não trazia .... nenhum documento (3ª pessoa)
d) Você não .... conhecia então! (1ª pessoa plural)
e) Somente assim nós .... colocaremos no lugar dela. (3ª pessoa singular, feminino)

> 👍 **Saiba mais**
>
> - Na ausência de pronome oblíquo tônico para ser usado com preposição, usa-se a forma do pronome reto, na primeira e na segunda pessoas do plural:
>   *Falou de nós e não de vós.*
>
> - Os pronomes tônicos são usados com preposição.
>
> - Os pronomes oblíquos átonos empregam-se como complemento, sem preposição.
>
> - Único caso em que se empregam os pronomes oblíquos átonos como sujeito: quando a oração é objeto direto de uma principal com verbos causativos e sensitivos: *Mandei-o sair. Vi-os sair.* (Os pronomes *o* e *os* funcionam como sujeito de *sair*, oração objetiva direta nos dois exemplos, respectivamente do verbo que *causa a ação* — *mandar* — e do verbo *que indica como ela foi sentida, ou percebida* — *ver*)

9. Assinale o item em que o emprego do pronome não está correto:
a) Sabe o menino louro? Mandei-o voltar hoje.
b) Trouxeram livros para mim ler.
c) Antes de ele sair, deverá devolver o livro.
d) Nós nos queixávamos do trânsito.
e) Há muitas questões para tu resolveres.

2.4.7 Formas pronominais *se* (átona) e *si* (tônica)

As FORMAS PRONOMINAIS *SE* (ÁTONA) e *SI* (TÔNICA) se empregam como reflexivas de terceira pessoa, ou seja, quando a ação se volta para o sujeito que a praticou:
Sua irmã se feriu naquele relacionamento, mas feriu a si mesma, não a você.

10. Preencha adequadamente as lacunas com os pronomes *se* ou *si*, observando as pessoas indicadas nos parênteses:
a) Se eu visse a moça .... ferir, tê-la-ia ajudado, com certeza. (3ª pessoa)
b) Somente ontem Marta .... tocou dos nossos problemas. (3ª pessoa)
c) Ela não se referia ao irmão, mas a .... mesma. (3ª pessoa)
d) Você já .... viu em situação semelhante? (2ª pessoa, tratamento você)
e) Naquele momento ela .... colocou no lugar dele e chorou. (3ª pessoa)

2.4.8 Pronomes oblíquos átonos de 3ª pessoa: *o* e flexões

Os PRONOMES OBLÍQUOS ÁTONOS DE 3ª PESSOA *O, A, OS, AS* empregam-se como complementos de verbos transitivos diretos e tomam as formas especiais *-lo, -la, -los, -las* quando usados depois de formas verbais em *-r, -s, -z*, terminações que então são assimiladas (*amar + o › amá-lo; repôs + a › repô-la; refiz + os › refi-los*). Se empregados depois de formas verbais terminadas em nasais, esses pronomes tomam as formas *-no, -na, -nos, -nas* (*amam-no, refazem-na, dispõe-nos*), pela assimilação da nasalidade final da forma verbal.

11. Distribua adequadamente o pronome *o* e suas flexões, atentando para as variações posicionais dele, nas frases a seguir:
Modelo: Antônio, seus amigos aceitam-*no* (aceitam + o) com todos os seus defeitos e não me cabe criticá-*los* (criticar + os).
a) Ponham-..... (ponham + os) sobre a mesa, a todos os objetos, por favor!
b) Põe-..... (põe + a) sobre a mesa, por favor; depois vou abrir a caixa.
c) Louvamos-..... (louvamos + o) a todo o momento.
d) As leis, devemos cumprir-..... (cumprir + as), com certeza!
e) Só então deram-..... (deram + o) por falecido.

> ### 👍 Saiba mais
>
> Usam-se *lhe* e *lhes* com verbos transitivos indiretos: *Eu lhe obedeço*.
> • Os pronomes *me, te, se, nos, vos* usam-se como complementos de verbo transitivo direto ou indireto:
> > Veio receber-me/te/nos/vos com alegria. Ninguém me/te/nos/vos obedece. Ela se feriu. Ela se dá ares de importância.
>
> • Regidas de preposição, usam-se as respectivas formas tônicas dos pronomes oblíquos, na primeira e na segunda pessoas do singular:
> > Ela só recebe a mim/a ti.
>
> • No caso da primeira e da segunda pessoas do plural, usam-se as formas retas *nós* e *vós* com preposição:
> > Ela só receberia a nós, não a vós.
>
> • O pronome tônico de terceira pessoa *si* é reflexivo:
> > Ela só pensa em si mesma.
>
> • Na escrita, podem-se combinar as formas de pronomes oblíquos de objeto direto e objeto indireto, quando o verbo pedir os dois complementos:
> > Não mo diga! Eu vo-lo digo com certeza!

12. Preencha as lacunas com as formas pronominais adequadas, conforme as pessoas indicadas nos parênteses:

a) Nada ..... deram como prêmio de consolação, justo a ele? (3ª pessoa singular)
b) Ninguém ..... obedece mais, José? (2ª pessoa singular, tratamento você)
c) Quando ..... for dada outra oportunidade, não pensarei duas vezes! (1ª pessoa singular)
d) Essas verdades, ninguém ..... (2ª pessoa plural + 3ª do plural, feminino) dirá, por serem cruéis!
e) Ela não ..... encontra em casa agora. (3ª pessoa singular, reflexivo)

2.4.9 Combinações pronominais

Combina-se a PREPOSIÇÃO *com* a formas pronominais de diferentes pessoas: *comigo, contigo, consigo* (reflexiva), *conosco, convosco*. As formas *conosco e convosco*, no entanto, devem ser substituídas pela expressão PREPOSIÇÃO *com* + PRONOME RETO *nós/vós*, quando são especificadas as pessoas a quem os pronomes se referem:
Falava conosco. Falava com nós três. Falar convosco. Falar com vós dois.

A forma *consigo* só se emprega para voz reflexiva:
Você falava consigo mesmo?

13. Reescreva as frases a seguir, substituindo as expressões destacadas por uma única forma pronominal:
a) A criança viria *com você e comigo*.
b) A criança sentou-se *entre você e mim*.
c) Você ousa falar *da minha pessoa*?
d) Põe *o livro* sobre a mesa, por favor!
e) Você pagou a dívida *a ela*?

2.4.10 Substituição do pronome possessivo pelo oblíquo

Você pode melhorar a redação de um texto substituindo o POSSESSIVO pelo PRONOME OBLÍQUO, em alguns casos. Em lugar de *Pisei o seu pé?* pode usar *Pisei-lhe o pé?*

14. Substitua o possessivo por um pronome oblíquo, nas frases em que tal substituição for cabível:
a) Espero não ter ofendido *seus* brios, por comentar tal fato.
b) Você defendeu *meus* interesses naquela questão. Obrigado!
c) Não era minha intenção cobrar *sua* dívida para comigo agora...
d) Esta não era *minha* intenção!
e) O cabelo emoldurava *sua* cabeça, de forma encantadora!

2.4.11 Partícula pronominal *se*

Quando o agente da ação está indeterminado, emprega-se a partícula pronominal *se* junto a verbos. Observe os seguintes casos:

A) verbo transitivo direto na 3ª pessoa + *se* + elemento que sofre a ação, sem preposição:

> Aguarda-se a chegada dos aviões. Aguardam-se os aviões.

Obervação: Verbo concorda com sujeito passivo, no singular (1º exemplo) e no plural (2º exemplo).

B) verbo transitivo indireto na 3ª do singular + *se* + complemento regido de preposição:

> Necessita-se de muitos aviões.

Observação: Verbo no singular e sujeito indeterminado.

C) verbo intransitivo na 3ª do singular + *se*:

> Vive-se bem aqui!

Observação: O verbo no singular e sujeito indeterminado.

D) verbo transitivo direto na 3ª pessoa do singular + *se* + elemento que sofre a ação, preposicionado:

> Ama-se a Bernardes.

Observação: Como sujeito não pode vir regido de preposição, o paciente da ação (*a Bernardes*) continua como objeto, agora objeto direto preposicionado. E o sujeito é indeterminado.

---

15. Numere os parênteses que precedem as frases a seguir, conforme a situação em que se emprega a partícula *se*: (1) verbo transitivo direto + se + sujeito da passiva; (2) verbo transitivo indireto na 3ª do singular + se + complemento regido de preposição; (3) verbo intransitivo na 3ª do singular + se; (4) verbo transitivo direto na 3ª pessoa do singular + se + elemento que sofre a ação, preposicionado.

a) ( ) Amam-se os prazeres mais simples da vida!
b) ( ) Diz-se que beber suco faz bem.
c) ( ) Come-se bem no restaurante do Miguel.
d) ( ) Precisa-se de um bom mecânico.
e) ( ) Louva-se a Deus.

> **👍 Saiba mais**
>
> - Na voz reflexiva, o verbo concorda normalmente com o sujeito:
>   *Maria se feriu. As crianças se feriram.*
>
> - Indicando reciprocidade, verbo vai para o plural:
>   *Maria e Mara se odeiam.*

2.4.12 Colocação dos pronomes oblíquos átonos – próclise

Os pronomes oblíquos átonos se colocam, em relação ao verbo que complementam:
• antes dele (próclise — *Nunca me decepciones!*);

• posterior a ele (ênclise — *Dê-me um exemplo.*);

• entre as duas formas verbais de uma locução, ou com o futuro – do presente e do pretérito – do modo indicativo (mesóclise — *Vou lhe fazer este favor. Far-te-ei um grande favor!*).

A PRÓCLISE é o mais comum no Brasil e acontece nos seguintes casos:

▶ quando existe na oração um pronome tônico, um advérbio, uma conjunção subordinativa (*Você se descontrolou. Não me interrompas! Quando me viste?*);

▶ em frases optativas (*Deus te abençoe!*);

▶ com verbo no infinitivo pessoal precedido de preposição (*Para nos prejudicar, ele faltou à reunião.*);

▶ com verbo no gerúndio precedido da preposição *em* (*Em se plantando, tudo a gente pode colher aqui!*).

16. Reconheça os casos de próclise nas frases a seguir, completando os parênteses com o algarismo romano referente aos casos citados: (I) existe na oração um pronome tônico, (II) um advérbio, (III) uma conjunção subordinativa, (IV) frase optativa, (V) verbo no infinitivo pessoal precedido de preposição, (VI) verbo no gerúndio precedido da preposição *em*.

a) ( ) Antes de te conhecer, ela era diferente.
b) ( ) Nós ainda nos amamos, graças a Deus.
c) ( ) Logo que te viu, a menina começou a chorar.
d) ( ) Deus te abençoe!
e) ( ) Em se tratando de leis, é com ele ali.

2.4.13 Colocação dos pronomes oblíquos átonos – ênclise e mesóclise

▶ Emprega-se a ÊNCLISE geralmente quando a frase inicia-se por verbo:
Diga-me uma coisa...
Dando-se conta do escândalo...
Faça-me um favor.

▶ Emprega-se a MESÓCLISE com verbo no futuro do presente ou do pretérito, iniciando frase; ou em locução verbal iniciando oração, caso em que o pronome átono se prende ao primeiro verbo, nem sempre com hífen explícito:
Dir-te-ei o que quiseres saber.
Far-me-ias um favor?
Venho me dando conta que...

17. Reconheça os casos de ênclise e de mesóclise nas frases a seguir, justificando sua resposta:
Modelo: Cale-se!
R: Ênclise porque a frase inicia-se por verbo.

a) Far-me-ás esse favor?
b) Devem-se respeitar as leis.
c) Traga-me o livro aqui, por favor.
d) Trata-se de assunto delicado.
e) Abençoá-lo-ei, meu filho!

> ### 👍 Saiba mais
>
> O futuro do presente e o do pretérito do modo indicativo equivalem a uma antiga locução verbal constituída por infinitivo do verbo que se conjuga + verbo auxiliar *haver* no presente (futuro do presente) ou no pretérito (futuro do pretérito): *amarei* (*amar + hei*), *amaria* (*amar + havia* — com perda do início da forma verbal *hav*). O lembrete é para demonstrar que esses futuros com o pronome no meio equivalem a locuções do tipo *Tendo-se dado conta ... Devem-se respeitar...*

2.4.14 Pronomes substantivos e pronomes adjetivos

Os pronomes demonstrativos, possessivos, indefinidos, interrogativos e relativos ora substituem o substantivo, ora acompanham-no na frase. Quando substituem o substantivo, dizem-se PRONOMES SUBSTANTIVOS (demonstrativo/possessivo/indefinido/interrogativo/relativo); quando acompanham o substantivo, dizem-se PRONOMES ADJETIVOS (demonstrativo/possessivo/indefinido/interrogativo/relativo).

2.4.15 Pronomes demonstrativos

Os PRONOMES DEMONSTRATIVOS acompanham ou substituem o substantivo na frase e indicam sua posição, no tempo e no espaço. São pronomes dêiticos. Classificam-se, conforme a pessoa do discurso, em: a) de primeira pessoa — *este* e flexões; b) de segunda pessoa — *esse* e flexões; c) de terceira pessoa — *aquele* e flexões.
Assim, os de primeira pessoa referem-se a substantivo próximo de quem fala (*esta vasilha aqui*) ou a substantivo no tempo presente (*esta monografia que você carrega*); os de segunda pessoa referem-se a substantivo próximo à pessoa com quem se fala (*esses instrumentos aí*) ou a tempo imediatamente passado (*esse livro que você escreveu ano passado*); os de terceira pessoa referem-se a substantivos distantes dos participantes do ato de comunicação (*aquela cidade francesa*), ou a um tempo muito passado (*aqueles tempos da infância*), ou a algo distante já citado no texto (*Sobre

a discussão lembrada no início desta carta por meu tio, melhor deixarmos de lado aqueles dissabores).

Os pronomes demonstrativos possuem formas neutras para as três pessoas: *isto* (1ª pessoa), *isso* (2ª pessoa) e *aquilo* (3ª pessoa).

18. Reconheça o pronome demonstrativo empregado, indicando-lhe a pessoa e justificando seu emprego:

a) Vou emprestar-lhe esta vasilha aqui, mas tenha cuidado com ela.
b) Cuidado com esses instrumentos cirúrgicos aí na sua mão!
c) Tempos difíceis aqueles da nossa infância, hein, amigo?!
d) Sabe o livro que você escreveu? Você me empresta esse livro, primo?
e) Esta monografia está muito bem escrita.

🔆 Saiba mais

- Como recurso enfático, os demonstrativos se fazem acompanhar de advérbios (*aqui, aí, lá*), bem como de *mesmo* e *outro*:

  Este aqui pagará apenas a bebida; esse aí arcará com toda a despesa e aquele lá nada pagará.

  Conseguiste isto mesmo: isenção das taxas. Iremos neste barco ou naquele outro ali?

- O gramático Said Ali (1966) lembra que a boa tradição portuguesa prefere *nisto* a *nisso*, quando o sentido é *então*:

  Conversávamos tranquilamente; nisto ouvimos um tremendo barulho de avião bem perto de nós.

2.4.16 Pronomes demonstrativos *a*, *tal*, *mesmo*, *próprio*, *semelhante* e flexões

O(s) e *a(s)* são pronomes substantivos demonstrativos quando puderem ser substituídos por *aquele(s)*, *aquela(s)*:
> Está vendo aquelas meninas ali? Refiro-me à (= àquela) de verde.
> Li vários livros referentes aos fatos históricos do século XII, não aos (a + aqueles) de que você falava ontem.

O pronome *tal* (flexão *tais*) é pronome adjetivo demonstrativo quando sinônimo de *este*, *esse*, *aquele* (e flexões), bem como de *semelhante(s)*:
> Ao ver tal cena, assustei-me. Ante tal situação, ninguém disse nada.

Mesmo, *próprio* e flexões são pronomes adjetivos demonstrativos quando sinônimos de *exato*, *em pessoa*:
> Ela vivia na mesma casa que ele. A própria Joana me disse isso. Lemos os mesmos livros.

Cunha e Cintra (2013) chamam de *demonstrativo de identidade* o emprego de semelhante modificando substantivo:
> Semelhante descuido pode lhe ser fatal.

19. Reconheça os pronomes demonstrativos *a*, *tal*, *mesmo*, *próprio*, *semelhante*, e flexões, nas frases:

a) Estivemos nos mesmos lugares que você.
b) Tal situação me deixa apreensiva.
c) Ela dizia que a situação é idêntica à que enfrentamos ontem.
d) Este rapaz é mais educado do que o que você me apresentou no ano passado.
e) Semelhante atitude compromete as boas intenções alegadas por você.

> **Saiba mais**
>
> *Tal* acompanha conectivo comparativo, em frases do tipo:
> *Ela é tal qual você.*

2.4.17 Pronomes possessivos

Os PRONOMES POSSESSIVOS indicam posse em relação ao substantivo a que se referem, e também distinguem a pessoa do discurso: *meu* e flexões, para a primeira pessoa do singular; *teu* e flexões, para a segunda pessoa do singular; *seu* e flexões, para a terceira pessoa do singular e/ou do plural; *nosso* e flexões, para a primeira pessoa do plural; *vosso* e flexões, para a segunda pessoa do plural.

20. Reconheça o pronome possessivo empregado, especificando se é pronome substantivo ou pronome adjetivo e indicando-lhe a pessoa.
Modelo: Como vai você, meu amigo?
R: meu — pronome adjetivo possessivo, primeira pessoa do singular; acompanha substantivo *amigo*.
a) Marta tem lá suas ideias!...
b) Respondo pelos meus!
c) V. Ex.ª receberá seu convidado na varanda do palácio?
d) Você pretende ir no seu carro, ou no nosso?
e) Não vos descuideis de vossos filhos.

21. Assinale o item em que "meu" enquadra-se na classe de substantivo:
a) Tenho um problema maior que o seu.
b) Meu primo chega amanhã.
c) Só há um monossílabo na oração: meu.
d) Encontrei meu tio na estação.
e) Atualmente as pessoas estão mais egoístas; a gente só ouve meus pertences, meu interesse...

> 👍 **Saiba mais**
>
> • Na frase *Como vai, meu amigo?!* o possessivo é empregado com valor afetivo.
>
> • Em *Marta tem lá suas ideias*, o possessivo tem valor de indefinido: *umas ideias*.
>
> • Nas frases *V. Ex.ª receberá seus convidados na varanda do palácio?* e *Você pretende ir no seu carro, ou no nosso?* observa-se o possessivo *seu* acompa-nhando os pronomes de tratamento (*V. Ex.ª* e *você*) de segunda pessoa: os pronomes de tratamento pedem o verbo e outros pronomes que a ele se refiram na terceira pessoa — é bom repetir.
>
> • Os possessivos de terceira pessoa podem ser substituídos pelas combinações *dele(s)* e *dela(s)*, ou *de + pronome de tratamento*, quando há necessidade de desfazer ambiguidades: *No dia do seu aniversário, Maria elogiou seus parentes, minha amiga!* (aniversário da Maria ou da pessoa com quem eu falo? parentes de quem?). Para desfazer essa ambiguidade, melhor evitar a forma *seu*. Dir--se-á: *No dia do aniversário dela, Maria elogiou os parentes dela, minha amiga!*

2.4.18 Pronomes indefinidos

Os PRONOMES INDEFINIDOS são todos de terceira pessoa e indicam a impossibilidade de identificação do substantivo a que ele se refere: *algum, nenhum, todo, outro, muito, pouco, certo, vário, tanto, quanto, qualquer* — admitem flexões de gênero e número; *tal, qualquer, bastante* — admitem flexão de número; *alguém, ninguém, tudo, outrem, nada, cada, algo* — não se flexionam.

22. Sublinhe os pronomes indefinidos empregados nas frases a seguir:
a) O rapaz carregava bastantes livros consigo.
b) Pode me passar toda a papelada aí exposta?
c) Nem todos puderam estar presentes à solenidade de posse do prefeito.
d) Algumas senhorinhas ficaram de pé, outras conseguiram sentar-se.
e) Algo estava errado ali.

👍 Saiba mais

- *Tudo* pode formar expressões: *tudo isto, tudo isso, tudo aquilo, tudo o que, tudo o mais.*

- *Mais, menos, muito, bastante* são pronomes adjetivos indefinidos quando acompanham substantivo:
  Mais amor e menos confiança! Comprei muitos livros e bastantes lápis.

- Essas mesmas palavras são advérbios, quando acompanham verbo, adjetivo ou advérbio:
  Mais consegue quem muito trabalha. Fale menos e ouça mais.
  Ela é muito inteligente. Ela me pareceu bastante feliz.
  José virá mais cedo.

- Geralmente o indefinido *cada* vem acompanhado de substantivos, mas você pode encontrá-lo ainda ora como pronome substantivo indefinido, ora precedendo numeral para indicar discriminação, ora como parte da locução *cada um, cada qual*:
  Cada macaco no seu galho! Custa seis reais cada. Visitava-nos cada semana. Cada um sabe de si. Cada qual levaria um livro.

- *Certo, cada* e *qualquer* (plural *quaisquer*) empregam-se geralmente como pronomes adjetivos indefinidos:
  Havia certa incerteza no ar! Cada menina trazia um ramo de flor. Quaisquer novidades seriam aceitas.

- Posposto ao substantivo, *algum* (e flexões) tem valor negativo:
  Que eu saiba, coisa alguma foi ali encontrada.

- O artigo definido se mantém em expressões indefinidas do tipo: *em toda a parte, de toda a parte, por toda a parte.*

- *Toda* antes do substantivo é pronome adjetivo indefinido e equivale a *qualquer*:
  Toda nudez será castigada. (Nelson Rodrigues)
  Observação: *Toda* posposto ao substantivo é adjetivo (= inteira):
  Pesquisou a papelada toda.

- Os indefinidos *alguém, ninguém, nada, outrem, algo, tudo* são sempre pronomes substantivos indefinidos:

    Alguém diria que ninguém estava lá? Nada como saber de outrem, ou saber algo! Vale tudo.

- *Outro, pouco, um, algum, nenhum, todo, tal, qualquer, muito, pouco, menos mais, bastante, vário, tanto, quanto, mesmo* podem ser pronomes substantivos ou pronomes adjetivos indefinidos:

    Eu conhecia todos os presentes, outros conheciam poucos amigos do dono da casa.

- *Certo* e flexões, antes do substantivo, são pronomes adjetivos indefinidos (*Certo menino caminhava por ali, quando...*). Mas pospostos ao substantivo, são adjetivos e equivalem a *correto (a) (os) (as)*:

    Paulo fez a coisa certa.

- O mesmo acontece com *qualquer* e *vários*:

    Falaria com qualquer pessoa (pronome). *Ela não era uma pessoa qualquer* (adjetivo = sem importância).
    Várias pessoas estavam chegando (pronome). *Há interesses vários* (adjetivo = diversos) *a destacar.*

- Os pronomes indefinidos *que* e *quanto* (e flexões) são frequentes em exclamações:

    Que (= quanta) beleza naquela pintura, hein?! Que de / quanta tristeza naquela fisionomia!

- O pronome indefinido *nenhum* exprime mais imprecisão que a expressão *nem um* (advérbio + numeral cardinal):

    Nenhum amigo compareceu à comemoração do seu aniversário.
    Credo, então nem um amigo compareceu?! (= nem mesmo um amigo?)

23. Coloque P ou A nos parênteses, conforme as palavras destacadas sejam respectivamente pronome indefinido ou advérbio:

a) ( ) *Muito* lucro consegue quem cedo madruga.
b) ( ) Você obteve *poucos* exemplos de frases com pronomes.
c) ( ) Você se cansou *muito*?
d) ( ) Ela é *bastante* compreensiva.
e) ( ) Você estudou *menos* hoje?

2.4.19 Pronomes interrogativos

Os PRONOMES INTERROGATIVOS também são de terceira pessoa e indicam que se deseja conhecer um substantivo ainda não especificado claramente: *quem, que, o que, qual* (flexão *quais*), *quanto* (e flexões). Podem ser empregados em interrogação direta (*Quem chegou? Qual livro ela deseja?*) ou indireta (*Gostaria de saber quem chegou. Perguntei qual livro ela desejava.*).

24. Sublinhe o pronome interrogativo nas frases a seguir, e coloque nos parênteses (1) ou (2), conforme se trate respectivamente de interrogação direta ou indireta:

a) ( ) Desconheço o que você veio fazer aqui.
b) ( ) Quem você pensa que é?
c) ( ) O que você pretende com essas afrontas?
d) ( ) Quantos anos ela tem?
e) ( ) Quero saber para que time ela torce.

👍 Saiba mais

• Na interrogação direta a frase termina com um ponto de interrogação; a interrogação indireta não tem o sinal de interrogação e é precedida por expressões do tipo *gostaria de saber, quero saber*.

• Usa-se indistintamente *que* ou *o que* nas interrogações.

2.4.20 Pronomes relativos

Os PRONOMES RELATIVOS representam, na oração subordinada adjetiva que eles iniciam, um substantivo ou uma expressão substantiva já citados na oração anterior. São relativos: *que, quem, onde, quanto* (e flexões), *cujo* (e flexões). Os relativos são pronomes de terceira pessoa.

25. Escreva um só período subordinado empregando as duas orações independentes de cada item, substituindo a expressão destacada na segunda oração por um pronome relativo.
Modelo: Visitei, naquela cidade, os cinco museus. Você enumerara *cinco museus*.
R: Visitei, naquela cidade, os cinco museus *que* você enumerara.
a) Refiro-me àquele livro. A capa *daquele livro* é vermelha.
b) Joana e o rapaz são testemunhas do crime. Ontem lhe falei *do rapaz*.
c) Visitei os lugares. A tragédia aconteceu *nesses lugares*.
d) Refiro-me a seu primo. Ontem você me disse que amava *seu primo*.
e) Visitei meu tio e minha tia. *Minha tia* é irmã de minha mãe.

> ### 👍 Saiba mais
>
> O *que* é o pronome relativo mais empregado.
>
> • Os pronomes *o qual* e flexões (*a qual, os quais/as quais*), *onde, quanto* e flexões (*quanta, quantos, quantas*), *que* e *quem* são sempre *pronomes substantivos relativos*. O *cujo* (flexões *cuja, cujos, cujas*) é sempre *pronome adjetivo relativo* porque ele precede o substantivo pelo qual se estabelece a relação entre as orações:
>
> Eis a casa cujo dono é meu tio.
>
> • O relativo *quanto* (e flexões) geralmente se faz acompanhar do indefinido *tudo* como antecedente:
>
> Anotaremos tudo quanto ele disser.
>
> • O pronome *o qual* (e flexões) emprega-se geralmente com locuções prepositivas e preposições acidentais de mais de uma sílaba:
>
> Eis o homem diante do qual todos se calam.
> Eis o homem sobre o qual pesa grave acusação.
>
> • O pronome *o qual* (e flexões) emprega-se também para distinguir apenas um dentre dois antecedentes:
>
> Visitei meu tio e minha tia, a qual é irmã de minha mãe.

- O antecedente dos pronomes relativos pode ser um substantivo, um pronome, um advérbio pronominal:
    "(Amor) é dor que desatina sem doer." (Camões)
    "És tu quem dás alento a minha alma." (G. Dias)
    Ali onde nossa palavra é lei.

26. Assinale o item em que se poderia empregar outra forma de pronome relativo:
a) Meu amigo discursara sobre um tema em que João era versado.
b) Fugiu levando uma bolsa na qual escondera mil reais.
c) As autoridades daquele país decidiram aumentar os juros que incidiam sobre o empréstimo.
d) Critiquei a administração de cujas atitudes sempre divergi.
e) Maria não sabia o que dizer.

DE OLHO VIVO PARA NÃO TROPEÇAR NO EMPREGO DOS PRONOMES...

1. Os pronomes podem substituir ou acompanhar o substantivo e classificam-se em: pessoal, demonstrativo, possessivo, indefinido, interrogativo e relativo.

2. Os pronomes pessoais sujeito não se combinam com a preposição que possa antecedê-los: *Antes de eles saírem, falaremos com todos.*

3. O pronome *tal* (flexão *tais*) é pronome adjetivo demonstrativo quando sinônimo de *este, esse, aquele* (e flexões), ou de *semelhante(s)*:
Não gosto de tal (= desta) pessoa. Tal (= semelhante) assunto é proibido ali.

4. O pronome demonstrativo indica a posição do substantivo no tempo e no espaço. Quando indica espaço, pode vir reforçado pelos advérbios *aqui, ali, aí*: *Hoje quero este prato de frango aqui. Ei, você aí, me dá esse dinheiro aí...!*

5. O possessivo pode ter ora valor afetivo, ora valor indefinido: *Olá, meu camarada! Já vem você com suas manias!*

6. O pronome indefinido indica a impossibilidade de identificação de um substantivo, que ele acompanha ou substitui: *Estávamos preparados para qualquer eventualidade. A sessão atrasou-se para que todos pudessem assistir ao filme.*

7. O plural de *qualquer* é *quaisquer*: *Qualquer pessoa pode discorrer sobre quaisquer temas?*

8. *Quanto* pode ser pronome indefinido: *Quanta coisa ficou por dizer!* Também pode ser pronome interrogativo: *Quanto custou o carro?*

9. O pronome interrogativo indica aquilo que se deseja conhecer pela pergunta: *Quantos dias faltam para a Páscoa? Quem vem lá?*

10. O pronome relativo por excelência é o *que*; ele é empregado frequentemente com as preposições *a, com, de, em, por*: *Situação de que não se pode fugir.* Já com preposições de mais de uma sílaba e com locuções prepositivas, empregamos *o qual* e flexões: *Destaque sobre o qual estamos trabalhando. Visitei o teatro em frente ao qual você fotografou o artista.*

11. Cuidado para não empregar *cujo* no lugar dos pronomes *que, o qual*. Não se dirá Visitei meu tio, *cujo* anda doente, mas Visitei meu tio *que* está doente.

12. Também nunca se usa artigo depois de *cujo* e flexões.

13. Cuide também de empregar *onde* apenas como relativo de lugar. Não diga Estamos no século XXI, *onde* tudo pode acontecer, mas Estamos no século XXI, *em que* tudo pode acontecer.

14. *Algum* é pronome indefinido e normalmente precede o substantivo. Pode empregar-se posposto ao substantivo e enfatiza um sentido de negação ou privação: *Em lugar algum encontrei tantas estrelas no céu!*

15. O pronome *este* (e flexões) pode empregar-se com referente imediatamente citado anteriormente, no lugar de *esse*, quando destaca apenas o último elemento referido: *Comprei uma mesa e um relógio, este muito caro, por sinal.*

Questões de concurso

1. (CAIPIMES-EMTU/SP) Observe o uso do *porquê* nas frases abaixo.
I. Queremos saber por que você está assim.
II. Foi reprovado e não sabe por quê.
III. Reagiu à ofensa por que não era covarde.
Assinale a alternativa correta.
a) Apenas I e II estão corretas.
b) Apenas II e III estão corretas.
c) Apenas I e III estão corretas.
d) Apenas a III está correta.

2. (FCC-DPE/RS) "Vencida na guerra de 1871 contra o Império Alemão, a França cedeu a Alsácia *ao Império Alemão*, retomando *a Alsácia* pouco depois, ao final da I Guerra Mundial. A Alsácia permaneceu francesa até 1940, quando as forças do III Reich reconquistaram *a Alsácia*."
Os segmentos destacados podem ser corretamente substituídos, na ordem dada, por:
a) cedeu-lhe a Alsácia – a retomando – reconquistaram-lhe
b) cedeu-no a Alsácia – retomando-lhe – reconquistaram-lhe
c) o cedeu a Alsácia – retomando-na – a reconquistaram
d) cedeu-lhe a Alsácia – retomando-a – reconquistaram-na
e) cedeu-o a Alsácia – retomando-na – reconquistaram-a

3. (FCC-DPE/RS) A substituição do segmento destacado pelo pronome correspondente, com os necessários ajustes, foi realizada corretamente em:
a) contingência de *ocupar empregos medíocres* = contingência de lhes ocupar
b) que *recebeu a denominação geral de "O tempo e o vento"* = que recebeu-na
c) passou a exercer *uma intensa atividade literária* = passou a exercê-la
d) demonstram *a solução ideal* = demonstram-la
e) outra que *compreende o romance cíclico "O tempo e o vento"* = outra que lhe compreende

4. (FCC-DPE/SP) A substituição do elemento destacado pelo pronome correspondente, com os necessários ajustes, foi realizada de modo INCORRETO em:
a) mostrando *o rio* = mostrando-o
b) como escolher *sítio* = como escolhê-lo
c) transpor [...] *as matas espessas* = transpor-lhes
d) *Às estreitas veredas* [...] nada acrescentariam = nada lhes acrescentariam
e) viu uma *dessas marcas* = viu uma delas

5. (FCC-SERGAS) Considerados os necessários ajustes, a substituição do elemento destacado pelo pronome correspondente foi realizada de modo INCORRETO em:
a) Atingimos [...] *a consciência de nossa força* = Atingimo-la.

b) cada eclipse acarreta [...] *despesas suplementares* = cada eclipse as acarreta.
c) que são [...] estranhos *às nossas lutas* = que lhes são estranhos.
d) jamais desempenharão *qualquer papel* = jamais o desempenharão.
e) Mas isso seria abordar *a questão* = Mas isso seria abordar-lhe.

6. (FCC-TRT 1ª) A substituição do segmento destacado por um pronome, com os necessários ajustes, foi realizada corretamente em:
a) influenciam *comportamentos e crenças* = influenciam-lhes
b) moldaram *o pensamento e as ações das civilizações antigas e das nações modernas* = moldaram-os
c) alteram *crenças e comportamentos humanos* = alteram-nos
d) trocar *ideias* = trocar-nas
e) homogeneizar *crenças* = lhes homogeneizar

7. (FCC-TRT 1ª) A substituição do elemento destacado pelo pronome correspondente, com o necessário ajuste, foi realizada de modo INCORRETO em:
a) acreditava incutir *o ardor* = acreditava incuti-lo
b) nada superará *a beleza* = nada lhe superará
c) não correspondera *a seu sonho* = não lhe correspondera
d) resolve *o problema da vida* = resolve-o
e) para ilustrar *essa perplexidade* = para ilustrá-la

8. (FGV-DETRAN/MA) "Quanto aos alagamentos, ocorrem por falta de algum serviço ou obra, *esta* já prevista."
O emprego do pronome demonstrativo destacado se justifica porque
a) se refere ao primeiro de dois elementos citados anteriormente.
b) se prende a um elemento que ocorre na atualidade.
c) se liga ao último de dois elementos antes referidos.
d) indica uma realidade que ainda vai ser citada.
e) aponta para um termo oculto por elipse.

9. (FGV-MPE/MS) "Alguns adversários acham que é castigo excessivo; os que a defendem sustentam que é isso mesmo que a sociedade deseja, mas não há provas disso". Um texto apresenta sempre elementos que retomam elementos anteriores, dando coesão ao que se escreve.
Assinale a alternativa que indica, nesse período, o elemento que NÃO retoma qualquer termo anterior.
a) os
b) a
c) isso
d) que
e) disso

10. (FGV-SEJAP/MA) Assinale a alternativa em que o pronome relativo destacado tem seu antecedente INCORRETAMENTE indicado.
a) "O projeto consiste em um complexo prisional suspenso no ar, o *que* em teoria dificultaria as tentativas de fuga..." / o
b) "... devido à altura potencialmente fatal de uma queda e à visibilidade *que* o fugitivo teria aos olhos dos pedestres na parte de baixo". / queda
c) "A cadeia ainda teria espaços para manter um campo de agricultura, *onde* os detentos poderiam trabalhar..." / campo
d) "...o teórico social Jeremy Betham projetou uma instituição *que* manteria todas as celas em um local circular..." / instituição
e) "Outra solução criativa foi pensada e realizada na Austrália, *onde* um centro de detenção foi elaborado..." / Austrália

11. (FUNCAB-DETRAN/PB) Ao se reescrever a frase "[...] outras pessoas tocam PIANO de ouvido", substituindo a palavra em destaque por um pronome oblíquo, tem-se o seguinte resultado:
a) ...outras pessoas tocam-LHE de ouvido.
b) ...outras pessoas LHE tocam de ouvido.
c) ...outras pessoas tocam-NO de ouvido.
d) ...outras pessoas tocam-O de ouvido.
e) ...outras pessoas tocam-LO de ouvido.

12. (IDECAN-CREFITO/PR) Na oração "O destino humilhante daqueles que são comidos é expresso em um mito africano a respeito de uma ave gigante que engole um homem e, no dia seguinte, *o* expele", o vocábulo destacado retoma o termo
a) ave   b) mito   c) gigante   d) homem   e) africano

13. (IDECAN-CREFITO/PR) Quanto à classe gramatical das palavras destacadas, tem-se a correspondência correta em
a) "Tanto que *até* hoje estamos..." – advérbio
b) "...passamos *a* incorporar os monstros..." – artigo
c) "Além de significar a morte, *este* tipo de destino final..." – conjunção
d) "...em que criamos estes seres e *os* projetamos no reino..." – pronome
e) "...nos permitiram lidar com *a* mudança de nossa situação..." – preposição

14. (IOCP-EBSERH/HU-UFS/SE) A expressão destacada que NÃO se classifica como pronome indefinido é
a) "... isso é típico *daqueles* mais arrogantes..."
b) "Desse fracasso *ninguém* escapa..."
c) "...o fracasso é visto como *algo* embaraçoso..."
d) "*Todo* gênio passa pelas dores do processo..."
e) "...para quem *tudo* dá certo..."

15. (IOCP-EBSERH/HU-UFS/SE) "Não poderia terminar sem mencionar o fracasso final a que todos *nos* submetemos..." A próclise do pronome destacado ocorre pela atração
a) da forma verbal *submetemos*.
b) do pronome indefinido *todos*.
c) da locução verbal poderia *terminar*.
d) do substantivo *fracasso*.
e) do advérbio de negação *não*.

16. (MAKIYAMA-CPTM) A expressão pronominal *em que* completa corretamente a lacuna da frase na alternativa:
a) Joana comprou a bolsa .... ela tanto precisava.
b) Felipe assiste seu paciente .... logo terá alta do Hospital.
c) A seguir serão apresentados os casos .... se verificam divergências entre as partes.
d) Lúcio foi o aluno .... sempre antipatizei na escola.
e) Aquela é a casa .... você se referiu ontem?

17. (SR. CONCURSOS-Pref. Ariranha/SP) Escolha a alternativa que completa corretamente a lacuna do seguinte período: "Estes senhores são excelentes professores .... competência não se pode prescindir."
a) ( ) de cuja
b) ( ) cuja
c) ( ) de que a
d) ( ) que a

18. (SR. CONCURSOS-Pref. Ariranha/SP) Indique a alternativa que possui a classificação correta da palavra *que*, no seguinte período: "Nós não conhecemos a moça **que** começou a trabalhar hoje."
a) ( ) preposição
b) ( ) pronome relativo
c) ( ) pronome indefinido
d) ( ) palavra de realce

19. (VUNESP 2010) Observe as frases.
I. As autoridades chinesas decidiram estimular o *consumo doméstico*.
II. A China não conseguirá estimular o consumo interno a ponto de ocupar *toda a capacidade de seu parque industrial*.
III. Uma corrente de opinião muito forte defende a ideia de que o Estado deva cortar *todos os estímulos fiscais*.
Ao substituir as expressões destacadas por pronomes, tem-se:
a) estimulá-lo – ocupar-lhe – cortar-lhes
b) estimular-lhe – ocupá-la – cortar-lhes
c) estimulá-lo – ocupá-la – cortá-los
d) estimular-lhe – ocupar-lhe – cortar-lhes
e) estimulá-lo – ocupar-lhe – cortá-los

2.5 Advérbio

A nova classe de palavras a ser vista com você é o ADVÉRBIO. Como o adjetivo, o advérbio amplia a informação comunicada, ao situar o processo verbal no tempo e no espaço, ao indicar uma causa ou um modo de ser e de fazer explicitado pelo verbo, ou ao intensificar adjetivos e outros advérbios. Pode até modificar toda uma oração. Exemplos:

a) *Ontem* estivemos *ali*. (situa o processo verbal no tempo e no espaço)
b) Perdeu o cargo *por desleixo*. (indica a causa)
c) Você agiu *bem*. (indica modo de fazer)
d) *Não* irei à sua casa! (nega o que é explicitado pelo verbo)
e) Você é *muito* teimoso. (intensifica o adjetivo *teimoso*)
f) Você agiu *muito* bem. (intensifica o advérbio *bem*)
g) *Com certeza* ela falou. (expressão adverbial que modifica toda uma oração)

Também estudaremos esta classe de palavras dividindo os assuntos pertinentes a ela em tópicos teóricos. Após cada tópico você terá exercícios de fixação e, no final, algumas questões de concursos sobre o tema.

ADVÉRBIO é a palavra, ou expressão, que situa o processo verbal no tempo e no espaço, bem como indica uma causa ou um modo de ser e de fazer explicitado pelo verbo, ou até uma negação. Além dessa relação do advérbio com o verbo, há que falar no seu papel de intensificador de adjetivos e de outros advérbios, além de modificador de toda uma oração:

- Hoje *não sairemos* daqui. (situa o processo verbal — tempo e espaço)
- *Faltou* por doença. (indica uma causa)
- *Você agiu* mal. (indica modo de fazer)
- Não *farei isso*! (nega o que é explicitado pelo verbo)
- *Você é* muito *mau*. (intensifica o adjetivo mau)
- *Você agiu* muito *mal*. (intensifica o advérbio mal)
- Infelizmente *Maria faltou*. (modifica toda uma oração)

1. Reconheça os advérbios empregados nas frases a seguir, indicando também o termo que ele modifica.

Modelo: Maria chegou bem.

R: *bem* é advérbio de modo e modifica o verbo chegar.

a) A experiência não foi satisfatória.
b) Maria chegou tarde.
c) Você chegou muito cedo.
d) Aquela goteira incomodava pra chuchu.
e) De forma alguma voltarei ali, pois o bandido está atirando a torto e a direito.

2.5.1 Expressões adverbiais

EXPRESSÕES ADVERBIAIS também se classificam conforme o sentido que acrescentam na frase: *Sofre do coração* (causa).

2. Numere a coluna da esquerda, conforme a classificação das expressões adverbiais destacadas:

a) ( ) *Com certeza* o diretor viria.
b) ( ) *Algumas vezes* havia informações sobre o tempo.
c) ( ) Ela deveria estar *por perto*.
d) ( ) Morreu *de susto*?
e) ( ) Caminhava *passo a passo*.

(1) tempo
(2) lugar
(3) causa
(4) dúvida
(5) modo
(6) afirmação

2.5.2 Advérbios modificadores de oração

O ADVÉRBIO pode modificar toda uma oração (*Com certeza* iremos à sua festa) e geralmente, nesse caso, exprime opinião de quem fala. Os advérbios que expressam a opinião do autor no enunciado são chamados MODALIZADORES.

Glossário

MODALIZAÇÃO – é a forma de o enunciador intervir no que ele diz:
Infelizmente você não consta da lista dos aprovados no concurso.
Para tristeza nossa, você não consta da lista dos aprovados no concurso.

3. Assinale os advérbios que modificam oração e reconheça o caso em que não existe modalização:
a) Primeiramente foi lida a ata da reunião anterior.
b) Felizmente você será convidado.
c) Para nossa alegria, você nunca falou mal dele.
d) Você colaborará com certeza.
e) De forma alguma você faltará à minha festa.

Saiba mais

• Em *Primeiramente vamos comer algo e depois falaremos de trabalho*, *primeiramente* e *depois* são denominados advérbios de ordem e modificam toda a oração em que se situam.

• Alguns gramáticos denominam advérbios pronominais os que equivalem a expressões de base substantiva: *hoje* (= neste dia), *ali* (= naquele lugar) etc.

• Muitos gramáticos da língua portuguesa no Brasil reconhecem como advérbios: *sim, certamente, efetivamente* (de afirmação); *não, de forma alguma* (de negação).

• A palavra *quase* é advérbio quando modifica adjetivo: *A casa estava quase arruinada*. Moura Neves (2000) considera advérbio o *quase* que modifica o núcleo numeral de um sintagma, situação especialíssima, já que advérbio não modifica numeral: *Ela tem quase 100 anos*.

• *Cá* e *lá* são partículas de realce, que não modificam verbo em *Eu cá nem sabia do acordo! Maria lá é que sabia de tudo*.

2.5.3 Palavras denotativas e expressões retificadoras

As PALAVRAS DENOTATIVAS modificam substantivo e pronomes; não são advérbios. Funcionam como palavras denotativas: *até, inclusive, também* (inclusão); *apenas, exceto, menos, somente, senão, salvo, só* (exclusão).
  Até João estava na festa! Todos concordam comigo, exceto você. Só ela faltou.

As EXPRESSÕES RETIFICADORAS modificam parte do que se diz: *aliás, isto é, ou melhor, ou seja, melhor dizendo*.
  Seriam mais valorizados se não aparecessem, ou melhor, se desaparecessem de vez.
  Eis a questão colocada, ou seja (= melhor dizendo), a questão discutida.

4. Sublinhe as palavras e expressões denotativas empregadas no texto a seguir:
  "A jovem optou por uma maquiagem que a valorizasse, ou melhor, que destacasse o que ela tem de bonito, os olhos. E veja lá o que foi arranjar: salientar os olhos da moça, dentre quase dez candidatas, valeu-lhe repreensões e também anulação do contrato que tinha, pois o desfile era para destacar as roupas. Salvo o destaque para os produtos de maquiagem, alegaram que ela traíra as grifes patrocinadoras do desfile."

2.5.4 Advérbios em *-mente*

Os ADVÉRBIOS em -MENTE formam-se a partir de adjetivos no feminino (se tiverem essa flexão): *certa + mente; lenta + mente*.

5. Reconheça e classifique os advérbios em *-mente*:
a) Você agiu corretamente.
b) Expressou-se admiravelmente bem.
c) Frequentemente ela vai àquele bar.
d) Primeiramente veremos a parte teórica do assunto.
e) O sol brilhava elegantemente a leste.

> **👍 Saiba mais**
>
> - No caso do emprego de dois ou mais advérbios em *-mente* modificando o mesmo verbo, o sufixo acrescenta-se apenas ao último elemento e o primeiro mantém a forma feminina do adjetivo primitivo, se for o caso de ser flexionada:
>
>   *Ela caminhava lenta e voluptuosamente na minha direção.*
>
> - A repetição, se houver, tem efeito de realce:
>
>   *O cavalo disparava pela campina elegantemente, velozmente, fogosamente.*

6. Reescreva as frases a seguir, empregando o sufixo *-mente* apenas no último advérbio:

a) Ela pronunciava cada palavra claramente e vagarosamente.

b) Suas palavras acalentavam minha alma docemente e carinhosamente.

c) José adentrou-se na sala inopinadamente e desagradavelmente.

d) Suas palavras foram oportunamente e adequadamente pronunciadas.

e) Você deverá pronunciar as sílabas das palavras pausadamente e cuidadosamente.

2.5.5 Advérbios ou pronomes interrogativos?

O ADVÉRBIO INTERROGATIVO suscita discussão porque há quem o entenda como pronome substantivo interrogativo, quer pela função, quer pela distribuição. Aqui serão considerados ADVÉRBIOS PRONOMINAIS por enquadrarem-se nas definições das duas classes: como advérbios, modificam verbo e não se flexionam; como pronomes, substituem o que se deseja conhecer, numa pergunta:

Quando você chegou? (tempo)
Onde você estava? (lugar)
Como vai você? (modo)
Por que você faltou? (causa)

Na INTERROGAÇÃO INDIRETA, as perguntas seriam:
Gostaria de saber quando você chegou. (tempo)
Pergunto-lhe onde você estava. (lugar)
Quero saber como vai você. (modo)
Preciso saber por que você faltou. (causa)

7. Distinga os advérbios pronominais interrogativos nas frases a seguir, classificando-os e indicando se a interrogação é direta ou indireta.

a) Alguém sabe como ela chegou aqui?
b) Quantos anos tem a menina?
c) Você ainda não me disse quantos anos tem a menina, José.
d) Como estão seus pais?
e) O chefe deseja saber onde você estava até agora.

> ### 👍 Saiba mais
>
> • O advérbio pronominal interrogativo de causa *por que* se escreve separadamente, quer seja direta (*Por que* ele faltou?), quer indireta (Quero saber *por que* ele faltou) a pergunta. Não confundir com *porque* junto, conjunção (Ele faltou *porque* estava doente). Importa ainda não confundir com o conjunto preposição + pronome relativo: Estes os piores momentos *por que* (pelos quais) ela passou na vida.
>
> • Resta lembrar ainda que existe o substantivo *porquê* (= causa, razão): Gostaria de saber o *porquê* de sua tristeza.
>
> • Bom lembrar que o advérbio pronominal interrogativo de causa *por que*, em final de período, vem acentuado: *Você faltou; por quê?*

2.5.6 Advérbios *onde, aonde, donde*

ONDE, AONDE, DONDE são advérbios pronominais interrogativos de lugar.
▸ *onde* usa-se com verbos de repouso:

Onde vive seu irmão? Pergunte *onde* está o irmão dele.

▶ *aonde*, com verbos de movimento:
Aonde você queria chegar? Quero saber *aonde* você vai.

▶ *donde*, com verbos de movimento indicando procedência:
Donde vinha ele? Não sei *donde* vinha ele.

---

8. Assinale o único caso em que não se empregou o pronome adverbial interrogativo de lugar:
a) Ela pronunciava vagarosamente a palavra: on - de.
b) Todos perguntavam aonde teria ido a menina fujona.
c) João, aonde você gostaria de ir hoje?
d) Donde venho, aonde vou, onde estou?
e) Ninguém sabia onde eu estivera.

2.5.7 Advérbios modalizadores

Vimos que os ADVÉRBIOS MODALIZADORES indicam uma intervenção do enunciador naquilo que diz. Distinguem-se modalizadores *asseverativos*, *delimitadores*, *deônticos*, *atitudinais*.

▶ ASSEVERATIVOS: exprime-se algo considerado certo, quase certo, verdadeiro:
Com certeza, a terra é redonda. Ela chegará atrasada, *com certeza*.

▶ DELIMITADORES: circunscrevem o ponto de vista do que é dito:
Antônio *geralmente* fica calado nas reuniões. Ela é *psicologicamente* capaz.

▶ DEÔNTICOS: imprimem obrigação de fazer:
Não tenho *obrigatoriamente* que comparecer. A lei deve ser *necessariamente* cumprida.

▶ ATITUDINAIS: indicam reações afetivas em relação ao que está sendo dito:
Infelizmente ninguém foi punido.

9. Reconheça e classifique os advérbios modalizadores nas frases:
a) Maria é praticamente minha irmã, pelo grau de amizade entre nós.
b) Você quase não falou hoje!...
c) Talvez ela não se recorde do fato, mas eu sim.
d) A estrada passará obrigatoriamente pela periferia da cidade.
e) Lamentavelmente o senador foi absolvido.

> ### 👍 Saiba mais
>
> O reconhecimento dos modalizadores auxilia a análise e compreensão de um texto. Pela modalização é que o enunciador (= aquele que efetivamente produz o texto) interfere no que diz. Advérbios e palavras denotativas expressam essa interferência, como se pode ver no cotejo entre os exemplos:
>
> Lia faltou hoje. / *Infelizmente* Lia faltou hoje.
> Lia faltou hoje. / *Até* Lia faltou hoje.
>
> **Observação:** O acréscimo do advérbio *infelizmente* e da palavra denotativa *até* refletem respectivamente o desgosto pela falta da Lia, no primeiro exemplo, e o destaque da inusitada falta dela, no segundo.

2.5.8 Graus do advérbio

Assim como os adjetivos, alguns advérbios, principalmente os de modo, podem apresentar gradação de comparativo
   Maria lia *mais rapidamente* que sua prima.

e de superlativo
   Joana andava *ligeirinho*. João está *muito bem*.

10. Preencha os parênteses da coluna da direita, conforme os tipos de comparativo e de superlativo apresentados na coluna da esquerda:

(1) comparativo de superioridade
(2) comparativo de inferioridade
(3) superlativo absoluto sintético
(4) superlativo absoluto analítico
(5) superlativo relativo de superioridade

a) ( ) Um trabalho pessimamente feito!
b) ( ) Vim o mais cedo possível.
c) ( ) Leio mais rapidamente que ele.
d) ( ) Ela caminha muito pouco
e) ( ) Ela lê menos que eu.

11. Reconheça o grau dos advérbios empregados nas frases:
a) As intenções foram, então, mais claramente expostas.
b) Suas opiniões foram mais claramente expostas que as dele.
c) Vocês agiram o mais discretamente possível.
d) Aquela monografia está menos bem elaborada que a sua.
e) Você está muito bem assessorado!

> ## 👍 Saiba mais
>
> • Sufixos formadores de diminutivos de substantivos podem ser empregados na formação do grau dos advérbios: andar *depressinha*.
>
> • Locuções formadas com *preposição + substantivo*, *preposição + adjetivo* e até *preposição + advérbio* podem ser empregadas como advérbios: *pra chuchu, de novo, por perto*.
>
> • Locuções com substantivos repetidos podem ser empregadas como advérbio de modo: Caía *gota a gota*.
>
> A expressão adverbial *o mais possível* pode indicar intensificação de advérbios, sem desmembramento, ou com o advérbio intercalado:
>   Vocês agiram *o mais possível* discretamente.
>   Vocês agiram *o mais* discretamente *possível*.
> Essa expressão não se flexiona.

12. Destaque e classifique as locuções adverbiais encontradas nas frases:

a) De forma alguma aceitarei suas ideias malucas.
b) Plantou flores a trouxe-mouxe.
c) O diretor, com certeza, não viria.
d) O barulho incomodava pra burro!
e) Todos ficaram em silêncio!

13. Nas intensificações de adjetivos derivados de particípios verbais, usam-se geralmente as formas adverbiais *mais + bem*, e *menos + bem (crianças mais bem educadas; pessoas menos bem trajadas)*, e não se usam, então, *melhor* e *pior*. Assinale o item em que o emprego da expressão adverbial obedece ao padrão exposto:

a) A frase do João está mais bem que a do José.
b) Tatiana tem o passo bem acelerado.
c) Carlos está mais bem informado que você.
d) Maria Amélia saiu-se melhor que você, na exposição de motivos.
e) Adélia mudou-se para uma cidade bem mais distante que Alberto.

14. Compare as duas frases em cada item e classifique os advérbios conforme o sentido que eles acrescentam à oração da direita:

a) Chegaste tarde?   Por que chegaste tarde?
b) Maria chegou.   Maria não chegou.
c) Maria virá.   Certamente Maria virá.
d) Maria chegou.   Maria chegou lá.
e) Ninguém compareceu.   Ninguém compareceu ontem.

🔥 Saiba mais

- Ver a diferença sutil entre a expressão formada pela proximidade *advérbio + particípio* que pode ocorrer na frase e o adjetivo composto, com hífen:

    Essa criança foi bem educada pelos pais (= foi educada de forma correta, louvável).
    Uma criança bem-educada (= polida) *não grita assim!*
    As órfãs foram mal educadas pelos tios (= foram educadas de forma errada).
    Como você é mal-educada (= malcriada)*!*

- O mesmo pode ser observado com o substantivo composto:

    Comprei uma caixa de bem-casados (substantivo, composto).
    Maria e Jorge são muito bem casados (advérbio + particípio).

⊙ De olho vivo para não cometer enganos no emprego dos advérbios

1. Advérbios modalizadores são os que expressam a opinião do enunciador; geralmente modificam toda a oração: *Certamente você se enganou. Felizmente você veio.*

2. São considerados advérbios: *sim, certamente, efetivamente* (de afirmação); *não, de forma alguma* (de negação).

3. A palavra *quase* é advérbio quando modifica adjetivo: *A casa estava quase arruinada.*

4. Não são advérbios as palavras *cá* e *lá*, quando modificam pronomes. São meros reforços: Eu *cá* nem me importo; mas ela *lá* tem tanto ciúme!...

5. Também não são advérbios as palavras denotativas *até, inclusive, também* (inclusão); *apenas, exceto, menos, somente, senão, salvo, só* (exclusão). Veja que modificam substantivos e pronomes: *Até* você me faltou naquele momento! Todos compareceram, *menos* Maria. *Só* José desconhecia o fato.

6. As expressões retificadoras não são advérbios: Trata-se de uma questão já vista, *isto é*, sem novidade para você.

7. Alguns advérbios são considerados advérbios pronominais: modificam o verbo e também participam da natureza do pronome substantivo, por substituírem nome. Exemplos: *Hoje* (= neste dia) nada estudarei. O livro está *aí* (= nesse lugar). *Onde* (= em que lugar) você estava?

8. Você não deve usar as formas sintéticas de comparativo *melhor* e *pior*, nas intensificações de adjetivos derivados de particípios verbais. Assim, não diga *Seu vestido está melhor feito que o meu*, mas *Seu vestido está mais bem feito que o meu*.

9. Orações subordinadas adverbiais funcionam como advérbio da principal; daí serem substituídas por um advérbio ou por uma expressão adverbial:
    Sairemos *logo que amanhecer* = ...cedo.
    Elaborei a questão *como você sugeriu* = ...de acordo com sua sugestão.
    Carlos faltou *porque estava doente* = ...por doença.

Questões de concurso

1. (FGV-DETRAN/MA) "Sempre aparece alguma autoridade municipal ou estadual dizendo que a enchente aqui será resolvida com um piscinão, ali com a canalização de um córrego, em outra rua com a simples limpeza dos bueiros, e assim vai."
Os termos *aqui* e *ali* indicam lugares
a) citados anteriormente
b) escolhidos como exemplos
c) reconhecidos pelos leitores
d) citados indeterminadamente
e) certamente distantes

2. (Instituto Machado de Assis-Pref. São José do Piauí/PI) O advérbio é uma classe de palavra invariável que modifica o sentido de um verbo, de um adjetivo ou de outro advérbio. Assinale a alternativa em que foi empregado um advérbio de modo.
a) Ontem ele nos procurou.
b) Não permitiram a nossa entrada no clube.
c) Tudo foi feito rapidamente.
d) O hotel será construído aqui.

3. (IOCP-EBSERH/HU-UFS/SE) Assinale a alternativa INCORRETA quanto ao que se afirma a respeito das expressões destacadas.
a) Em "Se tivéssemos *sempre* sucesso...", indica tempo.
b) Em "Se tivéssemos *sempre* sucesso...", indica condição.
c) Em "... *muitas vezes* obscurece...", indica modo.
d) Em "*Semana passada*, li um ensaio...", indica tempo.
e) Em "Talvez não devesse ser *assim*", indica modo.

4. (MAKIYAMA-CPTM) "O 'x' de Eike Batista, *outrora* ícone da multiplicação da riqueza..."
O termo em destaque no trecho do texto acima pode ser substituído sem a perda de sentido por:
a) antigamente
b) igualmente
c) realmente
d) invariavelmente
e) geralmente

5. (OACP-EBSERH-HUCAM-UFES) Em "Todos sabem como termina a história, *tragicamente*", a expressão destacada indica
a) meio   b) tempo   c) fim   d) modo   e) condição

2.6 Artigo

Veremos agora uma classe de palavras interessante, o ARTIGO.

Por que interessante? Porque é uma classe de palavras que não remete a significado externo, como o substantivo (*casa* remete a uma construção), o adjetivo (*bela* remete a uma ideia positiva de beleza), o pronome (o pessoal remete a pessoas do discurso; o possessivo à ideia de posse; o demonstrativo à situação no espaço ou no tempo etc.).

O artigo determina o gênero (*o* menino, *uma* menina) e o número do substantivo (*os* meninos, *umas* meninas). Sua classificação em definido e indefinido depende respectivamente da maior ou menor clareza na determinação do substantivo: se se trata de um substantivo definido, usamos *o, a, os, as* antes dele; se se trata de um substantivo sobre o qual temos uma ideia indefinida, usamos *um, uma, uns, umas*. Exemplo: *Os* meninos do meu bairro tinham conhecido *umas* garotas da capital.

Neste subcapítulo trabalharemos a caracterização do artigo — conforme esteja definindo ou não o substantivo —, as combinações do artigo com preposição que precede o substantivo, bem como seu emprego com outras classes que podem acompanhar o substantivo na frase (*uma bela* menina; *o meu* vizinho). Falaremos também de algumas particularidades do emprego do artigo, o que contribuirá para mostrar-lhe estratégias discursivas que você pode obter com o emprego desta classe de palavras.

Vamos ver isso?

2.6.1 Artigo definido e indefinido

ARTIGO é a palavra que determina o substantivo, indicando-lhe o gênero e o número. Distinguem-se:

▶ ARTIGO DEFINIDO (precede substantivo já conhecido – *o, a, os, as*):
   Visitei *o* museu de Van Gogh.

▶ ARTIGO INDEFINIDO (precede substantivo não conhecido e indica-lhe apenas a espécie, sem defini-lo – *um, uma, uns, umas*):
   Gostaria agora de *uma* fruta.

1. Reconheça e classifique o artigo (definido, indefinido) nas frases.

Modelo: Encontrei o José procurando um amigo.

R: *o* – artigo definido, masculino, singular, indicando tratar-se de alguém conhecido (José); *um* – artigo indefinido precedendo substantivo *amigo*, indicando-lhe o gênero e o número, mas sem definir qual é esse amigo.

a) Retirara uns quinhentos reais dali e se negava a devolvê-los.

b) Usava ambas as mãos, mas persistia a dificuldade de manuseio das máquinas.

c) Em virtude de os amigos o terem abandonado, José ficou deprimido.

d) Pesava uns doze quilos.

e) Antes de um homem se corromper por dinheiro, melhor a morte.

2.6.2 Combinação de artigo e preposição

O ARTIGO DEFINIDO combina-se às preposições *a* (ao, aos, à, às), *de* (do, dos, da, das), *em* (no, nos, na, nas) e *por* (pelo, pelos, pela, pelas), desde que o substantivo por ele modificado não seja o sujeito da oração:

> Fomos *à* praia e, depois *do* almoço, estivemos *na* Praça *do* Teatro e fomos vistos *pelos* seus dois amigos.

2. Reconheça as combinações do artigo definido com preposição, no texto:

"A jovem optou pela maquiagem pesada que a valoriza, ou melhor, que destaca o que ela tem de bonito, no caso, os olhos. O rosto da moça estava muito bem pintado!..."

2.6.3 Artigo e a oposição de gênero indicando significado distinto do substantivo

Vimos, no subcapítulo *Substantivo*, que o artigo marca a oposição de gênero de alguns substantivos, oposição que implica significados distintos, como em *o guia* (encarregado de mostrar pontos turísticos) // *a guia* (documento anexado à mercadoria em trânsito).

3. Consulte um dicionário para ver a oposição de significados decorrente da diferença de gêneros entre *o/a corneta*, *o/a guarda* e *o/a voga*.

4. Assinale o item em que se observa a troca do gênero do substantivo, em função do seu significado:
a) O soldado ferira o cabeça do grupo de malfeitores.
b) Lacre bem os caixas em que coloquei a louça.
c) Aqueles empresários acumularam grande capital nos últimos cinco anos.
d) Ali fica a nascente do rio Pomba.
e) A quanto estava cotado o grama de ouro?

2.6.4 Combinação artigo com pronome indefinido *todo(a)* e com numeral *ambos*

O artigo definido emprega-se depois do indefinido *todo(a)* para indicar totalidade:
Toda a casa foi revistada.

O numeral *ambos* emprega-se com o artigo definido determinando o mesmo substantivo:
Ela usou *ambas as* mãos.

5. Assinale o item que foge ao emprego pronome indefinido *toda* + artigo; justifique-o:
a) Toda criança merece respeito.
b) Estive ali toda a manhã.
c) Ajudei-a a organizar toda a papelada.
d) Precisei reunir toda a minha paciência.
e) Você precisa conhecer toda a casa, para opinar.

6. Explique os itens que fogem ao emprego do numeral *ambos* com artigo:
a) Visitei meus tios e ambos estavam bem.
b) Visitei ambos os tios.
c) Havia pessoas de ambos os sexos.
d) Elas são ambas minhas irmãs queridas.
e) Convidei ambas as minhas irmãs.

> 👍 **Saiba mais**
>
> - *Todo* + artigo definido pode equivaler também ao demonstrativo *este, esse*:
>   E aí aconteceu o imprevisto no dia 26; mas eu ficara *todo o* (esse) dia em casa.
>
> - O artigo definido emprega-se pelo possessivo:
>   Machuquei *o* pé (= *meu* pé). Vesti *a* roupa (*minha*).
>
> - Este artigo emprega-se também nas locuções: *a todo o custo, a todo o instante, em todo o caso, a toda a hora, por toda a parte*.
>
> - Também se emprega este artigo na formação do grau superlativo relativo de adjetivos e de advérbios:
>   Lia tentou ser *o mais possível* educada. O trabalho era *o mais bem feito* de todos.
>
> - O artigo se interpõe entre o numeral *ambos* e o substantivo:
>   Você machucou *ambos os* pés?
>
> - Pode preceder o pronome indefinido *outro*, quando há sentido determinado:
>   Você cuida do ferido da ala B e eu verei *o outro*.

2.6.5 Emprego do artigo com pronome possessivo

▶ O artigo definido emprega-se ou não com pronome adjetivo possessivo:
   (A) Minha casa foi revistada.

▶ Omite-se o artigo
• quando o possessivo é parte do pronome de tratamento:
   V. Exa. é sempre muito atencioso conosco.

• quando a expressão faz parte de um vocativo:
   Tudo bem, *meu amigo*?

• com expressões formadas com possessivo: *em minha opinião, em meu poder, por minha vontade* etc.:
   A joia está *em meu poder*.

7. Assinale o item em que não se atendeu ao emprego adequado do artigo com o pronome possessivo:
a) Obedeço a V. Ex.ª
b) Visitei a minha tia ontem.
c) Você não pode sair fazendo todas essas coisas, a seu bel-prazer.
d) Por minha vontade ela não estaria aqui!
e) Quanta tristeza vejo em olhos dela!

👍 Saiba mais

- Com possessivo posposto ao substantivo, geralmente se emprega o artigo:
    Aguardo *o* pronunciamento *seu*.

- Usa-se o artigo definido para indicar distribuição da unidade, especificando custo de peso ou medida:
    Comprei bacalhau a vinte reais *o quilo*.
    A seda custou-me cem reais *o metro*.

2.6.6 Artigo definido e expressões de tempo (mês, dia da semana, horas)

▶ Com nomes de mês geralmente não se emprega artigo, o mesmo para datas:
Visitarei meu irmão em *julho*. Em 22 de *junho* de 2013.

▶ Nome de mês acompanhado de atributo pede artigo:
Estes dias ficarão conhecidos como *o junho das reivindicações*.

▶ Data célebre admite artigo:
Este é *o 7 de setembro* daquela nação.

▶ Dias da semana podem vir ou não com artigo:
Viajarei (*na*) *segunda-feira*.

▶ Indicação de horas se faz sem artigo, quando a expressão não equivale a advérbio (*São 10 horas*). Mas emprega-se o artigo nas expressões adverbiais formadas com *preposição + artigo + substantivo*:
Sairemos *às 10 horas*.

8. Reconheça os casos do emprego do artigo em expressões de tempo, explicando a necessidade ou não de tal emprego:

a) Em janeiro estaremos em festa, se Deus quiser!

b) Estamos vivendo o setembro 68 da França!

c) Chegaremos às 10 horas.

d) E aí, na quinta-feira, ela compareceu!

e) Depois de tanta festa, poderemos falar no junho das festas, hein?!

2.6.7 Artigo definido e a palavra *palácio*

▶ Usa-se geralmente o artigo com a palavra *palácio*:
Visitarei *o palácio* do Rei Sol. Vamos *ao palácio*?

▶ Emprega-se ainda com artigo, quando vier modificada:
Vamos *ao palácio encantado*? Visitei *o Palácio das Rosas*.

▶ Não é empregada com artigo, na função de adjunto adverbial, quando se referir ao escritório de autoridades:
O Governador estava ontem *em palácio* até as 17 horas.

9. Preencha com o artigo, quando for o caso, combinado ou não com preposição, as frases a seguir:

a) A princesa estava .... palácio.

b) Você viu .... palácio encantado da Disney?

c) O Secretário permaneceu .... Palácio da Justiça.

d) Vou para .... palácio agora.

e) Ninguém deveria sair .... palácio sem ordem dele.

2.6.8 Artigo e a palavra *casa*

▶ Com a palavra *casa*, não se usa o artigo quando se refere ao lar da pessoa (*Vou para casa agora*) ou quando a palavra for empregada de modo generalizado (*Em casa* todos se sentem seguros).

▶ Mas o artigo acompanha a palavra *casa* quando empregada como prédio, casa de outrem, ou quando vier modificada:

Ali estavam *as casas*. Vou *à casa* de uma amiga. Estive *na casa* da minha infância.

---

10. Preencha com o artigo, quando for o caso, combinado ou não com preposição, as frases a seguir:

a) Ela nem estava .... casa naquele dia!
b) Visitamos muitos palácios, mas não fomos .... Palácio da República.
c) O Governador está .... Palácio?
d) Visitei todas .... casas da rua.
e) Nem sempre visitamos .... belas casas e .... palácios das cidades turísticas.

2.6.9 Artigo definido em citação de datas festivas, peso e medida

▶ Emprega-se o ARTIGO DEFINIDO nas citações de datas festivas:
O Natal passo com você e *o Ano-Novo* com eles.

▶ O ARTIGO DEFINIDO indica valor da parte, em expressões de peso e medida:
O bacalhau custou vinte reais o *quilo*.
Comprei esta seda por sessenta reais o *metro*.

---

11. Assinale o item em que NÃO está correto o emprego do artigo definido:

a) Passarei o Natal em Natal, no Rio Grande do Norte.
b) Achei caro o presunto: cinquenta reais o quilo não é muito?
c) Estava aguardando um presente por ocasião de Ano-Novo.

d) Como você paga duzentos reais pelo metro de um tecido como esse?
e) Na semana de Páscoa, ninguém trabalha ali.

> 👍 **Saiba mais**
>
> Diga-se, no entanto, *Comprei um presente de Natal para você.* (O artigo deixa de acompanhar o nome da data festiva e precede as palavras *dia, noite, presente: os dias de Carnaval, a noite de Natal, um presente de Natal.*)

2.6.10 Combinações dos artigos

▶ Em registro informal da linguagem, o artigo indefinido combina-se às preposições *de* (*dum, duns, duma, dumas*) e *em* (*num, nuns, numa, numas*):
Precisava *dum* amigo que me ouvisse *numa* situação destas!

▶ Não se combinam preposição e artigo (definido ou indefinido), quando este faz parte de um nome de obra:
Antes de *Os Lusíadas*, ele não conhecia Camões.

▶ Evita-se a combinação, ou indica-se com apóstrofo a supressão da vogal:
Antes d'*Os Lusíadas*, ele não conhecia Camões.

▶ Não se combinam preposição com artigo que precede substantivo sujeito:
O fato *de o* dono da casa estar ausente dificulta as coisas.

12. Justifique a não combinação de preposição e artigo nas frases a seguir:
a) Depois de *O Tempo e o Vento*, ela quis ler toda a obra de Érico Veríssimo.
b) Antes de um homem se corromper pelo dinheiro, melhor seria que ele morresse.
c) Foi antes de *O primo Basílio* que Eça de Queirós escreveu *O crime do padre Amaro*.
d) Foi depois de a irmã ter saído que ela se revelou.
e) Depois de o segredo ter sido revelado, nada havia a fazer!

2.6.11 Emprego especial do artigo definido

Em linguagem coloquial emprega-se o artigo definido com valor intensivo, acrescido de entoação especial, acompanhando substantivo:
   Ele é *o cara*!

13. Assinale o item em que não se emprega o artigo com valor intensivo:
a) Ali está o final do caminho da corrupção!
b) Você é o fim, minha amiga!
c) Ela é a professora!
d) Maria atuou como a amiga!
e) Ninguém esperava o herói, mas você foi sensacional!

2.6.12 Emprego do artigo definido com substantivo próprio personativo

O ARTIGO DEFINIDO emprega-se com substantivo próprio personativo, quando se trata de pessoa de nossa intimidade (*A Maria é minha amiga*), quando o nome próprio vem qualificado (*O nosso Camões*), quando o substantivo se refere à pintura de um artista (*Os Portinari que eu vi no museu*), quando se imprime sentido depreciativo ao nome (*Recuso-me aceitar os Judas da vida*).

14. Assinale o item em que o artigo definido NÃO indica pessoa de nossa intimidade, nem nome próprio qualificado, nem se refere à obra de algum artista:
a) Não visitei qualquer dos Fernandos ontem.
b) Adoro ler os livros do enxuto Graciliano.
c) Conheço os Dégas[1] de que você fala.
d) Ele ainda não voltou, mas transmito o recado por você: sou a Tonha, irmã dele.
e) Não defenderei o Calabar da turma.

(1) Edgar Dégas (19 julho de 1834 – 27 setembro de 1917) é um famoso pintor francês. No caso, fala-se dos quadros dele, emprega-se uma metonímia.

> **Saiba mais**
>
> Usa-se também o artigo definido para acompanhar apelidos (*Visitei o Careteiro. Vi a Tonha*), para destacar nomes idênticos no mesmo grupo (*um dos Fernandos*) e para indicar o total de uma família (*dos Silva*) — caso em que, como vimos no plural dos substantivos, pode variar só o artigo ou podem ficar ambos no plural (*dos Silvas*).

2.6.13 Emprego do artigo definido com substantivo próprio locativo

O artigo definido emprega-se geralmente com substantivo próprio locativo (*o Voga, o Brasil, o Vesúvio, o Pacífico*), quando este deriva de um substantivo comum (*O Rio de Janeiro continua lindo!*).

Excetuando-se esse caso, geralmente o artigo não precede locativos, a não ser quando estes vêm acompanhados de atributo especial, como se vê na diferença de emprego entre *Vim ontem de Itabuna; senti saudades da Itabuna de minha infância*.

15. Assinale o item em que o substantivo próprio locativo não se faz acompanhar do artigo definido:
a) Os Estados Unidos possuem grande extensão territorial.
b) Visitei Portugal e achei o país maravilhoso.
c) Visitei a Grécia dos meus sonhos!
d) O Espírito Santo é um estado brasileiro.
e) Visitei o Portugal da época dos reis.

16. O rio Pomba, na Zona da Mata de Minas Gerais, já foi navegável, como provam antigas denominações de povoados surgidos às suas margens: Porto dos Diamantes (atual cidade de Cataguases) e Porto (de) Santo Antônio (atual Astolfo Dutra). Como você explica a falta do artigo na segunda denominação?

> **👍 Saiba mais**
>
> - Cunha e Cintra (2013: 241) listam nomes de lugar que não se fazem acompanhar do artigo — *Portugal, Angola, Moçambique, Cabo Verde, Macau, Andorra, São Tomé e Príncipe, Israel, São Salvador, Aragão, Castela, Leão, Timor*.
>
> - Pode-se não usar o artigo definido antes de *Espanha, França, Inglaterra, Itália*, quando esses nomes vierem regidos de preposição:
>   *Estive em Espanha. Passeei pelos corredores dos museus de França.*
>
> - Se o substantivo vier determinado, virá com artigo:
>   Visitei *o Portugal* dos meus sonhos.
>
> - Geralmente usa-se artigo antes dos pontos cardeais (e colaterais):
>   Vamos para *o norte* e não para *o nordeste*.

2.6.14 Particularidades do artigo indefinido

▶ O ARTIGO INDEFINIDO pode vir associado ao definido no período, quando se especifica uma particularidade do substantivo já conhecido:
Conheci *a menina*; pareceu-me *uma menina* cheia de complexos.

▶ Antepõe-se a um numeral cardinal para indicar quantidade aproximada:
Pesava *uns noventa quilos*.

▶ Auxilia a expressão de ideia de intensidade:
Você acaba de dizer *uma grande mentira*.

17. Reconheça os três empregos do artigo indefinido, preenchendo os parênteses que precedem as frases a seguir com (1) para especificação de particularidade de substantivo conhecido, (2) para indicar quantia aproximada e com (3) para expressar intensidade:
a) ( ) O sol não aparecera de fato — apenas um sol indeciso ensaiava mostrar-se.
b) ( ) Você é de uma ingenuidade que me preocupa!

c) ( ) Pesava uns dez quilos.
d) ( ) Necessito de uns quinhentos reais apenas.
e) ( ) Era uma insensatez sem tamanho!

👁 DE OLHO VIVO NO EMPREGO DOS ARTIGOS

1. Você pode combinar o artigo definido com as preposições *a* (*ao, aos, à, às*), *de* (*do, dos, da, das*), *em* (*no, nos, na, nas*) e *por* (*pelo, pelos, pela, pelas*), desde que o substantivo por ele modificado não seja o sujeito da oração.
Saí *antes da Maria* (preposição + artigo na locução adverbial).
Saí *antes de a Maria chegar* (o artigo é parte do sintagma do sujeito).

2. O artigo não é empregado com pronome possessivo nas expressões *em minha opinião, em meu poder, por minha vontade* etc.

3. O artigo definido frequentemente é empregado com substantivo próprio personativo, quando se trata de pessoa de nossa intimidade: *A Maria* é minha amiga.

4. O artigo indefinido pode ser associado ao definido no mesmo período, quando se especifica uma particularidade do substantivo já conhecido:
Conheci *a menina*; pareceu-me *uma menina* cheia de complexos.

Questões de concurso

1. (IOCP-EBSERH/HU-UFS/SE) Todas as expressões destacadas a seguir funcionam como artigo definido, EXCETO
a) "...sendo os humanos do jeito que são..."
b) "...confrontarmos os desafios da vida..."
c) "...são os que tiveram que trabalhar..."
d) "...ensinar os menos habilidosos..."
e) "...são os ídolos de todos..."

2. (SEPLAC/MG-IBFC) Veja as três palavras que seguem. Complete as lacunas com o artigo: .... púbis; .... cal; .... mascote
Em concordância com o gênero das palavras apresentadas, assinale abaixo a alternativa que completa, correta e respectivamente, as lacunas:
a) o / a/ a
b) a / a/ o
c) o/ o/ a
d) a/ o/ o

2.7 Numeral

Outra classe de palavras a ser vista por nós: o NUMERAL.

É uma classe de palavras que, como o pronome, ora acompanha, ora substitui o substantivo na frase. O NUMERAL especifica quantidade do substantivo (numeral cardinal, fracionário e multiplicativo), ou indica a ordem em que ele se apresenta (numeral ordinal). Sobre a flexão, alguns variam quanto a gênero (como os cardinais *um, uma, dois, duas*, as centenas a partir de *duzentos, duzentas, trezentos, trezentas...*; o fracionário *meio, meia*; os ordinais *terceiro, terceira*); outros não sofrem nenhuma variação (*três, cinco; sete, oito, nove* etc.). O numeral ordinal varia quanto a gênero e número: *primeiro(s), primeira(s); segundo(s), segunda(s); terceiro(s), terceira(s)* etc.

O NUMERAL que acompanha o substantivo é chamado de numeral adjetivo (*três* limões, *segundo* aluno, *meia* laranja). O que substitui o substantivo é um numeral substantivo (João e Hélio chegaram cedo; *ambos* saíram logo).

O NUMERAL determina o substantivo na frase, ora acompanhando-o, ora substituindo-o. Acrescenta a ideia de:

a) quantidade (numeral cardinal – *um, dois, três*...; fracionário – *meio, três décimos*... e multiplicativo – *dobro, triplo*...);

b) ordem (numeral ordinal – *primeiro, segundo, terceiro*...);

Alguns numerais cardinais variam quanto a gênero: *um (-a), dois (duas), ambos (ambas)*; as centenas a partir de duzentos (*trezentas, quatrocentas* etc.);

Ordinais variam quanto a gênero e número: *primeiro (-a), (-os), (-as)*, trigésimo *(-a), (-os), (-as)* etc.

1. Reconheça, nas frases a seguir, os numerais que indicam quantidade (NQ) e os numerais que indicam ordem (NO) dos substantivos:

a) ( ) Era meio dia e meia.
b) ( ) Ela tem o dobro de minha idade.
c) ( ) Elza obteve a quadragésima colocação no concurso.
d) ( ) Antônio, meu neto mais velho, é o primeiro aluno da turma.
e) ( ) Eduardo, o caçula, está agora com mil reais no cofre.

2. Distinguem-se numerais adjetivos (*Tenho cinco objetos*) e numerais substantivos (*Os objetos são dez*), conforme o substantivo a que o numeral se refere esteja ou não presente. Reconheça e classifique, como numerais substantivos ou numerais adjetivos, os que encontrar nas frases a seguir:

a) Você conhece os dez mandamentos da Lei de Deus?
b) Os mandamentos da Lei de Deus são dez.
c) Qual o primeiro mandamento da Lei de Deus?
d) Comprei meia melancia e Maria comeu um terço dela.
e) Ele tem dupla razão de queixa: você lucrou o dobro da quantia aplicada.

2.7.1 Numerais cardinais, ordinais, fracionários, multiplicativos

▶ Os NUMERAIS CARDINAIS explicitam a quantidade dos seres:
um/uma, dois/duas, três, quatro etc.

▶ Os NUMERAIS ORDINAIS explicitam a ordem em que se sucedem os elementos de uma mesma classe:
Era a *primeira* aluna da classe.

▶ Os NUMERAIS FRACIONÁRIOS indicam uma fração do todo:
meio/-a, um terço, a quarta parte etc.

▶ Os NUMERAIS MULTIPLICATIVOS indicam aumento proporcional da quantidade:
duplo, triplo

👍 Saiba mais

O aumento proporcional da quantidade (numeral multiplicativo) pode ser indicado ainda pela substituição *cardinal + vezes mais*: *quatro vezes mais, dez vezes mais* etc.

3. **Distinga os numerais empregados nas frases a seguir, conforme ele seja cardinal, ordinal, multiplicativo, fracionário:**

a) Vânia recebeu os cinco colegas do filho com muita alegria.
b) Os filhos de Vânia são três.
c) Qual seu primeiro desejo hoje?
d) Comprei meia dúzia de maçãs e Maria comeu um terço delas.
e) Você obteve o triplo da quantia aplicada com pouco gasto.

> ### 🔔 Saiba mais
>
> • O *zero* emprega-se frequentemente posposto ao substantivo (*grau zero*).
> **Observação:** Nem todos o consideram numeral.
>
> • Às vezes *zero* é empregado como adjetivo (*honestidade zero*).
>
> • *Primeiro* pode ser empregado como advérbio, equivalendo a *primeiramente*: A saúde e a educação serão consideradas primeiro; depois cuidaremos da indústria.
>
> • O numeral às vezes se emprega como adjetivo no grau superlativo: *alegrias mil*.
>
> • Na indicação dos fracionários, empregam-se ordinais representando o número de partes em que foi dividido o todo (um *quarto,* dois *décimos*) e cardinais especificando o número de partes tomadas (*doze* décimos, *quinze* avos).
>
> • O numeral *meio* obviamente não vem precedido de cardinal: *meio* litro de vinho, *meia* laranja.

2.7.2 Numeral como adjetivo

O NUMERAL ORDINAL pode ser empregado como adjetivo:
    artigo de *primeira* categoria; carne de *segunda*
Observação: Há, pois, que distinguir a diferença de emprego do termo como
- numeral adjetivo: *Foi sua primeira jogada.*
- adjetivo: *Eis uma jogada de primeira.*

> ### 👍 Saiba mais
>
> - As palavras *milhão, milhar, bilhão, trilhão, quadrilhão* etc. empregam-se como núcleo da expressão e frequentemente se fazem acompanhar da preposição *de* + substantivo plural (reais):
>   Comprou uma fábrica por *dois milhões de reais*.
>
> - *milhão, bilhão, trilhão* etc. variam quanto a número:
>   *vinte milhões* de reais
>
> - Podem variar as formas:
>   *bilhão/bilião, trilhão/trilião*
>   Entre formas variantes, ora com *lh* ora com *li*, a tendência é permanecerem as formas em *lh*: *três milhões e meio/três e meio milhões*.
>
> - Moura Neves (2000) lembra o emprego de numerais cardinais de valor elevado, para indicar exagero em quantia indeterminada. E numerais cardinais de valor baixo, para indicar quantia indeterminada:
>   Ela me pediu desculpas *um milhão de vezes*.
>   Atrapalhei-me na fala, de fato, *umas duas ou três vezes*.
>
> - O numeral fracionário *meio* flexiona-se (*meias verdades, meia laranja, meios blocos*). Na indicação das horas, emprega-se a forma feminina, pois estamos indicando a metade da hora:
>   *Ficaremos até meio-dia e meia.* (hora)

- Não confundir *meio* numeral, que pode flexionar em gênero e número, com *meio* advérbio, que é invariável:

    Comi *meia* maçã hoje à tarde. (numeral)

    Fernanda disse que está *meio* cansada. (advérbio)

4. Reconheça o único caso de emprego do numeral como adjetivo:

a) Ela cometeu mil loucuras, mas tem bom coração.

b) Isso é coisa de segunda!

c) Nenhuma das mil loucuras por ela cometidas foi maldosa.

d) O Artigo 5º da Constituição Federal cuida do assunto.

e) Lerei até a folha 406.

5. Reescreva as frases a seguir, cuidando que os numerais venham por extenso:

a) Lerei até a folha 406.

b) Leia a página CVIII do livro.

c) Qual foi o 45º rei daquele país?

d) Baseia-se no artigo I do Regimento Interno.

e) Quero 3/9 da melancia e 5/12 da goiabada.

6. Numere a coluna da esquerda, conforme a especificação dos numerais na coluna da direita:

a) ( ) Falta meia hora para o início do filme.   1. cardinal

b) ( ) Suprimiram a página LX do livro de capa dupla.   2. ordinal

c) ( ) O país deve bilhões de dólares.   3. multiplicativo

d) ( ) Leremos da primeira página à página 43.   4. fracionário

e) ( ) Quero só a metade da laranja.

7. Reescreva as frases a seguir, cuidando que os numerais venham por extenso:

a) A casa do empresário custou R$ 4.450.000,00.

b) O missal pertencera ao Papa Pio XII.

c) Leia o Artigo 5º da Constituição.

d) Ela era a 41ª aluna na lista de chamada.

e) Leia o capítulo 21, por favor!

2.7.3 Numeral coletivo

Chamam-se COLETIVOS os numerais que indicam quantidade exata de elementos: *ambos, dezena, cento, centena, dúzia, lustro, milheiro, par, sesqui-* etc. Os NUMERAIS COLETIVOS flexionam-se quanto a número:
   duas *dúzias*; três *lustros*

8. Assinale o único caso em que se emprega um numeral coletivo:
a) O pastor recebeu os dízimos dos fiéis com muita alegria.
b) A boneca de Vânia era três vezes maior que a de Joana.
c) Que tal realizar seu primeiro desejo hoje?
d) Comprei uma grosa de lápis.
e) Você desperdiçou dois contos de réis.

> **👍 Saiba mais**
>
> *Sesqui-* (= uma vez + meia) é usado como prefixo e não se flexiona:
>   Comemora-se hoje o *sesquicentenário* (150 anos) *da cidade.*

2.7.4 Emprego de numeral cardinal e ordinal

Casos em que o ORDINAL é substituído pelo CARDINAL correspondente:
▶ Na indicação de séculos, capítulos, sequenciação de reis e papas com o mesmo nome, usam-se numerais ordinais de 1 a 10; e cardinais de 11 em diante:
   século terceiro, século vinte e um, capítulo terceiro ao doze, artigo quarto, D. Pedro Segundo, Papa Clemente Onze

▶ Usam-se numerais cardinais para indicar páginas e capítulos de livros, sempre que o numeral vier posposto:
   página um do terceiro capítulo; e folha quatro do capítulo dois

▶ O mesmo acontece na numeração de casa, apartamento, quartos de hotel, poltrona:
   Avenida Brasil, duzentos e três. Apartamento quatro. Hospedou-se no Hotel das Garças, quarto trezentos. Cinema Paris, poltrona treze.

▶ Se o numeral antecede o substantivo, usa-se o ordinal:
trigésimo capítulo, *sétimo* canto.

▶ Para citar artigos de lei, decreto e portarias, usa-se o ordinal até nono e o cardinal a seguir:
Artigo 5º (*quinto*), Portaria *10* (*dez*).

9. Escreva por extenso os numerais:
a) capítulo XII
b) João XXIII
c) artigo 42
d) casa 47
e) dia 1º de maio

> 👍 **Saiba mais**
>
> • Na indicação de dias, anos e horas, você empregará os cardinais:
> *Saiu às vinte horas do dia vinte e três de outubro de mil novecentos e trinta.*
>
> • No caso dos dias do mês, quando se trata do dia primeiro, você deve usar o ordinal:
> *Comprou um carro no dia primeiro.*

10. Destaque a frase em que se emprega o numeral de forma inadequada:
a) Ela fará um pronunciamento no dia quinze de maio de dois mil e quinze, às dez horas.
b) Você deverá estar no portão de entrada às dez horas impreterivelmente.
c) Comemoraremos seu aniversário no dia décimo terceiro.
d) Lá estaremos no terceiro dia do mês.
e) Você virá no dia primeiro de junho?

👁 DE OLHO VIVO PARA NÃO COMETER ENGANOS NO EMPREGO DOS NUMERAIS

1. *Zero* e os numerais ordinários *primeiro*, *segundo*, *terceiro* etc. podem ser empregados como adjetivos: paciência *zero*, inteligência de *primeira*.

2. Numeral cardinal pode ser empregado como superlativo: alegrias *mil*!

3. Podemos variar a grafia de *bilhão/bilião* e *trilhão/trilião*. A tendência é escrever com *lh*: dois *trilhões*.

4. Numerais cardinais de elevado valor podem indicar exagero:
Já lhe pedi *um milhão* de desculpas!

5. Numerais cardinais de pequeno valor podem indicar quantia indeterminada:
Ah, ela me visitou umas *duas* vezes só!

6. Alguns numerais coletivos e a quantidade exata de elementos que indicam:
ambos – dois
cento, centena – cem
dezena – dez
dúzia – doze
lustro – cinco
milheiro – cem
par – dois
sesqui – um e meio

7. Sempre é bom lembrar que *meio* pode ser numeral fracionário (*meio dia e meia hora*) e também advérbio (*Ando meio distraída*.). E, detalhe muito importante: como numeral, flexiona-se; como advérbio, não se flexiona.

8. Usam-se numerais cardinais na indicação de páginas e capítulos de livros, quando o numeral vier posposto: *folha três do capítulo cinco*.

2.8 Conjunção

Veja agora um tipo de vocábulo que relaciona termos e orações dentro do período, a CONJUNÇÃO.

A CONJUNÇÃO não remete a um significado externo, como o verbo (*cantar*), o substantivo (*casa*), ou o adjetivo (*beleza*); seu papel é o de mero articulador. É um vocábulo gramatical, que realiza uma articulação sintática[2].

A CONJUNÇÃO é um vocábulo invariável e conecta

a) termos independentes e de mesma função, dentro da oração: *A casa e o carro* são meus. (elementos do sujeito composto); Compro *lápis ou caneta?* (complemento composto);

b) orações independentes, isto é, orações com uma relação sintática, sem que uma seja termo da outra: *Você chegou tarde [e ela saiu cedo]. Fale [ou será castigado]*;

c) orações dependentes, isto é, oração que estabelece uma relação sintática com outra, da qual funciona como sujeito, complemento, adjunto adverbial etc.: Urge [*que você venha*] (sujeito, igual a *sua presença*). Quero [*que você venha*] [(e) *que fique comigo na minha casa*] (complemento composto, respectivamente igual a *sua presença* e *sua permanência na minha casa*). Saiu [*quando amanheceu o dia*], [*para que fugisse a seu assédio*]. (adjuntos adverbiais, equivalentes às locuções adverbiais *pela manhã* e *como fuga a seu assédio*.

As conjunções que ligam termos e/ou orações independentes são as chamadas coordenativas; as que ligam orações dependentes são as subordinativas. Você deve ter observado, pelas explicações dadas para o complemento composto e para os adjuntos adverbiais dos exemplos do item *c*, que as orações ligadas por conjunções subordinativas, ditas orações dependentes, equivalem a substantivos e advérbios e exercem as funções que esses termos podem exercer em relação a outra oração (sujeito, complemento, adjunto adverbial) do período, dita principal.

Você vai ampliar esse estudo nos capítulos relacionados à Sintaxe e à Semântica. Por ora, estamos apenas apresentando-lhe a conjunção, por integrar o grupo das classes de palavras.

2 A relação semântica existe nos textos, independente da sintática, e é um dos elementos da coesão textual. Veja, por exemplo, a relação existente entre as duas orações dos períodos [O carro bateu no muro]; [espatifou-se]. [Minha filha casou-se]; [ele é arquiteto]. O conhecimento do mundo é que nos garante a relação *bater no muro* e *espatifar-se*, bem como a tradicional entre *moça casar-se* e *noivo*.]

CONJUNÇÃO é um vocábulo invariável que articula termos ou orações na frase, e organiza-os de forma

A) independente, isto é, sem dependência sintática entre eles:

A casa *e* o carro são meus. Você chegou cedo [*e* ela saiu tarde];

B) dependente, isto é, oração que se articula a outra e com ela estabelece uma relação sintática:

Quero [*que* você venha logo].

> ### 👍 Saiba mais
>
> COORDENAÇÃO – associação de termos, independentes sintaticamente, que exercem a mesma função sintática em relação a um terceiro. Funções de:
>
> • SUJEITO:
> A casa, o carro e o barco são meus.
> Urge [que ele venha] [*e* que traga o tio].
> Os termos em itálico são respectivamente sujeitos de *são* (no primeiro exemplo) e da oração *urge* (no segundo).
>
> • COMPLEMENTO:
> Comprei *livros e cadernos*.
> Desejei [*que você viesse*] [*e que trouxesse meu presente*]
> Os termos em itálico são respectivamente complementos de: *comprei* e de *desejei*.
>
> • ADJUNTOS ADVERBIAIS:
> Faltou *por doença ou* (faltou) *por desilusão?*
> Faltou [*porque estava doente*] [*ou* (faltou) *porque estava desiludida?*]
> Os termos em itálico são respectivamente adjuntos adverbiais de *faltou*.
>
> • SEQUÊNCIA – é a denominação dada ao conjunto formado por coordenação, ou seja, pela junção de termos, de mesma classe gramatical, sintaticamente independentes. Assim, denomina-se sequência ao conjunto *a casa, o carro e o barco* — termos independentes entre si e que exercem a mesma função em relação ao predicado *são meus*.

> 👍
>
> Há que distinguir
> • SEQUÊNCIA LEXICAL: *couve-flor* (junção de dois vocábulos na formação de um terceiro);
>
> • SEQUÊNCIA ORACIONAL: *"Vim, vi e venci." (J. César)* — Três orações independentes sintaticamente, associadas ora sem, ora com conjunção.

1. Reúna em uma só oração, pelo processo sintático da coordenação de termos de mesma função, as duas orações de cada item, empregando a conjunção destacada nos parênteses.
Modelo: Maria Amélia saiu cedo. Carlos saiu cedo. (e)
R: Maria Amélia e Carlos saíram cedo.
a) Janaína saiu às 10 horas. Janete saiu às 10 horas. (bem como)
b) Jacinto será o futuro presidente da República. Orlando será o futuro presidente da República. (ou)
c) Visitei o Museu do Mar. Visitei a Fonte dos Suspiros (e)
d) Mauro não será eleito. João não será eleito. (nem ... nem)
e) Não gosto de abacaxi. Não gosto de manga. (nem)

2.8.1 Conjunções coordenativas

A) As CONJUNÇÕES que ligam termos e/ou orações independentes são as conjunções coordenativas. Estabelecem, entre os termos relacionados, o sentido de:
- adição (aditivas): e, nem, não só ... mas também, bem como;
- alternância (alternativas): ou, ora ... ora, seja ... seja;
- oposição (adversativas): mas, porém, contudo;
- explicação (explicativas): pois (no início da oração), porque;
- conclusão (conclusivas): pois (quando intercalada, dentro da oração), logo, portanto.

B) A conjunção *pois* é coordenativa explicativa no início da oração:
   Estude, *pois* sua aprovação no concurso é importante.

C) Ela é coordenativa conclusiva quando aparece intercalada, no meio da oração, entre vírgulas:
   Trabalha muito; será, *pois*, recompensado.

D) As conjunções *não só ... mas também* (aditiva), *ora ... ora, seja ... seja* (alternativas) são consideradas correlativas, ou seja, estabelecem uma relação mútua entre os termos, ou as orações, que introduzem:
Não só você, *mas também* eu ficamos surpresos com a atitude dela.
Ela *não só* estuda muito, *como também* é muito inteligente.
Você *ora* ri, *ora* canta?!...

2. Reúna em um só período as duas frases de cada item, empregando a conjunção coordenativa destacada nos parênteses.
Modelo: Maria Amélia saiu cedo. Carlos saiu mais cedo. (mas)
R: Maria Amélia saiu cedo, mas Carlos saiu mais cedo.
a) Não deverá haver aula hoje. Houve um incêndio de grandes proporções no prédio da escola. (porque)
b) Houve um incêndio de grandes proporções no prédio da escola. Não deverá haver aula hoje. (logo)
c) Provavelmente não haverá aula hoje. Houve um incêndio de grandes proporções no prédio da escola. (pois)
d) Houve um incêndio de grandes proporções no prédio da escola. Ninguém ficou ferido. (porém)
e) José assumirá a presidência da empresa. João deixará a empresa. (e)

2.8.2 Conjunções subordinativas

As CONJUNÇÕES que ligam orações dependentes são chamadas conjunções subordinativas. Distinguem-se

A) as de BASE ADVERBIAL, que se classificam em:
• CONFORMATIVAS (*conforme, como, segundo* etc.): Fez o trabalho *conforme você orientou*.
• CONDICIONAIS (*se, salvo se, caso* etc.): A empresa crescerá *se ele for mais interessado*.
• COMPARATIVAS (*que, do que*): Ela é mais esforçada *do que ele (é esforçado)*.
• CONSECUTIVAS (*que, de forma que, de modo que* etc.): Ela se esforçou tanto *que foi recompensada*. Ela se esforçou, *de modo que foi recompensada*.

- CONCESSIVAS (*embora, ainda que, conquanto*): Ele foi premiado, *embora não o merecesse*.
- CAUSAIS (*porque, porquanto* etc.): Ela foi castigada *porque faltou à aula*.
- FINAIS (*para que, a fim de que*): Ela faltou às aulas *para que sua mãe pudesse ir ao médico*.
- PROPORCIONAIS (*à medida que, à proporção que* etc.): A empresa cresce, *à medida que o dono se esforça mais*.
- TEMPORAIS (*quando, logo que* etc.): Encontrou o amigo *logo que chegou ao aeroporto*.

B) as de BASE SUBSTANTIVA, as conjunções integrantes (*que, se*): Quero *que você venha*. Não sei *se você virá*.

👍 Saiba mais

Subordinação – é uma associação de termos, dependentes sintaticamente. Os termos subordinados compõem um:
- sintagma – conjunto binário em que se distinguem um elemento determinado subordinado a um determinante. Há que destacar:

- sintagma lexical: *cessão* (*ceder* + sufixo *-ão*);

- sintagma locucional: *livro de português* (preposição + substantivo que modificam o primeiro substantivo);

- sintagma oracional: *Necessito de ajuda / de que você me ajude.* (verbo + preposição + substantivo; verbo + preposição + oração subordinada valendo por um substantivo).

A conjunção subordinativa estabelece uma hierarquia entre os termos que associa, no que difere fundamentalmente da coordenativa.

No sintagma locucional, os termos têm classe gramatical distinta: substantivo + adjetivo (*menina bela*); substantivo + locução adjetiva (*livro de contos*), advérbio + adjetivo (*mal redigido*), preposição + substantivo (*sem luz*) etc.

3. Reúna os períodos independentes em um só período composto de duas orações, empregando a conjunção subordinativa destacada nos parênteses e fazendo os ajustes convenientes, nos tempos verbais.
Modelo: Júlia faltará à aula. Está febril. (se).
R: Júlia faltará à aula *se estiver* febril.
a) Maria Amélia reclamou do atraso. Ela viu a remarcação do horário de partida do avião. (quando)
b) A remarcação do horário de partida do avião desgostou a jovem. Ela assumira um compromisso em São Paulo. (porque)
c) Antônio ficará na direção da empresa. Eduardo poderá viajar de férias. (para que)
d) A empresa do Eduardo cresce. Aumenta o interesse dele pelos negócios. (à medida que)
e) A empresa do João está crescendo. Diminui o interesse dele pelos negócios. (embora)

4. A oração subordinada funciona como termo da principal. Substitua os termos destacados por orações, de modo a transformar os períodos simples em períodos compostos.
Modelo: A empresa do Eduardo crescerá, *ante o aumento do interesse dele pelos negócios*.
R: A empresa do Eduardo crescerá, *à medida que aumenta o interesse dele pelos negócios*.
a) João encontrou, no Sul, um amigo, *logo na chegada ao aeroporto*.
b) Só lhe desejo uma coisa: *sua felicidade!*
c) Estou aguardando *a construção de casas populares, pelo prefeito*.
d) Marta elaborou a redação *conforme a recomendação do professor*.
e) A empresa do João crescerá, *na condição do aumento do seu interesse pelos negócios*.

5. Substitua por orações subordinadas os termos destacados.
Modelo: João, não vou deixá-lo *no esquecimento das pessoas*.
R: João, não vou deixar que as pessoas o esqueçam.
a) Seria melhor *a ausência dele*.
b) Receio *seu destempero*.
c) Não é aconselhável *a readmissão do aluno*.
d) Só receio isto: *sua decepção*.
e) Estou na dúvida sobre *minha ida ao teatro*.

🔥 Saiba mais

- Alguns autores reconhecem como conjunção subordinativa adverbial MODAL a expressão *sem que*, quando em orações cujo tempo é concomitante ao da principal:

    Ela saiu *sem que você notasse*.

- A conjugação *como* pode ser
- subordinativa causal, quando *vem no início do período e equivale a porque*:

    Como (=porque) faltasse água, o menino não tomou banho.

- subordinativa conformativa, quando não há concomitância de ação entre o verbo da principal e o de sua subordinada:

    Fiz o trabalho como você me ordenou.

    Observação: Primeiro você ordenou, depois eu fiz (o trabalho).

- comparativa, também equivalente a modo e com ações concomitantes:

    Ela declama *como quem canta*.

    Observação: Nesse caso as ações (*declamar* e *cantar*) se realizam ao mesmo tempo.

- A oração subordinada conformativa iniciada por *como* pode ter a ordem alterada no período, exatamente por não haver CONCOMITÂNCIA ENTRE AS AÇÕES (a ação da subordinada é anterior à da principal).

    (*Tal*) *Como você ordenou*, fiz o trabalho. / Fiz o trabalho *como você me ordenou*.

- A oração iniciada por *como* é modal quando equivale ao advérbio de modo *assim*:

    Sou *como sou* (= assim). Faça o dever *como* você já sabe (= assim).

- A subordinativa consecutiva (*que*) frequentemente aparece em correlação com expressões de intensidade *tão, tal, tamanho, tanto*, presentes na oração principal:

    Ele é tão alto que não passa na porta.

2.8.3 Orações subordinadas de base substantiva

São orações iniciadas pelas chamadas conjunções subordinativas integrantes *que* (quando há certeza) e *se* (quando há dúvida). Equivalem a substantivos:

Quero *que você esteja sempre presente*. (sua presença)

Não sei *se você virá*. (dúvida sobre sua vinda)

6. As orações de base substantivas exercem funções semelhantes às do substantivo, ou seja, em relação à principal, podem ser sujeito, objeto direto, objeto indireto, predicativo, aposto, complemento nominal, agente da passiva. Substitua por substantivos as orações destacadas a seguir, observando a função sintática que ela exerce em relação ao verbo da principal e fazendo os ajustes necessários:
a) Seria melhor *que você saísse*. (sujeito)
b) Preciso *(de) que você me ajude*. (objeto indireto)
c) O trabalho foi feito *por quem entende do assunto*. (agente da passiva)
d) Desejo *que você seja feliz*. (objeto direto)
e) Só entendi uma questão: *você não estava com razão*. (aposto)

2.8.4 Papel da conjunção na argumentação de textos

As CONJUNÇÕES desempenham papel importante na construção da ARGUMENTAÇÃO dos textos. Assim, o sentido expresso varia conforme a conjunção empregada.

Chegou cedo *para que* obtivesse bons lugares // Obteve bons lugares *porque* chegou cedo.

finalidade (para que) // causa (porque)

7. Reconheça a diferença de sentido estabelecida entre os períodos de cada item:
a) Ela necessita de dinheiro, mas não quer trabalhar./ Ela necessita de dinheiro, logo vai trabalhar.
b) Ela necessita trabalhar, a fim de que obtenha dinheiro./ Ela obteve dinheiro já que trabalhou.

c) Ela trabalhou tanto, que obteve muito dinheiro./ Ela trabalhava mais, à medida que obtinha dinheiro.
d) Embora trabalhasse muito, não obteve dinheiro./ Ela trabalhou mais do que esperava fazer.
e) Se você trabalhar muito, obterá mais dinheiro./ Quando você trabalha muito, ganha mais dinheiro.

8. Assinale a melhor substituição para a locução conjuntiva destacada a seguir, sem alteração dos demais elementos do período:
"*Uma vez que* ninguém se apresentou como voluntário, o tenente teve de delegar ao cabo aquela incumbência."
a) porém b) conforme c) embora d) porquanto e) se

9. Assinale a opção em que a ideia expressa nos parênteses não corresponde à da oração subordinada:
a) Como ele não estava, preferi sair logo. (causa)
b) Ela fala como um papagaio. (modo/comparativa)
c) Elza trabalhou muito, de modo que mereceu o prêmio. (consecutiva)
d) Iríamos todos à praia, salvo se chovesse. (condição)
e) Porque seu pai obtivesse alta do hospital, ela procurou o médico. (causa)

> ### 🔥 Saiba mais
>
> • A conjunção — coordenativa e/ou subordinativa — desempenha papel importante no discurso, pela orientação lógica que ela imprime ao texto, como visto no exercício 7.
>
> • Bom lembrar que empregamos os adjetivos *coordenativa*, *subordinativa* para atributos do substantivo *conjunção*, por ser ela o agente que coordena, ou subordina, os termos. E empregamos *coordenado(a)*, *subordinado(a)* para atributos do termo ou da oração que já sofreu a ação exercida pela conjunção. Assim diremos *conjunção coordenativa* ou *subordinativa*, *oração coordenada* ou *subordinada*.

2.8.5 Distinção entre conjunção coordenativa e subordinativa, respectivamente na indicação de motivo e causa

Há que estar atento à distinção entre CONJUNÇÃO COORDENATIVA EXPLICATIVA e CONJUNÇÃO SUBORDINATIVA CAUSAL:

A) A COORDENATIVA EXPLICATIVA acompanha a oração em que se explica o motivo
- uma hipótese: *Deve ter chovido* [*porque* o chão está molhado].
- um imperativo já enunciado: *Estude, menino,* [*pois que* sua aprovação é imperiosa!]

B) A SUBORDINATIVA CAUSAL precede a oração que indica uma causa, numa relação causa e efeito: O menino machucou-se, [*porque* caiu da bicicleta].

---

10. Reconheça e classifique as conjunções *pois* e *como*, destacadas nas orações a seguir:
a) Você será castigado, *pois* fala muito alto.
b) Ela fala muito alto; deverá, *pois*, ser aconselhada.
c) *Como* você fala alto, será escolhida.
d) Como como? Como *como* como!
e) Ela foi admoestada, *como* já esperávamos.

2.8.6 Formas nominais de verbos e oração reduzida

As formas nominais dos verbos podem ser empregadas como orações reduzidas cujas correspondentes orações desenvolvidas apresentarão uma *conjunção* (coordenativa ou subordinativa) + *verbo na forma finita*:
- Louvamos a aluna elogiando seu senso de responsabilidade. // Louvamos a aluna *e* elogiamos seu senso de responsabilidade.
- Terminada a aula, o professor retirou-se. // *Quando* terminou a aula, o professor retirou-se.

11. Substitua as formas nominais encontradas nos períodos a seguir, por orações desenvolvidas (conectivo + verbo no tempo finito).
Modelo: Saindo mais cedo, chegaremos ainda com o sol da tarde.
R: Se sairmos mais cedo, chegaremos ainda com o sol da tarde.
a) Nada mais havendo a tratar, foi encerrada a sessão.
b) Admiro a moça, causando-me (embora) tédio a companhia dela.
c) Sendo a literatura o tema do encontro, o que faria aquele homem ali?
d) Terminando a aula, saímos logo.
e) Não me considerando bastante seguro do assunto, nada disse.

2.8.7 Conjunções correlativas

Denomina-se CORRELAÇÃO a uma modalidade de construção sintática, dentro dos processos de coordenação e de subordinação, em que as partes se relacionam entre si, de modo que o anúncio da primeira já antecipa a existência da outra. Distinguem-se conjunções correlativas na

▶ coordenação: Você *não só* me enganou, *mas também* me difamou (*não só... mas também*).

▶ subordinação: Mauro é *mais* forte *que* José (*mais... que*)

12. Distinga a correlação nas conjunções coordenativas e nas subordinativas das orações a seguir:
a) Marta e Maria falam tão alto, que ouvi toda a conversa delas.
b) Você ajudou não só meu primo, mas também a mim.
c) João nem veio à aula, nem justificou a falta.
d) Olavo ora elogia, ora difama o vizinho.
e) Quanto mais cedo chegarmos, mais cedo poderemos falar com ele.

⊙ De olho vivo para não tropeçar no emprego das conjunções

1. A relação semântica é independente da sintática. Assim é que podemos ter
a) relação semântica entre duas orações com base no conhecimento do mundo, sem conectivo: *A senhora caiu; quebrou a perna.*
b) a relação sintática de coordenação exprimindo finalidade: *Robin Wood roubava dos ricos e distribuía aos pobres* (= *para distribuir...*).

2. A conjunção é base na elaboração de textos argumentativos, como se vê na diferença entre os períodos:
- Estudou muito *para que obtivesse boas notas*.
- Obteria boas notas *se estudasse muito*.
- Estudou tanto *que obteve boas notas*.
- Obteve boas notas *porque estudou muito*.
- Só obteve boas notas *quando estudou muito*.
- Obteve melhores notas *à medida que estudou muito*.
- *Não obteve boas notas, embora estudasse muito.*
- Estudou muito, *mas não obteve boas notas*.
- Estudou muito, *logo obteve boas notas*.

3. A correlação é uma modalidade de estrutura de texto que se encontra quer na coordenação, quer na subordinação. Na coordenação é um recurso para ênfase. Em ambos os processos sintáticos, a correlação antecipa a oração que a segue:
   Ela não só se dedica ao estudo da história da música, como também toca piano.
   Marta tem tanto afeto aos padrinhos que lhes dedicou um livro.

4. No processo da coordenação, os termos em sequência possuem a mesma classe gramatical e exercem a mesma função sintática em relação a um terceiro termo; na subordinação, os termos em relação sintagmática diferem na classe gramatical e exercem função sintática distinta entre eles. Exemplos:
- de *sequências* (mesma classe de palavra e mesma função sintática): Maria e Marta são irmãs (sujeito). Quero *que você venha e que traga seu primo* (orações coordenadas entre si; ambas complementos de *querer*).
- de *sintagmas* (diferentes classes de palavras e funções sintáticas distintas): Comprei *livros de cálculo* (substantivo + locução adjetiva; *livros* é núcleo do objeto e *de cálculo* é seu adjunto adnominal). *Saí quando parou a chuva* (oração principal + oração subordinada. A subordinada equivale a adjunto adverbial da principal).

5. Bom lembrar a distinção entre motivo e causa: no motivo, inexiste a relação real de causa e efeito tipo *cair* e *quebrar*, e emprega-se a conjunção coordenativa; na causa, existe essa relação e emprega-se a conjunção subordinativa. Reveja a distinção:

a) COORDENATIVA EXPLICATIVA acompanha a oração em que se explica
- uma hipótese: Ela teve algum problema [*porque* normalmente não se atrasa].
- um imperativo já enunciado: Aproxime-se, menino, [*pois* assim verá melhor!]

b) SUBORDINATIVA CAUSAL precede a oração que indica uma causa, numa relação causa e efeito: O vaso quebrou, [*porque* caiu da mesa].

Questões de concurso

1. (CDP/SUGEP-UFRPE) "a agregação de grandes números extirpa certos tipos de erro, *já que* os palpites mais absurdos se anulam e o que resta faz algum sentido". O sentido desse trecho estaria mantido se a expressão destacada fosse substituída por:

1) pois
2) ao passo que
3) uma vez que
4) contanto que

Está(ão) correta(s):

a) 1 e 3, apenas
b) 2, apenas
c) 1, apenas
d) 2 e 4, apenas
e) 1, 2, 3 e 4

2. (FCC-SABESP) O mundo é um lugar triste, mas não *porque* antigos amantes não podem ser amigos: sim porque o passado não pode ser recuperado. (final do texto)
O elemento destacado acima preenche corretamente a lacuna da frase:
a) Alguns não entendem .... antigos amantes não podem ser amigos.
b) É controverso o .... de antigos amantes não poderem ser amigos.
c) .... são antigos amantes, não podem mais ser amigos.
d) Lamenta-se que o passado não possa ser recuperado, mas não se sabe ao certo o .... disso.
e) Sabe que não pode recuperar o passado, mas não compreende ....

3. (FUNCAB-DETRAN/PB) Em "Que me aconteceria SE eu dissesse a uma bela dama [...]", o SE, morfologicamente, é:
a) pronome apassivador
b) conjunção integrante
c) índice de indeterminação do sujeito
d) pronome reflexivo
e) conjunção subordinativa condicional

4. (VUNESP-Câmara de São Carlos/SP) Considere o trecho do primeiro parágrafo:
"*Como* as músicas eram de protesto, naquele mesmo ano foi enquadrado na lei de segurança nacional pela ditadura militar e exilado."
O termo como, em destaque na primeira parte do enunciado, expressa ideia de
a) contraste e tem sentido equivalente a *porém*.
b) concessão e tem sentido equivalente a *mesmo que*.
c) conformidade e tem sentido equivalente a *conforme*.
d) causa e tem sentido equivalente a *visto que*.
e) finalidade e tem sentido equivalente a *para que*.

5. (VUNESP-CETESB) Em — ...fruto *não só* do novo acesso da população ao automóvel *mas também* da necessidade de maior número de viagens... —, os termos em destaque estabelecem relação de
a) explicação
b) oposição
c) alternância
d) conclusão
e) adição

6. (VUNESP-CETESB) Em — É fundamental que essa visão de adensamento com uso abundante de transporte coletivo seja recuperada *para que* possamos reverter esse processo de uso... —, a expressão em destaque estabelece entre as orações relação de
a) consequência
b) condição
c) finalidade
d) causa
e) concessão

7. (VUNESP-COREN/SP) Na frase — A continuarmos no mesmo ritmo, é provável que nos próximos dez ou vinte anos estejamos na situação deles — o termo em destaque expressa uma
a) concessão e equivale a *Embora*.
b) conformidade e equivale a *Segundo*.
c) condição e equivale a *Se*.
d) contradição e equivale a *Entretanto*.
e) finalidade e equivale a *Para*.

8. (VUNESP-Fundação Casa) Releia o seguinte trecho do 3º parágrafo do texto:
"Joyce e Mozart são ótimos, *mas* eles, como quase toda a cultura humanística, têm pouca relevância para nossa vida prática."

Sem que haja alteração de sentido, e de acordo com a norma-padrão da língua portuguesa, ao se substituir o termo em destaque, o trecho estará corretamente reescrito em:

a) Joyce e Mozart são ótimos, *portanto* eles, como quase toda a cultura humanística, têm pouca relevância para nossa vida prática.

b) Joyce e Mozart são ótimos, *conforme* eles, como quase toda a cultura humanística, têm pouca relevância para nossa vida prática.

c) Joyce e Mozart são ótimos, *assim* eles, como quase toda a cultura humanística, têm pouca relevância para nossa vida prática.

d) Joyce e Mozart são ótimos, *todavia* eles, como quase toda a cultura humanística, têm pouca relevância para nossa vida prática.

e) Joyce e Mozart são ótimos, *pois* eles, como quase toda a cultura humanística, têm pouca relevância para nossa vida prática.

9. (VUNESP-FUNDUNESP) Considere o seguinte trecho:
"**Mesmo com o surgimento do computador doméstico**, muitos escritores se recusaram a aposentar suas antigas máquinas de escrever."
Assinale a alternativa em que a oração em destaque no trecho está corretamente reescrita, conservando seu sentido inalterado.

a) *Desde o surgimento do computador doméstico*, muitos escritores se recusaram a aposentar suas antigas máquinas de escrever.

b) *Uma vez que com o surgimento do computador doméstico*, muitos escritores se recusaram a aposentar suas antigas máquinas de escrever.

c) *Pois com o surgimento do computador doméstico*, muitos escritores se recusaram a aposentar suas antigas máquinas de escrever.

d) *De modo que com o surgimento do computador doméstico*, muitos escritores se recusaram a aposentar suas antigas máquinas de escrever.

e) *Apesar do surgimento do computador doméstico*, muitos escritores se recusaram a aposentar suas antigas máquinas de escrever.

10. (VUNESP-FUNDUNESP) Em "Um livro enviado por uma amiga, *no entanto*, me fez repensar o caso...", sem que seja alterado o sentido do trecho, a expressão em destaque pode ser corretamente substituída por

a) contudo
b) portanto
c) se bem que
d) desde então
e) por conseguinte

11. (VUNESP-ITESP) Considere as frases e a relação de sentido que estabelecem no parágrafo:
(a) Algumas empresas, entretanto, por incapacidade gerencial, operam em um vácuo de regras.
(b) Tornam-se erráticas e caóticas, tomando decisões ao sabor do momento.

É correto afirmar que as frases (a) e (b) estabelecem, entre si, uma relação de

a) tempo e modo
b) causa e consequência
c) conformidade e condição
d) alternância e proporção
e) comparação e concessão

12. (VUNESP-Polícia Civil/SP) Observe a passagem do segundo parágrafo:
"Nos últimos tempos, o artista dizia no estilo direto habitual que, ... *fosse um rapaz hoje*, em lugar de fazer arquitetura, percorreria a rua protestando contra este mundo em que vivemos."
Assinale a alternativa que apresenta uma expressão que introduz a oração destacada, sem alterar o sentido do texto.

a) já que
b) ainda que
c) embora
d) se acaso
e) porque

13. (VUNESP-SEFAZ/SP) No trecho do primeiro parágrafo — "Fio, disjuntor, tomada, tudo!", insiste o motorista, com tanto orgulho que chega a contaminar-me" —, a construção *tanto ... que* estabelece entre as construções [com *tanto* orgulho] e [que chega a contaminar-me] uma relação de

a) condição e finalidade
b) conformidade e proporção
c) finalidade e concessão
d) proporção e comparação
e) causa e consequência

14. (VUNESP-UNESP) Assinale a alternativa em que a frase que conclui o texto — A sua liberdade de escolha deve ser, antes de tudo, preservada, tratando-se de um direito fundamental do ser humano — está reescrita sem alteração de sentido.
A sua liberdade de escolha deve ser, antes de tudo, preservada,...

a) contudo se trata de um direito fundamental do ser humano.
b) apesar de se tratar de um direito fundamental do ser humano.
c) mesmo quando se tratar de um direito fundamental do ser humano.
d) pois se trata de um direito fundamental do ser humano.
e) embora se trate de um direito fundamental do ser humano.

2.9 Preposição

Outro tipo de vocábulo que relaciona termos e orações dentro do período é a PREPOSIÇÃO. Seu papel é o de mero articulador e ela também não remete a um significado externo. Considerada um vocábulo gramatical, realiza uma articulação sintática, como elemento de coesão textual.

A PREPOSIÇÃO é um vocábulo invariável e relaciona termos e orações reduzidas, na construção do período. Pode constituir-se de uma só palavra (*a, ante, após, até* ...) ou de mais de uma palavra (*acima de, a fim de* etc.).

Neste subcapítulo vamos examinar algumas particularidades das preposições, tais como: diferença entre preposição essencial e preposição acidental, modo como se formam as locuções prepositivas, os variados significados que a preposição ajuda a construir no texto, o elo sintático por ela estabelecido, e, finalmente, alguma observação sobre a orientação lógica que a preposição pode estruturar no texto.

Vamos ler um pouco sobre esta classe de palavras?

PREPOSIÇÃO é uma classe invariável de palavras que relaciona termos e orações reduzidas, na construção do período. Pode constituir-se de uma só palavra (preposição simples: *a, ante, após, até, com, contra, de, desde, em, entre, para, perante, por, sem, sobre, sob, trás*) ou de mais de uma palavra (locuções prepositivas: *abaixo de, acerca de, acima de, a fim de, além de, ao lado de,* etc.).

---

1. Sublinhe com um traço as preposições simples e com dois as locuções prepositivas encontradas em:
a) Muitos estados brasileiros dependem de investimentos federais para realizarem obras.
b) A respeito da prorrogação de tal imposto, convinha um plebiscito.
c) Amanda resolvia os problemas familiares à maneira de sua avó.
d) O chefe está prestes a chegar.
e) Desistimos de festas, diante dos últimos acontecimentos.

2. Coloque T ou O nos parênteses, conforme as preposições relacionem termos dentro de orações, ou orações entre si:

a) ( ) A queda do dólar é a esperança do turista pobre.
b) ( ) O dólar barato é a esperança de eu viajar.
c) ( ) O Brasil pode aumentar a importação de gás boliviano.
d) ( ) O povo brasileiro gostaria de importar menos gás boliviano.
e) ( ) O menino sem educação quebrou o copo de vinho.

> 👍 **Saiba mais**
>
> • As locuções prepositivas formam-se pela associação de duas preposições simples, de advérbio com preposição simples, de substantivo com preposição simples:
>
> *por entre, depois de, graças a*
>
> • Essas locuções sempre terminam por preposição simples.
>
> • Para efeito de ênfase, podemos combinar duas preposições.

3. Coloque, nos parênteses, (PP) ou (LP), conforme a frase apresente respectivamente mero acúmulo de preposições para efeito de ênfase, ou locuções prepositivas:

a) ( ) Passeava por entre as alamedas do parque.
b) ( ) Ele caminhava à frente dos colegas.
c) ( ) O texto estava de acordo com as opiniões dele.
d) ( ) Andava por sobre o mundo.
e) ( ) Atrasei-me por causa do trânsito ruim.

2.9.1 Preposição essencial e preposição acidental

A PREPOSIÇÃO SIMPLES subdivide-se em
▶ PREPOSIÇÃO ESSENCIAL, palavra que passa à língua portuguesa como tal, ou seja, já era preposição em latim:
  a (‹ad›), ante (‹ante›), após (‹ad post›), com (‹cum›), contra (‹contra›), de (‹de›), desde (‹de ex + de›), em (‹in›), entre (‹inter›), para (‹per›), por (‹pro›), sem (‹sine›), sob (‹sub›), sobre (‹super›), trás (‹trans›)

▶ PREPOSIÇÃO ACIDENTAL, palavra que, embora primitivamente pertença a outra classe, emprega-se esporadicamente como preposição:
  conforme, consoante, durante, exceto, fora, menos, não obstante, salvo, segundo, senão, visto

4. Sublinhe as preposições acidentais encontradas nas frases a seguir:
a) Todos concordaram com ele, exceto Manuel.
b) Conforme os convidados iam chegando, todos aplaudiam, menos você.
c) Fora a palavra *exceção*, todas as outras eram grafadas com "SS".
d) Não obstante os vultosos impostos cobrados, eu apoiava aquela administração.
e) Não se ouvia um som durante a fala do Papa.

> **Saiba mais**
>
> A preposição *até* vem do árabe *hattã*.

5. Assinale o item em que o significado expresso pela preposição não está correto:
a) O livro estava sob o móvel. (lugar)
b) Ele vive às custas do pai. (modo)
c) A carta foi redigida de acordo com o modelo. (finalidade)
d) Em relação ao tempo, a informação estava errada. (assunto)
e) Antes de você, eu já visitara o museu. (tempo)

2.9.2 Preposição e significados expressos

Uma mesma PREPOSIÇÃO pode ser empregada na expressão de vários significados. A preposição *de*, por exemplo, pode aparecer em vários contextos distintos: causa (*Caiu de madura*), lugar (*Veio de Paris*), matéria (*Casa de madeira*), ferimento *de faca* (instrumento), estava *de cócoras* (modo), dentre outros.

▶ Exemplos com a preposição *a*: morte *a facadas* (instrumento), *ir a Paris* (lugar), estar *à míngua* (modo) etc.

▶ Exemplos com a preposição *com*: veio *com a tia* (companhia), estava *com medo* (estado), reagiu *com raiva* (modo; causa) etc.

6. Reconheça os diversos significados das expressões com a preposição *de*, destacadas em:
a) Comprei um livro *de fábulas*.
b) O primo *de Maria* voltou *da Bahia*.
c) O castelo *de areia* ruiu.
d) Morreu *de rir*.
e) Era chuva *de verão*.

7. Determine o significado expresso pela preposição nas frases a seguir:
a) A fruta veio *do Sul*.
b) Saímos *com Maria* e fomos à casa *de minha tia*.
c) Estou *com você* nesta!
d) Ela estava *em casa* e cortou-se *com o vidro*.
e) Aline foi *para o exterior*.

2.9.3 Preposição como elo sintático

A PREPOSIÇÃO pode ser empregada às vezes como mero *elo sintático* (Cunha e Cintra, 2013), sem conteúdo nocional. É o caso da preposição que acompanha objeto indireto e complementos nominais, respectivamente em *Obedecer* às *leis*; *amor* a *Deus*. Diz-se então que a preposição se explica por razões de regência.

8. Assinale o caso em que a preposição destoa, por deixar de ser mero *elo sintático*:
a) A primavera agrada aos jovens.
b) Muitos estados brasileiros dependem de investimentos federais.
c) Cada estado do Brasil possui belezas específicas.
d) Discordo totalmente de você!
e) Você difere totalmente de mim.

2.9.4 Preposição e orientação lógica do texto

A PREPOSIÇÃO desempenha papel semelhante ao da conjunção, na estruturação lógica do texto. Ora se emprega a preposição para expressar um argumento de finalidade (*Afastou-se para evitar confrontos*), ora se emprega a preposição para expressar oposição (*Sou contra seu posicionamento*).

9. Reconheça o argumento, ou orientação lógica, expresso pelos pares *preposição // conjunção* nos itens a seguir:
a) Prefere frequentar praia cedo, para evitar sol muito quente. // Prefere frequentar praia cedo, para que seja evitado sol muito quente.
b) Por frequentar praia muito cedo, evito sol muito quente. // Como frequento praia muito cedo, evito sol muito quente.
c) Ela trabalhou igual a você. // Ela trabalha tanto quanto você (trabalha).
d) Ela quer tudo, exceto trabalhar. // Ela quer tudo, mas não quer trabalhar.
e) Ela trabalhou sem obter dinheiro. // Ela trabalhou, sem que obtivesse dinheiro.

2.9.5 Identidade entre preposição e conjunção

As LOCUÇÕES PREPOSITIVAS terminam em preposição, enquanto as conjuntivas terminam em *que*: à frente de (locução prepositiva), à medida que (locução conjuntiva). Uma aproximação bem clara vê-se entre a locução prepositiva *antes de* e a conjuntiva *antes que*:
    Vou cedo à praia *antes do* sol muito quente.
    Vou cedo à praia, *antes que* o sol esquente.

10. Desenvolva as orações transformando a expressão com preposição em uma oração desenvolvida, com conjunção expressa.
Modelo: Saiu cedo por lugares mais próximos à tela.
R: Saiu cedo porque desejava obter lugares mais próximos à tela.
a) Voltou cedo, *por medo do trânsito.*
b) Saiu cedo, *para evitar o trânsito difícil.*
c) Estava triste *pela traição da amiga.*
d) Ficou revoltada *ante a traição da amiga.*
e) Preparou a carta de demissão *antes da chegada da amiga.*

DE OLHO VIVO PARA NÃO TROPEÇAR NO EMPREGO DE PREPOSIÇÕES

1. Preposição pedida por determinado verbo (regência verbal).

aludir a	*necessitar de*	*proceder a*
anuir a	*obedecer a*	*referir-se a*
aspirar a	*pagar a*	*visar a*
assistir a	*perdoar a*	
lembrar de, a	*prescindir de*	

2. Preposição pedida por determinado nome (regência nominal).

alusão a	*nocivo a*	*referência a*
hábil em	*obediência a*	*residente em*
lembrança de	*pavor de*	*útil a*
morador em	*próximo de, a*	

3. Locuções prepositivas terminam em preposição (*defronte a, à frente de, prestes a*); locuções conjuntivas terminam em *que* (*à medida que, logo que*).

4. Algumas locuções prepositivas:

abaixo de	*a par de*	*para baixo de*
acima de	*de acordo com*	*para cima de*
a despeito de	*debaixo de*	*para com*
a fim de	*de cima de*	*embaixo de*
ao redor de	*defronte de*	*em cima de* etc.

2.10 Interjeição

A INTERJEIÇÃO é considerada uma frase emocional, por sua característica básica de traduzir sensações. Na opinião de alguns estudiosos, a interjeição não deveria integrar o conjunto de classe de palavras, mas nossa finalidade é abranger todas as classes, conforme o ponto de vista gramatical tradicional, o que nos faz considerá-la no conjunto, sem discussões.

Neste subcapítulo destacaremos alguns sentidos expressos pelas interjeições, elencaremos interjeições simples e locuções interjetivas, mostraremos o valor da entoação e do contexto na expressão da emoção pela interjeição, e, especialmente, estabeleceremos com você a diferença entre uma interjeição e uma frase exclamativa, confusão frequente, ocasionada pelo fato de o sinal de exclamação acompanhar ambos os tipos de frases: a da interjeição e a meramente exclamativa.

A interjeição não possui flexão, o que é óbvio, por constituir frase feita. Sobre sua exploração em concurso, você poderá encontrar questões em que ela possa ser cobrada associada à interpretação de textos. Isoladamente nem sempre você encontrará questões de concurso sobre o assunto.

INTERJEIÇÃO é uma forma linguística especial de traduzir emoção, ordem, sensações. Em geral, não se combina gramaticalmente com os demais elementos da oração e, na escrita, ela se faz acompanhar do sinal de exclamação. Diz-se que ela é uma palavra-frase, representada, ora por um conjunto de sons (*Oh! Arre!*), ora por palavra existente na língua ou por conjunto de palavras — empregados em situação particular de tradução de emoção súbita (*Viva! Muito bem!*). Para Cunha e Cintra (2013), a INTERJEIÇÃO não deveria integrar o conjunto de classe de palavras, por equivaler a uma *frase emocional*.

1. Sublinhar as interjeições presentes nas frases a seguir:
a) Você é o máximo, meu amigo!
b) Saúde!
c) Alô! Quem fala?
d) Que coisa desagradável!
e) Ora bolas! Saia logo daí, menino!

2.10.1 Classificação da interjeição

A INTERJEIÇÃO pode constituir-se de um só vocábulo ou de uma locução interjetiva. Pelo sentimento usualmente expresso, classifica-se em:
- aborrecimento: *Ora bolas!*
- admiração: *Ah! Oh!*
- alegria: *Ah! Oba!*
- animação: *Avante! Coragem! Eia! Muito bem! Saúde!*
- aplauso: *Bravo! Viva! Admirável! Muito bom!*
- desejo: *Ah! Oxalá! Quem me dera!*
- despedida: *Adeus! Tchau!*
- dor: *Ai! Ui! Ai de mim!*
- impaciência: *Hum! Hem! Arra! Puxa!*
- espanto: *Ah! Oh! Ih! Puxa! Valha-me Deus!*
- invocação: *Alô! Olá! Psiu! Pst!*
- satisfação: *Oba!*
- silêncio: *Psiu! Silêncio!*
- suspensão: *Basta! Alto lá! Chega!*

2. Sublinhe a interjeição e reconheça o sentido que ela expressa:
a) Ih, quanta conversa paralela, gente!
b) Olá, vamos conversar depois?
c) Pst! Venha cá!
d) Psiu, você pode vir aqui?!
e) Psiu! Olhe o tio dela ali.

3. Reconheça o sentido expresso pelas interjeições nas frases:
a) Viva! Consegui chegar antes dela!
b) Oh! Você estava aí?
c) Silêncio! Agora que seu pai conseguiu dormir!
d) Psiu! Vamos sair logo, para não chamar a atenção.
e) Oba! Amanhã não teremos aula!

2.10.2 Valor da interjeição

O valor significativo da interjeição depende do contexto em que ela se encontra e da entoação que a acompanha. Daí podermos ter *sentimentos diversos expressos pela mesma interjeição*.

4. Reconheça a diferença de valores expressos pelas interjeições:
a) Oh! Você me assustou!
b) Oh! Assim você não chega a lugar algum!
c) Psiu, venha cá agora!
d) Psiu, olha a irmã dela aí!
e) Ah, é você! Ah, se eu pudesse voltar a Paris!

> ### 👍 Saiba mais
>
> Como depende do contexto, é natural que a entoação acompanhe a diversidade da emoção expressa. Assim é com a interjeição *muito bem*: pronunciada devagar, com entoação decrescente, exprime aplauso; acompanhada de expressão de reprovação, passa a traduzir sentimento contrário ao de aplauso. Comparem-se:
> *Mu u u ui to bem!...*
> *Muito bem*! E agora?!

2.10.3 Relação da interjeição com o interlocutor

Ao expressar emoção e sentimentos, a interjeição exprime, sem qualquer estrutura frasal elaborada, o que se passa com o falante. Assim, ao expressar ordem e/ou fazer alguém modificar seu comportamento, ora o falante busca diretamente seu interlocutor, ora expressa, antes de qualquer coisa, sua emoção.

5. Preencha os parênteses com 1 (para emoção do falante) e 2 (para dirigir-se ao interlocutor), conforme a interjeição exprima estado de espírito do falante, ou vise a modificar o comportamento do interlocutor:
a) ( ) Avante! Ataquemos nosso adversário!
b) ( ) Arre! Perco a paciência ante sua teimosia.
c) ( ) Ai, ai, ai, menino! Não mexa nesses enfeites, por favor!
d) ( ) Sentido!
e) ( ) Arre! Chega de fofocas!

2.10.4 Distinção entre interjeição e exclamação

Mattoso Câmara Jr. (1964) distingue *interjeição* (palavras impregnadas de emoção) de *exclamações* (vocábulos soltos emitidos no tom de voz exclamativo — *Admirável!*; ou frases oracionais mais ou menos longas, geralmente iniciados por *que, como, quanto, quão* — *Que linda vista, hein?!*).

6. Distinga interjeições de frases exclamativas nos itens a seguir, preenchendo os parênteses respectivamente com I ou com E:
a) ( ) Quão difícil está a vida em cidades grandes atualmente!
b) ( ) Muito bem, amiga!
c) ( ) Viva! Você está ótima!
d) ( ) Como você engordou!
e) ( ) Olá, tudo bem?

7. Preencha os parênteses iniciais com (E) — exclamações e (I) — interjeições, e reconheça o sentido que expressam:
( ) a) — Enfim você apareceu!
( ) b) — Bom você ter vindo!
( ) c) — Maravilhoooso!...
( ) d) — Arre!
( ) e) — Fora!

👁 DE OLHO VIVO PARA NÃO TROPEÇAR NO EMPREGO DE INTERJEIÇÕES

1. Urge não confundir *interjeições* (vocábulos pronunciadas com muita emoção e que fogem à estruturação sintática padrão) com *exclamações* (vocábulos soltos emitidos no tom de voz exclamativo, ou frases oracionais mais ou menos longas, geralmente iniciados por *que, como, quanto, quão*.
Comparem-se
Arre! – interjeição;
Beleza! – exclamação;
— *Quão triste está a moça!* – frase exclamativa.

2. Rocha Lima (1972) lembra a interjeição *caluda*, para expressar pedido de silêncio.

3. Bom lembrar sempre que o valor significativo da interjeição depende do contexto em que ela se encontra, e também da entoação da frase. É a importância da contextualização do discurso, como vemos em Charaudeau e Maingueneau, 2004, p. 171.

4. Há que distinguir interjeição com um só vocábulo (*Ah! Oh!*) e locução interjetiva (*Alto lá! Ora bolas!*).

5. Ao empregar uma interjeição, o falante pode estar apenas expressando sua emoção; mas pode também pretender atingir seu interlocutor.

Referências bibliográficas

ANGELIM, Regina C. Cabral. Curso de Língua Portuguesa: da teoria à prática. *Morfologia*. Rio de Janeiro: Fundação Trompowsky e Universidade Castelo Branco – UCB, 2010.

BECHARA, Evanildo. *Gramática escolar da língua portuguesa*. 2. ed. Ampliada e atualizada pelo novo Acordo Ortográfico. Rio de Janeiro: Nova Fronteira, 2010.

CARNEIRO, Agostinho Dias; OLIVEIRA, Helênio F. de; PAULIUKONIS, Maria Aparecida; ANGELIM, Regina C. Cabral. "O adjetivo e a progressão textual". *Revista Letras & Letras*. Uberlândia, MG: Universidade Federal (Edufu), v. 8, n. 1, junho 1992 – publicada em 1993; p. 31-36.

CHARAUDEAU, Patrick; MAINGUENEAU, Dominique. *Dicionário de análise do discurso*. Trad. coordenada por Fabiana Komesu. São Paulo: Contexto, 2004.

CUNHA, Celso; LINDLEY CINTRA, Luís F. *Nova gramática do português contemporâneo*. 6. ed. Rio de Janeiro: Lexikon, 2013.

DUARTE, Maria Eugênia Lamoglia. "Coordenação e subordinação". In: VIEIRA, Sílvia; BRANDÃO, Sílvia. *Ensino de gramática*: descrição e uso. São Paulo, Contexto, 2007, p. 205-223.

GEIGER, Paulo; SILVA, Renata de Cássia Menezes da. *A nova ortografia sem mistério: do ensino fundamental ao uso profissional*. Rio de Janeiro: Lexikon, 2009.

GONÇALVES, Carlos Alexandre. "Sobre os limites entre flexão e derivação em português". In: VIEIRA, Sílvia; BRANDÃO, Sílvia. Morfossintaxe e ensino de português: reflexões e propostas. Rio de Janeiro: Faculdade de Letras, UFRJ, 2004, p. 125-150.

LIMA, Carlos Henrique da Rocha. *Gramática normativa da língua portuguesa*: curso médio. 15. ed. refundida. Rio de Janeiro: J. Olympio, 1972.

MATTOSO CÂMARA Jr. *Dicionário de filologia e gramática*. 2. ed. Rio de Janeiro: O. Ozon, 1964.

NEVES, Maria Helena Moura. *Gramática de usos do português*. 2ª reimpr. São Paulo: UNESP, 2000.

PEREIRA, Cilene da Cunha; SILVA, Edila Vianna da; ANGELIM, Regina Célia Cabral. *Dúvidas em português nunca mais*. 3. ed. Rio de Janeiro: Lexikon, 2011.

3
SINTAXE
Edila Vianna da Silva

Introdução

Vamos iniciar agora o estudo da sintaxe da língua portuguesa. Com base nas noções aqui expostas, você será capaz de criar e interpretar frases adequadas ao uso da variedade padrão da língua, de modo a aperfeiçoar seu desempenho linguístico, bem como terá a oportunidade de preparar-se adequadamente para qualquer concurso que envolva questões da sintaxe do Português.

Abordaremos os mecanismos de estruturação sintática, em que se comentarão as noções de coordenação e subordinação entre os termos da oração e entre as orações no período; os constituintes oracionais e seus critérios de classificação; o papel dos conectivos do ponto de vista de suas funções sintática, semântica e discursiva; a ordem dos termos na oração e seus efeitos de expressividade; os mecanismos de concordância e regência.

Os conteúdos programáticos da sintaxe portuguesa serão apresentados sob forma de pequenos textos em que se explicarão noções teóricas com os respectivos exemplos, seguidos de atividades de fixação da aprendizagem:

3.1 Mecanismos de estruturação sintática: coordenação e subordinação

3.2 Orações coordenadas

3.3 Orações subordinadas

3.4 Termos da oração

3.5 Regência

3.6 Concordância

Esperamos assim contribuir para o seu domínio das relações entre os termos da frase, conhecimento essencial para eficiente compreensão e produção de frases e textos mais amplos.

Bom estudo!

3.1 Mecanismos de estruturação sintática: coordenação e subordinação

Vamos começar nosso trabalho com noções básicas sobre os mecanismos de organização das frases no português. De acordo com a gramática tradicional, que segue a Nomenclatura Gramatical Brasileira (NGB), os princípios organizadores da frase portuguesa são a COORDENAÇÃO e a SUBORDINAÇÃO. Para refletirmos sobre tais mecanismos, comparemos os exemplos a seguir:

[Cheguei da escola] [e almocei logo].
[Almocei logo] [porque estava com muita fome].

No primeiro exemplo, há independência sintática entre as orações (limitadas por colchetes), o que não ocorre entre as orações do segundo exemplo. Explicando melhor, na primeira frase, cada oração apresenta estrutura sintática completa, isto é, a presença de uma independe da presença da outra DO PONTO DE VISTA SINTÁTICO: cada uma delas contém os termos necessários para transmitir sua mensagem. Claro está que, entre elas, há uma dependência DE NATUREZA SEMÂNTICA, de sentido, ou não estariam no mesmo período. No segundo exemplo, a primeira oração (almocei logo) é a base e a outra (porque estava com muita fome) serve de termo adjacente à primeira, é função sintática do verbo da primeira, pois expressa a causa do fato de "almoçar logo". Podemos, então, concluir que as orações se articulam de dois modos diversos: o da primeira frase é o processo da COORDENAÇÃO e o da segunda é o da SUBORDINAÇÃO.

Glossário

INDEPENDÊNCIA SINTÁTICA entre orações – cada oração apresenta estrutura sintática completa, isto é, contém os termos necessários para transmitir a mensagem (uma não é termo da outra). Caso da COORDENAÇÃO.

DEPENDÊNCIA SEMÂNTICA – uma dependência de sentido, o que justifica estarem as orações no mesmo período.

DEPENDÊNCIA SINTÁTICA – uma oração funciona como termo da outra e o conjunto constrói a mensagem. Caso da SUBORDINAÇÃO.

1. Reconheça se os períodos são formados de orações dependentes ou independentes SINTATICAMENTE.

a) Chocolate é delicioso, mas engorda.

b) Nesta sala fica bem um móvel antigo, porque seu estilo é eclético.

c) Os economistas afirmam que o plano do governo não dará certo.

d) A previsão de que choverá amanhã e não haverá praia parece provável.

e) Paciência é artigo de luxo nos dias que correm.

3.1.1 Subordinação

"A SUBORDINAÇÃO é uma forma de organização sintática segundo a qual um termo exerce função no outro." (Duarte, 2007:205) A subordinação pode estar presente entre constituintes da oração ou entre orações. Em relação a orações, SUBORDINADAS são as que funcionam como membros, termos de outra oração. Exemplos:

Ela descobriu [que os sites de aluguel de apartamentos são fontes de inspiração] para decorar a casa.

Basta [escolher a opção] e a foto aparece.

No primeiro exemplo, a oração entre colchetes é constituinte da primeira, pois funciona como objeto direto da forma verbal *descobriu*; no segundo, a oração indicada pelos colchetes é o sujeito da forma verbal *basta*. As orações entre colchetes são, portanto, SUBORDINADAS às formas verbais *descobriu* e *basta*. Há uma hierarquia entre elas.

2. Indique a que termos as orações em destaque estão subordinadas.

a) Todo jovem tem necessidade [de ser orientado].

b) Sabemos [que a visita do Papa foi muito positiva para o país].

c) O Coordenador explicou as mudanças [para que os alunos ficassem informados.]

d) O certo é [que a licitação vai ocorrer.]

e) É certo [que a licitação vai ocorrer.]

3.1.2 Coordenação

A COORDENAÇÃO, diferentemente da SUBORDINAÇÃO, é um mecanismo por meio do qual elementos DO MESMO NÍVEL associam-se, formando uma *sequência*; são independentes sintaticamente uns dos outros. O processo ocorre entre termos da oração e entre orações.

> **Saiba mais**
>
> Dizemos que elementos, palavras ou orações são DO MESMO NÍVEL quando têm a mesma função e pertencem à mesma classe de palavra. Assim, coordenam-se termos com valor de substantivo, adjetivo etc. que tenham a mesma função sintática. Por exemplo, na frase "A farmácia não fecha; *de dia* ou *de madrugada*, há sempre um funcionário a postos", as duas locuções destacadas estão coordenadas pela conjunção *ou* — e formam, portanto, uma sequência — uma vez que ambas equivalem a advérbios e funcionam como adjuntos adverbiais de tempo.

3. Sublinhe os termos coordenados nas orações a seguir.
a) Teotônio e Marcos são primos.
b) A visita do Papa foi positiva e agradável.
c) Comprei sapatos novos e bonitos.
d) Você pensa sair à tarde ou à noite?...
e) Ela é bonita mas arrogante.

4. Reconheça o único caso em que as orações destacadas pelos colchetes não são coordenadas.
a) [Teotônio saiu cedo], [somente Marcos ficou toda a madrugada ali].
b) [Maria falará na Sessão Solene] [ou coordenará uma mesa redonda].
c) [Faremos o trabalho], [mas você irá ajudar-nos].
d) [Urge] [que você chegue cedo].
e) [Viajarei durante a noite] [e não sentirei a turbulência no voo].

No exemplo *sapatos novos e bonitos*, os adjetivos *novos* e *bonitos* desempenham o mesmo papel em relação a *sapatos*. Se, então, exercem igual função, são coordenados um ao outro — formam uma sequência — e subordinados ao substantivo *sapatos*. Do mesmo modo que, no mecanismo da subordinação, há coordenação entre termos da oração ou entre orações.

No plano da oração, isso significa dizer que cada oração coordenada tem seus próprios termos e, assim, não apresenta constituinte expresso por outra oração. Vejamos os exemplos:

[Às vezes, paravam o trabalho], [enxugavam o suor do rosto] [e falavam alguma coisa tola].

[Esperamos] [que vocês aprendam os processos] [e (que) escrevam melhor].

No primeiro período, há três orações, todas com sua estrutura completa, portanto, independentes do ponto de vista sintático e, assim, *coordenadas*.

No segundo período, as orações 2 e 3 estão subordinadas à oração 1 e nela exercem a mesma função: são núcleos do objeto direto da forma verbal *esperamos*. As coordenadas não são função uma da outra, mas da oração 1; são *coordenadas entre si* e *subordinadas* à oração 1.

3.1.3 Esquema das diferenças entre coordenação e subordinação

COORDENAÇÃO	SUBORDINAÇÃO
Associa elementos de mesma função	Cria funções
Forma sequências	Forma sintagmas

ORAÇÕES COORDENADAS	ORAÇÕES SUBORDINADAS
Independentes sintaticamente	Dependentes sintaticamente
Estrutura sintática completa	São termos de outra oração

Muitos manuais de português citam a subordinação apenas quando tratam das orações, deixando subentendido que esse processo não ocorre em outros níveis. A subordinação, no entanto, também pode dar-se entre palavras (de classes distintas) ou entre uma palavra e um sintagma. A preposição é um instrumento de subordinação porque subordina uma palavra ou um sintagma a uma palavra:

Pulseira *de ouro*. (*de ouro* = metal de confecção da pulseira)
Pulseira *dourada*. (*dourada* = qualificador da pulseira)

Ouro é substantivo, uma classe nuclear, mas com a preposição *de* forma um sintagma preposicionado subordinado ao substantivo pulseira. *De ouro* equivale a um adjetivo (*dourado*), classe de palavras periférica, que tem a função de qualificar ou delimitar um substantivo. Saliente-se que não é usual um substantivo qualificar outro substantivo; isso só foi possível porque, com o concurso da preposição *de*, o substantivo passou a exercer uma função periférica, própria de adjetivo.

No âmbito do período composto, vimos que se coordenam orações de mesma natureza sintática e se subordinam orações que estão em uma relação de hierarquização.

👍 Saiba Mais

SINTAGMA é uma combinação de elementos entre os quais existe uma relação de subordinação e se individualiza por uma mesma função sintática. Na frase, "Os *livros raros* ficam nos fundos do prédio", a expressão destacada é um sintagma porque resulta da combinação dos vocábulos *livros* + *raros*, em que o adjetivo *raros* modifica *livros* e contrai com o substantivo a função de adjunto. O SINTAGMA NOMINAL, assim constituído, funciona todo ele como sujeito da oração. Resumindo, o mecanismo de subordinação cria funções, sintagmas, uma vez que estabelece uma relação de dependência entre dois termos, de modo que um passa a ser função do outro.

5. Nos sintagmas destacados, destaque os termos subordinados e os subordinantes.
a) Elaborei *um exercício interessante* para o livro.
b) Vou escolher *o traje da festa* hoje.
c) *Aquelas duas blusas amarelas* podem ser uma boa opção para a viagem.
d) Vamos *escrever um romance atraente*.
e) *Resuma o capítulo* que indiquei.

6. Examine o *corpus* abaixo e marque com S os períodos em que há encadeamento (sequência) de ideias e com H aqueles em que há hierarquização de ideias.
a) A ministra explicou o novo plano econômico; a população não ficou esclarecida. ( )
b) Embora a ministra tivesse explicado o novo plano econômico, a população não ficou esclarecida. ( )
c) A ministra explicou o novo plano econômico para a população ficar esclarecida. ( )
d) A ministra explicou o novo plano econômico, mas a população não ficou esclarecida. ( )
e) Ou a ministra explica o novo plano econômico, ou a população não ficará esclarecida. ( )

7. Além das preposições, as conjunções subordinativas e os pronomes relativos são instrumentos que estabelecem relações de subordinação entre orações. Complete as frases a seguir, com o emprego dos instrumentos subordinativos entre parênteses.
a) Sua vida sofreu uma reviravolta .... (quando)
b) Os empreiteiros não prosseguirão na obra .... (sem que)
c) ...., mais consciência tenho das minhas limitações. (à medida que)
d) O apartamento .... fica defronte ao mar. (que, relativo)
e) Para cada assinatura ...., você tem direito a um prêmio. (que, relativo)

8. Faça a expansão dos sintagmas com elementos coordenados.
a) Os atletas .... e .... participarão das Olimpíadas. (adjetivos)
b) Os atletas .... e .... participarão das Olimpíadas. (sintagmas adjetivos)
c) Os atletas .... e .... participarão das Olimpíadas. (orações iniciadas por pronome QUE, com valor de adjetivos)
d) Os funcionários .... e .... ajudam a diminuir o problema da mobilidade urbana. (orações iniciadas por pronome QUE, com valor de adjetivos)
e) Os funcionários .... e .... sofrem menor nível de estresse. (orações iniciadas pela conjunção QUANDO, com valor de adjuntos adverbiais)

⊙ De olho vivo para não tropeçar nas ideias

1. Quando nos expressamos, na modalidade escrita ou na modalidade oral, utilizamos dois mecanismos fundamentais de organização sintática: a coordenação e a subordinação.

2. Usamos a COORDENAÇÃO para ligar estruturas (termos da oração ou orações) que se articulam, é claro, pelo sentido, mas que são independentes *sintaticamente* uma da outra, ou melhor, uma não é constituinte, termo da outra.

3. Pelo segundo processo, a SUBORDINAÇÃO, estabelecemos relação de dependência sintática entre elementos, sejam eles constituintes ou orações. Dizendo de outra forma, construímos estruturas em que um termo se subordina ao outro, contrai com outro uma função e ambos criam o sintagma.

Questões de concurso

1. (Cesgranrio-BNDES) Na frase "Não necessito dizer que, para mim, não há verdades indiscutíveis, embora acredite em determinados valores e princípios que me parecem consistentes", podem ser identificados diferentes tipos de orações subordinadas (substantivas, adjetivas e adverbiais), que nela exercem distintas funções.
Uma oração com função de expressar uma noção adjetiva é também encontrada em:
a) "Certamente porque não é fácil compreender certas questões, as pessoas tendem a aceitar algumas afirmações."
b) "É natural que isso aconteça, quando mais não seja porque as certezas nos dão segurança e tranquilidade."
c) "No passado distante, quando os valores religiosos se impunham à quase totalidade das pessoas..."
d) "Os fatos demonstram que tanto pode ser como não."
e) "Uma comunidade cujos princípios e normas mudassem a cada dia seria caótica e, por isso mesmo, inviável."

2. (Cesgranrio-BNDES) A relação lógica estabelecida entre as ideias do período composto, por meio do termo destacado, está explicitada adequadamente em:
a) "Não necessito dizer que, para mim, não há verdades indiscutíveis, *embora* acredite em determinados valores e princípios" – (relação de condição)
b) "No passado distante, *quando* os valores religiosos se impunham à quase totalidade das pessoas, poucos eram os que questionavam" – (relação de causalidade)

c) "os defensores das mudanças acreditavam-se senhores de novas verdades, mais consistentes *porque* eram fundadas no conhecimento objetivo das leis" – (relação de finalidade)
d) "a mudança é inerente à realidade tanto material quanto espiritual, e que, *portanto*, o conceito de imutabilidade é destituído de fundamento" – (relação de conclusão)
e) "Ocorre, *porém*, que essa certeza pode induzir a outros erros: o de achar que quem defende determinados valores estabelecidos está indiscutivelmente errado." – (relação de temporalidade)

3.2 Orações coordenadas

> As ORAÇÕES são COORDENADAS quando se equivalem, isto é, uma não é termo da outra com que se encadeia. Elas podem estar justapostas, lado a lado, sem qualquer conectivo que as enlace (coordenada assindética), ou podem estar ligadas por conjunções coordenativas (coordenada sindética).

1. Sobre o período seguinte, pode-se afirmar que:
[Os coordenadores discutiram as novas propostas], [votaram as decisões] [e encerraram o simpósio].
a) as três orações estão justapostas.
b) as orações classificam-se como assindéticas.
c) as orações estão ligadas apenas pelo sentido.
d) há uma oração coordenada sindética.
e) duas das orações são coordenadas.

2. Identifique as orações coordenadas no período a seguir:
É possível respeitar o ambiente e ser lucrativo, crescer e ser ambiental e socialmente respeitável.
(*Veja*, n. 15, 18-4-2007, p. 11)

3.2.1 Orações coordenadas sindéticas

São cinco as ORAÇÕES COORDENADAS SINDÉTICAS. Nos exemplos abaixo mencionados, as sindéticas estão entre colchetes e as assindéticas estão fora das marcas:

▶ ADITIVAS: acrescenta uma informação — Insisti na pergunta [e ele estremeceu].

▶ ADVERSATIVA: expressa contraste — Estava frio na rua, [mas ela apenas sentia o seu calor].

▶ ALTERNATIVAS: indicam alternância — [Ou muito me engano] [ou não vou terminar essas avaliações].

▶ CONCLUSIVA: expressa resultado — Só como legumes, [logo vou emagrecer].

▶ EXPLICATIVA: expressa uma justificativa para uma afirmação anterior — Choveu, [porque as ruas estão molhadas].
Observação: afirmação de que "choveu" é justificada pelo fato de "as ruas estarem molhadas".

3. Classifique as orações em destaque de acordo com o código e marque a sequência obtida.
1. Coordenada assindética
2. Coordenada sindética aditiva
3. Coordenada sindética adversativa
4. Coordenada sindética alternativa
5. Coordenada sindética conclusiva
6. Coordenada sindética explicativa

I. Comi bastante, *mas não fiquei satisfeita*.
II. Faça os exercícios *ou desista do curso*.
III. Guarde logo o sorvete no congelador, *pois ele vai derreter*.
IV. Viajou durante muito tempo, *portanto tão cedo não sairá do Brasil*.
V. Fala, fala *e nada resolve*.
VI. *Saiu feliz*, depois retornou chorando.

a) 3-4-5-6-1-2   b) 3-4-6-5-2-1   c) 2-4-3-6-1-5   e) 3-4-5-1-6-2   e) 3-4-5-1-6-2

4. A oração coordenada que se articula com outra sem o auxílio de um conectivo chama-se assindética. Leia os seguintes períodos e assinale em qual deles há coordenação assindética.
I. Os olhos viviam tristes, não esboçava um sorriso!
II. Cheguei tarde, jantei com apetite, mas não dormi logo.
III. Ou passageiros mostram os bilhetes ou o trem não partirá.
a) apenas I   b) apenas II   c) apenas III   d) I, II e III   e) I e II

5. Um dos períodos abaixo é composto APENAS por coordenação. Assinale-o.
a) A gente não programa um sonho.
b) A história me intrigou bastante embora não devesse intrigar-me.
c) Escrevi esta novela e, mais recentemente, reescrevi uma peça de teatro.
d) Todos estavam presentes e informaram-me o que ela decidiu.
e) Escrevendo, pensando ou dormindo, estamos sempre desenvolvendo ideias.

6. Nos trechos extraídos de Graciliano Ramos, os períodos são compostos por coordenação, exceto:
a) "Meu pai não tinha vocação para o ensino, quis, porém, meter-me o alfabeto na cabeça."
b) "Dona Prescila desfranziu a tromba, expôs a dentuça a Clementina, achou, por condescendência, a cidade encantadora."
c) "O riso grosso de Felipe Benício e o cacarejo de Teotônio Sabiá tranquilizavam-me."
d) "Perplexa, ora se voltava para a janela, ora examinava o livrinho aberto na sola do marquesão, negra e côncava."
e) "Arrastou-se para junto da família, tirou do bolso o cachimbo de barro, atochou-o, acendeu-o, largou algumas baforadas longas de satisfação."

7. "Depois da missa, conversou com o padre, nervosa; conduziram-na para a Sacristia." Sobre o período, pode-se dizer que
a) há uma oração subordinada adverbial.
b) a primeira oração é coordenada assindética.
c) uma das orações expressa relação de causa.
d) o período é composto por coordenação e subordinação.
e) há apenas uma oração coordenada assindética.

8. "Podem falar à vontade: estou tranquilo." Se quiséssemos explicitar a relação existente entre as duas orações justapostas, optaríamos pela conjunção:
a) e
b) portanto
c) pois
d) como
e) embora

9. Em "Maria está tossindo muito; portanto deve ter-se resfriado", a ideia expressa pela oração introduzida por conectivo é de:
a) oposição
b) explicação
c) adição
d) conclusão
e) alternativa

> **Saiba mais**
>
> Para Cunha e Cintra (2013: 610-612), o valor semântico da oração sindética pode ser determinado pela conjunção que a introduz.

3.2.1.1 Correlação como estratégia de ênfase

A CORRELAÇÃO é uma estratégia de ênfase, pela qual já se antecipa um segundo termo na citação do primeiro; não é considerada mecanismo de articulação e pode aparecer quer na subordinação, quer na coordenação:

As crianças não só se divertem, mas também aprendem com os jogos didáticos. (correlação na coordenação)

Ela se cansou tanto que teve de parar a corrida. (correlação na subordinação)

10. Compare os pares de exemplos a seguir e assinale aquele em que não existe correlação:
a) Ela não só faltou como também eximiu-se de enviar representante. // Ela faltou e ainda eximiu-se de enviar representante.
b) Ela falou tanto mal de você, que eu me revoltei. // Ela falou muito mal de você, de modo que eu me revoltei.
c) Você chegou cedo e encontrou melhores lugares. // Você chegou cedo; logo encontrou os melhores lugares.
d) Ela manteve-se calada todo o tempo; mas também ninguém se dirigiu a ela. // Ela não apenas se manteve calada todo o tempo como também ninguém se dirigiu a ela.
e) Maria parece mais esperta do que sua irmã. // Maria e sua irmã são muito espertas.

> ### 🔥 Saiba mais
>
> • Como vimos, elementos correlativos são os que estão em uma relação de interdependência. Quando um ocorre numa oração, o outro aparece em outra. É o caso de *não só... mas também*. Se ocorre *não só* em uma oração, deveremos empregar na seguinte a expressão *mas também; como também*.
>
> • Na subordinação, acontece com a complementação feita à ênfase expressa, na primeira oração, pelo advérbio de intensidade *tão, tal, tamanho tanto*.

👁 DE OLHO VIVO PARA NÃO CONFUNDIR OS PROCESSOS

Orações coordenadas são orações que se equivalem, não dependem umas das outras.

1. Podem ser introduzidas por conectivos, conjunções coordenativas: são as sindéticas.

2. Também podem estar justapostas, sem conectivos que as unam: são as assindéticas.

3. As conjunções coordenativas relacionam as orações e lhes emprestam valores semânticos diferentes, que baseiam a sua classificação.

Questões de concurso

1. (CESGRANRIO-Banco da Amazônia) De modo a manter a mesma relação de sentido com a frase que o antecede ("Hoje a publicidade dá lugar à recomendação *social*"), compondo um único período, o trecho "O internauta que clica em 'Curti' e vira fã de uma marca compartilha automaticamente a notícia com toda a sua rede" deve ser introduzido pela palavra
a) se   b) pois   c) como   d) porém   e) embora

2. (Cesgranrio-IBGE) Aponte a alternativa em que ocorra oração coordenada sindética adversativa:
a) Ou você resolve o exercício, ou fica sem nota.
b) Não resolveu o exercício, logo ficou sem nota.
c) Resolva o exercício, porque você ficará sem nota.

d) Preferia ficar sem nota e ser reprovado a resolver o exercício.

e) Ficou sem nota, mas não resolveu o exercício.

3. (CESGRANRIO-IBGE-Analista de Planejamento) Um exemplo do texto em que a palavra destacada estabelece sentido de hipótese está em:

a) "É provável, *contudo*, que o Bolsa Família tenha contribuído para a perda de influência de políticos."

b) "o deficit de capacitação dos beneficiados não lhes permitiria disputar vagas oferecidas, por exemplo, pela indústria paulista *caso* forçados à migração."

c) "e que, *portanto*, só trabalharia sob a coerção mais absoluta."

d) "o BF não assegura nem a solução do problema da pobreza nem a formação de uma cultura de cidadania ativa, *embora* seja o primeiro passo indispensável para ambas."

e) "Seu principal efeito, argumentam, não é o de superar o círculo vicioso da pobreza, *mas* iniciar um círculo virtuoso dos direitos, em que a expansão de um direito dá origem a reivindicações por outros direitos."

4. (CESPE-BACEN) Classifique as orações em destaque de acordo com o código e marque a sequência obtida.

1. Coordenada assindética
2. Coordenada sindética aditiva
3. Coordenada sindética adversativa
4. Coordenada sindética alternativa
5. Coordenada sindética conclusiva
6. Coordenada sindética explicativa

I. Recebeu o dinheiro da pensão, *mas gastou tudo*.
II. Ora faz frio, *ora faz calor*.
III. Pagou a dívida, *portanto não deve mais nada*.
IV. Devolva-me o livro, *pois estou precisando dele*.
V. Saíram cedo *e ainda não chegaram ao destino*.
VI. *Partiram tristes*, depois retornaram felizes.

a) 3-4-6-2-1-5
b) 3-4-5-6-1-2
c) 3-4-5-6-2-1
d) 3-4-5-2-6-1
e) 3-4-5-1-6-2

5. (CESPE-TCU) Aponte a alternativa em que ocorre oração coordenada sindética conclusiva:

a) Todos estavam presentes, porém ninguém prestou atenção.

b) Saiu cedo, no entanto não chegou na hora combinada.

c) Estes exercícios são mais fáceis, portanto resolva-os agora.

d) Vá embora, que logo começará a chover.

e) Não só compareceram, mas também ajudaram.

6. (CESPE-TJ/CE) Há necessidade de tratar as atividades econômicas em grupos distintos, organizados segundo sua função no sistema econômico. Empresas que produzem bens pessoais — a exemplo de uma fábrica de camisas — e operam em regime de concorrência devem ter um tipo específico de legislação de greve, pois, *quando seus empregados paralisam as atividades*, o único prejudicado é o patrão. Quanto ao consumidor, ele tanto pode adiar a compra do produto como pode comprá-lo de outro fabricante. (*Gazeta do Povo*, PR, 4-3-2014)
No fragmento de texto acima, o segmento "quando seus (...) as atividades" está entre vírgulas porque constitui uma oração.
a) subordinada de natureza restritiva intercalada
b) subordinada adverbial temporal intercalada
c) coordenada explicativa intercalada
d) subordinada causal anteposta
e) coordenada adversativa posposta

7. (EEAR-Sargento-Aeronáutica) Observe:
I. Eu posso reclamar, ... estou na minha razão.
II. Houve avanços na negociação entre trabalhadores e empresários, ... a situação ainda não foi resolvida.
III. Apiedei-me da borboleta caída no chão, tomei-a na palma da mão ..... fui depô-la no peitoril da janela.
IV. Não desista de seus sonhos, ... eles são plenamente realizáveis.
Assinale a alternativa com os tipos de conjunções coordenativas que preenchem correta e respectivamente as lacunas das frases acima.
a) explicativa, adversativa, aditiva, explicativa
b) aditiva, explicativa adversativa, adversativa
c) adversativa, adversativa, aditiva, explicativa
d) explicativa, aditiva, explicativa, adversativa
e) adversativa, aditiva, adversativa, explicativa

8. (ESA-Escola de Formação de Sargentos) O item que expressa a ideia correta da segunda oração, considerando a conjunção que a introduz, é: *A torcida incentivou os jogadores; esses, contudo, não conseguiram vencer.*
a) proporção   b) conclusão   c) explicação   d) oposição   e) concessão

9. (FCC-TCE/MG) Assinale a opção que contém oração coordenada sindética:
a) Esfregou as mãos finas, esgaravatou as unhas sujas. (Graciliano Ramos)
b) Naquela noite, jantei sozinho, pois Albérico viajara para Malhada da Pedra. (J. Condé)
c) A campainha retiniu, entraram no camarote. (Eça de Queiroz)
d) Furta cavalos, bois, marca-os de novo, recorta sinais de orelha com uma habilidade de cigano velho.
e) Dona Tonica não lustrava as unhas, disso sabiam todos.

10. (FCC-TST) Marque a alternativa que contenha ERRO na classificação do período:
a) Todos calaram, dobraram-se as pastas, o juiz levantou-se. (período composto por coordenação)
b) O mormaço adormentara ainda mais o povoado. (período simples)
c) Quando tocou a primeira valsa, Luís entrou no salão e tirou Maria José. (período composto por coordenação e subordinação)
d) Desviei-me para não incomodar o sujeito que vinha atrás. (período composto por subordinação)
e) Emílio sabia que o homem tinha vindo para entabular conversa. (período composto por coordenação)

11. (FUVEST-SP) Dentre os períodos transcritos abaixo, um é composto por coordenação e contém uma oração coordenada sindética adversativa. Assinalar a alternativa correspondente a esse período.
a) A frustração cresce e a desesperança não cede.
b) O que dizer sem resvalar para o pessimismo, a crítica pungente ou a autoabsolvição?
c) É também ocioso pensar que nós, da tal elite, temos riqueza suficiente para distribuir.
d) Sejamos francos.
e) Em termos mundiais somos irrelevantes como potência econômica, mas ao mesmo tempo extremamente representativos como população.

12. (UFSM-RS) Assinale a sequência de conjunções que estabelecem, entre as orações de cada item, uma correta relação de sentido.
1. Correu demais, ... caiu.
2. Dormiu mal, ... os sonhos não o deixaram em paz.
3. A matéria perece, ... a alma é imortal.
4. Leu o livro, ... é capaz de descrever as personagens com detalhes.
5. Guarde seus pertences, ... podem servir mais tarde.
a) porque, todavia, portanto, logo, entretanto
b) por isso, porque, mas, portanto, que
c) logo, porém, pois, porque, mas
d) porém, pois, logo, todavia, porque
e) entretanto, que, porque, pois, portanto

3.3 Orações subordinadas

São as orações que se subordinam, ou seja, exercem função sintática em relação a um TERMO de outra oração, dita oração principal (OP).

Essa função pode ser própria de um substantivo (e a oração será SUBORDINADA SUBSTANTIVA), de um adjetivo (e a oração será SUBORDINADA ADJETIVA) ou de um advérbio (e a oração será SUBORDINADA ADVERBIAL).

As orações subordinadas podem ligar-se à OP por meio de conectivos: as conjunções subordinativas (no caso das substantivas e das adverbiais) ou os pronomes relativos (no caso das adjetivas).

1. Destaque os constituintes das orações principais com os quais as subordinadas contraem funções.
a) Precisamos de que vocês cumpram o prometido.
b) Tinha medo de que a prova fosse difícil.
c) Aquele sonho, que estava caindo, repetia-se todas as noites.
d) A dúvida dos policiais é se as provas são verdadeiras.
e) É importante que todos fiquem felizes.

2. Destaque e classifique os conectivos que subordinam as orações indicadas a um termo da oração principal.
a) Percebe-se que *as negociações estão avançando favoravelmente à categoria*.
b) "Estamos reunidos com o propósito de *conquistar melhores condições de trabalho*."
c) "O sindicato necessita de que *os representantes do governo façam uma revisão do documento*."
d) As questões que *elaborei* foram consideradas fáceis pelos alunos.
e) Viajarei quando *a chuva passar*.

3. Em "*Para revitalizar o centro da cidade*, o governo prevê um orçamento de um bilhão de reais."
3.1 A oração destacada estabelece com a segunda uma relação lógico-semântica de:
a) causa   b) condição   c) concessão   d) finalidade   e) meio.

3.2 A oração em 3 é introduzida por uma ....; o verbo que a estrutura está no ....

4. "Decidimos *que a greve será mantida por tempo indeterminado*." Sobre a oração destacada, pode-se afirmar que
a) é termo acessório do verbo da OP.
b) funciona como objeto indireto da forma verbal *decidimos*.
c) é termo integrante do verbo da OP.
d) tem valor adjetivo.
e) apresenta verbo na forma nominal.

5. Destaque os vocábulos que estabelecem a relação de subordinação nos sintagmas seguintes.
a) vestido para festas
b) máquina de costura
c) morrer de fome
d) amor pelo pai
e) propensão a bebida

3.3.1 Classificação das orações subordinadas substantivas

As orações SUBSTANTIVAS, de acordo com as funções que exercem em relação a um termo da principal, são:

▶ SUBJETIVAS: *Parece* [que a situação do país vai melhorar] – sujeito do verbo da OP.

▶ OBJETIVAS DIRETAS: Vou *provar* [que o empresário foi o causador do problema] – objeto direto do verbo da OP.

▶ OBJETIVAS INDIRETAS: *Lembre*-se [de que a adesão do Brasil ao Tribunal Penal Internacional simboliza...] – objeto indireto do verbo da OP.

▶ COMPLETIVAS NOMINAIS: Não tenho *esperança* [de que se resolva a questão da Ucrânia] – complemento de um nome da OP (substantivo *esperança*).

▶ PREDICATIVAS: O *problema* é [que não se operam mudanças reais na educação brasileira] – predicativo do sujeito do verbo da OP.

▶ APOSITIVAS: Só tenho uma *esperança*: [que os governantes valorizem a educação] – a oração exerce a função de aposto do substantivo *esperança* da OP.

▶ AGENTE DA PASSIVA: Os eleitores *são enganados* [por quem lhes promete ganhos fáceis] – a oração exerce a função de agente da passiva do verbo na passiva com auxiliar, na OP.

> ## 💡 Saiba mais
>
> O conectivo das orações subordinadas é a conjunção integrante (QUE, SE), que, apesar de não ter valor semântico, apresenta a propriedade de passar a oração à condição de um substantivo.

6. Classifique as orações substantivas destacadas nas seguintes frases, indique os seus conectivos (se possível) e identifique na OP os elementos com que contraem funções.
a) "... e a menina teve a impressão [de que ele levava saudades]."
b) "...fabricam-se computadores capazes [de simular grande número de situações...]"
c) "Guardava lembranças [de quantos o ajudaram no infortúnio.]"
d) Era favorável [a que mudasse todo o regimento interno].
e) Senti [que meus olhos escureciam].

7. Numere a primeira coluna de acordo com a segunda de forma a classificar as orações subordinadas substantivas.
( ) "...mas eu desisto [de fazer agora uma sátira contra o vil metal...]"
( ) Ninguém duvida [de que há estranhos poderes na terra.]
( ) Tinha medo [de que a prova fosse difícil.]
( ) O importante é [que todos ficaram felizes com a decisão.]
( ) Anunciaram [que não haveria greve.]

(1) subjetiva
(2) objetiva indireta
(3) objetiva direta
(4) completiva nominal
(5) apositiva
(6) predicativa

8. Em "o governo disse aos líderes sindicais *que não tem dinheiro*", a função sintática da oração destacada é a mesma encontrada em:
a) "Percebe-se *que as negociações estão avançando favoravelmente à categoria*."
b) "Estamos reunidos com o propósito *de conquistar melhores condições de trabalho*."
c) "O sindicato solicitou *que os representantes do governo façam uma revisão do documento*."

d) "Os sindicalistas estão convictos *de que a participação de um grande número de profissionais da rede no último ato foi significativo para o movimento*."

e) "Os líderes do movimento avisaram os professores *de que haveria uma reunião na próxima quinta-feira*."

> 👍 **Saiba mais**
>
> As orações subordinadas substantivas que apresentam verbos no infinitivo são chamadas REDUZIDAS.

9. Identifique as subordinadas substantivas reduzidas e classifique-as.

a) Custa-lhe ser mais dedicado ao trabalho?

b) Eu o aconselhei a estudar mais.

c) Só há uma solução para o país: valorizar a educação.

d) Minha primeira reação foi chorar.

e) A necessidade de crer em algo é imperiosa para algumas pessoas.

> 👍 **Saiba mais**
>
> Verbos SER, ESTAR, FICAR + substantivo ou adjetivo = oração subjetiva.
>
> Termo substantivado + verbo SER = oração predicativa.

10. Marque as orações subjetivas com SU e predicativas com PR.

a) A verdade é que os estádios não ficaram prontos. ( )

b) Parece que os manifestantes estão se organizando pela internet. ( )

c) Está claro que as autoridades terão muito trabalho para acalmar o povo. ( )

d) É verdade que o calendário foi alterado em virtude da Copa do Mundo. ( )

e) Acontece que o dinheiro já foi gasto com a competição. ( )

11. Identifique a classificação das orações substantivas destacadas.

a) A questão é *abrir o debate na sociedade*.

b) Fica claro *que não há interesse em mudanças econômicas*.

c) A solução simplista *seria repetir, em escala menor, o exemplo da China*.

d) Comenta-se *que não haverá substituições nos ministérios*.

e) É preciso *rediscutir o papel de cada colaborador do projeto*.

> 🔥 **Saiba mais**
>
> Pode-se identificar a oração substantiva substituindo-a pelos pronomes *isso*, *esse*, *isto*, *este*, *aquele* e verificando a sua função. Essa será a função da oração correspondente.
>
> Quero *isto*.   Quero *terminar o livro*.
> ↓   ↓
> objeto direto   oração subordinada substantiva objetiva direta

3.3.2 Orações subordinadas adjetivas

As orações subordinadas ADJETIVAS exercem o papel de adjetivo e são introduzidas por pronomes relativos. Dessa forma, desempenham a função de adjunto adnominal de um substantivo — nome ou pronome — da oração principal, palavra que funciona como antecedente do relativo.

(1) A professora [sorridente] conquistava a simpatia dos alunos.
(2) A professora [que sorria] conquistava a simpatia dos alunos.

Em (1), o adjetivo *sorridente* desempenha a função sintática de adjunto adnominal de *professora*, atribuindo-lhe uma característica, portanto é um termo que modifica outro termo da oração. Em (2), a oração *que sorria* desempenha essa mesma função sintática, a de adjunto adnominal, mas agora subordinada a um termo — especificamente ao sujeito (*professora*) — de uma outra oração: *A professora conquistava a simpatia de todos*.

---

12. Substitua os adjetivos por orações subordinadas adjetivas nos períodos.
a) A internet propicia a presença simultânea em universos *infinitos*.
b) Este é um caso *insolúvel*.
c) Engarrafamentos *arrasadores* da cidade pioram a cada dia.
d) A obviedade, *constantemente repetida*, encobre questões mais sérias.
e) O homem *sábio* fala pouco e muito ouve.

13. Transforme as orações adjetivas em adjetivos:
a) Este é o zelador *que reside na escola*.
b) Estas são atitudes *que merecem admiração*.
c) Usou um gás *que provoca a morte*.
d) Assinou um contrato *que não se dissolve*.
e) Empregou palavras *que não se publicam*.

3.3.2.1 Classificação das orações subordinadas adjetivas

As orações adjetivas podem ser RESTRITIVAS e EXPLICATIVAS. Observe:
(1) Os jovens *que estão acostumados com as novas tecnologias* encontram boas oportunidades de trabalho.
(2) Os jovens, *que estão acostumados com as novas tecnologias*, encontram boas oportunidades de trabalho.

A leitura dos dois períodos, exatamente iguais, exceto pela pontuação, mostrará que, em (1), se está restringindo o nome *jovens*; o emissor refere-se a um grupo de jovens entre todos: aqueles "que estão acostumados com as novas tecnologias". Essa é a oração ADJETIVA RESTRITIVA, pois serve para definir, identificar os *jovens* referidos.

Em (2), entende-se que todos os jovens estão acostumados com as novas tecnologias e encontram boas oportunidades de trabalho. Esse segundo tipo de adjetiva, que aparece entre vírgulas — um recurso para representar a diferente curva entoacional que caracteriza sua realização —, é chamada de ADJETIVA EXPLICATIVA, pois encerra uma explicação sobre o antecedente do relativo.

14. Marque as orações adjetivas restritivas com R e as explicativas com E.
a) O filme que lhe recomendei ganhou um prêmio. ( )
b) A peça *Marco Spada*, que um artista francês recriou, encerrou temporada. ( )
c) Telão de 325m² exibe filmes na Marina da Glória, que terá shows após as sessões. ( )
d) Assisti a uma comédia que parecia a biografia de meu vizinho. ( )
e) Os professores cujos salários foram aumentados voltaram ao trabalho. ( )

15. Assinale a diferença de sentido entre o período do exercício 13 e o que a seguir se transcreve e classifique as orações adjetivas.

Os professores, cujos salários foram aumentados, voltaram ao trabalho.

16. Use vírgulas para separar as orações adjetivas quando forem explicativas.
a) O rio Amazonas que é o maior em volume d'água do Brasil é fonte de vida para uma infinidade de seres.
b) O Pão de Açúcar que fica na cidade do Rio de Janeiro é um belo cartão-postal.
c) A pirâmide de Quéops que fica no Egito é a mais visitada.
d) As praias das quais você falou ontem ficam em Búzios.
e) A Copa do Mundo que mais me emocionou foi a de 1958.

3.3.2.2 Emprego dos pronomes relativos

Os PRONOMES RELATIVOS retomam o significado de um substantivo (nome ou pronome) antecedente e, conforme se explicou, iniciam as orações subordinadas adjetivas. Além de estabelecer relação de dependência entre a oração subordinada e a principal, o relativo exerce função sintática na oração em que se encontra. São: *que* (= *o qual*), *o qual, quem, cujo, onde, quanto, como* e são empregados da seguinte maneira:

▶ QUE, o pronome mais usado, pode exercer qualquer função sintática:

A *crise* de *que* todos falam originou-se da falta de sensibilidade daqueles governantes. / Sou *o que* procuras. (objeto indireto / objeto direto)

▶ O QUAL (e flexões) emprega-se com preposições de mais de duas sílabas ou para evitar ambiguidade:

As disposições *segundo as quais* se regem estes concursos não foram claras.

▶ QUEM refere-se a pessoa ou coisa personificada e vem sempre regido de preposição.

É o *homem* de *quem* lhe falei. / É o *ator* a *quem* admiras.

▶ CUJO exprime *posse* e refere-se a um nome antecedente (ser possuidor) e a um consequente (ser possuído) com o qual concorda em número e gênero. Pode estar regido de preposição conforme a transitividade do nome ou do verbo a que esteja ligado. CUJO (*cuja, cujos, cujas*) são sempre adjuntos adnominais:

Há *pessoas cuja aversão* honra mais que sua amizade. / Esta é a *casa em cujos cômodos* se promovem as reuniões.

▶ ONDE faz referência a lugar (= o lugar em que). Desempenha a função de adjunto adverbial de lugar e pode estar regido de preposição:

> Caiu a ponte *por onde* passou a comitiva. / O colégio *onde* estudas é excelente. / O lugar *aonde* vais não me parece adequado. (preposição a + onde)

> **Saiba mais**
>
> A palavra ONDE, como *pronome relativo*, somente pode ser utilizada para substituir um substantivo que exprima a ideia de lugar. Para a substituição de outros substantivos, devem-se empregar as formas *em que*, *na qual* ou *no qual* em vez de *onde*.
> **Observe:**
> Na rua *onde* ele mora não há muito movimento. [Adequado]
> Na oração *onde* o fiel pedia perdão a Deus não havia sinceridade. [Inadequado]
> Na oração *em que* o fiel pedia perdão a Deus não havia sinceridade. [Adequado]

17. Reúna os períodos num só, usando como conectivo um pronome relativo que substitua a expressão destacada no segundo período:

a) Visitei o museu do Louvre. Nas paredes *desse museu* estão obras consideradas as mais importantes da pintura no mundo.

b) Sua obra poética é notável. Referi-me, há pouco, às origens de sua *obra poética*.

c) O presidente convocou uma reunião. Os convidados *da reunião* seriam os notáveis da empresa.

d) A epidemia fora anunciada há dois anos. As principais vítimas *da epidemia* foram as crianças.

e) Visitei o salão. Na parede *do salão* está uma pintura de Van Gogh.

18. Empregue o relativo *o qual*, ou uma de suas flexões, a fim de desfazer a ambiguidade:

a) Este é o presidente da nação que não conseguiu privatizar todos os serviços.

b) Os focos de dengue do depósito que a polícia encontrou foram exterminados.

c) O filho da coordenadora da campanha que recebeu o prêmio não conhecia o promotor do evento.

d) A estrela do musical que alguns criticaram chamou a atenção dos jornalistas.

e) Não conheço o pai da garota que se acidentou.

19. Reúna os dois períodos num só, usando os relativos QUE ou QUEM.

a) Visitei meu tio. Devo a esse tio meus estudos.

b) O contrato será rescindido. Celebrou-se o contrato por questões de segurança.

c) Você conhece o prefeito? A notícia refere-se a ele.

d) A ideia foi do colunista. Você admira aquele colunista.

e) O candidato não aceitou as teses. Defendemos tais teses na última reunião.

20. Complete as lacunas com o pronome relativo *que* precedido ou não de preposição, conforme a regência do verbo que completa.

a) Observações sarcásticas caracterizam a crítica .... não se deve confiar.

b) Fama e prestígio são os prêmios .... aspiram os artistas.

c) Aquela foi uma história .... muitos acreditaram.

d) A anedota .... não consigo lembrar-me era muito engraçada.

e) As cenas .... assistimos nos telejornais são mais violentas do que as de certos filmes de ação.

21. Em relação às orações destacadas a seguir,

a) destaque o pronome relativo;

b) identifique o seu antecedente;

c) determine a função sintática do relativo;

d) explique o seu emprego;

e) justifique o emprego da preposição.

I. A mulher [*a quem o escritor idolatrava*] desapareceu.

II. Trata-se do livro [*a cujo autor sempre me refiro*].

3.3.3 Classificação das orações subordinadas adverbiais

As ORAÇÕES ADVERBIAIS exercem o papel de adjuntos adverbiais do verbo da oração principal. Como tal, expressam as circunstâncias que cercam as ações que os verbos expressam.

[Quando agosto vier], estaremos na Europa.

A oração destacada expressa a circunstância de tempo referente à ação de *estar* e funciona, então, como seu adjunto adverbial de tempo e classifica-se como SUBORDINADA ADVERBIAL TEMPORAL.

As ADVERBIAIS são introduzidas por conjunções subordinativas adverbiais e classificam-se como:

▶ CAUSAIS (expressam a causa de um fato da OP) → *porque, visto que, já que, como* (antes da OP).
    Não poderemos ir à festa [*uma vez que* viajaremos em agosto].
    [*Como* viajaremos em agosto], não poderemos ir à festa.

▶ COMPARATIVAS (iniciam o 2º membro de uma comparação) → (do) *que, quanto, como*.
    Matemática é mais difícil [*do que* português]?
    Aprendi tanto com os livros [*quanto* com a escola].

▶ CONCESSIVAS (expressam ressalva; negam a relação *causa* x *consequência*) → *embora, conquanto, ainda que*.
    [*Ainda que* quisesse], não poderia mudar de cidade.
    [*Por mais que* estude], não consegue entender as equações de segundo grau.

▶ CONDICIONAIS (condição) → *se, caso, contanto que*.
    [*Se* sairmos agora], ainda conseguiremos assistir à peça.
    Posso organizar a festa, [*contanto que* você faça os salgados].

▶ CONFORMATIVAS (conformidade) → *conforme, segundo, como* (= conforme).
    [*Conforme* mamãe me ensinou], só vou a festas para as quais sou convidada.
    Faremos a petição [*como* o professor nos ensinou].

▶ CONSECUTIVAS (consequência) → *que* (correlacionado com *tão, tal, tanto, tamanho*).
    Foi *tão* eloquente [*que* convenceu a plateia].
    Explicou de *tal* modo [*que* convenceu a plateia].

▶ FINAIS (finalidade) → *para que, a fim de que*.
    Estudamos [*para que* possamos ascender profissionalmente].
    Impetrou uma ação [*a fim de que* fosse garantido o seu direito de visita ao filho].

▶ PROPORCIONAIS (proporção) → *à proporção que, à medida que*.
    [*À medida que* envelhecemos], ficamos mais sábios.
    [*À proporção que* estudamos literatura], temos mais prazer com os livros.

▶ TEMPORAIS (tempo) → *quando, mal, logo que, antes que*.
    [*Antes que* eu pensasse duas vezes], ela tinha dado a resposta ao colega.
    [*Logo que* o vi], percebi que estava enganada.

22. Junte as orações dos itens abaixo em um período de modo a estabelecer as relações indicadas nos parênteses.

a) Não aceitara o convite. Não vira a carta. (causa)

b) Tenho um compromisso importante. Irei à sua formatura. (concessão)

c) Não lhe perdoei. Ele me pediu perdão. (tempo)

d) Tem de chover. A terra se tornará fértil. (finalidade)

e) Aceitarei o oferecimento. Você fará uma promessa. (condição)

23. Destaque os conectivos, reconheça as relações entre as orações e classifique as adverbiais.

a) Se não me telefonar, viajarei ao anoitecer.

b) A ponte foi construída conforme o prefeito nos prometeu.

c) A peça foi tão bem encenada que todos aplaudiram os atores de pé.

d) Quanto mais falava, menos se fazia entender.

e) Os temporais este ano foram menos destrutivos do que os do ano passado.

24. As orações destacadas abaixo expressam os resultados de ações. Classifique-as.

a) Os soldados dormiam pouco *de modo que o inimigo não os surpreenderia*.

b) Os soldados dormiam pouco *a fim de que o inimigo não os surpreendesse*.

c) Dormia tão pouco à noite *que passava o dia cochilando no trabalho*.

d) *Passava o dia cochilando no trabalho* porque dormia muito pouco à noite.

e) Dormia pouco, *portanto não rendia o suficiente no trabalho*.

25. Transforme os adjuntos adverbiais destacados em orações subordinadas adverbiais e dê a sua classificação.

a) Ela vencerá [apesar das dificuldades].

b) Cláudia chorou [de raiva] ao vê-lo.

c) Viajaremos para o Porto [no fim do inverno].

d) Trabalhou bastante [para a adequada organização da festa].

e) Instalaremos o computador [conforme as instruções do manual].

26. Nos períodos a seguir, sublinhe as expressões de circunstâncias e classifique as orações que as manifestam.

a) Se o final do período for antecipado, poucos alunos permanecerão na cidade.

b) Como caiu um terrível temporal, nenhum convidado chegou na hora.

c) Não cancelaram o espetáculo, apesar de ter faltado energia.

d) Ela foi embora antes que a noite chegasse.

e) À proporção que as horas passavam, mais angustiada se sentia com sua ausência.

27. Complete os períodos com orações subordinadas que expressem as circunstâncias indicadas entre parênteses.
a) Não pude estudar fora de minha cidade .... (causa)
b) Não abandonaria minhas atividades .... (concessão)
c) Farei a obra .... (condicional)
d) O programa é bastante extenso .... (conformativa)
e) Atacaram as bases inimigas .... (final)

De olho vivo para não tropeçar na classificação das subordinadas

1. Orações que exercem função sintática em relação a um TERMO de outra oração, dita oração principal (OP), chamam-se orações subordinadas.

2. De acordo com a função exercida, a subordinada será substantiva, adjetiva ou adverbial.

3. As subordinadas podem ligar-se por conectivos (ou não) à OP. As substantivas, por meio de conjunções integrantes — QUE e SE; as adjetivas, por meio de pronomes relativos; as adverbiais, por meio de conjunções subordinativas adverbiais.

Questões de concurso

1. (ADVISE-Pref. Brejo da Madre de Deus/PE) As duas vírgulas presentes no início do texto introduzem estruturas oracionais com valor:
"Os rios Tietê e Pinheiros, que cortam esta metrópole de 20 milhões de habitantes, fluem muito bem em alguns lugares, mas escorrem lentamente em outros."
a) subordinativo adjetivo explicativo
b) subordinativo adjetivo restritivo
c) subordinativo substantivo completivo nominal
d) subordinativo substantivo completivo verbal
e) coordenativo explicativo

2. (ADVISE-Pref. Brejo da Madre de Deus/PE) A função sintática do pronome relativo, em destaque no fragmento abaixo, é a mesma do pronome relativo destacado do item:
"Os rios Tietê e Pinheiros, QUE cortam esta metrópole de 20 milhões de habitantes, fluem muito bem em alguns lugares..."
a) as mulheres *cujas* roupas foram entregues podem se apresentar.

b) o trecho da rua, *onde* aquela mulher parou, é perigoso.

c) a atividade para *que* fui designado é bastante árdua.

d) admiro a pessoa *que* tu és.

e) o celular *que* está na sala é antigo.

3. (CESPE-TCU) A respeito das ideias e de aspectos linguísticos do texto, julgue o item que se segue.
A ideia introduzida pela conjunção "porquanto" (L.19) poderia ser expressa também por "conquanto".
"Tendo presentes essas asserções genéricas, podemos compreender melhor as ambiguidades e os limites do liberalismo brasileiro, *porquanto*, desde os primórdios, ele teve de conviver com uma estrutura político-administrativa patrimonialista e uma dominação econômica escravista das elites agrárias."

4. (CONRIO-Pref. Manduri/SP) Em qual trecho não há uma oração subordinada adjetiva restritiva?

a) ...tornando o projeto excessivamente custoso diante de alternativas que poderiam ter sido consideradas...

b) ...conduzindo-as às zonas rurais, onde se faz mais necessária.

c) ...retrato monumental dos males crônicos que afetam a administração pública.

d) ...Pernambuco se comprometera, em janeiro, a construir, com recursos federais, o Ramal que distribuiria água no Estado.

5. (COPEVE-UFAL-Pref. Santana de Ipanema/AL) Dadas as afirmações abaixo sobre o fragmento de texto
"Você já reparou que produtos como eletrodomésticos, celulares, computadores e até veículos têm vida útil cada vez mais curta?"
I. O autor inicia o texto utilizando-se de um processo de subordinação, uma vez que a 1ª oração é a principal e a 2ª é a subordinada substantiva.
II. Escolha sintática semelhante ao primeiro período do texto encontra-se em "É visível a irritação das pessoas".
III. Em "É visível a irritação das pessoas", temos um período simples, oração absoluta, cujo núcleo do sujeito é "irritação".
IV. O primeiro período do texto exemplifica um processo de coordenação, no qual visualizamos duas orações coordenadas assindéticas.
verifica-se que estão INCORRETOS apenas os itens

a) I e III   b) II e III   c) II e IV   d) III e IV   e) II, III e IV

(COPEVE-UFAL-Pref. Santana de Ipanema/AL) As questões 6, 7 e 8 referem-se ao texto abaixo.
Engana-se quem pensa que a Nokia sofre apenas por causa da concorrência da Apple e

Samsung: a finlandesa é também imprensada por celulares asiáticos baratos. Para conter esse avanço, a fabricante que costumava ser a maior do mundo lançou dois aparelhos de baixo custo, entre eles um celular que custará menos de R$ 40,00 e que precisa ser carregado apenas uma vez por mês (Digital, 27 de fevereiro/2013, p. a5).

6. (COPEVE-UFAL-Pref. Santana de Ipanema/AL) A oração "Para conter esse avanço", semanticamente, expressa
a) causa   b) finalidade   c) oposição   d) consequência   e) concessão

7. (COPEVE-UFAL-Pref. Santana de Ipanema/AL) Observe as duas inserções do "que" sublinhadas no texto e marque a opção correta.
a) Nas duas situações, o "que" apresenta a mesma função morfológica.
b) O primeiro "que" é pronome relativo.
c) O primeiro "que" é conjunção integrante; o segundo, pronome relativo.
d) Nas duas situações, o "que" é conjunção.
e) Nas duas situações, o "que" inicia orações substantivas.

8. (COPEVE-UFAL-Pref. Santana de Ipanema/AL) Considerando-se as regras da norma padrão, o texto também pode ser iniciado por:
a) Engana-se os que pensam que [...]
b) Enganam-se àqueles que pensam que [...]
c) São enganadas às pessoas que pensam que [...]
d) Enganam-se os que pensam que [...]
e) Engana-se as pessoas que pensam que [...]

9. (COPEVE-UFAL-CASAL-Advogado) Em qual período o SE é uma conjunção integrante?
a) "Paraquedista se prepara para romper a barreira do som com salto da estratosfera."
b) "Um tecido comum pegaria fogo se fosse exposto diretamente a essa radiação."
c) "Sabe-se também que a alimentação materna pode ter impacto na chance de a criança vir a desenvolver câncer."
d) "Marilyn Monroe morreu aos 36 anos de forma trágica, vítima de uma overdose de medicamentos que até hoje não se sabe se foi intencional, acidental ou provocada por alguma misteriosa conspiração política."
e) "Não fale rápido demais. Se sua dicção não for boa, ninguém irá entender o que você diz."

10. (FADURPE-Pref. Arapiraca/AL) *"Apesar de avanços, educação ainda trava desenvolvimento no Brasil"* (título do texto 1)
O título do Texto 1 se fundamenta em uma relação:
a) causal   b) condicional   d) conclusiva   c) proporcional   e) concessiva

11. (FCC-Sergipe Gás S.A.) *NO ENTANTO, a música não é mais algo que fazemos nós mesmos, ou até que observamos outras pessoas fazerem diante de nós.*
Considerando-se o contexto, é INCORRETO afirmar que o elemento destacado pode ser substituído por:
a) porém   b) contudo   c) todavia   d) entretanto   e) conquanto

12. (FCC-TCE-AP-Técnico de Controle Externo) Preços mais altos proporcionam aos agricultores incentivos para produzir mais, o que torna mais fácil a tarefa de alimentar o mundo. Mas eles também impõem custos aos consumidores, aumentando a pobreza e o descontentamento. (Início do 2.º parágrafo)
A 2ª afirmativa introduz, em relação à 1ª, noção de:
a) condição
b) temporalidade
c) consequência
d) finalidade
e) restrição

13. (IBFC-MG-SEPLAG) Na frase, *Ele deve passar fome, pois está muito magro*, a palavra *pois* funciona como um articulador de orações e estabelece entre elas uma relação de:
a) soma   b) oposição   c) explicação   d) conclusão   e) causa

14. (IBFC-MG-SEPLAG) Com base na questão anterior, é possível classificar a conjunção *pois*. A partir disso, poderíamos substituí-la adequadamente pelo conectivo:
a) por que   b) porquê   c) por quê   d) porque   e) para que

15. (IMA-Pref. Jaicós/PI) Assinale a alternativa que a sequência de palavras substitui, correta e respectivamente, as conjunções ou locuções destacadas nos períodos abaixo:
I. *Visto que* pretende deixar-nos, preparamos uma festa de despedida.
II. Terá sucesso, *contanto que* tenha amigos influentes.
III. Casaram-se e viveram felizes, tudo *como* estava escrito nas estrelas.
IV. Foi transferido, *portanto* não nos veremos com mais frequência.
a) Porque, mesmo que, segundo, ainda que.
b) Quando, caso, segundo, tão logo.
c) Como, desde que, conforme, logo.
d) Salvo se, a menos que, conforme, pois.
e) Uma vez que, conquanto, segundo, porquanto.

16. (IMA-Pref. Jaicós/PI) Assinale a alternativa cujo *que* NÃO é conjunção subordinativa integrante.
a) O importante é que a nossa emoção sobreviva.

b) Convém que ele volte logo.
c) É preciso que eles se esforcem ainda mais.
d) Os alunos que se ausentaram foram repreendidos.
e) Parece que a prova está difícil.

17. (PRÓ-MUNICÍPIO-Pref. Iguatu/CE) No enunciado "Dirigir e beber é suicídio. Não brinque no trânsito" o ponto poderia ser substituído, mantendo a relação semântica entre as orações, pelo conectivo:
a) todavia   b) mas também   c) pois   d) no entanto   e) por isso

18. (VUNESP-Câmara Municipal de São Carlos/SP) Assinale a alternativa que completa, correta e respectivamente, as lacunas do texto, de acordo com as regras de emprego da preposição.
Os estudos .... quais a pesquisadora se reportou já assinalavam uma relação entre os distúrbios da imagem corporal e a exposição a imagens idealizadas pela mídia.
A pesquisa faz um alerta .... influência negativa que a mídia *pode exercer sobre os jovens.*
a) dos – na   b) nos – entre a   c) aos – para a   d) sobre os – pela   e) pelos – sob a

19. (VUNESP-CETESB) Em "— *Apesar da desconcentração e do aumento da extensão urbana verificados no Brasil*, é importante desenvolver e adensar ainda mais os diversos centros já existentes... —", sem que tenha seu sentido alterado, o trecho em destaque está corretamente reescrito em:
a) *Mesmo com a desconcentração e o aumento da extensão urbana verificados no Brasil*, é importante desenvolver e adensar ainda mais os diversos centros já existentes...
b) *Uma vez que se verifica a desconcentração e o aumento da extensão urbana no Brasil*, é importante desenvolver e adensar ainda mais os diversos centros já existentes...
c) *Assim como são verificados a desconcentração e o aumento da extensão urbana no Brasil*, é importante desenvolver e adensar ainda mais os diversos centros já existentes...
d) *Visto que com a desconcentração e o aumento da extensão urbana verificados no Brasil*, é importante desenvolver e adensar ainda mais os diversos centros já existentes...
e) *De maneira que, com a desconcentração e o aumento da extensão urbana verificados no Brasil*, é importante desenvolver e adensar ainda mais os diversos centros já existentes...

20. (VUNESP-CETESB) Em — ... mas é importante também considerar e estudar *em profundidade* o planejamento urbano —, a expressão em destaque é empregada na oração para indicar circunstância de
a) lugar   b) causa   c) origem   d) modo   e) finalidade

3.4 Termos da oração

Na estrutura sintática da oração, cada componente exerce um papel em relação a outro dessa mesma estrutura; é este papel que se denomina de FUNÇÃO: o complemento (do nome), o adjunto adverbial (do verbo) etc. Assim, FUNÇÃO é a relação de dependência entre dois elementos que se articulam e é identificada pela análise. As funções são desempenhadas pelos constituintes oracionais ou TERMOS DA ORAÇÃO.

De acordo com a Nomenclatura Gramatical Brasileira (NGB), os termos da oração classificam-se em ESSENCIAIS, INTEGRANTES e ACESSÓRIOS, conforme mostra o quadro a seguir.

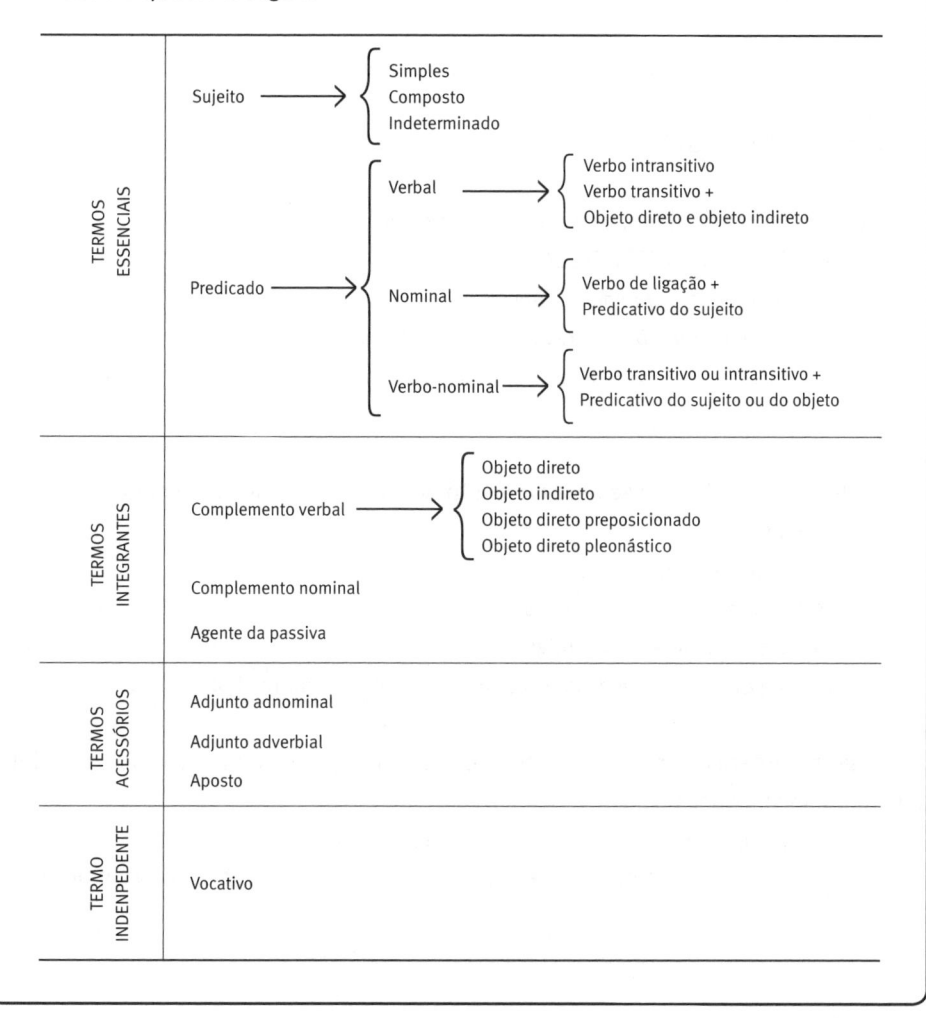

TERMOS ESSENCIAIS	Sujeito →	Simples / Composto / Indeterminado	
	Predicado →	Verbal →	Verbo intransitivo / Verbo transitivo + Objeto direto e objeto indireto
		Nominal →	Verbo de ligação + Predicativo do sujeito
		Verbo-nominal →	Verbo transitivo ou intransitivo + Predicativo do sujeito ou do objeto
TERMOS INTEGRANTES	Complemento verbal →	Objeto direto / Objeto indireto / Objeto direto preposicionado / Objeto direto pleonástico	
	Complemento nominal		
	Agente da passiva		
TERMOS ACESSÓRIOS	Adjunto adnominal		
	Adjunto adverbial		
	Aposto		
TERMO INDENPEDENTE	Vocativo		

3.4.1 Termos essenciais

Na maioria dos casos, a oração é constituída de SUJEITO e PREDICADO, que, por essa razão, são considerados termos essenciais da oração.

SUJEITO é o ser sobre o qual se faz uma declaração.
PREDICADO é a declaração feita sobre o sujeito.
Por exemplo, em

O Centro Cultural Banco do Brasil está expondo 150 obras de Salvador Dalí,

o sujeito — ser do qual se diz algo — é *O Centro Cultural Banco do Brasil,* e o predicado — o que se declara sobre o sujeito — está representado por *está expondo 150 obras de Salvador Dalí.*

> 👍 **Saiba mais**
>
> Para encontrar o sujeito, pergunta-se ao predicado
> QUEM É QUE? ou O QUE É QUÊ?
> Quem é que *está expondo 150 obras...?*
> R: *O Centro Cultural Banco do Brasil.* Logo *O Centro...* é o sujeito.

O NÚCLEO DO SUJEITO é sempre elemento de natureza substantiva: nome, pronome, numeral, oração.

Carlos é meu amigo. → nome substantivo

Ele é meu amigo. → pronome substantivo

Um é bom. → numeral substantivo

É possível *que este filme tenha sucesso.* → oração substantiva

O núcleo poderá estar acompanhado de outros elementos periféricos que o completam, qualificam, especificam:

Um grupo (N) *de alunos* dançou na festa junina.

Um e *de alunos* determinam e especificam o núcleo *grupo*: são seus adjuntos adnominais.

1. **Reconheça os sujeitos das orações e destaque os seus núcleos.**

a) De minha janela, via-se um belíssimo crepúsculo.

b) Todas as trinta e duas seleções de futebol jogam bem.

c) Um conjunto de choro encantou os espectadores.

d) Festas animadas estão acontecendo em todo o Brasil no mês de junho.

e) O jornalista Fabiano integra a equipe de produtores do novo musical.

2. **Identifique os sujeitos e os predicados das orações a seguir.**

a) A indiferença ao argumento alheio é uma estratégia argumentativa.

b) Aristóteles estabelece as possíveis violações aos debates racionais.

c) A culpa foi imputada ao casal pela mídia sensacionalista.

d) Escreveram-se livros importantes sobre argumentação.

e) Aconteceram festas animadas e sem violência durante a Copa do Mundo.

3.4.1.1 Classificação do sujeito

▶ SIMPLES: compõe-se de um só núcleo:

Meus melhores *amigos* vivem fora do Brasil.
↓
Núcleo: amigos, no plural

Meu melhor *amigo* vive fora do Brasil.
↓
Núcleo: amigo, no singular

▶ COMPOSTO: compõe-se de dois ou mais núcleos:

As *turistas* inglesas e os *rapazes* brasileiros conheceram-se no estádio.
↓   ↓
Núcleos: turistas e rapazes

▶ INDETERMINADO: não está explícito, porque não se sabe ou não se quer informar quem é. Estrutura-se de dois modos:

a) verbo na 3ª pessoa do singular + pronome SE (que é a partícula que indica a indeterminação do sujeito):

Trata-se de uma situação muito delicada. (Quem trata?)

Vive-se mal nesta cidade. (Quem vive?)
Necessita-se de jogadores no meio de campo na seleção do Uruguai. (Quem necessita?)

b) verbo na 3ª do plural sem referência a um ser identificado anteriormente:
Procuraram o livro sem sucesso. (Quem procurou?)
Se baterem em você, procure o Juizado de Menores. (Quem irá bater?)

▶ ORAÇÕES SEM SUJEITO: há orações cujos verbos não fazem referência a sujeito algum → verbos impessoais. Os casos mais frequentes de orações sem sujeito ocorrem com:

a) verbos que indicam fenômenos da natureza: *anoitecer*, *chover*, *amanhecer*, *nevar*, *gear* etc.:
Chove muito no verão, no Rio.

b) verbo *haver* (= *existir* ou em indicação de tempo decorrido), *fazer* (em indicação de tempo decorrido); *ser* (em datas e distância).

No caso de SER, a concordância estabelece-se com o predicativo e nos outros casos, o verbo fica na 3ª pessoa do singular:
Há muitos assuntos para estudar.
Havia três anos de sua partida e a dor da perda não passava.
Fazia um bom tempo a esperávamos para sair.
São muitos quilômetros até São Paulo.

3. Classifique o sujeito das orações seguintes.
a) O caçador perseguiu o leão.
b) Pelo leão o caçador foi perseguido.
c) Feri meu dedo com o anel.
d) Guardavam-se os documentos no cofre.
e) Guardaram os documentos no cofre.

4. Nas frases a seguir, identifique as estruturas que manifestam o sujeito indeterminado.
a) Sujaram a mesa de doce.
b) Precisa-se de bons analistas de sistema.
c) Levaram o meu celular!
d) Venderam todas os aparelhos de televisão que estavam na oferta!
e) Não se vive bem com desorganização.

5. Em relação à frase "Mãe, mãe mesmo só há duas: a mãe judia e a mãe italiana (Verissimo)",
a) identifique o sujeito;
b) reconheça se o verbo é pessoal ou impessoal;
c) destaque os termos que completam o verbo;
d) indique o significado do verbo;
e) retire sintagmas que têm valor explicativo.

6. Complete as frases com os verbos impessoais indicados entre parênteses.
a) .... de um assunto pouco complexo. (tratar-se)
b) Em outubro, ... seis anos que estamos juntos. (fazer)
c) Ainda bem que, no Rio, não .... (nevar)
d) .... frio em Vacarias do Sul. (fazer)
e) Daqui a Nova Friburgo .... 147 km. (ser)

7. Substitua as formas verbais destacadas pelo verbo haver (mesmo tempo e modo):
a) *Sucederam* coisas importantes.
b) Já *tinham* ocorrido casos semelhantes.
c) *Achavam-se* muitas pessoas no passeio.
d) Não *se apresentarão* muitos concorrentes.
e) Muitos alunos *estavam* na sala.

3.4.1.2 Classificação do predicado

Os PREDICADOS são classificados como VERBAIS, NOMINAIS e VERBO-NOMINAIS.

▶ PREDICADO VERBAL (PV): a principal declaração sobre o sujeito está contida em um verbo nocional. Em *O professor [escreveu o livro em um ano]*, *escreveu* é o núcleo do predicado porque nele repousa a afirmação do comentário sobre o sujeito. Os verbos NOCIONAIS podem ser TRANSITIVOS ou INTRANSITIVOS.

▶ PREDICADO NOMINAL (PN): o principal comentário sobre o sujeito está contido em um nome (adjetivo, substantivo), já que o verbo com que se estrutura o predicado é vazio de significado. Esse tipo de verbo é classificado como *verbo de ligação, ou relacional*, justamente por sua função de ligar o sujeito a um atributo seu. Em *João [é educado]*, o predicado é composto por um verbo de ligação *é* + adjetivo *educado*, que expressa a qualidade atribuída ao sujeito *João*, de modo que a função do nome é de PREDICATIVO DO SUJEITO.

Os VERBOS DE LIGAÇÃO mais comuns são: *ser, estar, ficar, parecer, permanecer, continuar, tornar-se.*

▶ PREDICADO VERBO-NOMINAL (PVN): a declaração que se faz sobre o sujeito é expressa por um verbo nocional, que indica a ação por ele realizada, e um nome, que indica a situação do sujeito ao realizar a ação. O PVN é resultado do cruzamento de um PV com um PN. O nome exerce a função de predicativo:

Larissa riu → PV / Larissa estava *despreocupada* → PN // Larissa riu e estava *despreocupada.* ‹—› Larissa riu *despreocupada* → PVN.

O PVN também pode estar estruturado com verbo + objeto direto + predicativo do objeto direto:

Nomeamos *Larissa secretária da reunião.*
　　　　　　↓　　　　↓
　　　　objeto direto　predicativo do OD

O sofrimento torna *o homem fraco* uma pessoa *forte.*
　　　　　　　↓　　　　　　　↓
　　　　　objeto direto　　predicativo do OD

8. Preencha os parênteses com PN, PV ou PVN, segundo o predicado de cada oração.
a) O professor estava feliz ontem. ( )
b) Elegeram aquele jogador como o melhor da Copa. ( )
c) Os soldados voltaram cansados. ( )
d) O jogo permaneceu empatado durante o primeiro tempo. ( )
e) Nada posso declarar sobre tema tão delicado. ( )

> ### 🖒 Saiba mais
>
> Predicativo é a função que expressa a qualidade, o estado ou o modo de ser do sujeito ou do objeto. Normalmente constituído por substantivos, adjetivos e pronomes, o predicativo pode aparecer sob a forma de expressão constituída por *preposição + substantivo* ou *pronome.*
>
> Ele é *dos nossos.* Esta mesa é *de madeira maciça.*

9. Em relação às orações do exercício anterior, destaque os predicativos e reconheça se são do sujeito ou do objeto direto.

10. Há verbos que se constroem ora com PN, ora com PV. Reconheça os predicados estruturados com os verbos VIRAR e ANDAR nas orações abaixo.

a) A crisálida virou borboleta.

b) Vamos virar a página e esquecer esse acontecimento.

c) O copo virou e a água entornou na mesa.

d) Ando preocupada com os prazos de entrega do trabalho.

e) Não ande tão rápido que estou cansada.

11. Marque a opção em que aparece um verbo de ligação.

a) Acabei de chegar.

b) "O sonho acabou." (J. Lennon)

c) Todos acabaram exaustos.

d) Acabe com essa confusão!

e) Já acabamos todo o serviço.

12. Marque a opção que identifica a classificação do predicado e seu núcleo, na oração seguinte: "Tinha sido um simples organismo vegetativo."

a) verbal; tinha sido

b) nominal; sido

c) nominal; um simples organismo vegetativo

d) verbo-nominal; um simples organismo

e) nominal; tinha sido

13. Nos períodos abaixo, indique o predicativo e reconheça sua estrutura.

a) Os livros para bebês são de papel.

b) A verdade é que o torcedor só pensa na vitória de seu time e nada mais.

c) Ela parece uma boneca de porcelana.

d) Disse a autoridade: "estou" ministro!

e) Jovens que depredam suas universidades não são dos nossos.

3.4.1.3 Termos integrantes

São os que completam a estrutura e o sentido de um VERBO ou de um NOME.

Tipos de complementos
▶ De verbos:
- objeto direto;
- objeto indireto;
- agente da passiva.

▶ De nomes:
- complemento nominal.

▶ **OBJETO DIRETO (OD)** → complemento que se liga ao verbo sem o auxílio de preposição.

Do ponto de vista semântico, o OD é:
- o paciente da ação;
- o produto da ação;
- ser para quem se dirige um sentimento;
- o espaço percorrido ou o objetivo final (com verbos de movimento):
    O bom momento financeiro *estimula* [a venda de carros].

▶ **OBJETO INDIRETO (OI)** → complemento que se liga ao verbo de forma indireta, isto é, com o auxílio de preposição. Semanticamente, é:
- a pessoa ou coisa que recebe a ação verbal:
    Obedeço [aos mais velhos].
- a pessoa para cujo proveito se pratica a ação:
    Trouxe presentes [para mim];
- pessoa sobre quem recai a ação de alguns verbos regidos de preposição determinada, como *gostar de, depender de, assistir a, precisar de, anuir a, reparar em*; e cujo complemento não pode ser substituído pelos pronomes *lhe* e *lhes*:
    Gosto [de sorvete]. Não *acredito* [nas suas promessas].

▶ **AGENTE DA PASSIVA (AP)** → complemento de verbo na voz passiva, geralmente, introduzido pela preposição *por* ou *de*. Semanticamente, é o termo que indica quem exerce a ação expressa pelo verbo na voz passiva:
    As soluções *serão discutidas* [pelos Chefes de Estado] dos países ricos.

👍 Saiba mais

Há também:
• DATIVO ÉTICO, em que o OI remete à pessoa que, vivamente interessada na ação, procura captar a simpatia ou a benevolência do destinatário. Pode ser retirado do enunciado sem prejuízo ao sentido da frase.

>Prendam-*me* esse homem.
>
>Não *me* vire esses papéis da mesa.

• DATIVO DE OPINIÃO, em que o OI é a pessoa a quem pertence uma opinião. Pode acompanhar um verbo de ligação.

>*Para a torcida*, o Brasil já é campeão.

• DATIVO DE POSSE, quando o verbo se refere a partes do corpo ou a um objeto de um ser representado nesse tipo de OI:

>Queimaram-*me* a mão com café. / A tinta sujou-*te* a calça.

OBJETO DIRETO PREPOSICIONADO → O OD pode aparecer preposicionado
• em razão da categoria da palavra que preencha essa posição na estrutura oracional:
▪ com o pronome oblíquo tônico:

>Nem ele entende *a nós* nem nós *a ele*.

▪ com o relativo QUEM:

>Chegou o autor premiado *a quem* tanto esperavas.

• para evitar ambiguidade:
▪ quando o OD precede o sujeito:

>*A Cláudio* abraçou Pedro. // (Se retirarmos a preposição, Cláudio passa a ser sujeito — Cláudio abraçou Pedro.)

▪ na comparação:

>Estimo-o como *a um pai*. (Compare: *Estimo como um pai*: como um pai estima ou como se estima um pai?)

• nas construções em que se coordenam um pronome átono e um substantivo:

>"... para *vos* agasalharem e *aos vossos filhinhos*."

14. Assinale os papéis sintáticos dos complementos dos verbos destacados.

a) No Brasil, a prisão não *recupera* o criminoso.

b) Gastamos bastante tempo para *planejar* nossas aulas.

c) Já *escreveu* a seus pais sobre a decisão de troca do curso?

d) *Atravessar* rios caudalosos, *subir* e *descer* montanhas íngremes foram algumas provas do programa *Hipertensão*.

e) Ela *pareceu*-me descontente com os acontecimentos.

15. Reconheça os papéis semânticos dos complementos verbais assinalados.

a) Como não amar *essa profissão*?

b) Queimou-*me* o pé com o leite fervente.

c) Prendam-*me* este homem!

d) Novas estradas foram os benefícios que aquele governo *nos* legou.

e) O turista disciplinado obedecia *ao guia*.

16. As frases abaixo ilustram situações de emprego do OD preposicionado. Reconheça essas situações:

a) Você provou *do bolo de maçã*?

b) Tinha um filho *a quem* muito elogiava.

c) *A mim* ninguém convida para essas funções.

d) "... o Reitor *o* esperava e *aos seus respeitáveis hóspedes*..."

e) Prezava o vizinho como *a um membro da família*.

17. Marque as afirmativas VERDADEIRAS, considerando-se a frase abaixo.
O Governo Federal vem perseguindo, desde 1995, combater a pobreza estrutural e promover a inclusão social, após ampliar a oferta de vagas no ensino fundamental.

a) A locução verbal *vem perseguindo* apresenta três objetos diretos.

b) O objeto direto da forma citada está expresso por duas orações.

c) A última oração não é complemento de *vem perseguindo*.

d) O complemento da forma em análise é *a pobreza* e *a inclusão social*.

e) A estrutura *após ampliar a oferta de vagas no ensino fundamental* tem valor adverbial.

18. Na frase "A federação vai tirar-lhe o prêmio por mal comportamento", é correto afirmar que

a) a forma verbal *vai tirar* apresenta dois objetos indiretos.

b) são complementos de *vai tirar* as funções expressas por *lhe* e *o prêmio*.

c) *lhe* é objeto indireto e indica posse.

d) a expressão *o prêmio* refere-se ao paciente da ação que a forma *vai tirar* expressa.

e) *lhe* e *o prêmio* desempenham a mesma função sintática.

19. Na frase "Certos hábitos estrangeiros nos são inculcados pela mídia", pode-se afirmar que
a) o verbo *inculcar* está em uma forma ativa.
b) a expressão *pela mídia* é agente da passiva.
c) *a mídia* é o agente da ação expressa pelo verbo *inculcar*.
d) há um objeto indireto.
e) a palavra *hábitos* é o núcleo do sintagma *certos hábitos estrangeiros*.

20. Leia o fragmento de texto a seguir e faça o que se pede.
"Helen considerava esse dia como o de um autêntico renascimento. Lembrava a vida anterior a esse momento de uma maneira muito vaga e incompleta. Graças à língua, adquiriu rapidamente o acesso a um mundo rico."
a) Levando em conta que o verbo *considerar* expressa um juízo de valor, reconheça os termos que designam o ser avaliado e a avaliação.
b) Identifique as funções dos termos constantes de sua resposta ao item *a*.
c) Classifique o complemento do verbo encontrado no segundo período.
d) Transforme o verbo do segundo período em pronominal e verifique se o seu complemento permanece o mesmo.
e) Destaque e classifique o complemento da forma verbal *adquiriu*, no terceiro período.

21. Leia as fases transcritas e julgue se a afirmativa a seguir está certa ou errada.
"Só ocorre a noção de paciente da ação verbal nas construções passivas."
a) O iatista sofreu um sério acidente em Vitória.
b) Gosto muito de marrom glacê.
c) Todos lerão com prazer a nova obra de Zuenir Ventura.
d) O trabalho dos monitores foi supervisionado pelo Coordenador.
e) Aprendeu a digitar por necessidade de trabalho.

22. Os sintagmas destacados estão regidos pelas preposições *por* ou *de*. Marque os que exercem a função de agente da passiva.
a) Os alunos foram repreendidos *por seu mau comportamento*. ( )
b) Eles foram repreendidos *por um dos coordenadores*. ( )
c) Aqueles professores são estimados *de todos os alunos*. ( )
d) Eles vinham sendo conscientizados *de sua força*. ( )
e) Desejamos ser aceitos *por nossos amigos*. ( )

23. Identifique, entre os termos destacados, com OD os objetos diretos e com OI os indiretos.
a) A planta permitia-*nos* uma bela visão do mar. ( ) ( )
b) O conhecimento *nos* torna mais tolerantes com o próximo. ( )
c) A internet propicia *comunicação imediata* com o mundo. ( )
d) Não *lhe* telefonarei amanhã, pois estarei ocupado. ( )
e) Informe-*nos* o final das aulas. ( ) ( )

> **👍 Saiba mais**
>
> Os PRONOMES OBLÍQUOS ÁTONOS O, A, OS, AS substituem os objetos diretos de 3ª pessoa. Os objetos indiretos são substituíveis pelos pronomes átonos LHE, LHES. Em relação às demais pessoas, os átonos podem funcionar como OD ou OI.
>
> Devemos respeitar [o professor].
> Devemos respeitá-*lo*.
> Peça o livro [ao bibliotecário].
> Peça-*lhe* o livro.
> Vocês devem respeitar-*me*. (OD)
> Ofereça-*me* um bom livro e eu esqueço o cinema. (OI)

24. Substitua os complementos verbais destacados pelos pronomes átonos adequados.
a) Ofereceram *a minha prima* um bom salário para fazer um estágio.
b) Nunca ofenderia *seus princípios*.
c) Entregou *o troféu* aos vencedores.
d) Entregou o troféu *aos vencedores*.
e) Obedeça sempre *a seus pais*.

25. Reconheça a função sintática dos pronomes átonos destacados.
a) Você nunca *nos* explicou as razões de seu ato.
b) Trouxe-*te* um presente e não *me* agradeces!
c) Não contei a verdade a ele, mas vou contá-*la* a você.
d) O Coordenador não quis receber-*me*.
e) Essa mesa eu não compro. Você *a* compraria?

26. Assinale as opções corretas.
Nabuco parte para Londres no mês de fevereiro de 1882, permanecendo como correspon-dente do Jornal do Comércio até 1884. Ele não passará como outrora o tempo londrino na ociosidade. Dedica-se agora ao trabalho e ao estudo. Como vários outros intelectuais de seu tempo, interessados todos pelos problemas sociais e vivendo no exílio, torna-se frequentador assíduo do Museu Britânico. (Adaptado de Francisco Iglésias)
a) Nas formas verbais *Dedica-se* e *torna-se*, o pronome enclítico exerce funções sintáticas diversas.
b) O SN *como correspondente do Jornal do Comércio* é complemento do verbo *permanecer*.
c) A forma verbal *parte* está integrada por um sintagma circunstancial.
d) Em *Dedica-se agora ao trabalho e ao estudo*, o sintagma *ao estudo* exerce a função de objeto pleonástico.
e) No sintagma *frequentador assíduo*, o segundo vocábulo tem função acessória.

3.4.1.3.1 Transitividade verbal

Há verbos que precisam de complementos para integrar o seu sentido e a sua estrutura sintática: são os verbos TRANSITIVOS. Há outros verbos, no entanto, que têm seu sentido e estrutura completos e, por isso, não precisam de complemento algum: são os INTRANSITIVOS. Os TRANSITIVOS, de acordo com os tipos de complementos que selecionam, classificam-se em:

- DIRETOS: selecionam objeto direto.
    Enfrentaram [as dificuldades] com coragem.
        ↓   ↓
      VTD   OD
- INDIRETOS: selecionam objeto indireto.
    A professora *referiu*-se [aos heróis da guerra].
             ↓   ↓
            VTI   OI
- DIRETOS E INDIRETOS: selecionam objeto direto e indireto.
    Os colegas *doaram* [roupas] [aos meninos carentes].
             ↓   ↓   ↓
         VTDI OD   OI

27. Marque os complementos dos verbos destacados e classifique-os de acordo com seus complementos.

a) Machado de Assis *escrevia* romances e contos.
b) Esse autor *escreve* muito bem.
c) Maria *fala* várias línguas.
d) Uma criança tão pequena e já *fala*.
e) *Falo* sempre a verdade ao meu chefe.

28. Complete as sentenças com os complementos dos verbos e classifique esses verbos segundo sua transitividade.

a) Em lugar de discutir .... da reunião, o coordenador falou de assuntos pessoais.
b) Claramente, pode-se afirmar que ele se desviou ....
c) Esse hábito provém .... de que ele gosta de contar suas proezas.
d) Atitudes semelhantes não agradam ....
e) Na verdade, ninguém simpatiza .... pretensiosas.

29. Sublinhe, no texto a seguir, os complementos das formas verbais destacadas e reconheça sua classificação quanto à transitividade.

"A fome *leva* mais longe seus efeitos destrutivos, *corroendo* a alma da raça e *destruindo* a fibra dos pioneiros lutadores, que *conseguiram* de início vencer a hostilidade do meio geográfico desconhecido, *tirando*-lhes toda a iniciativa." (Rosana Magalhães)

a) leva   b) corroendo   c) destruindo   d) conseguiram   e) tirando

30. Numere as frases, de modo a classificar os verbos segundo sua predicação.

a) É necessário *pagar* as dívidas antes de contrair novos empréstimos. ( )
b) *Paguemos* aos credores para não sofrermos sanções legais. ( )
c) *Vamos ofertar* uma pequena contribuição às instituições carentes. ( )
d) O futuro da nação *depende* de nosso trabalho. ( )
e) Os índios eram capturados para *servirem* de mão de obra barata. ( )

1. intransitivo   2. transitivo direto   3. transitivo indireto   4. transitivo direto e indireto

31. Os relativos assinalados exercem funções de complementos de verbos. Identifique-as.

a) Café é uma bebida de *que* a maioria dos brasileiros gosta.
b) O fato demonstra o esforço *que* fazem os dirigentes sindicalistas.
c) Não escolhe a *quem* prejudicar; qualquer um serve.
d) A mulher a *quem* prometera fidelidade sofreu uma grande decepção.
e) Sua grande amiga com *quem* se indispusera salvou-o de grave problema.

3.4.1.3.2 Complemento nominal

Não só os verbos podem ter sentido incompleto; há também NOMES de significação incompleta. As estruturas a seguir estão incompletas, pois os nomes destacados são transitivos, isto é, precisam de um sintagma para completar-lhes o sentido.

A resposta *relativa* _____ (a quê?)
Sua *necessidade* _____ (de quê?)
Relativamente _____ (a quê?)

Esse sintagma desempenha a função de integrar — tornar inteira — a significação do nome e chama-se COMPLEMENTO NOMINAL:

a) Não posso dar ainda a resposta *relativa* [à sua questão].
b) Sua *necessidade* [de dinheiro] levou-o a extremos.
c) *Relativamente* [à data da prova], nada posso informar.

O COMPLEMENTO NOMINAL é sempre regido de preposição e integra o sentido de um adjetivo (exemplo *a*), substantivo abstrato (exemplo *b*), ou advérbio (exemplo *c*). Grande número dos nomes que se fazem acompanhar de CN é constituído de vocábulos derivados de verbos transitivos.

Colher bananas → colheita de bananas
Agradar ao público → agradável ao público
Favorecer a pretensão → favorável à pretensão
→ favoravelmente à pretensão

Glossário

FUNÇÕES LINGUISTICAMENTE SUPERIORES, em uma relação de dependência sintática, são as subordinantes. Por exemplo, o núcleo do sujeito em relação ao seu complemento nominal.

NOMES TRANSITIVOS precisam de outros para integrar sua significação. Por exemplo, *certeza* de...; *certo* de... (?)

SUBSTANTIVO ABSTRATO é o que nomeia um ser que depende de outro para sua existência. Por exemplo, *instabilidade* é abstrato pois é necessário um outro ser para que ela exista: a instabilidade da mesa; de alguns indivíduos etc. (Para outras explicações, veja o capítulo sobre SUBSTANTIVOS em MORFOLOGIA.)

SUBSTANTIVO CONCRETO é o que nomeia um ser que não depende de outro para sua existência. Por exemplo, *mesa, Deus* etc.

👍 Saiba mais

• NÃO confunda o COMPLEMENTO NOMINAL com o OBJETO INDIRETO. Ambas as funções são regidas de preposição, mas o OI é complemento de verbos e o CN é complemento de nomes.

• SUBSTANTIVOS CONCRETOS não são acompanhados de CN, pois já têm seu sentido completo. Os ABSTRATOS podem ser seguidos de CN ou de adjunto adnominal.

32. Reconheça as classes dos nomes transitivos destacados e aponte seus complementos.

a) A *certeza* de sua volta consola o enamorado.

b) Estamos *certos* da vitória de nossa candidata.

c) A *esperança* da sobrevivência dos náufragos manteve as equipes na busca.

d) Somos *apaixonados* por samba e futebol.

e) O *amor* ao filho constituiu *incentivo* à sua luta.

33. Os complementos nominais integram o sentido dos nomes que são núcleos de funções linguisticamente superiores. Reconheça, nas frases do exercício anterior, as funções de que os CN são parte.

34. Reconheça a classe dos termos que são integrados pelos complementos destacados.

a) Sua falta *aos encontros* sufocava o nosso amor.

b) Estava ansioso *pelo resultado do concurso*.

c) Ela é alucinada *por lambada*.

d) Não tenho medo *da louca*.

e) Independentemente *da opinião da maioria*, vai viajar para o Iraque.

3.4.1.4 Termos acessórios

Os TERMOS ACESSÓRIOS da oração são o ADJUNTO ADNOMINAL, o ADJUNTO ADVERBIAL e o APOSTO. Apesar do nome, do ponto de vista semântico, todos os termos são indispensáveis à transmissão da mensagem. A palavra *acessórios* significa que esses termos não fazem parte da estrutura básica da oração e, do ponto de vista sintático, podem ser omitidos.

3.4.1.4.1 Adjunto adnominal

O ADJUNTO ADNOMINAL é o termo de natureza adjetiva que determina, qualifica ou especifica um substantivo. Os artigos, os adjetivos, as locuções adjetivas, os pronomes adjetivos e os numerais adjetivos, bem como as orações adjetivas, desempenham a função de adjunto adnominal.

Ivan Junqueira deixou [uma obra rica].

O OD "uma obra rica" é formado por um núcleo, o substantivo *obra*; um determinante, o artigo *uma*, e um qualificador, o adjetivo *rica*, que funcionam como adjuntos adnominais de *obra*.

[Aquelas duas estudantes brasileiras] encontraram-se [com alunos estrangeiros] no evento.

No sujeito da oração, *aquelas duas estudantes brasileiras*, o núcleo *estudantes* está modificado por três adjuntos adnominais: o determinante *aquelas*, o numeral *duas* e o adjetivo *brasileiras*. No OI, há também um adjunto adnominal expresso pelo adjetivo *estrangeiros*.

A mesa [de madeira] caiu e os pratos quebraram-se.

O núcleo do sujeito — mesa — está especificado pela locução adjetiva *de madeira*, seu adjunto adnominal.

---

35. Sublinhe os adjuntos adnominais e indique os substantivos que estão modificando.
a) A palestra do professor foi recebida com muita admiração.
b) A lavoura cafeeira alcançou seu ápice nos primeiros dez anos do século.
c) Seu nome tornou-se um dos maiores pesadelos para os brasileiros.
d) A atitude do aluno deixou seus colegas contrariados.
e) A forte pressão do cimento armado destruiu as vigas.

36. Complete as frases com os adjuntos adnominais expressos pelas classes indicadas.
a) Era uma aluna .... (adjetivo)
b) Não é a .... opinião, mas a de .... pessoas. (possessivo – indefinido)
c) A .... turma desta Faculdade formou-se agora. (numeral)
d) .... livro foi o mais interessante que li neste ano. (demonstrativo)
e) Os exemplos .... estão no final de cada lição. (locução adjetiva)

37. Reconheça os adjuntos adnominais e indique as classes que os representam.
a) Ficamos perplexos com os resultados do concurso.
b) Uma lágrima triste caiu de seus olhos cansados.
c) A apresentação do cantor causou enorme impacto.
d) Nenhum fato vai impedir-me de assistir ao jogo final.
e) A livraria entregou nossos livros no dia seguinte ao pedido.

> ### 🔔 Saiba mais
>
> As expressões preposicionadas que seguem os substantivos concretos NÃO podem ser complementos nominais, pois tais nomes têm sentido completo; elas são, na verdade, seus adjuntos adnominais.
> As que seguem os substantivos abstratos poderão ser CN ou AA. Há um recurso para facilitar o reconhecimento da função.
>
> Expressão preposicionada → Função
> ↓ ↓
> Paciente do sentimento ou ação → Complemento nominal
>
> Expressão preposicionada → Função
> ↓ ↓
> Agente do sentimento ou ação → Adjunto adnominal
>
>   Maria ganhou uma pulseira *de prata*.
> A expressão *de prata* é adjunto adnominal, uma vez que *pulseira* é substantivo concreto.
>
>   As crianças têm medo *de trovões*.
> A expressão *de trovões* é complemento nominal, pois o substantivo *medo* tem significação incompleta.
>
>   O Clube enviou-me uma carta solicitando o recadastramento *do meu carro*.
> A locução *do meu carro* é o paciente, o alvo da ação de *recadastrar*, designada pelo substantivo *recadastramento*. Trata-se de um complemento nominal.

> 👍 A descoberta *de Cabral* propiciou nossa existência como nação.
>
> A locução *de Cabral* indica o agente da ação de *descobrir* expressa pelo substantivo *descoberta*. Trata-se de um adjunto adnominal.

📝

38. Reconheça se as expressões preposicionadas são CN ou AA.
a) A criação *de usinas de reciclagem* preserva o meio ambiente.
b) A criação *daquele estilista* fez sucesso em Paris.
c) A invenção *da penicilina* salvou muitas vidas.
d) A invenção *de Alexander Fleming* salvou muitas vidas.
e) A obediência *às leis* é característica de povos civilizados.

39. Reconheça se os termos destacados são CN ou AA
a) A visita *ao consultório médico* deixou-a preocupada.
b) A visita *do médico* deixou-a preocupada.
c) A história *dos Estados Unidos* é cheia de lances heroicos.
d) A pesca *do salmão* se dá em águas canadenses e chilenas.
e) Não se faz mais conserto *de eletrodomésticos*.

3.4.1.4.2 Adjunto adverbial

O adjunto adverbial é um termo acessório da oração, cuja função é modificar um verbo indicando a circunstância (tempo, lugar, modo, intensidade etc.) em que o processo verbal se desenvolve ou intensificar o significado de um verbo, adjetivo ou advérbio. Na qualidade de termo acessório, pode ser retirado da frase sem alterar sua estrutura sintática. Poderá, contudo, ser importante e essencial para a compreensão da mensagem transmitida.

O adjunto adverbial pode ser representado por um advérbio, por uma locução adverbial ou por uma oração subordinada adverbial. Sua posição mais frequente é no final da frase, mas pode aparecer no início ou no meio e, assim, deverá ser separado por vírgulas, do restante da oração.

Exemplos de adjuntos adverbiais modificando verbo, adjetivo e advérbio.
O atleta correu muito. (O adjunto adverbial *muito* intensifica a forma verbal *correu*.)

Esta sobremesa é muito saborosa. (O adjunto adverbial *muito* intensifica o adjetivo s*aborosa*.

Meu filho de dois anos já fala muito bem. (O adjunto adverbial *muito* intensifica o advérbio *bem*.)

40. Destaque os adjuntos adverbiais.

a) Dediquei-me com afinco à causa das crianças carentes.
b) Apesar do desequilíbrio emocional dos jogadores, a partida foi emocionante.
c) Com o frio, os moradores recolheram-se mais cedo.
d) Minhas alunas estão preparadas para o concurso.
e) Ele estudou com o pai e hoje é administrador.

👍 Saiba mais

• Exemplos de adjuntos adverbiais representados por advérbio, locução ou oração.

Ele faz aniversário *amanhã*. (Adjunto adverbial representado por advérbio.)

Estou trabalhando *de noite*. (Adjunto adverbial representado por locução adverbial.)

[Quando vi minha casa nova], fiquei muito feliz. (Adjunto adverbial representado por oração subordinada adverbial.)

• Exemplos de adjuntos adverbiais no início, meio ou fim da frase:

Rapidamente, o aluno saiu da sala. (No início da frase.)

O aluno saiu da sala *rapidamente*. (No fim da frase.)

O aluno, *rapidamente,* saiu da sala. (No meio da frase.)

3.4.1.4.2.1 Classificação dos adjuntos adverbiais

A CLASSIFICAÇÃO DOS ADJUNTOS ADVERBIAIS depende das circunstâncias que exprimem. Assim, seu número é muito grande, pois as circunstâncias que cercam os fatos representados pelos verbos são inúmeras. Serão destacados, por isso, os mais frequentemente empregados.

▶ AFIRMAÇÃO: *sim, com certeza, sem dúvida, de fato, certamente, realmente.*
Ele provou que era, *de fato*, o melhor candidato.

▶ NEGAÇÃO: *não, em hipótese alguma, de modo algum, de forma alguma.*
De modo algum poderá contar com minha ajuda.

▶ CAUSA: *por causa de, devido a, em virtude de.*
Cheguei atrasado *por causa da chuva*.

▶ LUGAR: *aqui, ali, lá, acolá, abaixo, acima, em cima, embaixo, atrás, dentro, fora, longe, perto, ao lado, à direita, à esquerda.*
Elas deixaram as bolsas *ali, junto ao portão*.

▶ TEMPO: *hoje, amanhã, ontem, cedo, tarde, agora, ainda, em breve, logo, à noite, de manhã, de vez em quando.*
De vez em quando, ela aparece para vender seus produtos.

▶ INTENSIDADE: *muito, pouco, demais, bastante, mais, menos, tão, quão, intensamente, extremamente*:
Este texto é *extremamente* complexo!

▶ COMPANHIA: *junto com, com, na companhia de.*
Vou ao supermercado *com minha avó*.

• DÚVIDA: *talvez, acaso, porventura, provavelmente, quem sabe.*
Talvez acabemos este capítulo hoje.

▶ CONCESSÃO: *muito embora, apesar de.*
Apesar do frio, foi um passeio muito agradável.

▶ INSTRUMENTO: *de faca, com uma tesoura, a lápis.*
   Naquele tempo, preenchíamos as fichas *a lápis*.

▶ MEIO: *pelo correio, de ônibus, de carro, de trem, a pé.*
   Viajamos *de trem e de carro* pela Europa.

▶ MODO: *bem, mal, melhor, pior, igual, intensamente, lentamente, devagar, depressa, carinhosamente, educadamente, tranquilamente, às pressas, em silêncio.*
   Comeu o pastel *depressa*, sem saboreá-lo.

▶ CONDIÇÃO: *se, caso.*
   Caso ninguém concorde, teremos que pensar em outra hipótese.
   Em condições atmosféricas ruins, não poderemos voar.

▶ FINALIDADE: *para que, para, a fim de.*
   Ele estudou muito *para aprovação imediata*.

▶ DIREÇÃO: *para cima, para baixo, abaixo.*
   O bebê já consegue atirar a bola *para cima*.

▶ EXCLUSÃO: *menos, com exceção de, exceto.*
   Todos votaram favoravelmente à iniciativa, *menos o diretor*.

▶ MATÉRIA: *de, com, a partir de.*
   Estes objetos são feitos *de porcelana*.

▶ CONFORMIDADE: *conforme, de acordo, segundo.*
   Os funcionários agiram *conforme o combinado*.

> **Saiba mais**
>
> Existem outras classificações para os adjuntos adverbiais. Assim, é essencial que se faça a análise do adjunto adverbial inserido no contexto da frase.

41. Identifique as circunstâncias que expressam os adjuntos adverbiais da questão anterior.

42. Observe o contexto em que os adjuntos adverbiais destacados estão inseridos e reconheça as circunstâncias por eles expressas.
a) Os dirigentes esportivos estão lutando *contra o racismo*.
b) A casa de um grande jogador argentino foi avaliada *em milhares de euros*.
c) *De modo algum* sairia sem despedir-me.
d) Parou de fumar *por conselho médico*.
e) Mande uma mensagem *pelo correio eletrônico*.

43. Marque as palavras às quais os adjuntos adverbiais destacados se referem.
a) Mamãe era *extremamente* cuidadosa com seus filhos.
b) O porteiro abriu o elevador *com um pedaço de arame*.
c) Acordo *bem cedo*, *aos domingos*.
d) Feri o braço *com o canivete*.
e) Irei à festa *com meus novos amigos*.

44. Reconheça a forma como o adjunto é expresso (advérbio; locução adverbial; oração adverbial).
a) *Se meu pai o permitir*, irei ao cinema.
b) Os atletas alemães jogaram *com garra*.
c) Às vezes, meu professor fica zangado.
d) Não veio à aula *porque estava enferma*.
e) Trabalhou sempre *pelos amigos*.

45. Identifique as circunstâncias expressas pelos adjuntos adverbiais das frases do exercício anterior.

46. Complete as frases com os adjuntos adverbiais solicitados entre parênteses.
a) Saímos .... (companhia)
b) .... o governador esteja certo (dúvida)
c) Adolescentes comem .... (intensidade)
d) Tomou essa iniciativa .... (causa)
e) Saiu .... (concessão)

3.4.1.4.3 Aposto

O APOSTO é um termo acessório da oração de valor substantivo, que, sintaticamente relacionado com outro termo da oração, serve para
- explicar
   Monteiro Lobato, [um dos mais influentes escritores do séc. XX], nasceu em São Paulo.

- enumerar
   Poucas são as frutas que ele aprecia: [tangerina, caqui, banana e cajá.]

- resumir
   Tangerina, caqui, banana, cajá, [nada] lhe apetecia nesse dia exaustivo.

- especificar
   O rio [Amazonas] nasce no Peru.

O aposto permite o enriquecimento textual, fornecendo informações novas sobre os termos da oração.

Pode ser destacado ou não por sinais de pontuação, como vírgula, dois-pontos ou travessão. Pode ainda ser precedido ou não de preposições ou de expressões explicativas, como *isto é*, *a saber*.

47. Destaque o aposto nas orações abaixo.

a) Luís de Camões, importante poeta português, escreveu poemas sobre os descobrimentos portugueses.

b) Aquelas duas meninas — a Camila e a Tatiana — ficaram ajudando no fim da festa.

c) A professora mais antiga da escola, D. Cristina, é respeitada por todos.

d) Visitei a cidade de Salvador e adorei!

e) Apenas tenho um único objetivo de vida: ser muito feliz!

3.4.1.4.3.1 Tipos de aposto

O APOSTO pode ser

▶ EXPLICATIVO: serve para explicar ou esclarecer um termo da oração. Na frase, aparece destacado por vírgulas, parênteses ou travessões.

Bia, *a aluna mais aplicada da turma*, passou de ano com notas altíssimas.
D. Marina, *a velhinha do primeiro andar*, está vendendo sua casa.

▶ ENUMERATIVO: serve para enumerar partes constituintes de um termo da oração. Na frase, aparece separado por dois-pontos ou travessão e vírgulas.

Já estive em muitos lugares: *Polônia, Espanha, Argentina e Portugal.*
Em nosso povo, sobressaem três características: *alegria, honestidade e persistência.*

▶ ESPECIFICATIVO: serve para especificar ou individualizar um termo genérico da oração. Liga-se diretamente ou por meio de uma preposição ao termo que especifica e não vem destacado por sinais de pontuação. Os apostos especificativos são majoritariamente nomes próprios.

Na praça *XV de Novembro* ficam muitos prédios antigos.
O poeta *Vinícius de Moraes* faria cem anos em 2014.
A palavra *saudade* não encontra tradução em outras línguas.

▶ RECAPITULATIVO OU RESUMITIVO: resume numa só palavra vários termos da oração.

Prosperidade, segurança e alegria, *isso* é o que eu quero para minha família.
Bandeirinhas, flâmulas, apitos, *tudo* estava pronto para os jogos da Copa.

▶ DISTRIBUTIVO: serve para distribuir informações de forma separada de termos da oração.

Ambos são bons alunos, *um em português e o outro em matemática*.
Meus irmãos são diferentes: *um louro, outro moreno*.

▶ CIRCUNSTANCIAL: expressa comparação, tempo, causa etc. e pode ser precedido ou não de palavra que marca esta relação.

Os olhos do gato, *faróis na escuridão*, percorriam a mata à procura de alimento (tais como faróis...).
Felizes, as crianças brincavam no pátio. (porque estavam felizes)

▶ **DE ORAÇÃO**: uma palavra pode referir-se ao conteúdo de toda uma oração com o valor de seu aposto:

    Não respondeu à metade das perguntas do exame, *sinal de estudo deficiente.*
    Maria disse que não quer mais estudar, *fato que me deixou um pouco preocupada.*
Observação: A oração adjetiva *que ... preocupada* restringe o núcleo do aposto (fato).

👍 Saiba mais

- O termo a que o aposto se refere pode desempenhar qualquer função sintática, inclusive a de aposto.
  Dona Clara servia a patroa, *mãe de Antônia, menina inquieta* (*menina inquieta* é aposto de *Antônia,* que integra o aposto de *patroa.*)

- Não se deve confundir o aposto de especificação com adjunto adnominal, função adjetiva.
  A obra do poeta *João Cabral* caracteriza-se pelo rigor estético (*João Cabral* é aposto especificativo de *poeta*).
  A obra *de João Cabral* caracteriza-se pelo rigor estético (o termo em destaque tem função de adjetivo, a obra *cabraliana*, e tem a função de adjunto adnominal).

- O aposto pode ser representado por uma oração (substantiva apositiva).
  Só queria isso: *viver em paz aquele amor* (a oração destacada é o aposto do pronome *isso*).

---

48. Destaque e classifique os tipos de aposto:
a) O romance Dom Casmurro é de autoria de Machado de Assis.
b) Machado de Assis, patrono da ABL, foi para muitos o maior romancista brasileiro.
c) "A obsessão pela ideia de modernização produziu duas palavras essenciais no vocabulário do século XX: *perestroika* (algo como reconstrução) e *glasnost* (transparência)".
d) Um jeito de sorrir, um suspiro conformado, uma voz amiga, tudo me lembra você.
e) Entre eles três — o pai, a mãe e o filho — a madrasta interpôs-se.

49. Numere as frases de modo a identificar o tipo de aposto destacado em cada frase.

a) Tristezas, dores, dificuldades, *nada* deve impedi-los de alcançar suas metas. ( )

b) Depois da reunião, a professora estava contente, *sinal de sua boa avaliação*. ( )

c) Os convidados não foram à festa, *o que o deixou decepcionado*. ( )

d) *Aluno premiado*, detestava os estudos. ( )

e) *Vascaíno fanático*, Antônio não apreciava o Flamengo. ( )

1. representado por oração
2. resumitivo
3. aposto de oração
4. circunstancial

50. Reconheça as circunstâncias que o aposto exprime.

a) *Aluno premiado*, detestava os estudos.

b) *Vascaíno fanático*, Antônio não apreciava o Flamengo

c) João de Castro, *vice-rei da Índia*, empenhou os cabelos da barba. (Bechara, 1999:457)

d) As estrelas, *como grandes olhos curiosos*, espreitavam através da folhagem.

e) A criança, *um pequeno general*, mandava na mãe e no pai.

51. Reconheça as funções dos termos acompanhados de aposto nas seguintes orações.

a) Comprei o novo livro de Cláudio, colega de universidade.

b) As portarias foram elaboradas por meu novo chefe, um jovem recém-formado.

c) Neymar, grande astro da seleção brasileira, foi ferido em um jogo da Copa.

d) Enviou-nos bons presentes: um anel e uma salva de prata.

e) A dona da casa destinou o melhor lugar a dois convidados ilustres: o prefeito e sua esposa.

52. Sobre o período "O português são dois: o que trazemos de casa e o que aprendemos na escola", estão corretas as afirmativas:

a) ( ) não há aposto;

b) ( ) há dois núcleos de aposto coordenados;

c) ( ) há duas orações adjetivas modificadoras dos núcleos;

d) ( ) os núcleos são artigos;

e) ( ) o período é composto por coordenação.

◉ DE OLHO VIVO PARA NÃO TROPEÇAR NAS FUNÇÕES SINTÁTICAS DE ALGUNS TERMOS

1. PREDICADO VERBO-NOMINAL (PVN) resulta do cruzamento de um PV com um PN. O nome exerce a função de predicativo do sujeito (Eles saíram daqui *despreocupados*) ou do objeto (Nomeamos *Larissa secretária da reunião*).

2. Normalmente o OBJETO INDIRETO (OI) liga-se ao verbo de forma indireta, isto é, com o auxílio de preposição. Semanticamente, indica a pessoa ou coisa a quem se dirige a ação verbal (Devemos obedecer *às normas de bom comportamento*) ou em proveito de quem se pratica a ação (Estes exercícios interessam *aos candidatos*). Nesses casos, na terceira pessoa, pode ser substituído pelas formas lhes(s): Obedecer-*lhes*. Interessam-*lhes*.

Às vezes o que hoje ainda chamamos de objeto indireto equivale à pessoa sobre quem recai a ação de alguns verbos regidos de preposição determinada (*gostar de, depender de, assistir a, precisar de, anuir a, reparar em*) e seu complemento não pode ser substituído pelos pronomes *lhe* e *lhes* (Gosto *de sorvete*. Não acredito *nas suas promessas*.) Alguns estudiosos do português denominam esses termos de *complementos relativos*.

3. Uma forma de distinção entre o CN e o AA quando acompanham substantivo abstrato é observar se a função que exerce a expressão é ativa (AA = adjunto adnominal. Ex.: amor *de mãe*; descoberta *do grande sábio*), ou passiva (CN = complemento nominal. Ex.: medo *de trovão*; recadastramento *do carro*). Se a expressão preposicionada acompanha substantivos concretos, é adjunto adnominal: cadeira *de ferro*.

4. Não confunda o adjunto adverbial de modo — que indica o MODO como a ação foi praticada — com o predicativo, que se refere a um substantivo.
   Ele fala *alto*. (adjunto adverbial de modo, PV)
   Ele é *muito alto*. (predicativo do sujeito, PN)
   As crianças brincavam *felizes*. (predicativo do sujeito, PVN)
   Julgamos o candidato indicado *o mais competente para a função*. (predicativo do objeto, PVN)

3.5 Regência

REGÊNCIA é relação de subordinação que ocorre entre um verbo (regência verbal) ou um nome (regência nominal) e seus complementos.

Necessito de *sua ajuda*. (regência verbal)
    ↓   ↓
  verbo   complemento
termo regente termo regido

O *descobrimento* dos *antibióticos* salvou muitas vidas. (regência nominal)
    ↓   ↓
  nome   complemento
termo regente termo regido

👍 Saiba mais

O conhecimento do uso adequado das preposições é um dos aspectos fundamentais do estudo da regência verbal (e também nominal). As preposições são capazes de modificar completamente o sentido do que está sendo dito. Veja os exemplos:

Quem *aspira* à Presidência deve ter honestidade comprovada.

Quem *aspira* o ar puro da serra sente-se melhor.

No primeiro caso: ASPIRAR + preposição A = pretender, almejar.

No segundo: ASPIRAR (sem preposição) = inspirar.

1. Indique os termos regidos pelos termos regentes destacados e as preposições que os associam. Reconheça se a regência é verbal (RV) ou nominal (RN).

a) *Precisamos* de governos competentes.
b) Sempre foi *comprometido* com a causa pública.
c) Tinha verdadeira *devoção* pelo romancista morto recentemente.
d) Em *referência* à notícia da queda do avião, nada sei.
e) Meus amigos *assistiram* aos jogos na Fan Fest.

3.5.1 Regência nominal

É estabelecida por preposições que ligam um termo regido ou subordinado a um termo regente ou subordinante. O termo regente é sempre um nome, entendido como tal o substantivo, o adjetivo e o advérbio. Os termos regidos desempenham a função de complementos nominais. Veja o quadro exemplificativo.

Termo regente	Preposição	Termo regido
Disposição (substantivo)	para	viajar
Nocivo (adjetivo)	à	saúde
Favoravelmente	a	todos

Uma vez que não é possível relacionarem-se todos os nomes que pedem complementos regidos por preposição, citam-se alguns de uso mais frequente, com a respectiva preposição.

3.5.1.1 Relação de regências de alguns nomes

Substantivo	Preposição
admiração	por, a
afeição	por
ameaça	a
amizade	a, por, com
apaixonado	de (entusiasta)
apaixonado	por (enamorado)
atentado	a
bacharel	em
capacidade	de, para
consideração	a, com
consideração	por (respeito)
devoção	a, por
ojeriza	a, por
referência	a
relação	a

Adjetivo	Preposição	Adjetivo	Preposição
abrigado	de	constante	em
adequado	a	contrário	a
afável	com, para com	devoto	de
alheio	a	dócil	a
amante	de	doente	de
amigo	de	doutor	em
amoroso	com	entendido	em
análogo	a	fácil	de
ansioso	de, por	favorável	a
anterior	a	generoso	com
aparentado	com	hábil	em
apto	para, a	hostil	a
avaro	de	ida	a
avesso	a	idêntico	a
ávido	de	leal	a
bacharel	em	manso	de
benéfico	a	mau	com, para
bom	para	necessário	a
caro	a	nobre	de, em, por
certo	de	oposto	a
cheio	de	querido	de, por
cheiro	a, de	sábio	em
compreensível	a	temeroso	de
comum	a, de	único	em
conforme	com, a	útil	a, para

Advérbios nominais (derivados de adjetivos)	Preposição
relativamente	a
favoravelmente	a
referentemente	a
paralelamente	a

> ### 🔥 Saiba mais
>
> Ao aprender a regência de um verbo, você estará praticamente aprendendo a regência do nome cognato (que vem da mesma raiz do verbo). É o caso, por exemplo, do verbo *obedecer* e do nome *obediente*. Este verbo exige a preposição *a*, que é a mesma exigida pelo nome derivado do verbo.
> *Devemos obedecer à lei. Devemos ser obedientes à lei.*
> Da mesma forma, todos os advérbios formados de adjetivos + *-mente* tendem a apresentar a mesma regência dos adjetivos dos quais derivaram. Exemplo:
>
> | | | | |
> |---|---|---|---|
> | compatível | com | → compativelmente | com |
> | relativo | a | → relativamente | a |
> | próximo | a, de | → proximamente | a, de |

2. Complete as frases seguintes com as preposições adequadas.

a) Somos idênticos .... nossos pais, mas pensamos de modo diferente deles.
b) Ela é avessa .... cinema, mas louca .... esporte.
c) Atitudes preconceituosas são incompatíveis .... sua cultura.
d) Os deputados não foram solidários .... as questões apresentadas.
e) O diretor é residente .... Rio, mas tem simpatia .... Petrópolis.

3. Corrija as frases em que as preposições foram inadequadamente empregadas.

a) O imóvel é situado à rua Honório de Barros.
b) É preferível um atraso do que um acidente de carro.
c) Propensão a drogas é uma doença.
d) O relatório da ONU fez alusão aos projetos do governo.
e) Protestos de privatizações afastam os investidores.

4. Complete as frases com as preposições que regem adequadamente os complementos dos adjetivos (combinadas com artigos, se necessário).

a) Estamos ansiosos .... resultados das eleições para Governador.
b) As gramáticas científicas são contemporâneas .... NGB.
c) Deus é misericordioso .... nossos pecados.
d) Os poetas românticos viviam doentes .... amor.
e) Atitudes hostis .... estrangeiros não são recomendáveis.

5. Tendo em vista a relação de dependência manifestada entre um nome (termo regente) e seu respectivo complemento (termo regido), reescreva as orações a seguir empregando a devida preposição.

a) O fumo é prejudicial .... saúde.
b) Financiamentos imobiliários tornaram-se acessíveis .... população.
c) Seu projeto é passível .... reformulações.
d) Esteja atento .... tudo que acontece por aqui.
e) Suas ideias são semelhantes .... minhas.

6. Indique a frase em que ocorre inadequação na regência nominal.

a) Ele é muito apegado em bens materiais.
b) Estamos fartos de tantas promessas.
c) Ela era suspeita de ter assaltado a loja.
d) Ele era intransigente com esse ponto do regulamento.
e) A confiança dos soldados no chefe era inabalável.

7. Aponte, nas orações seguintes, aquela em que não se admite o emprego da preposição "a".

a) Estou ávido .... boas notícias.
b) Esta canção é agradável .... alma.
c) O respeito é essencial .... boa convivência.
d) Mostraram-se indiferentes .... tudo.
e) O Juiz decidiu contrariamente .... distribuidores do filme.

8. Complete as frases com as preposições adequadas.

a) Estamos ansiosos .... férias.
b) O amor é uma virtude comum .... todos.
c) Este rapaz é bacharel .... Direito.
d) A aluna era alheia .... todas as informações.
e) Tenha obediência .... leis de trânsito.

9. Há equívocos muito comuns em relação ao uso da preposição que rege termos associados a nomes. Reconheça alguns desses equívocos nas frases abaixo e corrija-os.

a) Estamos na era da TV a cores.
b) Outro igual a eu, você não encontrará.
c) Formou-se como bacharel de ciência da computação.
d) Resolva o problema junto à Gerência.
e) Não cabe recurso à decisão.

3.5.2 Particularidades da regência verbal

Há verbos que mudam de regência ao mudarem de significado: ora têm suas preposições alteradas, ora se empregam ou não com preposições.

1) Ele aspirou o *ar da manhã* com entusiasmo. = inspirou, absorveu: TD
2) Muitos políticos aspiram *ao cargo de Presidente do Brasil*. = almejam, desejam: TI

Uma vez que não é possível em trabalho desta natureza mencionar todas as possibilidades de regência dos verbos do Português, serão comentados os que oferecem dúvidas no seu emprego e que frequentemente estão presentes em questões de concurso.

a) assistir	TD	socorrer, prestar assistência O médico *assistirá* o cantor até a sua recuperação.
	TI	1. ver, presenciar *Assistimos* ao jogo (a ele) na casa da titia. 2. ser atribuição de alguém (pede preposição *a*) Esse direito não *assiste* ao prefeito. 3. Deve-se evitar a construção "O jogo *foi assistido* por muitos torcedores", pois o verbo não admite voz passiva, no sentido de *presenciar*. Melhor dizer: *Muitos torcedores assistiram ao jogo*.
b) avisar	TDI	A secretária *avisou* a mudança de horário aos alunos. A secretária *avisou* os alunos da mudança de horário. **Observação:** Regência semelhante do verbo *informar*.

c) chegar	INT	1. Acompanhado de expressão circunstancial regida da preposição *a*: Elvira *chegara a*o topo da carreira. 2. Com *casa* nessa expressão, a frase correta é *Cheguei a casa* e, não *cheguei em casa*. 3. Acompanhado da palavra *lugar*, emprega-se o verbo com a preposição *em*: Nem todos podem *chegar* em primeiro lugar. **Observação:** Coloquialmente, o verbo *chegar* está sendo empregado com preposição EM, uso que deve ser evitado em situações formais de comunicação. O verbo *ir*, indicando movimento, apresenta construção sintática semelhante à do verbo *chegar*: Ele *foi a*o aeroporto.
d) comunicar	TDI	avisar Vou *comunicar* minha decisão ao diretor. **Observação:** A pessoa não pode ser OD na voz ativa e, consequentemente, sujeito na voz passiva.
e) esquecer	TD	*Esqueci* o livro em casa.
	TI	pronominal *Esqueci*-me do livro em casa. **Observação:** Regência semelhante à do verbo *lembrar*.
f) implicar	TD	acarretar, requerer Qualquer falha *implicará* a sua demissão. **Observação:** Encontram-se em textos escritos o uso da preposição *em* com este verbo.
g) obedecer	TI	cumprir as ordens de Os alunos *obedecem* ao professor (lhe).

h) pagar	TDI		saldar uma dívida (O.D. de coisa e O.I. de pessoa) *Paguei* ao meu pai uma dívida da adolescência.
i) preferir	TDI		escolher *Prefiro* o teatro ao cinema. **Observação:** Não usar: preferir mais ou preferir... do que.
j) querer	TD		desejar *Quero* aumento de salário.
	TI		amar Todo pai *quer* bem aos filhos.
k) reparar	TD		consertar O pedreiro *reparou* a janela da sala.
	TI		prestar atenção em Todos nós *reparamos* na beleza da candidata.
l) responder	TI		comunicar em resposta *Responda* a todas as questões. **Observação:** Deve-se evitar a construção "O questionário *foi respondido*", pois o verbo não admite voz passiva.
	TD		dar a resposta *Respondi* a verdade.
	TDI		*Respondi* a verdade a meu pai.

m) visar	TD	pôr visto em ou mirar O fiscal *visou* os passaportes. O soldado *visou* a cabeça dos ladrões, antes de atirar.
	TI	pretender Ela *visa* ao cargo de coordenador do curso. (a ele) **Observação:** Seguido de infinitivo, costuma-se omitir a preposição *a*: A revolução *visava* derrubar as oligarquias (ou visava a derrubar).
		Observação: *Morar*, *residir* e *situar* empregam-se com a preposição *em*: Moro *no* Flamengo. / Resido *na* rua Oswaldo Cruz. / O prédio fica situado *na* rua das Acácias.

10. Corrija, se necessário, os seguintes períodos:

a) No depoimento à CPI, os deputados acusados responderam, friamente, todas as perguntas.
b) As escolas de Belas-Artes não os ensinam o concretismo brasileiro.
c) Amiga da boa mesa, Madame M. prefere um quarto de carneiro do que uma peça de Tchecov.
d) Os tratados de economia da época informavam-nos de que imperava, no Brasil, a doutrina...
e) "A previsão é de que haverá chuvas fortes em todo o Estado."

11. Nas questões abaixo, marque as opções corretas e corrija as incorretas:

a) I. O perfume a que aspiro é agradável. ( )
   II. O título a que aspiras é cobiçado por muitos. ( )
b) I. O filme a que assisti é campeão de bilheteria. ( )
   II. Sempre assisto às aulas daquele grande acadêmico. ( )
c) I. O doente que o médico assistiu já está curado... ( )
   II. Assiste-lhe agora o direito de defesa. ( )
d) I. Chego sempre cedo em casa. ( )
   II. A cidade em que cheguei é uma metrópole. ( )

e) I. Lembrei do fato. ( )
   II. Lembrei-me o fato. ( )

12. Reescreva as frases empregando as preposições adequadas.
a) Que lei devo obedecer?
b) Ontem o industrial pagou seus empregados.
c) Preferia mais trabalhar do que estudar.
d) Sempre informo os acontecimentos o amigo que está fora.
e) Todos visavam a aprovação no concurso.

13. Marque as alternativas em que há ERRO de regência:
a) O atleta cuja exibição me referi foi elogiado pela crítica especializada. ( )
b) O estudante aspirava a cursar a faculdade. ( )
c) Neste ano, poderei, finalmente, assistir o melhor carnaval do mundo. ( )
d) Não te esqueças de que nada perderás, sendo humilde. ( )
e) Deus, cujas palavras cremos, é nosso Pai. ( )

14. Marque a construção CORRETA e corrija as incorretas:
a) Pretendo cumprimentar-lhe. ( )
b) Vi-lhe ontem pela manhã. ( )
c) Amo-lhe muito. ( )
d) Quero-lhe como a um filho. ( )
e) É um prazer encontrar-lhe aqui. ( )

15. Assinale os verbos que podem ser empregados adequadamente nas frases em função de suas regências.
a) [Esqueci / Esqueci-me] todo o dinheiro em casa.
b) [Esqueci-me / Esqueci] de todo o dinheiro em casa.
c) Não [esquecerei / me esquecerei] de você, Cláudia.
d) [Lembro / Lembro-me] de minha infância em Minas.
e) Este doce [lembra / lembra-me] minha infância em Minas.

16. Destaque as estruturas que completem as frases, de acordo com a regência dos verbos.
a) O cargo está vago, mas não [lhe aspiro / aspiro a ele].
b) Todos em casa assistem [telenovelas / a telenovelas].
c) Trata-se de um direito que assiste [o / ao presidente].
d) A ópera é gratuita, mas ninguém quis [assisti-la / assistir a ela].
e) A empregada aspirou [o / ao pó do armário].

17. Corrija as frases que apresentem uso inadequado de preposições.

a) Você já pagou o dentista e o médico?

b) O pai ainda não perdoou à filha.

c) Domingo não saí à rua, só fui no terraço.

d) Aquele Estado paga bons salários.

e) Aquele Estado paga muito mal os professores.

18. Algumas das frases abaixo estão mal construídas no que se refere à regência do verbo *preferir*. Corrija-as.

a) Prefiro ser prejudicado do que prejudicar os outros.

b) Prefiro o livro de Antônio ao de Joaquim.

c) Prefiro muito mais crítica sincera do que elogios exagerados.

d) Preferia mais a cidade do que o campo.

e) Preferia carne a peixe.

19. Preencha as lacunas com as preposições adequadas (ou suas combinações com os artigos).

a) Os corpos obedecem .... leis da gravidade.

b) Meu pai se esqueceu de ir .... reunião.

c) Lembrou-se .... que era feriado.

d) Por que não simpatizas .... o diretor?

e) Obedeça .... regulamento.

20. Escolha uma das opções entre parênteses para completar as frases.

a) O garotinho respondeu [ao / o] pai.

b) Você já respondeu [ao / o] questionário?

c) O aluno respondeu [o, ao] diretor a verdade.

d) Ele assistiu [o / ao] jogo com muito nervosismo.

e) O médico assistiu [o / ao] ferido na calçada.

21. Indique a opção adequada no que concerne à regência verbal.

a) Avisei-o de que não desejava substituí-lo na presidência, pois apesar de ter sempre servido à instituição, jamais aspirei a tal cargo.

b) Avisei-lhe de que não desejava substituí-lo na presidência, pois apesar de ter sempre servido a instituição, jamais aspirei a tal cargo.

c) Avisei-o de que não desejava substituir-lhe na presidência, pois apesar de ter sempre servido à instituição, jamais aspirei tal cargo.

d) Avisei-lhe de que não desejava substituir-lhe na presidência, pois apesar de ter sempre servido à instituição, jamais aspirei a tal cargo.

e) Avisei-o de que não desejava substituí-lo na presidência, pois apesar de ter sempre servido a instituição, jamais aspirei tal cargo.

22. Escolha as opções adequadas à regência do verbo *atender*.

a) Atendendo [o / ao] pedido de V.S.a [...].

b) Já atendemos [as / às] justas reclamações do povo.

c) O ministro atendeu [o / ao] requerente.

d) Deus não atendeu [a / à] oração do pecador.

e) Seu telefone não atende [as/ às] chamadas.

23. Assinale a opção em que o verbo *chamar* é empregado com o mesmo sentido que apresenta em "No dia em que o chamaram de Ubirajara, Quaresma ficou reservado, taciturno e mudo".

a) Bateram à porta, chamando Rodrigo.

b) Pelos seus feitos, chamaram-lhe o salvador da pátria.

c) Naquele momento difícil, chamou por Deus e pelo Diabo.

d) O chefe chamou-os para um diálogo franco.

e) Mandou chamar o médico com urgência.

24. Assinale a opção em que o verbo *assistir* é empregado com o mesmo sentido que apresenta em "não direi que assisti às alvoradas do romantismo".

a) Não assiste a você o direito de me julgar.

b) É dever do médico assistir a todos os enfermos.

c) Em sua administração, sempre foi assistido por bons conselheiros.

d) Não se pode assistir indiferente a um ato de injustiça.

e) O padre lhe assistiu nos derradeiros momentos.

25. Em todas as alternativas, o verbo destacado foi empregado com regência certa, EXCETO em:

a) A visita de José Dias *lembrou*-me o que ele me dissera.

b) Estou deserto e noite, e *aspiro* sociedade e luz.

c) *Custa*-me dizer isto, mas antes peque por excesso.

d) Redobrou de intensidade, como se *obedecesse* a voz do mágico.

e) Quando ela morresse, eu lhe *perdoaria* os defeitos.

👁 De olho vivo para não tropeçar nos casos de regência

• NOMINAL – O termo regente é sempre um nome (substantivo, adjetivo e advérbio): *Cansaço* de trabalhar; *cansado* do trabalho; *relativamente* ao trabalho.

• VERBAL – Conforme as observações do capítulo, é necessário prestar muita atenção ao emprego do verbo na frase para acertar sua regência. Há verbos que mudam de regência ao mudarem de significado: ora têm suas preposições alteradas, ora se empregam ou não com preposições. Por exemplo, *lembrar* tem regência diferente de *lembrar-se*, como *esquecer, esquecer-se* (*lembrar/esquecer* alguém, mas *lembrar-se/esquecer-se de alguém*); *perdoar* os pecados, mas *perdoar ao* pecador etc.

Questões de concurso

1. (ESAF-DNIT) Assinale a opção em que, na sequência, os termos preenchem corretamente as lacunas do texto abaixo.
Os holandeses são tão fanáticos .....(1)..... bicicletas que quase metade dos trajetos diários do país são feitos pedalando. O número de bicicletas é maior .....(2)..... a população local, ...(3)..... mais de 16 milhões de habitantes. Nada mais lógico, então, que lançar, ...(4)..... um ônibus escolar, uma bicicleta que aproveita a energia sem limites das crianças de 4 a 12 anos: .....(5)..... oito lugares para os pequenos pedalarem, um para o adulto responsável e dois para caronas (para os menores), a bicicleta amarela conta ainda com um motor para subidas mais íngremes. Dessa maneira, assuntos importantes, ...(6)..... sustentabilidade, saúde e trabalho em equipe são abordados já na ida para o colégio, sem esquecer a diversão de pedalar com a turma.
(Adaptado de Vida Simples, abril de 2012, edição 117)

a) com – do que – com – em – de – como
b) por – com – de – como – de – com
c) com – do que – de – em – com – sobre
d) sobre – entre – de – em – para – com
e) por – que – com – como – com – como

2. (FCC-TRT-19ª Região/AL-Analista Judiciário) *...que acompanham as fronteiras ocidentais chinesas...* O verbo que, no contexto, exige o mesmo tipo de complemento que o da frase acima está em:
a) A Rota da Seda nunca foi uma rota única...
b) Esses caminhos floresceram durante os primórdios da Idade Média.
c) ...viajavam por cordilheiras...
d) ...até cair em desuso, seis séculos atrás.
e) O maquinista empurra a manopla do acelerador.

3. (FCC-TRT-19ª Região/AL-Técnico Judiciário) A Amazônia *tem* também a maior bacia fluvial do mundo...
Nas frases transcritas, o verbo que exige o mesmo tipo de complemento do destacado acima está em:
a) a perda de ambientes naturais é maior numa região.
b) a maior parte está no Brasil.
c) as florestas de várzea sofrem mais com a ocupação humana.
d) que levam direta ou indiretamente à perda de hábitats...
e) que detém 69% da área coberta pela floresta.

4. (FCC-Sergipe Gás) ...a que ponto a astronomia *facilitou* a obra das outras ciências...
O verbo que exige o mesmo tipo de complemento que o destacado acima está destacado em
a) astros que *ficam* tão distantes...
b) que a astronomia *é* uma das ciências...
c) que nos *proporcionou* um espírito...
d) cuja importância ninguém *ignora*...
e) onde seu corpo não *passa* de um ponto obscuro...

5. (FCC-Sergipe Gás) Considerados os necessários ajustes, a substituição do elemento grifado pelo pronome correspondente foi realizado de modo INCORRETO em:
a) *Atingimos [...] a consciência de nossa força* = Atingimo-la.
b) *Cada eclipse acarreta [...] despesas suplementares* = Acarreta-as.
c) *que são [...] estranhos às nossas lutas* = que lhes são estranhos.
d) *jamais desempenharão qualquer papel* = jamais o desempenharão.
e) *Mas isso seria abordar a questão* = Mas isso seria abordar-lhe.

6. (VUNESP-Instituto de Pesquisas Tecnológicas)
Leia o texto.
Leilão – Licitação nº 02/2010
O Município de Água Doce — estado de Santa Catarina — torna público, para conhecimento dos interessados, *conforme dispõem os regulamentos municipais*, que fará realizar leilão para a venda de veículos e máquinas pertencentes ao patrimônio público municipal, a ocorrer no dia 29 de abril de 2010, às 10 horas.
(http://www.aguadoce.sc.gov.br/conteudo/?item=98&fa=4&cc=5&cd=13246. Adaptado)
A expressão que substitui corretamente o trecho em destaque, de acordo com a norma-padrão da língua portuguesa e preservando o sentido original do texto, é:
a) em respeito nos regulamentos.
b) em cumprimento pelos regulamentos.

c) em submissão sob os regulamentos.
d) em observância aos regulamentos.
e) em obediência os regulamentos.

7. (VUNESP-PC/SP) No que se refere às regras de regência nominal, assinale a alternativa que substitui corretamente a expressão destacada em <u>Buscando</u> *compreender o que considerou ser uma tendência para o século 21, Michael Ellsberg realizou seu estudo [...].*
a) Determinado a
b) Empenhado sob
c) Resolvido de
d) Propenso em
e) Disposto com

8. (VUNESP-PC/SP) Considerando as regras de regência verbal, assinale a alternativa correta.
a) Ao ver a quantidade excessiva de prateleiras, o amigo comentou de que o livro estava acabando.
b) Enquanto seu amigo continua encomendando livros de papel, o autor aderiu o livro digital.
c) Álvaro convenceu-se de que o melhor a fazer seria sair para jantar.
d) As estantes que o autor aludiu foram projetadas para armazenar livros e CDs.
e) O único detalhe do apartamento que o amigo se ateve foi o número de estantes.

9. (VUNESP-PC/SP) Assinale a alternativa correta quanto à regência dos termos em destaque.
a) A menina tinha o *receio* a levar uma bronca por ter se perdido.
b) A família toda se organizou para realizar a *procura* à garotinha.
c) Ele tentava convencer duas senhoras a assumir *responsabilidade* pelo problema.
d) A menina não tinha *orgulho* sob o fato de ter se perdido de sua família.
e) A garota tinha apenas a *lembrança* pelo desenho de um índio na porta do prédio.

10. (VUNESP-SAP/SP-Oficial Administrativo) Leia o texto.
Uma resolução da Organização das Nações Unidas (ONU) pede o fim do apedrejamento no Irã. A resolução ainda condena Teerã .... silenciar opositores. O Brasil optou .... não se manifestar sobre o assunto.
A mesma preposição que preenche, corretamente, ambas as lacunas é
a) com
b) para
c) por
d) sob
e) sobre

3.6 Concordância

> CONCORDÂNCIA é o mecanismo que mais claramente evidencia a interação entre a morfologia e a sintaxe. Trata-se de uma alteração no corpo das palavras (mórfica) que é também de natureza sintática, uma vez que somente concordam entre si termos entre os quais se estabelece uma relação de dependência: verbo e seu sujeito, substantivo e seus adjuntos (artigo, numeral, pronome adjetivo e adjetivo). A concordância é, assim, uma manifestação da relação sintática.

3.6.1 Concordância nominal

A concordância nominal é a alteração da forma de um determinante (adjetivo, artigo, pronome adjetivo, numeral adjetivo) para que se ajuste à forma do substantivo com o qual se relaciona.

Regra geral: O artigo, o adjetivo, o numeral e o pronome concordam em gênero e número com o substantivo.

O irmão de Maria é *aplicado*. / *A irmã* de Maria é *aplicada*.
Os irmãos de Maria são *aplicados*. / *As irmãs* de Maria são *aplicadas*.

Casos especiais: Há casos que fogem à regra geral. Os mais comuns serão apresentados a seguir.

A) **Um adjetivo após vários substantivos**

▶ Substantivos de mesmo gênero: adjetivo vai para o plural ou concorda com o substantivo mais próximo.

Irmão e primo *recém-chegado* estiveram aqui.
Irmão e primo *recém-chegados* estiveram aqui.

▶ Substantivos de gêneros diferentes: vai para o plural masculino ou concorda com o substantivo mais próximo.

Ela tem pai e mãe *louros*.
Ela tem pai e mãe *loura*.

▶ Adjetivo funciona como predicativo: vai obrigatoriamente para o plural.
   O homem e o menino estavam *perdidos*.
   O homem e sua esposa estiveram *hospedados* aqui.

B) Um adjetivo anteposto a vários substantivos
▶ Adjetivo anteposto: concorda, normalmente, com o mais próximo.
   Servi-me de *delicioso* antepasto e sobremesa.
   Ofereceram-me *deliciosa* fruta e suco.

▶ Adjetivo anteposto funcionando como predicativo: concorda com o mais próximo ou vai para o plural.
   Estavam *feridos* o pai e os filhos.
   Estava *ferido* o pai e os filhos.

C) Um substantivo e mais de um adjetivo
▶ antecede todos os adjetivos com um artigo:
   Falava fluentemente *a* língua inglesa e *a* espanhola.

▶ coloca o substantivo no plural:
   Falava fluentemente *as línguas* inglesa e espanhola.

D) Pronomes de tratamento
▶ sempre concordam com a 3ª pessoa:
   Vossa Santidade *esteve* no Brasil.

E) Anexo, incluso, próprio, obrigado
▶ concordam com o substantivo a que se referem:
   As cartas estão *anexas*. A bebida está *inclusa*.
   As próprias palavras foram *ofensivas*.
   Obrigado, disse o rapaz. / *Obrigada*, disse a moça.

F) Um(a) e outro(a), num(a) e noutro(a)
▶ Após essas expressões o substantivo fica sempre no singular e o adjetivo no plural.
   Renato advogou um e outro *caso fáceis*.
   Pusemos numa e noutra *bandeja rasas* o peixe.

G) **É bom, é necessário, é proibido**
▶ Essas expressões não variam se o sujeito não vier precedido de artigo ou outro determinante.

Sopa *é bom*. / Esta sopa *é boa*.
É necessário sua permissão. / *É necessária* a sua permissão.
É proibido entrada de pessoas não autorizadas. / A entrada *é proibida*.

H) **Muito, pouco, caro**
▶ Como adjetivos, seguem a regra geral.

Há *muitos* alunos na sala ao lado.
Não tenho *pouco* trabalho!
Os pratos deste restaurante são sempre *caros*.

▶ Como advérbios, são invariáveis.

Trabalhou *muito* durante o congresso.
Empenhou-se *pouco* e o resultado foi o que se viu.
Às vezes, dizer a verdade custa *caro*.

I) **Mesmo, bastante**
▶ Como advérbios, são invariáveis.

Sofri *mesmo* com sua ausência.
Elas ficaram *bastante* tristes com a sua partida.

▶ Como pronomes, seguem a regra geral.

Não importa o partido: as promessas são sempre as *mesmas*.
O advogado apresentou *bastantes* argumentos na petição.

J) **Menos, alerta**
▶ Em todas as ocasiões são invariáveis.

Queremos *menos* promessas e mais ação.
Estamos *alerta* para suas atitudes depois da eleição.

L) **Tal qual**
▶ *Tal* concorda com o antecedente, *qual* concorda com o consequente.

As meninas são caprichosas *tais qual* a mãe.
Os alunos comportaram-se na reunião *tais quais* os pais.

M) **Grama**
▶ Unidade de medida de massa, é masculino; logo a forma correta é *quinhentos gramas*.
Emagreci *quinhentos gramas* na semana passada.

N) **Junto**
▶ Flexiona-se, conforme o substantivo a que se refere:
No jantar, o Presidente e o Ministro estavam *juntos* e as esposas combinaram ir *juntas* a Fernando de Noronha.
Observação: As locuções prepositivas *junto a* e *junto de* não se flexionam: Ela estava *junto à* ponte. / Eles estavam *junto de* mim.

👍 Saiba mais

Convém não usar frases do tipo Resolveu o problema *junto à* gerência. A expressão *junto a* deve referir-se a espaço físico; logo deve-se dizer: Resolveu o problema *na* gerência ou *com* a gerência.

O) **Possível**
▶ Com as expressões *o mais*, *o menos*, *o melhor*, *o pior*, o adjetivo *possível* não se flexiona.
Eram tarefas *o mais possível* complicadas.

Se, no entanto, as expressões estiverem no plural, o adjetivo *possível* também ficará no plural:
São *paisagens* as mais belas *possíveis*.
Cuidado com os casos em que a expressão *o mais possível* aparece separadamente nas frases:
É uma flor *o mais possível* bela.

P) **Meio**
▶ Como advérbio, invariável.
Estou *meio* insegura.

▶ Como numeral, segue a regra geral.
   Comi *meia* laranja pela manhã.

Q) **Só**
▶ apenas, somente (advérbio), invariável:
   Só consegui comprar uma passagem.
▶ sozinho (adjetivo), variável:
   Estiveram *sós* durante horas.
Observação: Não confundir com a locução *a sós*.
   Só conseguiram resolver a questão quando ficaram *a sós*.

R) **Melhor**
▶ = *mais bom* flexiona-se:
   Elas fizeram os *melhores* trabalhos da turma

▶ = *mais bem* não se flexiona:
   Os jogadores do Flamengo atuaram *melhor*.

S) **Milhares** (e também *milhão*)
▶ São palavras do gênero masculino; assim, seus determinantes (artigos, pronomes e numerais) deverão ficar no masculino.
   Os milhares de amigos do FaceBook postaram mensagens ao colega aposentado.

T) **Todo** (antes de substantivo)
▶ *todo* = *qualquer* flexiona-se apenas em gênero:
   Todo homem gosta de futebol. / *Toda* generalização é perigosa.
Observação: *Todos*, no plural, só acontece quando acompanhado de artigo e o sentido for de totalidade.
   Todos os homens preparavam o churrasco enquanto *todas as* mulheres preparavam as mesas.

---

1. Sublinhe a(s) forma(s) adequadas para cada frase:
a) Ele compra somente carros e motos .... (premiados/premiadas)
b) Mostrou .... perspicácia e solidariedade. (fabulosa/fabulosos)
c) Mostrou perspicácia e solidariedade .... (fabulosas/fabulosa)

d) Mostrou discernimento e compreensão .... (fabulosos/fabulosa)
e) Li uma revista e um livro .... (cansativo/cansativos)

2. Marque as frases em que a concordância está adequada.
a) Viu, no zoológico, uma cobra e um macaco *peludos*. ( )
b) *Elaboradas* as provas, todos saíram. ( )
c) Visitei os *famosos* Ferreira Goulart e Rachel de Queirós. ( )
d) Aprecia revistas de moda *francesa* e *italiana*. ( )
e) *Cheios* está a piscina e o tanque. ( )

3. Complete com o adjetivo *anexo*:
a) Segue a carta .... (anexo/em anexo)
b) Li a carta .... (anexa/anexo)
c) .... estão várias observações pertinentes ao assunto (anexas/anexo)
d) Várias observações pertinentes ao assunto vão .... (anexa/em anexo)
e) Os exercícios .... dão conta das normas de concordância (anexos/anexo)

4. Preencha as lacunas com *bastante* ou *bastantes*.
a) Antes da hora prevista, saíram da sala .... candidatos.
b) Voltaram da viagem .... preocupados.
c) Vou nomeá-la minha .... procuradora.
d) São problemas .... para um dia.
e) Precisamos de .... paciência.

5. Marque a opção em que deve ser usada a palavra *conformes* e não *conforme*.
a) Jogaram .... a orientação do técnico.
b) .... sua opinião, o Brasil não terá déficit este ano.
c) Se não estão contentes consigo mesmos, pelo menos estão .... com o mundo.
d) .... o pedido, seguem cinco caixas de lápis.
e) Aja .... as prescrições do médico.

6. Marque as frases com C ou E e corrija as que estiverem incorretas:
a) Ela parece meia triste. ( )
b) Não deixe a janela meio aberta. ( )
c) Meia laranja não é suficiente para uma laranjada. ( )
d) Estamos todos meios ansiosos. ( )
e) As meias do uniforme são brancas. ( )

7. Corrija o que estiver incorreto:
a) Elas são as minhas melhores ( ) amigas, mas não trabalham melhores ( ) que eu.
b) Escrevem melhor ( ) que nós.
c) São melhores ( ) atores que os premiados.
d) Os artistas de teatro costumam atuar melhor ( ) do que os da televisão.
e) Dizem que os melhores ( ) perfumes vêm nos pequenos frascos.

8. Complete com a forma correta da palavra *mesmo*:
a) A diretora e o funcionário prejudicaram a si ....
b) Ela .... escreveu o texto de apresentação.
c) .... a família desconhecia o motivo de sua atitude.
d) Lemos os .... livros e gostamos das .... músicas.
e) "Nós .... resolvemos cancelar a reunião", disseram as professoras.

9. Marque as frases em que se empregam adequadamente as palavras destacadas.
a) Não é *permitida* a retirada de material da fábrica depois das 17 horas. ( )
b) É *proibido* a retirada de material da fábrica depois das 17 horas. ( )
c) Saída a qualquer momento não é *permitido* no pensionato. ( )
d) A saída a qualquer momento é *proibido* no pensionato. ( )
e) Esta medida sempre foi *proibida* no pensionato. ( )

10. Marque as frases em que a concordância está adequadamente empregada.
a) Finalmente os noivos ficaram *sós*. ( )
b) Finalmente os noivos ficaram *a sós*. ( )
c) *Só* os professores compareceram à reunião. ( )
d) *Todo o* estado do Nordeste necessita de ajuda do Governo federal. ( )
e) *Toda* cidade de São Paulo foi castigada pelas chuvas. ( )

11. Complete as lacunas adequadamente:
a) A crença nas palavras do governo decresce a olhos .... (visto)
b) A situação tornou-se difícil, ... as projeções dos candidatos. (haja vista)
c) Ela parece conhecer um e outro .... (político)
d) Nem um nem outro .... discutirá plataformas no debate. (político)
e) Um ou outro .... deverá ser eleito. (político)

3.6.2 Concordância verbal

O verbo geralmente varia para concordar com o número e a pessoa do seu sujeito. A CONCORDÂNCIA VERBAL evita, consequentemente, a repetição do sujeito que pode ser indicado pela flexão verbal a ele ajustada.

Regra geral: o verbo concorda com o núcleo do sujeito em número e pessoa, na voz ativa ou na passiva.

Os professores chegaram.

Depois de muita procura, *encontraram-se os náufragos* em uma ilha.

Ficaram sob suspeita *todos os diretores* daquela empresa.

Casos especiais:

Há muitos casos em que o sujeito simples é constituído de formas que apresentam um significado plural, embora o seu núcleo sintático esteja no singular.

▶ Quando o sujeito é formado por uma expressão partitiva (*parte de, uma porção de, o grosso de, metade de, a maioria de, a maior parte de, grande parte de...*) seguida de um substantivo ou pronome no plural, o verbo pode ficar no SINGULAR ou no PLURAL.

A maioria dos professores *aprovou /aprovaram* a proposta.

Metade dos candidatos não *apresentou / apresentaram* documentação adequada.

▶ Esse mesmo procedimento pode ser aplicado aos casos dos coletivos, quando especificados:

Um bando de vândalos *destruiu / destruíram* o monumento.

▶ Se o sujeito indica quantidade aproximada precedida de *cerca de, mais de, menos de*, o verbo vai para o plural, embora com a expressão *mais de um*, o verbo fique no singular.

Cerca de cem meninos *participaram* da gravação da Globo.

Perto de quinhentos alunos *compareceram* ao evento.

Mais de cem meninos *participaram* da gravação da Globo.

Mais de uma adolescente *quer* ser modelo.

▶ Quando se trata de nomes que só existem no plural, a concordância deve ser feita levando-se em conta a ausência ou presença de artigo. Sem artigo, o verbo deve ficar no SINGULAR. Quando há artigo no plural, o verbo deve ficar no PLURAL.

Alagoas tem praias muito bonitas.

Bombinhas é uma linda praia de Santa Catarina.

Os Estados Unidos retomaram as relações diplomáticas com Cuba.
Os Sertões constituem uma das grandes obras da literatura brasileira.

▶ Quando o sujeito é um pronome interrogativo ou indefinido plural (*quais, quantos, alguns, poucos, muitos, quaisquer, vários*) seguido por *de nós* ou *de vós,* o verbo pode concordar com o *primeiro pronome* (na terceira pessoa do plural) ou com o *pronome pessoal*.

Quais de *nós são / somos* hábeis em negociações? *Alguns* de *vós conheciam / conhecíeis* o indicado ao prêmio? *Vários* de *nós quiseram / quisemos* desistir da empreitada.

Se o interrogativo ou indefinido estiver no singular, o verbo ficará no singular.
Qual de nós é hábil em negociações?
Algum de *nós deve assumir* a responsabilidade pela decisão.

▶ Quando o sujeito é formado por uma expressão que indica porcentagem seguida de substantivo, o verbo deve concordar com o substantivo.
25% dos ônibus do Rio *serão retirados* de circulação.
25% do orçamento dos Estados *deve* destinar-se à educação.
1% do eleitorado não *aprovou* os cortes no orçamento.

▶ Quando a expressão que indica porcentagem não é seguida de substantivo, o verbo deve concordar com o numeral.
25% não *querem* mudanças na política de cotas.
1% deseja a manutenção da situação.

▶ Quando o sujeito é o pronome relativo QUE, o verbo concorda com o antecedente do relativo.
Não fomos *nós* que *resolvemos* cancelar as inscrições.
Ainda há *homens* que *abrem* portas de carro para as mulheres.

▶ Com a expressão *um dos que*, o verbo deve assumir a forma plural.
Roberto Carlos é *um dos* cantores que mais *encantam* as plateias brasileiras.
Se você é *um dos que admiram* este escritor, certamente lerá seu novo romance.

▶ Se o sujeito é o relativo QUEM, o verbo fica na 3ª pessoa do singular ou concorda com o antecedente do pronome.
Certamente, não serei eu *quem* o *criticará (criticarei)* por tal ação.
Foram eles *quem fez (fizeram)* toda a obra.

🛈 Saiba mais

Alguns casos de sujeito composto merecem atenção especial:

• Se o sujeito composto for formado por palavras de significados semelhantes, o verbo pode ficar no singular ou no plural (mais comum).

   Seu *orgulho e sua soberba estavam* (ou *estava*) no troféu que a todos exibia.

• Se o sujeito for composto por palavras em gradação de sentido, o verbo pode ficar no singular, embora ocorram exemplos no plural.

   Interesse, afeto, amor sempre a *emocionava* (ou *emocionavam*).

• Se o sujeito composto for ligado por *nem...nem*, o verbo fica no plural ou no singular, por concordância atrativa.

   Nem a dedicação nem o afeto comoveram (comoveu) aquele duro coração masculino.

• Quando o sujeito é ligado por *com*, o mais frequente é o verbo ficar no plural, mas poderá ficar no singular, para realçar um dos núcleos.

   Ela com suas duas amigas queridas organizaram a festa.
   Maria, com sua amiga, organizou a festa.

• Se o sujeito composto é ligado pela série aditiva correlativa *não só ... mas também*, o verbo fica, de acordo com a maioria dos autores, no plural, embora possa ocorrer no singular (concordância atrativa).

   Não só o autor mas também o diretor dessa novela *parecem* (ou *parece*) estar confusos.

• Se o sujeito composto é ligado por *ou* com o significado de exclusão, o verbo fica no singular; se a noção expressa se refere a todo o sujeito, o verbo irá para o plural.

   Na opinião da maioria dos críticos, *Cristiano Ronaldo ou Messi deverá receber* o troféu de melhor jogador do mundo.
   O jogador português ou o jogador argentino merecem esse prêmio.

• Se o sujeito composto é resumido por um pronome indefinido, o verbo fica no singular concordando com o indefinido (na função de aposto).

   A bebida gelada, o mar azul, a calma do povo, *tudo* me *lembra* Bombinhas, praia de Santa Catarina.

3.6.2.1 Concordância com o verbo *ser*

▶ Se o sujeito for nome de coisa ou um pronome indefinido ou demonstrativo + verbo SER + predicativo no plural, o verbo ficará no plural (mais frequente) ou no singular, quando se deseja destacar o significado do indefinido:

Isto *são os ossos do ofício*, dizia vovó quando queria incentivar-me.
"A pátria não é ninguém: *são todos*." (Rui Barbosa)
"Tudo é flores no presente." (G. Dias)

▶ Se o sujeito referir-se a *pessoa,* o verbo concordará com o sujeito:

A criança era as alegrias da família.

▶ Quando o sujeito é um dos pronomes interrogativos *que, quem, o que,* o verbo *ser* concorda com o predicativo:

Quem eram aquelas jovens tão entusiasmadas pelo cantor?
O que são gentilezas para pessoas insensíveis?!

▶ Se o verbo *ser* é empregado como impessoal (na expressão das noções de tempo e distância), concordará com o predicativo:

Já *são 19 horas*?
Hoje *são 14 de janeiro*.
Hoje *é dia 14 de janeiro*.
Daqui até Nova Friburgo *são 110 quilômetros*.

▶ Quando o verbo *ser* ocorre nas expressões *é muito*, *é pouco* e o sujeito, no plural, indica preço, medida, quantidade, o verbo ficará no singular:

Dez mil homens é muito pouco para vencer tantos terroristas pelo mundo.
Milhões de dólares é muito dinheiro para desaparecer sem que ninguém o percebesse.

▶ Na locução de realce *é que* o verbo ficará invariável:

As pessoas experientes *é que* não acreditaram nessas promessas vãs.

Observação: Nos dois últimos versos da quadrinha seguinte, em que a expressão foi desmembrada, estabeleceu-se a concordância entre o verbo *ser* e o sujeito:

As rosas é que são belas,
Os espinhos é que picam;
Mas *são* as rosas *que* caem;
São os espinhos *que* ficam. (Quadrinha popular)

3.6.2.2 Concordância com verbos impessoais

▶ Nas orações sem sujeito, o verbo fica na 3ª pessoa do singular.
Havia muitas mensagens de congratulações na caixa de meu telefone.
Deve haver muitas mensagens ainda não transcritas na caixa.
Não estudo inglês *há* mais de cinco anos.
Não estudo inglês *faz* cinco anos.

3.6.2.3 Concordância ideológica

▶ Em algumas construções, a concordância se dá com a ideia que o sujeito expressa e não com sua forma. Esse tipo de concordância tem o nome de *concordância ideológica*, *silepse* ou concordância *ad sensum*:

Todos somos solidários com o momento por que passa a Nigéria.

Embora o sujeito esteja na 3ª pessoa, o verbo aparece na 1ª porque a pessoa que fala inclui-se no sujeito; trata-se de silepse de pessoa.

A turma ficou muito aborrecida e *decidiram* não vir à aula.

O sujeito *a turma* está no singular, mas expressa uma noção plural e há uma relativa distância entre o verbo e o sujeito; o verbo concorda com essa noção e fica no plural; trata-se de silepse de número.

12. Empregue, nas frases abaixo, os verbos entre parênteses, no pretérito imperfeito do indicativo.
a) A *maioria* não .... direito de moral. (distinguir)
b) *A maioria dos povos da Antiguidade* não .... direito de moral. (distinguir)
c) *Um quarto dos jurados*, naquele processo, não .... direito de moral. (distinguir)
d) Foram certos jurisconsultos *quem* .... as diferenças entre direito e moral. (sustentar)
e) Eras tu *que* .... a diferença entre direito e moral. (sustentar)

13. Estabeleça a concordância verbal nas frases seguintes e, posteriormente, justifique suas respostas.
a) *Mais de um* povo .... seu direito na severidade dos costumes. (sustentar)
b) *Nem um nem outro* povo .... seu direito na severidade dos costumes. (sustentar)
c) *Um ou outro* povo .... seu direito na severidade dos costumes. (sustentar)
d) Os romanos foram *um dos* povos *que* .... seu direito na filosofia grega. (apoiar)
e) *Trinta por cento* da população .... seu direito na filosofia grega. (apoiar)
f) *Trinta por cento* dos alunos não .... a mudança. (apoiar)

14. Observe as sentenças e descodifique a concordância:
a) *Muitos de nós têm/temos* dúvidas a respeito do texto humorístico.
b) *Alguns dentre nós sabem/sabemos* que a literatura parece bastante com a música.
c) *As frases longas e curtas têm* humor.
d) *Isso,* as frases longas e curtas, *tem* humor.
e) *Qual dentre nós sabe* a resposta para as questões existenciais?

15. Observe a concordância com a partícula SE e circule a opção correta para cada frase.
a) *Transforma-se/transformam-se* ideias simples em textos engraçados.
b) *Deve-se/devem-se* economizar palavras para o efeito de humor.
c) *Necessita-se/necessitam-se* de bons escritores de humor.
d) Como *se faz/fazem* boas piadas?
e) *Precisa-se/Precisam-se* de bons professores para incentivar os alunos.

16. As normas de concordância com os verbos haver/existir são diferentes. Assim, circule a opção correta para cada frase.
a) *Houve/houveram* sempre bons humoristas no Brasil.
b) *Existiu/existiram* sempre bons humoristas no Brasil.
c) *Deve/devem haver* bons humoristas no Brasil.
d) *Pode/podem existir* bons humoristas no Brasil.
e) Em nossas assembleias, *havia/haviam* sempre pessoas que atrasavam as discussões.

17. Embora o sujeito seja composto, em alguns casos, o verbo pode ficar no singular. Reconheça algumas dessas situações.
a) *Tem* modos diversos de encarar a obra literária *escritor e diretor de novela*.
b) *A censura, a irritação, o preconceito*, no caso de crítica à sua religião, *apareceu* de imediato.
c) *O amor e a dedicação* que temos com nossos semelhantes nos *enriquece* moralmente.
d) O *ir e vir* das marés nos hipnotiza.
e) *Refletia*-se, em seu texto, alternadamente *o amor e o ódio* por aquele homem.

18. Com o *pronome de tratamento* o verbo fica na terceira pessoa. Assim, complete as lacunas:
a) Vossa Excelência já .... entrar na sala. (pode/podeis)
b) Urge que Vossas Majestades .... (recebam/recebais) o Ministro.
c) Vossa Excelência .... (estais/está) confortável?
d) Sabemos que Vossa Excelência não .... (gosta/gostais) de esperar...
e) ...mas neste caso, nada .... (podereis/poderá) fazer.

19. Complete as frases com *ser* no presente.
a) Do centro à escola .... três quilômetros.
b) Isto não .... coisas que se diga para uma senhora.
c) O que o caracteriza .... as ideias bem concatenadas e lógicas.
d) O que .... comédias?
e) Não sei quem .... os debatedores de hoje.

👁 De olho vivo para não tropeçar na concordância

1. Do verbo *ser* empregado na indicação de distância, data, tempo, casos em que concordará com os numerais da data etc.
    Daqui a Friburgo *são duas horas* de carro, pois *são muitos quilômetros* a percorrer. / Hoje *são 29 de janeiro*.

2. Do verbo *haver* impessoal, que estará sempre na 3ª pessoa do singular, como em:
    Havia muitas questões para formatar.

3. Com a partícula SE:
    Com esse ensino, *transformam-se* pessoas competentes em meros repetidores de noções.
O verbo concorda com o sujeito paciente. Nesse caso, o SE é pronome apassivador.
    Necessita-se de bons professores no País.
Na frase, o verbo fica na 3ª pessoa do singular, pois o sujeito é indeterminado, indeterminação indicada pelo pronome SE.

4. Do verbo com o sujeito posposto:
    Para o grupo ficar completo, somente *faltam três amigos*.

5. Quando o sujeito é o pronome relativo QUE, a concordância se dá com o antecedente do relativo:
    Não fui eu *que decidi* a cor da capa do livro.

6. Com os pronomes de tratamento, o verbo irá para a 3ª pessoa do singular:
   Você (o Senhor, V. Ex.ª) participará da votação para a escolha do coordenador?

7. O adjetivo *anexo* concorda com o substantivo a que se refere:
   Vão *anexas as observações* que acrescentei ao capítulo.
   Não confundir com a locução *em anexo* – invariável:
   Vão *em anexo* as observações que acrescentei ao capítulo.

8. *Meio* pode ser *advérbio* e não variará:
   Ela anda *meio* preocupada.
   Poderá também funcionar como *numeral* e, então, seguirá a regra geral:
   Meia xícara de leite é suficiente para o pudim.

Questões de concurso

1. (CESGRANRIO-PETROBRAS-Advogado) Há ERRO de concordância em:
a) Pensou-se que faltava algumas pessoas importantes à reunião.
b) Anexas ao relatório vão as duas vias deste documento.
c) Podia haver várias divergências no recinto.
d) Mais de um orador falou sobre desafios.
e) Faz anos que ele comparece ao debate

2. (ESAF-DNIT) A respeito das relações de concordância no texto, assinale a opção em que o uso das duas formas verbais respeita as normas gramaticais.
a) ...boa parte das metrópoles brasileiras não tem conseguido viabilizar... (tem/têm)
b) A (i)mobilidade das metrópoles aplica-se quase uniformemente. (aplica-se/aplicam-se)
c) ...a mudança intensa pela qual passou a economia brasileira... (passou/passaram)
d) ...E o preço que pagamos foi caro. (pagamos/pagou)
e) O automóvel individual foi prioridade dos investimentos em mobilidade urbana... (foi prioridade/foram prioridades)

3. (FCC-Sergipe Gás) Mantém-se o respeito às normas de concordância verbal caso a forma do verbo destacado seja substituída pela que está entre parênteses ao final da frase:
a) Os governos e os parlamentos *devem* achar que... (deve)
b) ...porque essa consciência nos *torna* mais fortes. (tornam)
c) ...a astronomia é uma das ciências que nos *custam* mais caro... (custa)
d) E tudo isso para astros que jamais *desempenharão* qualquer papel nela. (desempenhará)
e) ...*é isso que se precisa* dizer. (precisam)

4. (FCC-TRT/Campinas) De acordo com as regras de concordância, a frase correta é:

a) Ainda existem pessoas menos esclarecidas que tem na exploração predatória dos recursos naturais sua renda.

b) Naquela tarde, haviam muitos estudantes mais exaltados se manifestando por medidas que garantiam a sustentabilidade.

c) Em outras épocas, não existia preocupações com a preservação das florestas, dos rios e, mesmo, da energia.

d) Na situação atual, é impossível não haverem pessoas que se preocupem com agricultura e economia sustentável.

e) Na ocasião, já fazia meses que os ambientalistas discutiam medidas para a contenção dos desmatamentos.

5. (FCC-TRT/MG-Analista Judiciário) Considerando a norma-padrão da língua e o emprego de forma verbal, é correta a seguinte frase:

a) Embora não apoiemos, não nos opomos a que gaste tanto tempo com assuntos supérfluos, contanto que não interrompe a faculdade.

b) Independentemente de onde provierem os recursos, convirjam ou não os pareceres dos técnicos consultados, eles, sempre destemidos, iniciarão a obra.

c) Eles proveem de uma região em que a destruição de bens naturais ou culturais de importância reconhecida é considerada crime de lesa-pátria.

d) Os jogadores pleitearam que os juízes não intervissem a cada pequena confusão provocada por um choque de corpos ou por discussão banal.

e) Enquanto aquela norma vigiu, não houve como solucionar o impasse e retirar o depósito que a justiça reteve em prol dos menores de idade.

6. (FCC-TRT/MG-Analista Judiciário) A frase em que a concordância se faz em conformidade com a norma-padrão é:

a) Ontem foram constituídos três grupos de estudo, um do qual bastante reduzido, mas, como já havia passado dois meses desde a liberação da verba de incentivo, não puderam mais aguardar interessados.

b) O coordenador das áreas julgava irrelevante, nessa altura das discussões, os depoimentos recém-anexados ao processo disciplinar, vistos anteriormente como bastante úteis.

c) Entrevistou-se, rigorosa e meticulosamente, os últimos quinze profissionais que concorriam à vaga, cuidados que poderão, sem dúvida, acarretarem bom desempenho em diversas áreas.

d) As receitas dos médicos foram encaminhadas ao setor responsável, que as organizou em pastas e arquivou-as, passos que se deve ao protocolo da área específica de registros.

e) Para não merecerem repreensão dos pais, os rapazes pediram ao tio que não os repreendesse caso não lhe pudessem telefonar para avisá-lo do início do jogo.

7. (FUNCEPE-Câmara Municipal de Acaraú/CE-Consultor Legislativo) Em "havia muitas estrelas" (linha 08), as regras de concordância verbal foram respeitadas. Assinale o item em que isso NÃO acontece:
a) Deve fazer vários anos que não há uma seca tão grande.
b) Grande parte dos sertanejos conta essa mesma história
c) Um por cento dos nordestinos não se identifica com Fabiano.
d) Quais de nós conhecem histórias semelhantes?
e) Mantém-se sempre os sonhos, apesar das dificuldades.

8. (PC/RS-Delegado de Polícia) Considere as seguintes frases:
a) Ele é um dos que se *inscreveram* por procuração.
b) Mais de um suspeito *prestou* depoimento.
c) Cerca de cem pessoas *aguardam* na fila.
d) Não *compareceram* 28% dos candidatos.
e) O autor ou autores do crime *conheciam* a vítima e seus hábitos.
Acerca da concordância verbal nas frases, é correto afirmar que:
a) todas estão corretas.
b) apenas uma delas está incorreta.
c) apenas duas delas estão corretas.
d) apenas duas delas estão incorretas.
e) apenas uma delas está correta.

9. (VUNESP-Instituto de Pesquisas Tecnológicas) Assinale a alternativa em que a concordância está de acordo com a norma-padrão da língua portuguesa.
a) Os veículos leiloados são: uma ambulância, dois tratores e dez motocicletas.
b) Informações detalhadas acerca das peças encontra-se disponível a partir da página 15 do Edital.
c) Poderá participar do leilão pessoas físicas portando RG, CPF e comprovante de endereço.
d) Os lances que abrem o leilão deve partir de um valor mínimo estipulado pelo leiloeiro.
e) A substituição dos veículos e máquinas leiloados serão feitos com a verba arrecadada no leilão.

10. (VUNESP-Fundação Casa, Advogado) Assinale a alternativa correta quanto à concordância, de acordo com a norma-padrão da língua portuguesa.
a) Estudos recente demonstram a necessidade de se investir no ensino de matemática nos níveis fundamentais de aprendizagem.
b) Muito concorrida, carreiras como as de advogado e de jornalista também requerem conhecimento matemático.
c) A cultura científica, apesar de fundamental para muitas carreiras, ainda é visto com desprezo por alguns estudantes.
d) Conhecimentos básicos de estatística é de fundamental importância para a compreensão de algumas informações de nosso cotidiano.
e) A matemática pode ser considerada a base para algumas das mais intrigantes especulações científicas da atualidade.

11. (VUNESP-PC/SP) Considerando a norma-padrão, assinale a alternativa correta quanto à concordância nominal.

a) Foi formada, graças a Niemeyer, uma geração de novos arquitetos dedicados a dar continuidade a seus projetos.

b) Já foram realizado, em diferentes universidades, vários estudos sobre a produção do arquiteto brasileiro.

c) Considerado uma das criações mais inovadoras do século XX, a arquitetura de Niemeyer é singular.

d) Seria celebrado, no Rio de Janeiro, uma grande festa em comemoração aos 105 anos de Oscar Niemeyer.

e) As visitas a Brasília se tornaram frequente, em especial para se apreciar a arquitetura de Niemeyer.

12. (VUNESP-PC/SP) Assinale a alternativa em que a concordância se dá em conformidade com a norma-padrão.

a) Fazem anos que me mudei para este apartamento com minhas filhas, que havia acabado de voltar do exterior.

b) Os amigos que acreditavam no desaparecimento do livro teve de rever suas convicções diante das vendas de livros, que continua aumentando.

c) Apesar de ter criticado as estantes, os amigos do autor concluiu que era muito cômodo dispor de uma grande variedade de livros e CDs.

d) Já existe muitos jovens que tem baixado músicas pela internet e já se desfez de seus leitores de CDs tradicionais.

e) Um casal de amigos questionou a utilidade das estantes que haviam sido compradas para o apartamento novo.

13. (VUNESP-PC/SP-Atendente de Necrotério Policial) Assinale a alternativa que completa, correta e respectivamente, as lacunas do texto, de acordo com as regras de concordância da norma-padrão da língua. Os experimentos humanos nazistas .... uma série de experiências científicas realizadas em uma grande quantidade de seres .... que estavam detidos nos campos de concentração do regime nazista durante a Segunda Guerra Mundial. Os presos foram .... a participar. Experiências com filhos gêmeos, em campos de concentração, foram criadas para mostrar as semelhanças e diferenças na genética de gêmeos, bem como para ver se o corpo humano pode ser manipulado.

(http://pt.wikipedia.org/wiki/Experimentos-humanos-nazistas. Adaptado. Acessado em 27-3-2013)

a) foram – humanos – obrigados
b) foram – humano – obrigado
c) foi – humano – obrigado
d) foram – humanos – obrigado
e) foi – humanos – obrigado

Referências bibliográficas

AZEREDO, José Carlos. *Fundamentos de gramática do português*. Rio de Janeiro: J. Zahar, 2000.

____. *Iniciação à sintaxe*. 7. ed. São Paulo: J. Zahar, 2001.

BECHARA, Evanildo. *Gramática de língua portuguesa*. 37. ed. rev. ampl. Rio de Janeiro: Lucerna, 1999.

____. *Lições de português pela análise sintática*. 18. ed. rev. ampl. Rio de Janeiro: Nova Fronteira, 2009.

CARONE, Flávia de Barros. *Morfossintaxe*. São Paulo: Ática, 1990.

____. *Subordinação e coordenação*: confrontos e contrastes. 6. ed. São Paulo: Ática, 2000.

CASTILHO, Ataliba. *A língua falada no ensino de português*. São Paulo: Contexto, 2000.

____. *Nova gramática do português brasileiro*. São Paulo: Contexto, 2010.

CUNHA, Celso; LINDLEY CINTRA, Luís F. *Nova gramática do português contemporâneo*. 6. ed. Rio de Janeiro: Lexikon, 2013.

GARCIA, Othon M. *Comunicação em prosa moderna*. 23. ed. Rio de Janeiro: FGV, 2000.

KURY, Adriano da Gama. *Novas lições de análise sintática*. 9. ed. São Paulo: Ática, 2002.

NEVES, Maria Helena de Moura. *Gramática de usos do português*. São Paulo: Editora da Unesp, 2000.

VIEIRA, S.; BRANDÃO, S. *Ensino de gramática:* descrição e uso. São Paulo: Contexto, 2006.

4
SEMÂNTICA E LÉXICO
Maria Aparecida Lino Pauliukonis

Introdução

Cada vez mais, o mundo exige que nos comuniquemos de forma efetiva, o que só ocorre se nossa mensagem realmente atingir seu objetivo principal que é a interação com nossos semelhantes, por meio de textos coesos e coerentes. Às vezes, isso se torna difícil, pois uma mensagem que é apresentada sem objetivos claros, confusa, com termos inadequados aos referentes ou a uma determinada situação comunicativa certamente não será bem compreendida e seu autor estará cometendo "falhas" na comunicação.

Para ajudá-lo a se expressar adequadamente, este capítulo trata dos problemas da significação das formas linguísticas e dos sentidos específicos nos contextos mais diversos; objetiva também apresentar como o usuário deve se comportar linguisticamente para obter melhor comunicação, de forma rica e variada, e, assim, ampliar suas condições de bom usuário da língua portuguesa.

Trataremos, pois, da significação das formas linguísticas e da importância dos interlocutores e da situação social; também focaremos a polissemia e os sentidos denotativos e conotativos; os problemas da ambiguidade, lexical e sintática; a diferença entre a significação semântica e pragmática e os sentidos do código em face dos usos relacionados a cada situação comunicativa.

Veremos a classificação dos sentidos referente às questões de sinonímia e antonímia, homonímia e paronímia, hiperonímia e hiponímia de modo a mostrar-lhe recursos e falhas na comunicação, com as devidas correções, temas que vão ser de grande utilidade para você.

Mostraremos como selecionar, na elaboração de seu texto, um vocábulo apropriado, segundo diversos fatores, com base na grande variação de significados. Basicamente, trataremos dos critérios de adequação dos termos, em função dessa gama significativa, o que justifica o título do subcapítulo.

E analisaremos fragmentos de textos com diversas impropriedades de linguagem, referentes ao mau uso do léxico, à falta de paralelismo de sentido, à impropriedade na escolha lexical, entre outros problemas cujas soluções procuraremos apresentar.

Assim, este capítulo será dividido em quatro subcapítulos:
4.1 Texto e contexto

4.2 Relações lexicais
4.3 A seleção vocabular
4.4 Impropriedade semântica

São várias as soluções que se tornam possíveis graças ao uso de um vocabulário variado e adequado a cada referente, a cada interlocutor e a cada situação, ao tipo de registro e gênero escolhidos e a outros princípios importantes, a que o usuário da língua deve estar atento, quer seja informando, argumentando ou, simplesmente, trocando ideias e discutindo os problemas, na busca de soluções, de forma a nos tornar mais humanos, mais solidários e próximos uns dos outros.

Bom estudo!

4.1 Texto e contexto

Neste subcapítulo, ofereceremos um momento de reflexão sobre a importância da escolha lexical e da correta ligação entre os termos para a melhor expressão de um texto. O processo de descodificação dos significados, tendo em vista a especificidade dos termos, o contexto dos interlocutores, a apresentação da mensagem de forma mais precisa, sem ambiguidades de interpretação, a atenção aos significados conotativos e aos vários problemas decorrentes de processos interacionais permitem reconhecer que, nos diversos usos da língua, além de uma organização lógica do raciocínio, é preciso estar atento à diversidade das situações de comunicação e às intenções implícitas que podem levar a novos sentidos contextualizados.

Tais recomendações quanto à utilização do léxico são válidas tanto no processo de leitura quanto no de produção textual. A obediência a tais requisitos tornará qualquer texto mais facilmente compreendido pelo interlocutor e será, por conseguinte, avaliado como bem apresentado e bem escrito.

4.1.1 Texto em contexto

O que é TEXTO?
Pode-se definir TEXTO como uma unidade de sentido, de que todo usuário da língua se vale para comunicar suas ideias a um interlocutor. Não importa seu tamanho, o que determina sua coerência é um conjunto de conhecimentos linguísticos e outros conhecimentos que aprendemos com a convivência social e que nos tornam aptos a interagir em diversas situações. Todo texto só se realiza pelo uso efetivo da linguagem, verbal ou não verbal, em determinadas situações e sob a forma de um gênero textual.

TEXTO EM CONTEXTO é a relação entre o texto e os elementos da situação em que ele ocorre. Dada sua importância, não se pode falar em texto sem contexto, uma vez que é um dos fatores que possibilitam avaliar o que é adequado ou não em uma interpretação.

1. Atribua diferentes SIGNIFICADOS para o termo *casa*, conforme as situações distintas de fala, percebidas nas frases a seguir:
a) Minha tia só necessitava de uma casa simples para morar.
b) Vou para minha casa agora, preciso descansar um pouco.
c) A casa do Rei Fulano é aquela, está vendo?
d) A casa daquela família muito pobre fica no Morro da Fortuna.
e) O governo vai construir casas populares.

2. Leia a fábula, a seguir, e você poderá perceber que a interpretação da mensagem deriva do gênero textual e do contexto em que ele ocorre:

O passarinho e o elefante

Ao ver um pequeno pássaro carregando em seu bico água do riacho até um incêndio que se alastrava pela floresta, o elefante perguntou:
— Você está querendo apagar esse fogaréu com essas gotinhas d'água?
O passarinho respondeu:
— Estou apenas fazendo a minha parte.

Uma mensagem que se extrai desta fábula poderia ser parafraseada pela seguinte máxima:
a) Deus dá o frio conforme o cobertor.
b) Em casa de ferreiro o espeto é de pau.
c) Não há mal que nunca se acabe.
d) A indiferença é o pior dos males.
e) De boas intenções o inferno está cheio.

🔥 Saiba mais

Nem sempre tem sido simples definir o real significado de um termo, quando usado em diferentes situações. A causa disso está no próprio conceito de significar, que é "fluido" e "fugidio", pois o sentido é variável nos diferentes usos da língua. Um mesmo termo pode ter várias significações, ou um mesmo conteúdo pode ser expresso por termos diferentes, os quais, embora sinônimos, trazem novas contribuições ao sentido.

Se considerarmos, como vimos nos exemplos sobre *casa*, um referente do mundo real com o sentido de *abrigo*, podemos dispor de diversas formas para sua expressão: *lar, canto, teto, palácio, barraco*, que trazem novos matizes de significação. Somente pelo uso nas diversas situações, pode-se identificar qual a melhor forma de especificar o sentido e a intenção comunicativa em uma interação textual.

4.1.2 Ambiguidade ou dubiedade de sentido

Se o processo da significação em si é complexo, agrava mais ainda essa complexidade o fato de existirem na língua termos ou também formas de construção de frases que apresentam ambiguidade ou dubiedade de sentido, como você poderá observar no item seguinte.

AMBIGUIDADE é a duplicidade de sentido de um termo ou de uma construção sintática. Ocorre a partir do uso de formas idênticas ou homônimas —*ambiguidade lexical* — e de construções de frases que permitem duplo sentido — *ambiguidade sintática*. Observe as frases a seguir e veja a ambiguidade nelas instalada, a partir do léxico empregado:

- Ele estava perto do *banco* ... (qual? o da praça ou o estabelecimento bancário?); para evitar confusão, teríamos que especificar o contexto *banco de madeira da praça*, por exemplo.
- — Você tem *saudades*? (numa floricultura, são flores; num cemitério, pode se referir a sentimento).

Logo, o sentido é sempre mediado pelo contexto.

Glossário

HOMÔNIMAS – são palavras que apresentam a mesma pronúncia: HOMÔNIMAS HOMÓFONAS (*apreçar* e *apressar*); ou a mesma grafia: HOMÔNIMAS HOMÓGRAFAS (*gosto* [substantivo] e *gosto* [verbo]), ou ainda a mesma grafia e pronúncia: HOMÔNIMOS PERFEITOS (*lima* [fruta] e *lima* [ferramenta]). Parônimas são palavras apenas parecidas, na pronúncia e na grafia. Em todos os casos os significados são diferentes, pois são vocábulos com origens diferentes; a semelhança na forma pode causar ambiguidade lexical.

3. Reconheça as palavras homônimas ou parônimas capazes de preencher as frases abaixo:

a) Demorou horas no trânsito, não sabia que o *tráfico/tráfego* estava tão lento.
b) Deixou a *cela/sela* ontem e fugiu sem ninguém perceber.
c) "Não há *mal/mau* que sempre dure, nem bem que sempre ature".
d) O médico *proscreveu/prescreveu* a receita rapidamente.
e) O juiz queria *deferir/diferir* o documento ainda hoje.

4. Identifique problemas de ambiguidade lexical nos enunciados a seguir:

Olá, me dá um refrigerante por favor

Droga, esta tampa não quer abrir

Para ela abrir você tem que torcer

"AVANTE! ABRE! ABRE! ABRE!"

© *cyanidesisbrasil* (adaptado)

4.1.3 Ambiguidade sintática

A AMBIGUIDADE SINTÁTICA é característica das frases que, pela construção, apresentam mais de um sentido, como em *Pedro viu o jovem correndo no jardim*. Com essa estrutura frasal, não sabemos se era Pedro ou o jovem que estava correndo no jardim. Já em *Recebeu um cartão de Niterói de São Paulo*, a ambiguidade na construção da frase não permite dizer de onde o cartão foi postado, ou qual é o local mencionado no cartão.

Para se evitar esse tipo de ambiguidade, basta uma outra construção ou colocação dos termos: *João corria no jardim, quando viu o jovem*; ou *Recebi, postado de São Paulo, um cartão de Niterói*.

5. Identifique problemas de ambiguidade na construção dos enunciados a seguir e reescreva as frases evitando-os:

a) Ela encontrou o namorado correndo no parque.
b) Vimos o acidente do carro e estávamos lá dentro.
c) Ele falou com o rapaz debruçado na janela.
d) A professora deixou a turma entusiasmada.
e) A filha do Coronel que esteve aqui ontem quer falar com você.

6. Ocorre ambiguidade de sentido entre os termos "robalo" e "roubá-lo" devido à semelhança de pronúncia. Explique a importância dos contextos apresentados para se evitar duplicidade de sentido, nos enunciados seguintes:

a) Numa peixaria:
— Quero robalo!
— Quantos quilos?

b) Numa rua deserta:
— Quero "roubá-lo", me passe o celular!

7. Em muitas "piadas" o efeito de humor também resulta do emprego do léxico e de construções sintáticas ambíguas. Observe esta anedota e reescreva uma das frases corrigindo sua ambiguidade:

Uma mulher entra numa loja e pergunta à vendedora:
— Posso experimentar esse vestido na vitrine?
A vendedora responde:
— A senhora não prefere experimentar no provador?

8. Comente a ambiguidade que ocasiona o emprego do vocábulo "galo" no contexto dos quadrinhos abaixo:

© Ciça Alves Pinto

Glossário

SEMÂNTICA refere-se ao estudo das significações. O termo SEMÂNTICA foi proposto pelo linguista e filósofo Michel Bréal, em 1883; o vocábulo é derivado do grego *semainein* e se relaciona com o significado das formas linguísticas. Hoje a preocupação com a Semântica está em todas as áreas, dada a importância que as questões do significado têm para a vida de todos os dias e dado o peso que alguns instrumentos de Avaliação de Concursos atribuem a ele. Afinal, significar relaciona-se a todas as operações que realizamos, quando utilizamos a língua nas diversas situações sociais.

CONTEXTO é a relação que se estabelece entre o texto e os elementos da situação em que ocorre. É o conjunto de circunstâncias em que se produz a mensagem – lugar e tempo, cultura do emissor e do receptor etc. – e que permitem sua correta compreensão. A noção de contexto abrange tudo que dê conta não só do que acontece no texto, *contexto situacional*, mas também de aspectos culturais envolvidos: *o contexto cultural*. Esses dois tipos de contexto são fundamentais para se compreender um texto.

👍 Saiba mais

- Um dos temas de interesse da Semântica sempre foi o de indicar o significado exato de um termo, mas já vimos que nem tudo é transparente nos usos da linguagem, sobretudo quando se sabe que as várias nuances de sentido trazem dificuldades à compreensão.

- A partir dessa *dubiedade* de significados, como já citado, é pertinente afirmar que o sentido em geral, mesmo o lexical dicionarizado, quando utilizado em textos, depende sempre de um contexto. Por meio dele, pode-se descobrir a verdadeira intenção significativa, que é o objetivo principal da comunicação. A partir disso, é possível estabelecer uma especificidade entre sentido linguístico e sentido de uso.

9. Observe o diálogo fictício entre patroa e empregada:
— Até amanhã, patroa!
— Os cinzeiros estão cheios de cinza.
— É verdade, até amanhã, patroa."
Explicar a diferença entre o sentido linguístico e o sentido de uso no diálogo acima.

4.1.4 Significado semântico e significado pragmático

Com a necessidade de delimitar os campos do saber, as pesquisas em linguística (de base científica) restringiram o campo da SEMÂNTICA ao estudo do significado virtual do Código Linguístico, sem considerar o contexto; já o sentido resultante do uso, em situações diversas, ficou delimitado ao campo da Pragmática. Este campo de estudo considera, assim, relevantes a relação entre os usuários da língua, sua identidade social e suas intenções. Diremos, então, que o sentido contextualizado é objeto de pesquisa da Pragmática enquanto compete à Semântica o "significado" linguístico do Código.

A noção ampla de *significar*, portanto, abrange os diferentes significados dos termos, com base tanto em sentidos virtuais, quanto em sentidos contextualizados. Em outros termos, a significação de um texto ou sua coerência está fundamentada nos elementos linguísticos e na experiência, no conhecimento de mundo dos falantes.

10. Na porta de um antiquário estava escrito: *"Compro velharias e vendo antiguidades"*. Qual a diferença de sentido entre os dois termos empregados no cartaz?

11. O objetivo de um anúncio é vender e, muitas vezes, vale "jogar" com o sentido dos termos para atrair a atenção. Observe a diferença de sentido entre esses outros dois anúncios de venda de carros: "Vendo *veículos usados*" e este outro: "Vendo *veículos seminovos*". Possuem o mesmo significado?

12. Reconheça a diferença de sentido nos enunciados seguintes, prevendo um contexto específico para cada termo marcado:
a) "E agora lá vem você com *esse rosto de* inocente...", disse o pai à filha.
b) Limpou o *focinho* sujo na cortina da sala, e sua mãe reclamou, é claro.
c) Cristo ofereceu a outra *face* a seus inimigos.
d) Não tem vergonha na *cara* de me dizer uma coisa dessas?
e) Notei seu *semblante* triste e abatido, devia estar com problemas.

13. Apenas pela sua experiência e pelo conhecimento de mundo, diga o *nome do objeto omitido* nos casos, a seguir:
a) um .... celular.
b) um .... a jato.
c) um .... despertador.
d) as .... maiúsculas.
e) o .... caixa.

14. Preencha as lacunas com vocábulos adequados para indicar cada objeto referente do mundo "real", segundo o modelo dado:
Modelo: Um livro tem *capa*, uma fruta tem *casca*.
a) A revista e o jornal têm *leitores*; o rádio tem ....
b) A televisão tem ...., enquanto a Internet tem ....
c) Uma escola tem *alunos*, o museu tem .... e a padaria e o açougue têm ....;
d) A escola tem ....; a igreja tem ....

15. Cuidado! Na lista a seguir, um termo parece significar uma coisa, mas não significa. Observe que o significado correto do termo só ocorre em uma das opções. Assinale-a.
a) Rinite é inflamação nos rins.
b) Nefrite é inflamação nos nervos.
c) Tendinite é inflamação no calcanhar.
d) Otite é inflamação no ouvido.
e) Cavalheiro é o homem que anda a cavalo.

16. Estabeleça a diferença de sentido entre essas duas frases, ouvidas em duas situações ou contextos bem diferentes, explicando-as:
a) Uma moça termina o namoro com o rapaz, dizendo: "— Você não tem nada na cabeça."
b) Um médico examinando uma radiografia de seu paciente: "— Você não tem nada na cabeça."

17. Os mal-entendidos, muitas vezes, derivam de ambiguidades, de problemas de reconhecimento do verdadeiro significado contextualizado. No caso narrado a seguir, o sentido da "piada" deriva da ambiguidade de um termo usado pelo filho, explique-o:
A mãe ao filho:
— Que é isso, meu filho, colocando a televisão na geladeira?
— Quero congelar a imagem, mamãe.

4.1.5 Polissemia (denotação e conotação)

O vocábulo é POLISSÊMICO quando apresenta extensões de sentidos, ou seja, vários sentidos derivados ou CONOTATIVOS, reconhecidos nos contextos distintos em que ele se encontra. Veja o caso de *ponto*:
- Não se esqueça de colocar *ponto* final nas suas frases. (sinal gráfico)
- Vamos marcar um *ponto* certo para o encontro. (local determinado)
- Esse ônibus faz *ponto* na cidade. (parada)
- Precisamos conversar, pois há um *ponto* ainda a discutir. (assunto)

Nesses casos temos, a partir de um sentido DENOTATIVO — ponto (marcação, ou *notação léxica* que encerra uma frase), extensões a partir do sentido básico, referencial. Normalmente há uma ligação entre esses vários sentidos, mas pode acontecer de essa relação não estar tão clara. Em "Ler o livro de cabo a rabo" — alguns traduzem por "do início ao fim", por se relacionar à "ponta e ao final". Outros afirmam que essa expressão teria derivado de outra: "Ir da cidade do *Cabo* (África do Sul) *a Rabah* (capital do Marrocos)", cidades situadas em dois extremos; observa-se que polêmicas e dúvidas são frequentes no estudo das significações.

18. Reconheça os vários sentidos que o termo *linha* mantém nos enunciados, o que configura a polissemia do termo.
A) A *linha* era azul.
B) A única mulher que andou na *linha* o trem matou.
C) Esse ônibus faz a *linha* Norte-Sul.
D) Preciso conversar com você, veja se me escreve umas *linhas*.
E) Não consigo seguir a *linha* de seu raciocínio.

19. Em um texto propagandístico estava escrito: *Dicionário X "BOM PRA BURRO"*. Interprete o sentido da expressão polissêmica *"Bom pra burro"*, usada para caracterizar o dicionário, comentando a produtividade desse processo ambíguo usado no texto propagandístico.

20. Veja agora o emprego polissêmico no uso do verbo *torcer* nos enunciados seguintes e comente sua natureza:
a) O verdadeiro torcedor vai *torcer* sempre pelo seu time, não importam os resultados dos jogos.
b) "Gelo é a primeira medida a se tomar após *torcer* o tornozelo. Em seguida, é preciso procurar o

médico imediatamente. Todo mundo está sujeito a torcer o pé. Pode acontecer durante uma caminhada normal, basta ter um buraco na calçada, a pessoa pisa torto, força o tornozelo e... pronto! A região fica inchada, dolorida, e os ligamentos sofrem lesões que podem ficar para sempre."

(Disponível em: ‹http://g1.globo.com/bemestar/noticia/2012/03/gelo-e-primeira-medida-se-tomar-apos-torcao-de-tornozelo.html›. Acesso em nov. 2013)

GLOSSÁRIO

DENOTAÇÃO – refere-se ao sentido que está dicionarizado e normalmente retrata os seres do mundo, como seus referentes (*gravata* = peça do vestuário masculino; *orelha* = parte do corpo).

CONOTAÇÃO – refere-se à extensão de sentido, o que torna as palavras mais fáceis de se adaptarem aos diferentes contextos (*gravata* = golpe de luta livre; *orelha* = dobra da capa do livro).

👍 Saiba mais

- A POLISSEMIA explica os vocábulos que têm seu uso estendido — sentido conotativo — graças a comparações e associações de ideias; citam-se os casos conhecidos como METÁFORA, que é um novo sentido fundado na comparação com o termo base, como em *Ela é uma flor* (ou seja, bela como uma flor). *Ele é um leão* (bravo, forte como o rei da selva).

- Em algumas ASSOCIAÇÕES METAFÓRICAS, os falantes podem não reconhecer mais a origem das expressões, como é o caso da expressão: *Agora Inês é morta* — que significa a inutilidade de qualquer reação diante de um problema insolúvel. O uso da expressão refere-se à morte de Inês de Castro, personagem cuja história é contada no livro *Os Lusíadas* de Luís de Camões. Inês é amante do rei D. Pedro I, mas os dois vivem um romance proibido. D. Pedro vai para a guerra e, quando retorna, encontra sua amada morta, assassinada a mando de seu pai. Conta a História que ele mandou desenterrá-la e a coroou, tornando-a "rainha", e se vingou de todos os seus algozes.

4.1.6 Significado *final* ou sentido *contextualizado*

Pelo que estamos vendo, os significados do código linguístico se atualizam nos contextos e servem para expressar as várias significações, em diferentes gêneros textuais. As variações de sentido são analisadas pela Semântica e pela Pragmática, campos que se completam e se tornam fundamentais para os que buscam significados a partir de um consenso social. Ao levar em consideração os contextos sociais, busca-se obter o SIGNIFICADO FINAL, que é a perspectiva de qualquer leitor crítico e consciente.

21. Analise o que a comunicação a seguir permite entender e diga se esse sentido é objeto de estudo da Semântica ou da Pragmática, ou das duas, em interação complementar:
"Em um restaurante:
— Garçon, mais um cafezinho e a *dolorosa*, por favor!"

> ### 👍 Saiba mais
>
> Sem se considerar o contexto e as condições da produção de enunciado, fica difícil detectar o *significado final* de um texto. Muitos autores defendem que apenas o uso real permite reconhecer o que seja esse significado. Um exemplo para situarmos melhor o SIGNIFICADO FINAL ou o SENTIDO NO NÍVEL DO DISCURSO: a frase *"Puxa, tenho trinta anos! Sou velho!"* dita por um modelo fotográfico ou um jogador de futebol, exprime lástima; já um professor universitário diria *"— Puxa! Tenho trinta anos!!"*, para se autoelogiar. Conclui-se, então, que o sentido "real", até mesmo o informativo ou o denotativo, depende do contexto ou da situação, sendo que não há dicionário capaz de prever todos os sentidos. Assim, a situação, o contexto e o gênero textual, dentre outros fatores, podem delimitar o sentido intencional ou o processo de *semiotização do mundo*, que é, em suma, o que permite observar como se dá a transformação do "mundo" em linguagem significativa de discurso.

4.1.7 Linguagem e ação

Sobre a importância da significação final da linguagem e da intenção comunicativa, apresentamos a reflexão de José Luiz Fiorin (1990,p. 74) em *Comunicar é agir*, seguida de comentários.

"Quando um enunciador comunica alguma coisa, tem em vista agir sobre o mundo. Ao exercer seu fazer informativo, produz um sentido com a finalidade de influir sobre os outros. Deseja que o enunciatário creia no que ele diz, mude de comportamento, de opinião. Ao comunicar, age no sentido de fazer-fazer. Entretanto, mesmo que não pretenda que o outro aja, ao fazê-lo saber alguma coisa, realiza uma ação, pois torna o outro detentor de um saber.

Comunicar é também agir num sentido mais amplo. Quando um enunciador reproduz em seu discurso elementos de uma formação discursiva dominante, de certa forma, contribui para reforçar as estruturas de dominação. No entanto, se se vale de outras formações discursivas, ajuda no sentido de colocar em cheque as estruturas sociais. (...) Sem pretender que o discurso possa transformar o mundo, pode-se dizer que a linguagem pode ser um instrumento de libertação ou de opressão, de mudança ou de conservação."

COMENTÁRIOS: O texto acima intitulado "Comunicar é agir" refere-se às várias funções que a linguagem pode exercer; além de sua função informativa, em que se busca "traduzir" o mundo "real" em signos linguísticos, a linguagem também influi sobre o destinatário, realizando atos de linguagem decorrentes de um novo estatuto que confere ao interlocutor, ou seja, torna-o detentor de um saber. Assim, não somente se comunica algo, mas realizam-se atos/ações de linguagem ao comunicar, no sentido de que se deseja que o ouvinte mude seu comportamento e sua opinião, portanto, não basta comunicar, mas agir é essencial.

● DE OLHO VIVO NA SELEÇÃO LEXICAL

Neste capítulo, esperamos ter oferecido momentos de reflexão sobre:

1. a importância da escolha lexical e da correta ligação entre os termos para a melhor expressão adequada aos diferentes textos;

2. a necessidade de se atentar para a especificidade dos termos, o contexto dos interlocutores e a apresentação da mensagem sem ambiguidades de interpretação;

3. o cuidado com os significados conotativos e com os vários problemas contextuais;

4. a importância da situação de comunicação que, ao lado da organização lógica do raciocínio, contribui para a descodificação das intenções implícitas dos emissores que podem levar a novos efeitos de sentido;

5. a adequada utilização do léxico, o que é válido tanto no processo de leitura quanto no de produção textual.

Questões de concurso

1. (CEPERJ-SEFAZ) "As mansões pagam menos imposto que as favelas, e *estas* ainda não têm serviços públicos como água, esgoto e coleta de lixo." O emprego da *forma do demonstrativo* destacada se justifica porque:
a) se refere a um elemento que ocorre no momento presente, e não no passado.
b) se relaciona a um elemento que está próximo ao autor do texto e não do leitor.
c) se prende ao último elemento citado anteriormente.
d) se liga a um termo mais distante que outro, ambos citados anteriormente.
e) se conecta a um elemento que é citado no futuro do texto.

2. (CEPERJ-SEFAZ) "Os 10% mais ricos concentram 75% da riqueza do país. *Para* agravar ainda mais o quadro da desigualdade brasileira, os pobres pagam mais impostos que os ricos.
Segundo levantamento feito pelo Ipea (Instituto de Pesquisa Econômica Aplicada), apresentado hoje (15/5) ao CDES (Conselho de Desenvolvimento Econômico e Social) reunido em Brasília, os 10% mais pobres do país comprometem 33% de seus rendimentos em impostos, *enquanto* que os 10% mais ricos pagam 23% em impostos.
"O país precisa de um sistema tributário mais justo que seja progressivo e não regressivo *como* é hoje. *Ou seja*, quem ganha mais deve pagar mais; quem ganha menos, pagar menos".
Entre os cinco elementos destacados no fragmento de texto acima, aquele que mostra o VALOR SEMÂNTICO corretamente identificado é:
a) para – direção
b) segundo – ordem
c) enquanto – tempo
d) como – conformidade
e) ou seja – explicação

3. (ENEM 2009)

Texto I

Ser brotinho não é viver em um pínncaro azulado; é muito mais! Ser brotinho é sorrir bastante dos homens e rir interminavelmente das mulheres, rir como se o ridículo, visível ou invisível, provocasse uma tosse de riso irresistível.

CAMPOS, Paulo Mendes. Ser brotinho. In: SANTOS, Joaquim Ferreira dos (Org.).
As cem melhores crônicas brasileiras. Rio de Janeiro: Objetiva, 2005, p. 91.

Texto II

Ser gagá não é viver apenas nos idos do passado: é muito mais! É saber que todos os amigos já morreram e os que teimam em viver são entrevados. É sorrir, interminavelmente, não por necessidade interior, mas porque a boca não fecha ou a dentadura é maior que a arcada.

FERNANDES, Millôr. Ser gagá. In: SANTOS, Joaquim Ferreira dos (Org.).
As cem melhores crônicas brasileiras. Rio de Janeiro: Objetiva, 2005, p. 225.

Os textos utilizam os mesmos recursos expressivos para definir as fases da vida, entre eles,

a) expressões coloquiais com significados semelhantes.
b) ênfase no aspecto contraditório da vida dos seres humanos.
c) recursos específicos de textos escritos em linguagem formal.
d) termos denotativos que se realizam com sentido objetivo.
e) metalinguagem que explica com humor o sentido de palavras.

4. (ENEM 2011)

O efeito de sentido da charge é provocado pela combinação de informações visuais e recursos linguísticos. No contexto da ilustração, a frase proferida recorre à

© Charge de Ivan Cabral

a) polissemia, ou seja, aos múltiplos sentidos da expressão "rede social" para transmitir a ideia que pretende veicular.
b) ironia para conferir um novo significado ao termo "outra coisa".
c) homonímia para opor, a partir do advérbio de lugar, o espaço da população pobre e o espaço da população rica.

d) personificação para opor o mundo real pobre ao mundo virtual rico.

e) antonímia para comparar a rede mundial de computadores com a rede caseira de descanso da família.

5. (FUNCAB-CAERD) A reescrita que altera o sentido da primeira oração de: "[...] se assim fosse, os que se dedicam ao passatempo das palavras-cruzadas e os autores de dicionários seriam forçosamente grandes escritores ou oradores [...]" é a seguinte:

a) caso assim fosse

b) assim sendo

c) supondo que assim fosse

d) a ser assim

e) fosse assim

6. (FUNCAB-SESC/BA) Na composição do fragmento "[...] renasce a chama do amor de uma brasa dormida nas cinzas do peito", o autor emprega uma figura que constrói a ideia a partir de termos inconciliáveis. A figura de linguagem em questão é:

a) paradoxo

b) eufemismo

c) aliteração

d) comparação

e) hipérbole

7. (FUNCAB-SESC/BA) No período "Quanto mais dormia com ela, mais tinha vontade", a relação de sentido, estabelecida entre as orações, é de:

a) causalidade

b) finalidade

c) temporalidade

d) proporcionalidade

e) conformidade

8. (FUNCAB-SESC/BA) Levando em conta o enunciado em contexto em que aparecem os termos destacados das frases abaixo, assinale a alternativa em que o sinônimo apresentado é adequado.

a) "[...] os marinheiros tiveram novamente FOLGA [...]" = espaço

b) "Um olhar SUPLICANTE [...]" = irreverente

c) "VASCULHOU os bolsos o loiro sueco [...]" = investigou

d) "TOMOU da garrafa de cachaça [...]" = ingeriu

e) "[...] EMBORCOU em dois tragos [...]" = virou/tomou

9. (FUVEST/SP) "A princesa Diana já passou por poucas e boas. Tipo quando seu ex-marido Charles teve um *love affair* com Lady Camille revelado para Deus e o mundo." (*Folha de S. Paulo*, 5-11-1993).
No texto acima há expressões que fogem ao padrão considerado culto da língua escrita.
Indique duas dessas expressões.

10. (IF/Farroupilha) A linguagem produz determinados sentidos de acordo com o contexto em que é utilizada. Com base nessa concepção, em "Já os nascidos na era da informática foram 'alfabetizados' na infância e sabem mais do universo digital do que a turma dos quarenta, os 'imigrantes'", a palavra "imigrantes" está empregada em seu sentido:
a) Denotativo, significando, no contexto, que "a turma dos quarenta" entrou em território (país) estranho para nele se estabelecer.
b) Conotativo, significando, no contexto, que "a turma dos quarenta" está entrando em um território desconhecido para se inteirar de um conhecimento sobre o qual não tem domínio, mas que anseia desbravá-lo e dele se apoderar.
c) Conotativo, significando, no contexto, que "a turma dos quarenta" está vivendo um processo de transição da escrita à mão para a digitalização.
d) Denotativo, significando, no contexto, que "a turma dos quarenta" invadiu um espaço em que não lhe permitiam transitar.
e) Pejorativo, já que a palavra mais adequada a esse contexto é: "emigrante".

11. (USP-SP) Indique a alternativa em que o vocábulo *colher* está empregado em sentido figurado.
a) Em briga de marido em mulher não se põe a colher.
b) Queria uma colher bem grande para retirar o doce da panela.
c) O doutor prescreveu xarope contra a tosse: uma colher de sobremesa a cada três horas.
d) Não se deve pôr a colher suja na toalha da mesa.
e) A criança, fazendo birra, batia a colher no prato diversas vezes.

12. (VUNESP-CRO/SP) Assinale a alternativa que substitui, corretamente, quanto ao sentido, as expressões destacadas em – Das musas, entidades mitológicas da Grécia Antiga, dizia-se que eram *capazes de* inspirar criações artísticas e científicas. – e – Ao dizer isso, ele jura que não é *dor de cotovelo*.
a) decididas a; displicência
b) voltadas a; remorso
c) avessas a; ressentimento
d) suscetíveis de; despeito
e) cientes de; indiferença

4.2 Relações lexicais

A linguagem é a principal manifestação que possibilita o convívio humano. Vistas como código, veículo de comunicação ou fator de interação social, as várias concepções de língua e de linguagem têm sido estudadas como o melhor caminho para a integração dos seres humanos. Se buscamos interagir, valemo-nos, prioritariamente, de textos para atingir os nossos objetivos, pois, como seres gregários e sociais, queremos agir sobre o outro, tentar convencê-lo de nossas razões, enfim, persuadi-lo. Os atos de convencer e persuadir são dois aspectos indispensáveis do ato de comunicação, que se fundamenta, sobretudo, em uma adequada escolha de termos para um eficiente uso.

Assim, a linguagem se baseia nas palavras e nas relações que elas mantêm entre si, em enunciados responsáveis pelos sentidos nos mais diversos contextos: relações de SINONÍMIA e ANTONÍMIA, HOMONÍMIA e PARONÍMIA; HIPERONÍMIA e HIPONÍMIA, POLISSEMIA, que serão vistas neste subcapítulo, sempre com o objetivo de explorar as variadas nuances de sentido do léxico, empregado em cada situação comunicativa.

Comecemos pelo exame da relação de sinonímia entre os termos, de que derivam diferentes efeitos de sentido a depender dos contextos.

4.2.1 Sinonímia

A SINONÍMIA se refere, em princípio, às palavras que têm o mesmo significado, ou seja, as que indicam o mesmo objeto/referente. Em "*longo* e *comprido* era o *corredor*", os termos destacados são sinônimos, pois indicam a mesma qualidade de um objeto: a dimensão, ou o tamanho do corredor. A sinonímia, nesse caso, ajuda a identificar os referentes, com o uso de outros termos, e esse processo é fundamental para a variação do vocabulário, cujo uso não implica mudança de significado.

Os dicionários registram sempre mais de um sinônimo para cada termo ou expressão, justamente pela previsão de vários empregos nos diferentes contextos. Assim, *longo* pode referir-se também a tempo (*longa* foi a espera) e *comprido* pode indicar distância (*comprido* era o caminho até sua casa). Muitos termos são parcialmente sinônimos em alguns contextos e não em outros, o que nos faz concluir que não existe sinonímia total ou que os termos sinônimos não são perfeitos. Veja, por exemplo, a denominação de *dinheiro*: para comerciantes, ele representa *lucro*; advogados cobram *honorários*; operários recebem *salários*; garçons, *gorjetas*; mendigos, *esmola*; militares, *soldo*; magistrados, *emolumentos*, e assim por diante...

Nos exercícios, a seguir, vamos encontrar exemplos de muitas variações no processo da sinonímia, que é tratada aqui em níveis lexical e textual.

1. Escolha, dentre os termos dos parênteses, um sinônimo que substitua o termo destacado, sem alterar o sentido:
a) Vivia pronunciando *impropérios* nas festas e reuniões de família, para vergonha de todos. (gentilezas; mentiras; inverdades; palavrões)
b) A *incongruência* da decisão separou os Congressistas da Câmara. (honestidade; desonestidade; impropriedade; propriedade)
c) Passou por uma situação *vexatória* diante dos convidados. (inesquecível; maravilhosa; gratificante; vergonhosa)
d) A casa ficava numa região *inóspita*. (bonita; aconchegante; hospitaleira; inabitável)
e) O médico *prescreveu* uma nova dieta ao paciente. (proscreveu; sugeriu; receitou; aconselhou)

2. O uso de sinônimos evita repetições desnecessárias. Substitua os termos destacados por sinônimos ou por pronomes, sem interferir no sentido do termo.
a) Os alunos daquela Faculdade estão em greve; esse foi o caminho que os *alunos* encontraram para protestar contra a alta das mensalidades.
b) Logo depois de o soldado sofrer um acidente, *o soldado* foi levado ao hospital.
c) O emprego de meios de transporte na região é considerado difícil, mas não vamos deixar de empregar *os meios de transporte*.
d) Comprei esta fazenda há tempos, mas agora a *fazenda* está muito mais valorizada por causa da nova rodovia.
e) Ladrões estão mais violentos nos assaltos; durante *os assaltos* agridem as vítimas e até matam.

3. Neste exercício, ao substituir os termos destacados por sinônimos, há que se atentar para a equivalência que existe entre expressões adjetivas e orações adjetivas. Substitua as orações adjetivas destacadas por um só termo equivalente, sem mudança de significado.
Modelo: É um funcionário *que não está qualificado* para essa função – (desqualificado).
a) As últimas chuvas, *que foram muito violentas*, também provocaram enchentes nas cidades.
b) Para essa missão é necessário um homem *que tenha experiência* em viagens pelo interior.
c) Faça uma letra *que possa ser lida* por todos.

d) Todos anseiam por uma solução *que dure*.
e) Ele, *que nem tinha barba*, considerava-se já adulto.

4. Os exercícios seguintes referem-se a sinônimos que não são perfeitos. Leia as propostas e observe a intenção diferente em cada um dos textos, pelo uso das formas para expressar diferentes significados:

A – Um anúncio de uma campanha publicitária, em um *outdoor*, traz a seguinte advertência: "*Motoqueiro, o capacete é sua segurança. Ponha isso na cabeça*".

B – Um manual do usuário de capacete traz a mesma advertência, mas em outros termos: "*O capacete é um acessório importante para a segurança do motociclista que, por isso, não deve deixar de usá-lo*". Pede-se que

— em A, explique e justifique o tom expressivo e bastante argumentativo usado na campanha, com base no conhecimento de mundo. Comente a eficácia do sentido das palavras do anúncio, para o convencimento dos usuários, com base no gênero textual e no léxico empregado;

— em B, compare com o anúncio de A e veja que, apesar de terem o mesmo objetivo de recomendar o uso do capacete, os textos são diferentes em termos de eficácia argumentativa e pelos efeitos de sentido provocados.

Explique essa diferença.

● Saiba mais

Nunca é demais insistir: para uma boa interpretação é fundamental saber a significação dos termos empregados e sua organização no texto para a transmissão de ideias, já que todo texto é o resultado de um "trabalho" de tecer, de entrelaçar as partes — lembrar que a palavra *texto* vem do latim *textum* que significa tecido —, feito para se obter um todo inter-relacionado. Nesse processo, fundamental é a atenção à relação de sinonímia, que contribui para a variação do vocabulário e o enriquecimento de sentido do produto final.

5. Vamos ampliar o vocabulário, com a substituição das expressões destacadas por outros termos de sentido equivalente:

a) Jamais suportei pessoas *que fingem* ser nossos amigos. (...............)
b) Esta é uma medida *que beneficiará* os recém-concursados. (...............)
c) Pessoa *sem pudor*, não passa de uma pessoa ....
d) Ficaram *sem ação*, ou seja, ..., diante da cena.
e) Estavam todos *com raiva*, diante de tamanha injustiça. (...............)
f) Os inimigos estavam *com sede* de vingança. (...............)

4.2.2 Antonímia

A ANTONÍMIA se refere à relação entre vocábulos de significados opostos, ou seja, pares que se referem a realidades antagônicas: *perder/encontrar*; *dizer/desdizer*; *amar/odiar*; *bom/mau*; *belo/feio*; *grande/pequeno*, ou também complementares: *pai/filho*; *solteiro/casado*; *ir/voltar* etc.

Tal como ocorre com a sinonímia, os antônimos dependem de um contexto e, nesses casos, situam-se em um *continuum*. Vejamos o caso da oposição *quente/frio*. A princípio são antônimos. Se observarmos, porém, o contexto ou a situação de uso das expressões como "*cerveja quente/fria* e *sopa quente/fria*", há uma diferença de grau de temperatura, ou melhor, há gradações referentes à cerveja e à sopa. Chamamos a isso de ANTÔNIMOS GRADUAIS, ou seja, a antonímia não é total e pode ter fundamentação de sentido diferente em cada uso. No exemplo dado, *quente/frio*, há duas posições na escala de temperatura; em *amanhecer* e *entardecer*, temos como foco o início e o fim de um processo; em *bater* e *apanhar*, papéis diferentes em cada ação (cf. ILARI: 2002, p. 25). A antonímia, ou oposição, tanto quanto a sinonímia, ou a semelhança, são interpretadas em um processo gradual e contínuo, de acordo com o contexto.

6. Identifique as realidades opostas (antônimas) indicadas nos enunciados:

Modelo: Ele é loiro, ela é morena.
R: Tonalidades distintas de pele e de cabelo.

a) Por favor, me diga se o rio é raso ou fundo?
b) Entrou por uma porta e saiu por outra.
c) Você mora perto do trabalho, mas eu moro longe.

d) Ele estava muito feliz, mas ela, não; estava muito infeliz.
e) O avião é veloz ou lento?

7. Há oposições de palavras que servem para indicar inovações ou modificações que ocorrem em uma época. Exemplifique com termos que estão, atualmente, em oposição aos termos dados:
Açúcar *versus* ....; ovo comum em relação a ovo ....; direção mecânica de carro, *versus* direção ....; carro nacional *versus* carro ....; ônibus regular de linha *versus* ônibus ....; café de coador *versus* café ....; direitistas *versus* ....; monarquistas *versus* ....

8. Título de uma entrevista com Mateus Solano, ator que interpretou o personagem "Felix" na novela *Amor à vida*, apresentada pela Rede Globo em 2013:
"Mateus Solano, <u>tão mau que</u> chega a ser <u>muito bom</u>".
(Disponível em: http://revista-mensch.blogspot.com.br/2013/08/entrevista-mateus-solano-tao-mau-que.html. Acesso: em 21 nov. 2013)
O processo linguístico para indicar o sentido empregado na manchete baseia-se numa relação de *sinonímia*, de *antonímia, paronímia ou homonímia*? Explique.

9. "Cumprida" e "comprida" são casos de palavras parônimas. Indique em que opção os pares não constituem casos de paronímia:
a) vultosas e vultuosas
b) consuma e consume
c) descriminar e discriminar
d) despercebido e desapercebido
e) descrição e discrição

10. Indique em que opção, os pares constituem um caso de homonímia homófona.
a) eminente e iminente
b) tráfego e tráfico
c) apreçar e apressar
d) discriminar e descriminar
e) descrição e discrição

🔆 Saiba mais

• As divergências de significado dos termos existem não só de uma época para outra, mas também entre países que falam a mesma língua, Brasil e Portugal, por exemplo, como entre *moça* e *rapariga*; o mesmo ocorre entre regiões do mesmo país, sul e nordeste do Brasil, como entre *bergamota, mexerica* e *tangerina*. Consequentemente, se há diferenças na sinonímia, elas também ocorrem nos antônimos. Segue uma história que dizem ter acontecido de fato e que ilustra as diferenças entre os modos de conceber as antonímias de ações no Português do Brasil e no de Portugal:

"Um brasileiro estava em Lisboa e numa sexta-feira perguntou a um comerciante se ele fecharia o estabelecimento no sábado, pois tencionava voltar. O vendedor respondeu que não fecharia.

No sábado, o brasileiro voltou e encontrou o estabelecimento fechado.

Na segunda-feira, reclamou ao português:

— O senhor disse que não fechava no sábado!

O homem respondeu:

— Ora, pois, é verdade, mas como íamos fechar se não iríamos abrir?"

• Outro mal-entendido, também em relação a uma visão de mundo diversa, é sobre algo que pode estar meio aberto ou meio fechado, como no caso de um *copo estar meio vazio ou meio cheio*. Fica a depender de quem o vê e como o vê... Observe o fato ocorrido:

Uma brasileira dirigia por Portugal, quando viu um carro com a porta de trás "meio aberta", como dizemos no Brasil. Solidária, conseguiu emparelhar e avisou:

— A porta de trás está meio aberta!

A mulher que dirigia conferiu o problema e respondeu seriamente:

— Não, senhora. Ela não está meio aberta, está é mal fechada.

(Questão de enfoque? A antonímia também pode ser uma questão de ponto de vista?)

4.2.3 Homonímia

A HOMONÍMIA pode ser definida como igualdade ou semelhança de forma entre dois vocábulos, cujas entradas distintas no dicionário indicam tratar-se de mais de um étimo, de mais de uma origem e, portanto, com significados diferentes.

Algumas palavras, por evolução do latim, passaram a ter formas idênticas, caso de homônimos perfeitos: *são* (forma verbal) e *são*, sadio (adjetivo); *manga* (peça de roupa) e *manga* (fruta), ou podem ser idênticas apenas no som (homófonos), como *sessão e seção*, ou na grafia (homógrafos), como o *almoço* (refeição) e eu *almoço* (verbo).

- Outros exemplos de HOMÓGRAFOS: *esse* (letra "s") e *esse* (pronome demonstrativo); *eu gosto* (verbo) e *o gosto* (substantivo).

- Exemplos de HOMÓFONOS, não HOMÓGRAFOS: *cela* (de cadeia) e *sela* (artefato de montaria); *conserto* (reparação) e *concerto* (sessão musical).

---

11. Reconheça a origem das palavras homônimas expressas com a forma *são*.
a) Eles *são* meus amigos e *são* seus também.
b) Esteve muito doente, mas se encontra perfeitamente *são* agora.
c) Sou devoto de *São* Pedro e de *São* Paulo, mas gosto de Santo Antônio.
d) Sem problemas de saúde, eles *são* mais felizes agora.
e) Os médicos reconheceram que eles já estão *sãos*.

12. Reconheça os casos de homonímia: homônimos perfeitos (1); homônimos homógrafos (2); homônimos homófonos (3).

– real (verdadeiro) e real (pertence a rei)

– ascender (subir) e acender (atear fogo)

– sentença (condenação) e sentença (frase)

– jogo (verbo) e jogo (substantivo)

– governo (substantivo) e governo (verbo)

a) ( ) Essa moeda da casa real é real, não é falsa.
b) ( ) Ele aprendeu a acender o fogo, enquanto esperava ascender no emprego.
c) ( ) A sentença lida pelo juiz estava dúbia, devido à falta de clareza de uma sentença no segundo parágrafo.
d) ( ) Eu jogo sempre o mesmo jogo.
e) ( ) No meu governo eu digo que não governo só para os ricos.

13. Muitas piadas podem se fundamentar em vocábulos que são homônimos; explique o jogo de sentido usado na forma "trago" — verbo *tragar* (homônima da forma "trago" — verbo *trazer*) do exemplo abaixo:

Numa festa de confraternização de fim de ano, o empregado pede um cigarro ao dono da empresa:
— Não sabia que você fumava..., disse o chefe.
— Fumo, mas não *trago*, disse o empregado.
— Pois *devia trazer*, respondeu o empresário, o que despertou riso geral.

14. Outro exercício interessante — que trata do jogo semântico entre os sentidos — é o que se vale da homonímia perfeita entre dois termos como possibilidade de resposta a perguntas que começam sempre com: "Qual a semelhança entre..."
a) Qual a semelhança entre a *panela* e o *exército*?
b) Qual a semelhança entre o *ferro elétrico quebrado* e o *mau estudante*?
c) Qual a semelhança entre a *mulher adúltera* e o *glaucoma*?
d) Qual a semelhança entre *um agricultor aposentado* e uma *família tradicional*?
e) Qual a semelhança entre uma *festa junina* e um *jogo de futebol*?

4.2.4 Hiperonímia / hiponímia

HIPERONÍMIA é o nome dado ao termo de sentido mais abrangente (hiper) que engloba os hipônimos, os termos de sentidos mais específicos. Assim, se digo:

> Comprei lápis de quase todas as *cores*: verde, amarelo, branco e vermelho, mas não achei *azul*.

Sabemos que ficou faltando lápis de uma determinada *cor*. Cor é um termo HIPERONÍMICO, e os nomes das cores especificadas são seus HIPÔNIMOS.

Vejamos mais um exemplo:

Fui à feira e comprei várias *frutas*: maçã, banana, abacaxi, melão... só não comprei uvas, pois estavam muito caras.

Frutas é o hiperônimo, e as especificações são HIPÔNIMOS. Note que HIPERONÍMIA sempre nos dá a ideia de um todo, de um protótipo, e HIPONÍMIA representa cada parte, cada item como parte desse todo prototípico.

15. Reconheça o termo geral (hiperônimo) que engloba o conjunto de termos hipônimos de cada item a seguir:

a) casaco, paletó, sobretudo, mantô, agasalho.

b) ferramenta, utensílio, objeto, instrumento de mesa.

c) garfo, talher, concha, colher, faca.

d) igreja, capela, catedral, basílica.

e) iogurte, manteiga, queijo, laticínios.

16. Você pode também utilizar a noção de termo de sentido geral (hiperônimo ou protótipo) para o emprego de certos verbos. Há verbos que funcionam como hiperônimos (de sentido geral) e podem ser substituídos por verbos de sentido mais específico (sentido hiponímico), como no caso do verbo *ter* cujo sentido mais geral (hiperônimo) é o de *possuir*: "Meu tio *tem* duas fazendas", "ele tem muitos amigos", mas pode ser substituído, em certos contextos, por verbos de sentido mais específico. Cite um verbo que pode substituir o verbo *ter* em:

a) O guarda *tinha um* revólver nas mãos.

b) Na fazenda eles t*êm colheita de* milho e soja todo ano.

c) O jogador *teve* muita coragem ao defender a namorada.

d) O pendrive *tem* muita informação inútil.

e) A novela *teve* mais de cem capítulos no total.

4.2.5 Paronímia

PARONÍMIA é a relação entre vocábulos com formas parecidas, mas cujos significados são diferentes, por terem origem distinta: *descrição/discrição*, *eminente/iminente*, *tráfego/tráfico*. Exemplos:

> Hoje o *tráfego* estava intenso na cidade. A polícia tenta conter o *tráfico* na cidade. (movimento de veículos/comércio ilegal)
>
> Ele representa um perigo *iminente*. A *eminente* autoridade espera por você. (próximo/importante, ilustre)

Os vocábulos parônimos apresentam apenas grafia semelhante, mas são dois vocábulos distintos. Os exemplos de paronímia explicam o motivo de serem comumente confundidos na prática, devido à semelhança na forma.

> *atuar (agir)* e *autuar (processar)*; *flagrante (evidente)* e *fragrante (perfumado)*; *dilatar (aumentar)* e *delatar (trair)*; *descrição (ato de descrever)* e *discrição (ato de ser discreto)*.

17. Identifique os sentidos das palavras parônimas:
a) eminente e iminente
b) cavaleiro e cavalheiro
c) emergir e imergir
d) destratar e distratar
e) esbaforido e espavorido

18. Construa frases com os parônimos:
a) flagrante e fragrante (evidente e perfumado)
b) florescente e fluorescente (florido e com propriedades de fluorescência)
c) fluir e fruir (correr e gozar)
d) descriminar e discriminar (descriminalizar e separar)
e) deferir e diferir (conceder e diferenciar)

19. Reconheça nos enunciados os nomes parônimos e seus sentidos:
a) Dê-me o endereço para onde devo enviar os adereços.
b) Aquele acidente foi um triste incidente em nossa viagem.
c) Fez uma descrição do caso com bastante discrição.
d) Não sabiam se deviam ratificar ou retificar o documento protocolado.
e) Os docentes pediram aos discentes que fossem para o pátio.

🔥 Saiba mais

Como já se disse, por serem parecidos na grafia ou pela semelhança fônica, tanto homônimos quanto PARÔNIMOS geram confusão de sentido e é comum o usuário trocar seu emprego. Novamente entra em jogo o contexto e a decodificação exata para perceber qual termo deve ser usado. A forma fono-ortográfica auxilia a distinção, quando ocorrer uma confusão de formas.

Tanto a HOMONÍMIA quanto a PARONÍMIA têm a propriedade de se aproximarem por níveis de semelhanças; no caso da PARONÍMIA, não há coincidência total de formas — como é o caso de *inflação e infração* —, já isso pode ocorrer na HOMONÍMIA perfeita, como em *manga* (fruta) e *manga* (parte do vestuário).

👁 DE OLHO VIVO NA HORA DE ESCOLHER AS PALAVRAS

1. É preciso estar atento às nuances dos significados de cada termo, às relações semânticas que ocorrem nos textos e à especificidade de sentido que depende de fatores contextuais e comunicativos.

2. Os termos *sinônimos* possuem sentidos semelhantes ou até iguais, mas mantêm nuances significativas contextuais.

3. Os *antônimos* apresentam significados diferentes ou contrários.

4. Os *homônimos* e *parônimos* têm semelhanças e diferenças na forma.

5. Entre a *hiperonímia* e a *hiponímia* existe uma hierarquia semântica, partindo do genérico (*hiperônimo*) para o específico (*hipônimo*).

Questões de concurso

1. (ENEM 2007) Antigamente
Acontecia o indivíduo apanhar constipação; ficando perrengue, mandava o próprio chamar o doutor e, depois, ir à botica para aviar a receita, de cápsulas ou pílulas fedorentas. Doença nefasta era a phtísica, feia era o gálico. Antigamente, os sobrados tinham assombrações, os meninos, lombrigas (...)

Carlos Drummond de Andrade. *Poesia completa e prosa*. Rio de Janeiro: Companhia José Aguilar, p. 1.184.

O texto acima está escrito em linguagem de uma época passada. Observe uma outra versão, em linguagem atual.

Antigamente
Acontecia o indivíduo apanhar um resfriado; ficando mal, mandava o próprio chamar o doutor e, depois, ir à farmácia para aviar a receita, de cápsulas ou pílulas fedorentas. Doença nefasta era a tuberculose, feia era a sífilis. Antigamente, os sobrados tinham assombrações, os meninos, vermes (...)

Comparando-se esses dois textos, verifica-se que, na segunda versão, houve mudanças relativas a
a) vocabulário
b) construções sintáticas
c) pontuação
d) fonética
e) regência verbal

2. (ENEM 2007) O açúcar
O branco açúcar que adoçará meu café
nesta manhã de Ipanema
não foi produzido por mim
nem surgiu dentro do açucareiro por milagre.

Vejo-o puro
e afável ao paladar
como beijo de moça, água
na pele, flor
que se dissolve na boca. Mas este açúcar
não foi feito por mim.

Este açúcar veio
da mercearia da esquina e tampouco o fez o Oliveira, [dono da mercearia].
Este açúcar veio
de uma usina de açúcar em Pernambuco
ou no Estado do Rio
e tampouco o fez o dono da usina.

Este açúcar era cana
e veio dos canaviais extensos
que não nascem por acaso
no regaço do vale.

(...)
Em usinas escuras,
homens de vida amarga
e dura
produziram este açúcar
branco e puro
com que adoço meu café esta manhã em Ipanema.

Ferreira Gullar. *Toda Poesia*. Rio de Janeiro: José Olympio.

A antítese que configura uma imagem da divisão social do trabalho na sociedade brasileira é expressa poeticamente na oposição entre a doçura do branco açúcar e

a) o trabalho do dono da mercearia de onde veio o açúcar.
b) o beijo de moça, a água na pele e a flor que se dissolve na boca.
c) o trabalho do dono do engenho em Pernambuco, onde se produz o açúcar.
d) a beleza dos extensos canaviais que nascem no regaço do vale.
e) o trabalho dos homens de vida amarga em usinas escuras.

3. (ENEM 2013) – Dúvida

"Dois compadres viajavam de carro por uma estrada de fazenda quando um bicho cruzou a frente do carro. Um dos compadres falou:

— Passou um largato ali!

O outro perguntou:

— Largato ou lagarto?

O primeiro respondeu:

— Num sei não, o bicho passou muito rápido."

Piadas coloridas. Rio de Janeiro: Gênero, 2006.

Na piada, a quebra de expectativa contribui para produzir o efeito de humor. Esse efeito ocorre porque um dos personagens

a) reconhece a espécie do animal avistado.

b) tem dúvida sobre a pronúncia do nome do réptil.

c) desconsidera o conteúdo linguístico da pergunta.

d) constata o fato de um bicho cruzar a frente do carro.

e) apresenta duas possibilidades de sentido para a mesma palavra.

4. (FUMARC-SEBRAE/CNPQ) O sentido do termo destacado em I é DIFERENTE daquele apontado pelo termo destacado em II em:

a) I. [...] permitindo-lhe *haurir* uma percepção satisfatória de fatos [...].
II. Exposições — científicas ou não — devem levar o visitante não apenas a *experimentar* o aprendizado, mas também instigá-lo a propagar essa experiência.

b) I. [...] um discurso *dogmático* da ciência seria o único saber possível e verdadeiro.
II. Ainda que muitos conceitos científicos não sejam facilmente traduzidos em linguagem *acessível* ao grande público, o avanço da Ciência é inquestionável.

c) I. Na história da Ciência, é *lídimo* indagar [...].
II. [...] e a informação construída e ressignificada através dos objetos expostos em museus na qualidade de representantes *legítimos*, ainda que de forma parcial e fragmentada, do patrimônio científico.

d) I. Nesses ambientes de encontro do *laico* com o especializado [...].
II. [...] um tipo de elocução mais acessível aos *não especialistas*, com vistas à construção narrativa da divulgação da ciência [...].

5. (FUNCAB-CAERD) O sentido do enunciado em: "[...] o simples manuseio do léxico, dissociado de situações reais, nem sempre nos traz grande proveito, *em que pese* a opinião de muitos [...]" altera-se visivelmente com a substituição de EM QUE PESE por:

a) malgrado a

b) apesar da

c) em decorrência da

d) não obstante a

e) a despeito da

6. (FUNCAB-CAERD) A substituição do verbo em destaque por qualquer dos sinônimos indicados altera fundamentalmente o sentido do enunciado em:

a) não é ocioso *advertir* / observar, notar

b) não *implica* necessariamente igual domínio da língua / pressupõe, subentende

c) é errôneo *presumir* / crer, supor

d) não apenas *veiculem* ideias ou sentimentos / transmitam, difundam

e) mas *reflitam* também a própria atitude mental / ponderem, pensem

7. (PRF 2009) No afã de manter a elegância textual e a correção ortográfica, um policial diz a um colega de trabalho: "Na rodovia, ... com .... e agilidade, quando .... pessoas que necessitam de seu trabalho."
Assinale o item que completa adequadamente o período:

a) haja, discrição, ver

b) aja, descrição, vir

c) haja, descrição, ver

d) aja, discrição, vir

e) aja, discreção, ver

8. (UFMT-MT 2007) O fragmento *O trabalho não tira só a escola das crianças, tira a infância também* pode ser reescrito, sem alterar o sentido, de diversas maneiras. Assinale a reescritura que NÃO conserva o mesmo sentido.

a) O trabalho tira a escola das crianças, logo tira a infância também.

b) O trabalho não tira só a escola das crianças, mas também a infância.

c) O trabalho, além de tirar a escola das crianças, tira a infância também.

d) O trabalho tira não só a escola das crianças, como também a infância.

e) O trabalho tira a escola e a infância das crianças.

9. (USP-USP) A parte destacada na frase "autores *lançam mão* da publicação independente" pode ser corretamente substituída por um sinônimo em:

a) se valem pela

b) recorrem à

d) se servem com a

d) utilizam da

10. (USP-USP) Em linguagem formal e denotativa, própria da comunicação escrita oficial, está adequado o emprego do verbo destacado apenas na frase:
a) Nova portaria permitirá que os funcionários *cresçam* a quantidade de horas extras a serem cumpridas no mês.
b) Os dados de sua última carta *denunciam* a competência do diretor para solucionar o excesso de faltas.
c) O funcionário mais qualificado em língua portuguesa será o encarregado de *lavrar* a próxima ata.
d) Informamos que a festa programada pelos alunos foi aprovada e será *regada* a samba e pagode.

11. (USP-USP) Se o conhecido provérbio que relaciona a personalidade das pessoas com suas companhias for adaptado para a relação entre personalidade e preferências de leitura, a frase correta será:
a) Diz-me o que lês e te direi quem você é.
b) Digas-me o que lês e te direi quem és.
c) Dize-me o que lê e lhe direi quem és.
d) Diga-me o que lê e lhe direi quem você é.

12. (VUNESP-Câmara da Estância de Bragança Paulista) Assinale a alternativa em que o trecho destacado em — Atos corriqueiros, *que fazemos sem prestar atenção*, um dia, podem nos proporcionar uma experiência nova – está corretamente reescrito, por uma estrutura correspondente, seguindo a norma-padrão da língua portuguesa, e sem alteração de sentido.
a) a que não damos atenção
b) de que não damos atenção
c) sob que não damos atenção
d) por que não damos atenção
e) com que não damos atenção

13. (VUNESP-SAEG) A frase – *Os maiores aquíferos subterrâneos estão sendo exauridos em níveis alarmantes.* – indica que os aquíferos
a) proliferam-se assustadoramente.
b) esgotam-se inquietantemente.
c) esvaem-se paulatinamente.
d) normalizam-se eficientemente.
e) dissipam-se criteriosamente.

14. (VUNESP-Câmara de São José do Rio Preto/SP) Assinale a alternativa em que se observa o emprego da linguagem figurada.
a) ...o homem tem uma tendência a se concentrar no que pode dar errado.
b) É perfeitamente racional ser otimista em momentos ruins.
c) O escritor Nelson Rodrigues acordava todas as madrugadas para amestrar a úlcera com mingau.
d) Nas cavernas do Pleistoceno, gerava mais descendentes quem tinha medo de ataques e antecipava problemas.
e) Úlceras, que antes duravam décadas, hoje são resolvidas com omeprazol, em poucos dias.

4.3 A seleção vocabular

Você deve estar observando que a significação dos vocábulos e o sentido final de um texto dependem de vários fatores e que a correta ligação entre as ideias e os termos selecionados é fundamental para o êxito de qualquer texto escrito ou falado. Na elaboração de textos eficientes é fundamental um bom domínio de vocabulário, ideia que não se liga ao uso excessivo de palavras, mas a uma seleção lexical adequada. Falar difícil não significa necessariamente falar correto, mas falar inadequadamente pode acarretar desprestígio social para o usuário do idioma.

Vamos analisar, neste item, alguns princípios da boa seleção e adequação lexicais. Proporemos uma série de atividades sobre emprego de léxico, tendo em vista a situação de comunicação, o objeto referente indicado, a identidade do emissor e do receptor, o registro linguístico, o tipo e o gênero escolhido de texto, a época e o local visados etc.

4.3.1 Adequação à situação de formalidade e informalidade da língua

Suponhamos uma situação bem informal em que dois rapazes se encontram num bar e resolvem pôr a conversa em dia:

— E aí sangue bom! Tudo em cima?! Aí, não sabe da maior: eu e a mina resolvemos juntar os trapos!

— Tu? Te amarrando? É ruim, hem?

Num ambiente formal, entre pessoas cuja relação seja apenas de trabalho ou quando não há intimidade (pessoas que acabaram de se conhecer), esse tipo de conversa é inviável. Nessas situações, o linguajar utilizado geralmente é o mais polido, culto e cortês possível, como se pode notar no seguinte diálogo:

Um rapaz foi convidado para uma recepção e só conhecia o anfitrião. Para enturmá-lo, o dono da casa o apresentou aos amigos:

— Gostaria de apresentar-lhes o meu amigo, o Heitor. Heitor, estes aqui são Amanda, Pedro e Jorge.

— Muito prazer em conhecê-los; César tem me falado sempre de vocês.
— E então, Heitor? Onde você conheceu o César? — perguntou um deles.
— Eu e César somos colegas de trabalho. Estamos juntos no mesmo setor há alguns meses e estamos desenvolvendo vários projetos...

Esses e outros exemplos podem nos dar a noção do que seja adequação do vocabulário às mais diversas situações de comunicação, o que envolve a escolha do gênero de texto, do registro linguístico, do vocabulário específico para cada referente, além da adequação ao interlocutor.

1. Observe como se dá a variação linguística e adaptação, no tratamento de um mesmo assunto, por dois gêneros de texto: um conto, texto literário do século XIX, em norma-padrão culta, e uma redação informal de um aluno, feita nos anos 1970. A seguir, veja o que lhe é proposto e responda.
Fragmento de um texto literário: "Última corrida de touro em Salvaterra", de Rebelo da Silva, um texto clássico do século XIX, escrito em registro culto formal:

"O marquês assistia a tudo de seu lugar.
    Revendo-se na gentileza do filho, (Conde dos Arcos), seus olhos seguiam-lhe os movimentos, brilhando radiosos a cada sorte feliz.
    Logo que entrou o touro preto, carregou-se de uma nuvem o semblante do ancião.
    De repente o velho soltou um grito sufocado e cobriu os olhos. Cavalo e cavaleiro rolaram na arena e a esperança pendia de um fio tênue. Cortou-lhe rapidamente a morte e o marquês, perdido o filho, orgulho de suas cãs, luz de sua alma, não proferiu uma palavra, não derramou uma lágrima, mas os joelhos fugiram-lhe trêmulos.
    Volveu, porém, em si, decorridos momentos. A lívida palidez tingiu-se de uma vermelhidão febril. Os cabelos desgrenhados e hirtos revolveram-lhe na fronte inundada de suor frio, com seda da juba de um leão irritado.
    Sem querer ouvir nada, desceu os degraus do anfiteatro, seguro e resoluto. Decorridos instantes, estava no meio da praça e devorava o touro com a vista chamejante, provocando-o para o combate. Viu-se o homem crescer para a fera, a espada fuzilar nos ares e logo após sumir-se até aos copos entre a nuca do animal.
    O touro cambaleando com a sezão da morte, veio apalpar o sítio onde queria expirar ajuntou ali os membros, deixou-os cair sem vida, ao lado do cavalo do Conde dos Arcos."

Agora observe uma redação informal sobre o mesmo assunto, parafraseado em outro registro de linguagem, em formato narrativo/descritivo, repleta de gírias, feita por um aluno.

Nota: As diferentes estratégias têm finalidades diversas e, portanto, não se pode falar que os textos estão *errados*, apenas valeram-se de dois registros linguísticos diferentes. Observe que o texto repleto de gírias retrata uma época – década de 1970.

"Quando o conde fez a volta olímpica, foi sensacional, ô Cara! Os touros vinham na maior vareta. Cada fera. Barra pesada, podes crer... Aí abriram a porteira e pintou o quente: um bruta touro preto, parecia um tanque de guerra. Chifreiro pacas. Os cavalos se mandaram naquela de horror...

Foi aí, ô meu, que pintou o lance: a fera tacou os chifres na barriga do cavalo, foi brucutu, cavalo e cavaleiro foram ao chão. Estrumbicado da perna o conde não pôde levantar e o fariseu do touro suspendeu ele pro alto. Matou o cara nos chifres. Chocante. Pisou em cima e só largou quando o cara já era. Foi aquela fossa. Aí o marquês, que era o pai da vítima, entrou na arena todo vermelhão. Parecia um leão velho. Estava fulo dentro das calças.

Ajoelhou perto do filho e lhe deu um beijo na testa. Depois tirou a espada do garotão e se mandou para o meio da arena. Machão pra dedéu. O touro veio na maior vareta, mas o coroa tacou o ferro na nuca do bichão. Foi de lascar, meu chapa. O touro dançou e caiu duro perto do marquês."

Proposta: Procure traçar um paralelo entre os dois textos, destacando os termos da linguagem informal que correspondem às construções do texto literário.

É bom enfatizar que haveria inadequação vocabular se houvesse troca de níveis de linguagem, isto é, uso de linguagem informal ou de gírias no meio do registro culto do texto literário e vice-versa: expressões literárias no texto cheio de gírias.

4.3.2 Adequação ao referente

Como a linguagem é o resultado de um processo de tentativa de tradução da realidade externa para o mundo linguístico, ela em si é um processo que exige seleção e adequação vocabular, de acordo com as convenções previstas no sistema da língua e no uso nos vários contextos.

Por outro lado, não só a forma linguística precisa estar adequada, mas também o conteúdo do termo deve se adaptar ao referente. Se alguém chegar a uma loja e pedir móveis, o vendedor vai perguntar se está procurando pelos de quarto, de escritório, de sala ou de cozinha. A melhor estratégia é indicar, especificamente, a designação que traduz as características mais específicas dos objetos: móveis estofados para sala de estar, ou mesas de jantar, sofá-cama etc. Há momentos em que o melhor é se usar um vocábulo de caráter geral, outra, em que vocábulos específicos para a designação dos referentes são os mais indicados.

Assim, os referentes do mundo *real* precisam ser claramente enunciados para a boa interlocução. As *inadequações*, muitas vezes, decorrem da falta de atenção a esse requisito.

2. Nas frases seguintes, você vai observar que o erro está na escolha do léxico, inapropriado à designação do objeto referenciado. Observe os seguintes enunciados e indique a alternativa correta:

a) Entrou no *vestuário* para trocar de roupa.
b) As tropas do exército estavam *hospedadas* no Rio.
c) Cometia erros de *ortografia* sempre que lia em voz alta.
d) Ficou horas no engarrafamento. Não sabia que o *tráfico* estava tão lento.
e) Ele sabia que *bueiro*, *rubrica* e *ínterim* são formas gráficas corretas em português.

3. Sublinhe a forma correta de cada palavra e evite erro de grafia:

a) depedrar ou depredar
b) estrupo ou estupro
c) enganjar ou engajar
d) invólucro ou envólucro
e) muçulmano ou mulçumano

💡 Saiba mais

LINGUAGEM E PENSAMENTO
Como sabemos, o nosso contato com o mundo, com os nossos semelhantes faz-se pelas palavras, daí a importância de uma adequada escolha de vocábulos, que melhor expressem o sentido que queremos transmitir ao outro. Na elaboração de textos eficientes, é fundamental o domínio do vocabulário específico, associado à intenção comunicativa; por isso, uma grande atenção à variação linguística, o que não se liga ao uso apenas de palavras, mas a uma seleção lexical adequada.

4.3.3 Adequação ao registro linguístico e à identidade dos interlocutores

Observem-se os seguintes enunciados:
— Aí, cara, tô azarando uma mina que é o maior barato! (Conversa informal entre dois amigos adolescentes.)
"— A população brasileira sentirá em breve os benefícios da estabilização econômico-financeira do país." (Declaração de um Ministro da Fazenda no discurso de sua posse.)

Percebe-se a diferença dos registros: no primeiro caso, temos a fala de um adolescente, em conversa informal com outro colega, e, no segundo, a do Ministro da Fazenda, em entrevista coletiva. Em termos de adequação ao registro linguístico, pode-se dizer que são as variadas situações e níveis sociais que *obrigam* a escolha do léxico que se adéqua ao nível linguístico. Em certas ocasiões, vocábulos formais são os que traduzem melhor uma relação social culta, em outras é a informalidade que melhor qualifica a interação. Assim, como há expressões próprias para linguagens formais, há outras apropriadas para registros informais, coloquiais, populares etc.

A teoria da variação linguística trata mais detalhadamente desse assunto.

Glossário

REGISTRO LINGUÍSTICO – utilização seletiva de um tipo de linguagem para se adaptar a um determinado interlocutor ou a uma determinada situação comunicativa.
O registro pode ser mais ou menos oratório, mais ou menos formal, coloquial, vulgar etc.

4. As expressões destacadas são inadequadas ao contexto; substituir por outras que sejam adequadas:
a) A mãe deu água para o filho no *bebedor de água*.
b) Os jornais *vincularam notícias* de desastres e crimes.
c) As pessoas que *respiram gás de cozinha* podem morrer intoxicadas.
d) Era *visível* a temperatura depois do túnel.
e) Por ser muito meu amigo, suas ideias iam *de encontro às* minhas

5. Observe exemplos do uso informal de palavras em contextos diferentes; reconheça seu uso e dê o significado através de um termo de sentido mais neutro, que não apresente a "conotação de informalidade".
a) O menino era *ligadão/vidrado* em videogame ( )
b) Soube escolher, a namorada era muito *gatona*. ( )
c) Cuidado com ele, nas discussões tem *pavio curto*. ( )
d) Aquela notícia deixou todo mundo de *cabelo em pé*. ( )
e) O rapaz era um gênio, tinha *boa cuca*, o que estragava era sua timidez. ( )
Faça a correspondência 1. não é tolerante; 2. apavorado; 3. inteligência; 4. bonita(sexy); 5. gostava muito de...

4.3.4 Gíria, calão, jargão, regionalismo, neologismo

▶ GÍRIA é uma criação especial na linguagem de determinados grupos sociais: gíria de malandro, de policiais, de jovens e adultos frequentadores de determinados clubes, praias etc., muitas vezes serve para identificação do grupo.

▶ CALÃO é uma gíria grosseira, formada por termos ofensivos a determinadas classes, instituições sociais, com o objetivo de destratar o outro.

▶ JARGÃO é a linguagem usada entre profissionais de mesma área; daí ser chamada de jargão profissional, como o jargão de economistas, advogados, profissionais de *telemarketing* etc.

▶ REGIONALISMO é a linguagem típica de uma região; no Brasil, temos os chamados "dialetos" ou "falares" caipira, baiano, nordestino, gaúcho etc.

▶ NEOLOGISMO é a criação de uma palavra ou expressão nova, com recursos da linguagem, ou atribuição de um novo sentido a uma palavra já existente. Algumas fontes são bastante produtivas, como a linguagem da Internet atualmente.

6. Uma mesma palavra pode adquirir conotações positivas ou negativas, de acordo com a intenção do autor. Reconheça os elementos usados com sentido negativo e substitua-os por um de sentido neutro ou positivo.
a) Vivia limpando a cara na cortina da sala.
b) Com cinquenta anos era ainda uma solteirona.
c) Entornou demais e ficou de porre, bem feito!
d) Ele queria vender aquele calhambeque por um preço muito alto.
e) Tinha vontade de esfregar seu focinho na lama.

👍 Saiba mais

PERTINÊNCIA NO USO DE GÍRIAS

Dentro do princípio de que há sempre variedade de usos, dentro da unidade maior que constitui uma língua, reconhecem-se também como legítimas outras variantes como o linguajar típico de uma região, ou o regionalismo, o jargão profissional e a linguagem típica de grupos sociais (em que se incluem usos de gírias e neologismos), que buscam preservar uma identidade social.

As gírias são corriqueiramente usadas, mas devem se adequar a um contexto apropriado à situação de informalidade. Numa situação formal, a mistura de formalismos com o emprego de gírias pode soar inadequado ao interlocutor.

Com referência à linguagem de determinadas profissões, o jargão profissional, devemos lembrar que cada atividade desenvolve um vocabulário específico: uma telefonista tem seu linguajar próprio, um policial caracteriza-se pelo modo de se expressar quando se dirige a seus iguais ou a seus superiores. Um advogado, um economista, um médico, um legista, um carpinteiro, um pescador, um trabalhador do campo, todos desenvolvem um vocabulário relativo a sua atividade de trabalho. Todos os usos aceitos pela comunidade constituem variações da Língua Portuguesa.

4.3.5 Adequação ao contexto sociocomunicativo dos usuários

Outro critério relacionado ao anterior e que é essencial para o uso mais produtivo do vocabulário é o de adequação à pessoa que fala e ao contexto social dos interlocutores, ou seja, a linguagem deve refletir a imagem positiva da pessoa que a usa e descrever a atenção com que ela trata o interlocutor. Observe que um presidente quando fala à nação, em discurso oficial, não pode se comportar linguisticamente como uma pessoa comum, pois está cumprindo um papel social de chefe supremo de uma nação. Assim, sob pena de apropriação da imagem do outro, um general nunca vai ser um cabo e vice-versa, um professor não é um aprendiz de primeiras letras, um gari não é um prefeito, e assim por diante, em todas as situações de interação social.

7. Nos exemplos abaixo, mostramos expressões linguísticas em situações sociais diversas. O uso delas em outros contextos e por outros usuários poderia soar estranho. Faça a relação entre os exemplos e o tipo de linguagem especificado abaixo:
1. "Querida, nem te conto! Naquela loja tinha um vendedor que era uma gracinha!" ( )
2. "Meu amigo, traz gelo pro meu whisky! Mas vê se não traz o do mictório, hein!?" ( )
3. "Mas mãezinha, eu preciso tanto daquele brinquedo! Compra pra mim, vai!" ( )
4. "Se você não tem boa pontaria, sente-se." ( )
5. "A população brasileira sentirá em breve os benefícios da estabilização econômico-financeira do país." ( )

Tipos de linguagem:
a) linguagem típica feminina, papo entre amigas presenciado por um observador.
b) linguagem infantil, uma criança tentando convencer a mãe.
c) aviso escrito em um banheiro masculino.
d) pedido feito por um homem em um bar, na hora do almoço.
e) Declaração de um Ministro da Fazenda sobre a situação financeira do país.

> **Saiba mais**
>
> OBSERVAÇÃO SOBRE O USO DE GÍRIAS
>
> Talvez um dos problemas apontados para o uso de gírias seja o fato de serem palavras de sentido muito generalizante. Servem para tudo e falta-lhes especificidade de sentido, ou definição clara do referente. Por isso em textos demonstrativos, científicos, ou em provas, em que se espera maior rigor nas definições ou na exposição de conhecimentos, as gírias devem ser evitadas.
>
> Proibir simplesmente o uso de gírias não nos parece ser uma atitude correta, pois, em certos registros de linguagem — justamente naqueles em que se espera mesmo é a generalização, como no caso de um discurso descontraído, por exemplo, em que ninguém está esperando detalhes —, elas têm seu lugar. Mas, repetimos, a gíria fica totalmente inadequada e pode sofrer penalização, em textos onde se espera uma linguagem denotativa ou descritiva, mais impessoal e objetiva.

4.3.6 Adequação ao ponto de vista do emissor: vocabulário positivo, negativo e neutro

Observemos como a escolha vocabular denota o julgamento da situação, feito pelo produtor do texto:

Uma dada notícia foi veiculada por um jornal dessa forma:

"Cerca de mil funcionários da empresa paralisaram as atividades. Os trabalhadores recusam-se a voltar às atividades se suas reivindicações não forem atendidas".

Outro jornal deu a mesma notícia dessa maneira:

"Todos os funcionários da empresa entraram em greve. Os grevistas decidiram não voltar ao trabalho, enquanto suas exigências não forem atendidas".

O primeiro veículo apresenta um ponto de vista mais neutro, ou até mesmo positivo dos trabalhadores, enquanto o segundo apresenta-os de forma negativa. Basta observar os termos com que se dirige aos funcionários: "empregados em greve", "grevistas", "não voltar ao trabalho", "exigências".

Assim, pela escolha vocabular, o autor de um texto expressa seu ponto de vista em relação ao mundo que o cerca, emitindo juízos de valor. Se digo: Era um *velhote* que não dava *moleza* para o neto —, devo saber que usei um termo pejorativo para denominar "o velho" e me utilizei de uma gíria para qualificar sua atitude em relação ao neto. Consciência linguística, respeito e adaptação ao contexto são elementos fundamentais em uma comunicação.

8. Substitua as expressões destacadas por um termo de valor positivo.

a) O país é atrasado, seu sistema de governo está uma *droga*.
b) *Berrou* com o filho que assistia à novela na televisão.
c) Ela *pariu* a criança em meio aos panos velhos.
d) Quando chegamos, ela já tinha *esticado as canelas*.
e) Para a namorada, *rabiscou em um papelucho* uma declaração de amor.

9. Preencha os parênteses de acordo com a convenção dada:
(1) Vocábulo técnico ou não.
(2) Valor positivo ou negativo.
(3) Sentido geral ou específico.
(4) Eufemismo/sentido amenizado.

a) Sentia fastio/anorexia – diante de um prato de comida. ( )
b) Com narinas/ventas prontas para reconhecer o inimigo. ( )
c) Não é da estirpe desses políticos/politiqueiros que andam por aí. ( )
d) Cometeu um erro/engano diante do delegado. ( )
e) Não foi roubo de carro, foi furto, e de manhã cedo. ( )

10. Preencha os espaços com termos adequados ao contexto:

a) Os jogos da Copa foram .... no Brasil. (executados, realizados)
b) Exatamente às 18 horas .... a sessão de cinema. (principiou, começou)
c) Diga-me agora com que .... vou falar com minha namorada? (cara, semblante, aparência)
d) O mestre nem precisou de meia hora para .... todo o exercício. (bolar, elaborar)
e) Nessa sala todos .... notas altas. (ganharam, obtiveram)

4.3.7 Adequação espacial

Numa reportagem da revista *Veja* (15-3-1994, p. 22), imaginou-se uma entrevista feita por um repórter português ao Presidente Itamar, recém-empossado, em que haveria necessidade de intérprete, tal a diferença no uso do léxico tanto cá quanto lá:

Repórter: E a inchação?
Intérprete: E a inflação?
Itamar: A inflação está sendo combatida. Temos agora um plano sensacional.
Intérprete: A inchação está a ser fustigada. Temos de pronto um projeto bestial.
Repórter: E a questão de recato de feira no setor de ordenadores?
Intérprete: E o problema de reserva de mercado na área de computadores?
Itamar: Ora pois não, isso não existe mais aqui.
Intérprete: Ora pois sim, isto cá já não há.

Mesmo imaginária, a situação poderia acontecer e haver necessidade de intérprete para uma entrevista em português de Portugal, pois a linguagem do país além-mar apresenta especificidades vocabulares bem distintas do português do Brasil. São dois registros diferentes, de usos regionais e de formas específicas para cada situação social. As duas linguagens diferem tanto na escolha lexical e no uso das expressões regionais, como também no sotaque bem característico.

Em menor grau, as diferenças regionais aqui dentro do nosso próprio país também chamam a atenção. Sabe-se que um gaúcho ou um mineiro pode ser identificado por seu linguajar típico, assim como um habitante da cidade difere de uma pessoa proveniente do campo pelo uso de determinadas expressões comuns a seu meio.

No Nordeste e no interior em geral é comum o uso de palavras antigas do idioma, sem que isso afete a imagem do usuário, apenas comprova a ideia de que quanto mais se adentra no Brasil, mais se verificam usos antigos do idioma.

Tal constatação comprova o conservadorismo linguístico de algumas regiões, em face das mudanças rápidas ocorridas em outras, sobretudo as que estão em contato com as capitais, próximas do mar, que, por isso mesmo, recebem maior influência, em contato com turistas estrangeiros.

11. Vamos listar uma série de vocábulos usados no Brasil, que diferem dos termos usados em Portugal. Reconheça as diferenças no uso do léxico, correlacionando as duas colunas:

Brasil	Portugal
(1) menino	( ) autocarro
(2) meias	( ) camião
(3) ônibus	( ) ementa
(4) caminhão	( ) pastilha plástica
(5) chiclete	( ) peúgas
(6) café da manhã	( ) fato
(7) terno	( ) gelado
(8) aeromoça	( ) miúdo
(9) sorvete	( ) hospedeira
(10) cardápio	( ) pequeno almoço

12. Reconheça a associação correta com os nomes que os termos "aipim, abóbora, tangerina, mandioca" recebem nas várias regiões brasileiras:

a) abóbora – jerimum
b) tangerina – macaxeira
c) aipim – bergamota
d) mexerica – jerimum
e) mandioca – jerimum

4.3.8 Adequação ao código escrito

A adequação ao código escrito pressupõe correção, isto é, adequação às convenções, o que envolve tanto o uso de ortografia, da concordância e da regência, quanto outras exigências relativas ao léxico. As palavras que têm pronúncia e grafia semelhantes — as parônimas — são a fonte mais comum de erro nesta área. Esta noção de adequação à norma escrita recobre o tópico mais tradicional e defendido pela gramática: a noção referente a "certo e errado" no uso das formas linguísticas, fundamentada em razões históricas, etimológicas, ou, às vezes, em convenções arbitrárias, pautadas na tradição. De qualquer forma, escrever de acordo com a ortografia corrente é uma exigência social, e a única forma possível é o treino, a leitura e a consulta ao dicionário. A seguir, exemplos de algumas dúvidas ortográficas frequentes em usos de português escrito:

Correto	Errado
mortadela	mortandela
prazeroso	prazeiroso
irrequieto	irriquieto
molambo	mulambo
curinga	coringa
mendigo	mendingo
astigmatismo	estigmatismo

13. Vamos agora citar outros casos de grafia ou de pronúncia de certos vocábulos que causam muita confusão. Escolha a forma correta, sublinhando-a:

a) *mendingo* ou *mendigo*
b) *mortandela* ou *mortadela*
c) *chipanzé* ou *chimpanzé*
d) *desinteria* ou *disenteria*
e) *ingnorância* ou *ignorância*
f) *bêbedo* ou *bêbado*
g) *rúbrica* ou *rubrica*
h) *interim* ou *ínterim*

i) *gratuíto* ou *gratuito*
j) *bandeija* ou *bandeja*
k) *discursão* ou *discussão*
l) *irriquieto* ou *irrequieto*
m) *enfarte* ou *enfarto*
n) *siquer* ou *sequer*
o) *indiscreção* ou *indiscrição*
p) *envólucro* ou *invólucro*

14. Substitua o verbo *ter* por outro verbo de sentido mais específico:

a) Meu filho *tem* asma desde que mudamos para esse apartamento.
b) Desejamos que vocês *tenham* boas férias nesta próxima viagem
c) Meus pais *têm* uma bela fazenda no sul de Minas.
d) Ele está pálido, o que ele está *tendo*?
e) Naquele acidente todos *tiveram* momentos de desespero.

> ### 👍 Saiba mais
>
> Como estamos vendo, pela escolha vocabular, o autor de um texto busca expressar não só o referente externo, mas seu ponto de vista em relação ao mundo que o cerca, emitindo juízos de valor. Enquanto alguns podem retratar uma situação de forma objetiva, ou positiva, outros podem vê-la pejorativamente. A escolha lexical tem por objetivo também conseguir certos efeitos de sentido, denotar os significados diversos de cada situação, levando-se em conta as intenções comunicativas de cada emissor. Se a intenção é diminuir alguém, denegrir sua imagem, ou então, ao contrário, elogiar esse alguém, a escolha vocabular consegue traduzir esse objetivo. Por isso, todo autor *deve estar atento a isso, quando for escolher o léxico para o seu texto...*

4.3.9 Adequação temporal

Quando se busca a adequação temporal, deseja-se retratar a linguagem de uma época: repetem-se o vocabulário, as construções sintáticas e o sentido dos termos adequados ao contexto de então; se alguém fosse falar como nossos bisavós, passaria a ideia de uma pessoa antiquada, ou ultrapassada. Não se justifica usar uma linguagem fora de sua época, a não ser que o intuito seja o de retratar esse contexto. Deve-se procurar adequar o linguajar, portanto, à época e, é claro, ao *status* social dos usuários.

A adequação temporal é que vai classificar certas expressões como arcaicas, reconhecer as que estão em desuso e adotar os neologismos próprios para cada época.

Um bom exemplo é o texto/gênero crônica "Em bom português", em que o escritor Fernando Sabino comenta, por meio de um personagem, o fenômeno da mudança linguística e a criação de neologismos:

> "No Brasil as palavras envelhecem e morrem como folhas secas. Ainda a gente não conseguiu aprender a ser *legal* e já vem o pessoal com *chuchu beleza*. Não é só pela gíria que a gente é apanhado. A própria linguagem corrente vai-se renovando e a cada dia uma parte do léxico cai em desuso. É preciso ficar muito vivo para não continuar usando palavras que já morreram, vocabulário de velhos, que só os velhos usam e entendem."

15. No fragmento do mesmo texto abaixo, "Em bom português", Fernando Sabino faz referência a registros mais antigos do idioma que ficaram desatualizados. Complete as lacunas fazendo a tradução para a linguagem moderna das expressões mais antigas, usadas no texto.

"Essas pessoas irão ao banho de mar, em vez de ir ...., vestindo roupa de banho em vez de .... Comprarão automóveis em vez de ...., pegarão defluxo em vez de ...., vão passear no passeio em vez de no .... e apresentarão sua esposa ou senhora em vez de sua ...."

👍 Saiba mais

Vimos, então, que, ao lado da adequação espacial, merece atenção o uso apropriado do léxico, de acordo com a época que se está representando. O seguinte trecho de Carlos Drummond de Andrade ilustra bem a noção de que a linguagem está sempre em constante evolução e há muitos termos (aqui destacados) que, embora dicionarizados, não fazem parte da linguagem atual:

"Antigamente as moças chamavam-se *mademoiselles* e eram todas mimosas e muito prendadas. Não faziam anos: completavam *primaveras*, em geral dezoito. Os *janotas*, mesmo não sendo rapagões, faziam-lhes *pé-de-alferes*, *arrastando a asa*, mas ficavam longos meses debaixo do balaio. E se levavam tábua, o remédio era *tirar o cavalo da chuva* e ir pregar em outra freguesia." (In *Revista Diner's*, setembro de 1968, p. 46)

👁 DE OLHO VIVO NA ADEQUAÇÃO LEXICAL PARA NÃO SELECIONAR INADEQUADAMENTE OS VOCÁBULOS

A escolha de uma palavra e seu uso em determinado texto devem levar em conta a situação e o contexto social e histórico em que se inserem.

1. Todo texto exige repetições que lhe dão coerência e também novidades que o fazem progredir; saber equilibrar os dois processos é fundamental.

2. A adequação do vocabulário é essencial, mas a quê? Aos referentes, à pessoa que fala, ao ponto de vista do autor, à época, ao gênero textual, ao registro linguístico etc.

3. Escrever é um processo de seleção dentre outras opções possíveis; buscar o mais adequado às várias finalidades do texto é preciso.

Questões de concurso

1. (ENEM 2005) Leia com atenção o texto:
[Em Portugal], você poderá ter alguns probleminhas se entrar numa loja de roupas desconhecendo certas sutilezas da língua. Por exemplo, não adianta pedir para ver os ternos — peça para ver os fatos. Paletó é casaco. Meias *são* peúgas. Suéter é camisola — mas não se assuste, porque **calcinhas** femininas são cuecas. (Não é uma delícia?) (Ruy Castro. Viaje Bem. Ano VIII, nº 3, 78.)
O texto destaca a diferença entre o português do Brasil e o de Portugal quanto
a) ao vocabulário   b) à derivação   c) à pronúncia   d) ao gênero   e) à sintaxe

2. (ENEM 2009)
Gerente — Boa tarde. Em que eu posso ajudá-lo?
Cliente — Estou interessado em financiamento para compra de veículo.
Gerente — Nós dispomos de várias modalidades de crédito. O senhor é nosso cliente?
Cliente — Sou Júlio César Fontoura, também sou funcionário do banco.
Gerente — Julinho, é você, cara? Aqui é a Helena! Cê tá em Brasília? Pensei que você inda tivesse na agência de Uberlândia! Passa aqui pra gente conversar com calma.
(BORTONI-RICARDO, S. M. *Educação em língua materna*. São Paulo: Parábola, 2004 [adaptado])
Na representação escrita da conversa telefônica entre a gerente do banco e o cliente, observa-se que a maneira de falar da gerente foi alterada de repente devido
a) à adequação de sua fala à conversa com um amigo, caracterizada pela informalidade.
b) à iniciativa do cliente em se apresentar como funcionário do banco.
c) ao fato de ambos terem nascido em Uberlândia (Minas Gerais).
d) à intimidade forçada pelo cliente ao fornecer seu nome completo.
e) ao seu interesse profissional em financiar o veículo de Júlio.

3. (ENEM 2010) Carnavália
Repique tocou
O surdo escutou
E o meu corasamborim
Cuíca gemeu, será que era meu, quando ela passou por mim?
No o terceiro verso, o vocábulo *"corasamborim"*, que é a junção coração + samba + tamborim, refere-se, ao mesmo tempo, a elementos que compõem uma escola de samba e à situação emocional em que se encontra o autor da mensagem, com o coração no ritmo da percussão.

Essa palavra corresponde a um(a)

a) estrangeirismo, uso de elementos linguísticos originados em outras línguas e representativos de outras culturas.

b) neologismo, criação de novos itens linguísticos, pelos mecanismos que o sistema da língua disponibiliza.

c) gíria, que compõe uma linguagem originada em determinado grupo social e que pode vir a se disseminar em uma comunidade mais ampla.

d) regionalismo, por ser palavra característica de determinada área geográfica.

e) termo técnico, dado que designa elemento de área específica de atividade.

4. (ENEM 2009)
"Iscute o que tô dizendo,
Seu dotô, seu coroné:
De fome tão padecendo
Meus fio e minha muié.
Sem briga, questão nem guerra,
Meça desta grande terra
Umas tarefa pra eu!
Tenha pena do agregado
Não me dêxe deserdado
Daquilo que Deus me deu".

(Patativa do Assaré. A terra é naturá. In: *Cordéis e outros poemas*. Fortaleza: Universidade Federal do Ceará, 2008, fragmento).

A partir da análise da linguagem utilizada no poema, infere-se que o eu lírico revela-se como falante de uma variedade linguística específica. Esse falante, em seu grupo social, é identificado como um falante:

a) escolarizado proveniente de uma metrópole.

b) sertanejo morador de uma área rural.

c) idoso que habita uma comunidade urbana.

d) escolarizado que habita uma comunidade do interior do país.

e) estrangeiro que imigrou para uma comunidade do sul do país.

5. (ENEM 2011) Entre ideia e tecnologia
O grande conceito por trás do Museu da Língua é apresentar o idioma como algo vivo e fundamental para o entendimento do que é ser brasileiro. Se nada nos define com clareza, a forma como falamos o português nas mais diversas situações cotidianas é talvez a melhor expressão da brasilidade.

SCARDOVELI, E. *Revista Língua Portuguesa*. São Paulo: Segmento, Ano II, nº 6, 2006.

O texto propõe uma reflexão acerca da Língua Portuguesa, ressaltando para o leitor a
a) inauguração do museu e o grande investimento em cultura no país.
b) importância da língua para a construção da identidade nacional.
c) afetividade tão comum ao brasileiro, retratada através da língua.
d) relação entre o idioma e as políticas públicas na área de cultura.
e) diversidade étnica e linguística existente no território nacional.

6. (ENEM 2011) MANDIOCA — mais um presente da Amazônia
Aipim, castelinha, macaxeira, maniva, maniveira. As designações da *Manihot utilissima* podem variar de região, no Brasil, mas uma delas deve ser levada em conta em todo o território nacional: pão-de-pobre — e por motivos óbvios. Rica em fécula, a mandioca — uma planta rústica e nativa da Amazônia disseminada no mundo inteiro, especialmente pelos colonizadores portugueses — é a base de sustento de muitos brasileiros e o único alimento disponível para mais de 600 milhões de pessoas em vários pontos do planeta, e em particular em algumas regiões da África.

O melhor do Globo Rural. Fev. 2005 (fragmento).

De acordo com o texto, há no Brasil uma variedade de nomes para a *Manihot utilissima,* nome científico da mandioca. Esse fenômeno revela que
a) existem variedades regionais para nomear uma mesma espécie de planta.
b) mandioca é nome específico para a espécie existente na região amazônica.
c) "pão-de-pobre" é designação específica para a planta da região amazônica.
d) os nomes designam espécies diferentes da planta, conforme a região.
e) a planta é nomeada conforme as particularidades que apresenta.

7. (ENEM-2011) Motivadas ou não historicamente, normas prestigiadas ou estigmatizadas pela comunidade sobrepõem-se ao longo do território, seja numa relação de oposição, seja de complementaridade, sem, contudo, anular a interseção de usos que configuram uma norma nacional distinta da do português europeu. Ao focalizar essa questão, que opõe não só as normas do português de Portugal às normas do português brasileiro, mas também as chamadas normas cultas locais às populares ou vernáculas, deve-se insistir na ideia de que essas normas se consolidaram em diferentes momentos da nossa história e que só a partir do século XVIII se pode começar a pensar na bifurcação das variantes continentais, ora em consequência de mudanças ocorridas no Brasil, ora em Portugal, ora, ainda, em ambos os territórios.

CALLOU, D. Gramática, variação e normas. In: VIEIRA, S. R.; BRANDÃO, S. (orgs).
Ensino de gramática: descrição e uso. São Paulo: Contexto, 2007 (adaptado).

O português do Brasil não é uma língua uniforme. A variação linguística é um fenômeno natural, ao qual todas as línguas estão sujeitas. Ao considerar as variedades linguísticas, o texto mostra que as normas podem ser aprovadas ou condenadas socialmente, chamando a atenção do leitor para a

a) desconsideração da existência das normas populares pelos falantes da norma culta.
b) difusão do português de Portugal em todas as regiões do Brasil só a partir do século XVIII.
c) existência de usos da língua que caracterizam uma norma nacional do Brasil, distinta da de Portugal.
d) inexistência de normas cultas locais e populares ou vernáculas em um determinado país.
e) necessidade de se rejeitar a ideia de que os usos frequentes de uma língua devem ser aceitos.

8. (ENEM 2012) Antigamente
Antigamente, os pirralhos dobravam a língua diante dos pais e se um se esquecia de arear os dentes antes de cair nos braços de Morfeu, era capaz de entrar no couro. Não devia também se esquecer de lavar os pés, sem tugir nem mugir. Nada de bater na cacunda do padrinho, nem de debicar os mais velhos, pois levava tunda. Ainda cedinho, aguava as plantas, ia ao corte e logo voltava aos penates. Não ficava mangando na rua, nem escapulia do mestre, mesmo que não entendesse patavina da instrução moral e cívica. O verdadeiro smart calçava botina de botões para comparecer todo liró ao copo d'água, se bem que no convescote apenas lambiscasse, para evitar flatos. Os bilontras é que eram um precipício, jogando com pau de dois bicos, pelo que carecia muita cautela e caldo de galinha. O melhor era pôr as barbas de molho diante de um treteiro de topete, depois de fintar e engambelar os coiós, e antes que se pusesse tudo em pratos limpos, ele abria o arco.

ANDRADE, C. D. *Poesia e prosa*. Rio de Janeiro: Nova Aguilar, 1983 (fragmento)

TEXTO II Palavras do arco da velha

Expressão	Significado
Cair nos braços de Morfeu	Dormir
Debicar	Zombar, ridicularizar
Tunda	Surra
Mangar	Escarnecer, caçoar
Tugir	Murmurar
Liró	Bem-vestido
Copo d'água	Lanche oferecido pelos amigos
Convescote	Piquenique
Bilontra	Velhaco
Treteiro de topete	Tratante atrevido
Abrir o arco	Fugir

FIORIN, J. L. As línguas mudam. In: *Revista Língua Portuguesa*, n. 24, out. 2007 (adaptado)

Na leitura do fragmento do texto *Antigamente* constata-se, pelo emprego de palavras obsoletas, que itens lexicais outrora produtivos não mais o são no português brasileiro atual. Esse fenômeno revela que

a) a língua portuguesa de antigamente carecia de termos para se referir a fatos e coisas do cotidiano.

b) o português brasileiro se constitui evitando a ampliação do léxico proveniente do português europeu.

c) a heterogeneidade do português leva a uma estabilidade do seu léxico no eixo temporal.

d) o português brasileiro apoia-se no léxico inglês para ser reconhecido como língua independente.

e) o léxico do português representa uma realidade linguística variável e diversificada.

9. (ENEM 2014) Em bom português
No Brasil, as palavras envelhecem e caem como folhas secas. Não é somente pela gíria que a gente é apanhada (aliás, já não se usa mais a primeira pessoa, tanto do singular como do plural: tudo é "a gente"). A própria linguagem corrente vai-se renovando e a cada dia uma parte do léxico cai em desuso.

Minha amiga Lila, que vive descobrindo essas coisas, chamou minha atenção para os que falam assim:

— Assisti a uma fita de cinema com um artista que representa muito bem.

Os que acharam natural essa frase, cuidado! Não saberão dizer que viram um filme com um ator que trabalha bem. E irão ao banho de mar em vez de ir à praia, vestido de roupa de banho em vez de biquíni, carregando guarda-sol em vez de barraca. Comprarão um automóvel em vez de comprar um carro, pegarão um defluxo em vez de um resfriado, vão andar no passeio em vez de passear na calçada. Viajarão de trem de ferro e apresentarão sua esposa ou sua senhora em vez de apresentar sua mulher.

Sabino, F. *Folha de S. Paulo*, 13 abr 1984 (adaptado)

A língua varia no tempo, no espaço e em diferentes classes socioculturais. O texto exemplifica essa característica da língua, evidenciando que

a) o uso de palavras novas deve ser incentivado em detrimento das antigas.

b) a utilização de inovações no léxico é percebida na comparação de gerações.

c) o emprego de palavras com sentidos diferentes caracteriza diversidade geográfica.

d) a pronúncia e o vocabulário são aspectos identificadores da classe social a que pertence o falante.

e) o modo de falar específico de pessoas de diferentes faixas etárias é frequente em todas as regiões.

10. (FATEC/SP) Indique a frase em que as palavras mantêm a mesma relação de sentido que há entre:

Estranho e conhecido (caso de antonímia)

a) A participação de nosso grupo provoca sentimentos de *segurança* e *bem-estar*.

b) No outro extremo, o estrangeiro provoca a nossa *desconfiança*, por vezes, o nosso *medo*.

c) Sentimos que aqueles que nos *conhecem* são também capazes de *ignorar* o que temos de melhor conosco.

d) As situações novas são mais *atraentes* e *provocantes*.

e) Sonhamos com o *país distante*, *a terra prometida*, onde podemos realizar nossos desejos.

11. (FUVEST/SP) Observe os provérbios:
– Uma andorinha só não faz verão.
– Nem tudo que reluz é ouro.
– Quem semeia ventos colhe tempestade.
– Quem não tem cão caça com gato.
As ideias centrais dos provérbios acima são, na ordem:
a) solidariedade, aparência, vingança, dissimulação
b) cooperação, aparência, punição, adaptação
c) egoísmo, ambição, vingança, falsificação
d) cooperação, ambição, consequência, dissimulação
e) solidão, prudência, punição, adaptação

12. (USP-USP) A parassíntese é um processo de formação de palavras que consiste em derivar uma palavra mediante o acréscimo simultâneo, a um dado radical, de prefixo e sufixo. Um exemplo desse processo ocorre no texto, na seguinte palavra:
a) enriquecer   b) informações   c) desmascarado   d) recentemente

13. (USP-USP) Por ter sido extraído de uma revista de variedades, o texto tem marcas que são mais frequentes na linguagem coloquial ou metafórica, como se pode comprovar, respectivamente, pelas expressões destacadas nos seguintes trechos:
a) "em meio a uma *pilha de originais*"; "a tendência está em *franca expansão*".
b) "publicar um livro é uma *epopeia*"; "junto com o *boca a boca* dos autores".
c) "*Só que* outras formas de se publicar um livro"; "o *funil editorial*, a maior prova, já foi ultrapassado".
d) "E as *redes sociais* e vendas *online* são"; "até quanto querem ganhar por *exemplar*".

14. (USP-USP) Considere as seguintes frases extraídas de documentos em linguagem oficial:
I. Solicitamos que divulgue para os funcionários de seu setor alguns fundamentos básicos da civilidade e da polidez.
II. Estamos aproveitando a oportunidade que se nos apresenta para poder levar a seu conhecimento que será feita uma remodelação em nosso setor.
III. Informamos que, por decisão superior, está proibida, a partir dessa data, a colocação de cartazes anunciando festas em postes e pontos de ônibus.
Pode-se apontar nessas frases, respectivamente, os seguintes defeitos de redação:
a) pleonasmo vicioso; prolixidade; ambiguidade.
b) desvio gramatical; laconismo; pleonasmo vicioso.
c) linguagem informal; prolixidade; desvio gramatical.
d) laconismo; linguagem informal; ambiguidade.

15. (USP/SP) A palavra "arroz" está empregada no sentido conotativo na frase:
a) O arroz-doce foi servido em um prato bonito.
b) O arroz, moldado em forma de pirâmide, era servido com as carnes.
c) Na borda da travessa, traçadas com grãos de arroz, suas iniciais.
d) Saudaram os noivos com punhados de arroz.
e) Ele, sim, arroz de festa não perdia uma comemoração.

16. (VUNESP-Câmara Municipal de São Carlos)
O músico e escritor *Jorge Mautner concede entrevista exclusiva à Revista E*
Jorge Mautner é um homem das artes. Músico, cantor e escritor, o carioca iniciou a vida profissional como jornalista, em 1958. Só mais tarde, em 1965, deu início à carreira musical, com o lançamento de um compacto simples pela RCA Victor. Como as músicas eram de protesto, naquele mesmo ano foi enquadrado na lei de segurança nacional e exilado. Inicialmente, foi para Nova York, onde trabalhou na Organização das Nações Unidas (ONU), foi massagista, garçom e secretário literário, por sete anos, do poeta norte-americano Robert Lowell. Depois se mudou para Londres, onde encontrou Caetano Veloso e Gilberto Gil e dirigiu seu único filme, *Demiurgo*. Regressou ao Brasil em 1972 e retomou a carreira de músico.

O que você acha da música brasileira hoje?
Eu a acompanho desde a geração de Dircinha e Linda Batista, Aracy de Almeida, Blecaute, Dolores Duran. Hoje em dia, a riqueza cultural e musical do Brasil é imensa. É como o [Rio] Amazonas e suas confluências. Por exemplo, a música erudita alemã, dodecafônica, atonal, foi combinada com a percussão popular. E há uma infinidade de misturas, como o *funk*, o *hip-hop*, o *rap*...

A apresentação de Jorge Mautner, no parágrafo que inicia o texto, dá *ênfase* à
a) razão que o levou a abandonar a profissão de jornalista.
b) influência da sua formação como jornalista em sua carreira musical.
c) produção literária e musical a que ele se dedicou durante os anos de exílio.
d) parceria com Caetano Veloso e Gilberto Gil no decorrer da década de setenta.
e) diversidade das atividades que ele realizou desde o início da vida profissional.

17. (VUNESP-Câmara Municipal de São Carlos) Considere o trecho:
Eu a acompanho desde a geração de Dircinha e Linda Batista, Aracy de Almeida, Blecaute, Dolores Duran. Hoje em dia, a riqueza cultural e musical do Brasil é imensa. É como o [Rio] Amazonas e suas confluências. Por exemplo, a música erudita alemã, dodecafônica, atonal, foi combinada com a percussão popular. E há uma infinidade de misturas, como o *funk*, o *hip-hop*, o *rap*...
Nesse contexto, são antônimos os termos
a) cultural e musical
b) confluências e misturas
c) riqueza e misturas
d) erudita e popular
e) riqueza e infinidade

4.4 Impropriedade semântica

A comunicação pressupõe sempre uma norma que deve ser compartilhada por quem fala ou escreve e por quem ouve ou lê; portanto ninguém pode negar a importância de um padrão linguístico em todo ato interativo de linguagem. Variam, no entanto, os conceitos sobre critérios de correção, ou sobre as variações desse paradigma e o que pode ou deve norteá-lo.

Em nossos dias há maior aceitação de modelos de texto ou maior abertura na forma de redação em geral, em princípio, por influência das variadas mídias, sobretudo dos textos da Internet. Por outro lado, não podemos esquecer que continua havendo exigência de uma formulação padronizada para os textos que possuem formas próprias de expressão – como enunciar um problema de matemática, redigir uma monografia de final de curso, uma carta administrativa, uma petição de advogado, um relatório técnico-científico, um mandado de segurança; ou ainda previsões para editorial, reportagem, propaganda comercial.

Até os diversos gêneros literários — como um romance de aventura, um conto, uma crônica ou uma novela —, embora se reconheça neles modelos com maior liberdade de expressão, apresentam características bem distintas. É preciso que se repita, todos exigem limites de formalização, reconhecidos e aceitos tanto pelos autores quanto pelos receptores, sob pena de não se promover boa interação.

Tudo que foi dito aqui deve ser relativizado, quando se tem em vista, por exemplo, uma situação de prova, de redação de concurso ou de um texto técnico-científico, para o qual já há um modelo pré-construído em linguagem formal e que é o esperado pelo avaliador que vai julgá-lo segundo parâmetros estabelecidos de correção.

É a esse tipo de texto que nos referimos, quando tratamos de rigor na formalização linguística. Neles se espera o melhor resultado no que se refere a técnicas e estratégias de *"concisão, clareza, objetividade, formalidade e impessoalidade"*, qualidades clássicas de estilo, que se pautam por regras gramaticais e por adequação semântica.

Neste subcapítulo, trataremos das construções que apresentam uma série de impropriedades semânticas; comentaremos alguns problemas retirados de fragmentos de textos de provas, redações de alunos e erros comuns referentes ao emprego do léxico, ou mais especificamente, à falta de paralelismo de sentido, a impropriedades de sentido na escolha vocabular, a problemas relativos

> à sinonímia, como ambiguidade e vagueza de sentido, à repetição imprópria de vocábulos, a problemas de confusão por semelhanças na forma etc.
>
> Tais problemas podem ser corrigidos sem muita complicação, como procuraremos demonstrar.

4.4.1 Novo conceito de erro como inadequação vocabular

Um texto escrito em padrão culto de linguagem exige obediência a modelo e correção formal. A desobediência a padrões estabelecidos pode trazer sérias consequências para o autor, inclusive a desqualificação de sua imagem social e perda de sua identidade social e discursiva.

Tal fato foi matéria de reportagem do jornal *O Globo*, em 20-2-1992, p. 34, intitulada: "Língua Portuguesa: causa perdida para muitos advogados". Segundo a matéria jornalística, um juiz, indignado com repetidos erros de gramática normativa cometidos por um advogado em suas petições, entrou com um processo de inépcia profissional, junto a OAB (Ordem dos Advogados do Brasil), para pedir suspensão dos direitos de advogar desse profissional. Na citada reportagem, os erros transcritos não se atinham somente a enganos na grafia de certos vocábulos, ou a confusões em algumas regras de concordância muito específicas, mas apresentava escolha inadequada do léxico, o que caracterizava inadequada postura profissional. Transcrevemos a seguir um fragmento apresentado pela reportagem:

"O casal estão separados de fato há 35 anos, tendo ambos convividos juntos somente 07 meses. (...) E que, o motivo da separação do casal foi motivada pelo o fato do suplicado não vir cumprindo com suas obrigações de cônjuge."

Vejamos os principais problemas linguísticos desse fragmento, sugerindo uma correção:

▶ impropriedades referentes à concordância verbal — o vocábulo *casal*, por exemplo, pede verbo no singular;

▶ problemas de escolha do léxico — *convivido* só pode ter o sentido de estar juntos, o que invalida a presença do adjetivo *juntos*, redundância, portanto;

▶ o motivo da separação não deve ser descrito como *motivada*; se houver eliminação do adjetivo e o uso de outro termo, evita-se o pleonasmo vicioso, como se pode ver abaixo na correção proposta.

▶ a combinação preposição *por* + artigo definido *o* não admite, após ela, repetição do artigo: *pelo* (fato) e não *pelo o*.

Sugestão de correção:
O casal está (ou encontra-se) separado há 35 anos, tendo convivido apenas durante sete meses. O motivo alegado pela esposa para a separação foi o fato de o marido não estar cumprindo com suas obrigações de cônjuge.

Outra proposta:
O casal está (ou encontra-se) separado há 35 anos, tendo convivido apenas durante sete meses. O casal separou-se pelo fato de o marido não estar cumprindo com suas obrigações de cônjuge.

1. Observe o trecho em que o mesmo advogado relata ao juiz as providências que teve de tomar: (...) Mediante o acumulo de serviços, só tive uma auternativa, em pedir o meu estagiário para redigir uma petição pedindo ao MM,. Juizo urgência nos transmites da lide na faze Policial, uma vez que, o mesmo já tinha "abaixado" inumeras vezes, sem solução e que o mesmo providenciase xerocopia das peças principais e que encontrase comigo para assinar a petição, assim foi executado.
Redija novamente o texto, corrigindo as várias impropriedades.

2. Há vários problemas relativos à semântica que estão destacados nos fragmentos dados. Faça a correlação entre as opções oferecidas como resposta adequada e os fragmentos apresentados:
a) (...) com o *crescimento* da procura por exercícios físicos, muitas academias surgiram. ( )
b) Uma criança nascida em condições precárias tende a desenvolver-se *como perturbada* e com problemas emocionais. ( )
c) Os esportes proporcionam corpos *heroicos*, saudáveis e belos. ( )
d) Nas cidades grandes há um maior *número* de violência entre os jovens.( )
e) Uma pessoa praticante de *atividades e esportes* vive melhor. ( )

Opções: 1. atividades físicas; 2. aumento; 3. índice; 4. atléticos; 5. desequilibrada.

4.4.2 Falta de paralelismo de sentido de certos verbos

Apresentamos um fragmento retirado de um texto de prova de um aluno que escreveu sobre os problemas do Brasil colônia, no período que antecedeu a Inconfidência Mineira:

"(...) Com os desgastes das reservas minerais a produção do ouro cai e os preços tornaram-se cada vez mais altos."

COMENTÁRIOS
- Há problemas de pontuação: quando a oração que indica causa vier antes da ideia principal, deve haver vírgula para indicar a pausa;
- do ponto de vista sintático, há falta de paralelismo no emprego dos verbos;
- deve haver correlação nas categorias de *tempo e modo verbais* no presente ou no pretérito perfeito do indicativo;
- do ponto de vista semântico, deve-se manter o paralelismo na antonímia, ou seja, a oposição de sentido entre *cair e subir*.

Sugestão de correção:
Com o desgaste das reservas minerais, a produção de ouro cai e os preços sobem, ou (...) a produção de ouro cai e os preços tornam-se mais altos, ou ainda (...), como a produção de ouro caiu, os preços tornaram-se mais altos.

3. Nos enunciados a seguir, corrija o conflito de significação existente, bem como a falta de paralelismo e veja as respostas sugeridas:
a) O computador tem trazido muitas *benfeitorias* para os seus usuários.( )
b) O homem moderno tem de *resolver* muitos compromissos na sua vida diária. ( )
c) Eles nem sempre sabem *exercer bem* as tarefas que lhe são destinadas. ( )
d) Esteve internado no hospital e fez duas operações: uma em São Paulo e outra *no ouvido*. ( )
e) As drogas *fazem* muitas mortes de jovens todos os anos. ( )

> **ℹ Saiba mais**
>
> OUTROS CASOS DE IMPROPRIEDADE SEMÂNTICA EM VERBOS E EXPRESSÕES
> • Problemas de significação de alguns verbos e expressões, em respostas a questões de prova:
>> "Devido ao atraso no pagamento de impostos, Portugal dá instruções para *inquirir a derrama e a população fica em pânico, em polvorosa*".
>
> O verbo *inquirir* tem o sentido de *perguntar, pesquisar, pedir informações,* como usado na linguagem comercial — *inquirir preços* —, ou tem o sentido de *interrogar judicialmente, procurar informações,* como em: *"Por mais que inquirisse, não me souberam informar"...* ou em: *"Ele foi inquirido sobre o crime."* No fragmento proposto, Portugal não *inquiriu* a derrama, mas a impôs, já que *derrama* refere-se ao imposto obrigatório estabelecido pelo fisco português. Veja a correção:
>
> **Sugestão de correção:**
>> Devido ao atraso no pagamento de impostos, Portugal ordenou *que se procedesse à derrama, (ou que se cobrasse a derrama, impostos)* — e a população ficou em pânico.
>
> **Observações:** *Em polvorosa:* Aqui estamos diante de uma expressão ou locução de modo, formada pela preposição *em* e por um nome: *polvorosa*; a expressão *em polvorosa* tem o mesmo sentido de *em pânico,* logo, seu uso é uma repetição desnecessária, a não ser que a intenção seja dar ênfase, o que justificaria o uso.

4.4.3 Impropriedade lexical por incompatiblidade semântica

Um caso de IMPROPRIEDADE LEXICAL é visto no fragmento que comenta as causas da impopularidade do imperador D. Pedro II, no final de seu reinado:

> "*Houve um desgaste da imagem de D. Pedro II por ter* dispensado *muito dinheiro no Brasil.*"

COMENTÁRIO: Sabemos que dentre os seus sentidos, o verbo *dispensar* pode significar *distribuir,* dar (*dispensar favor, honrarias, prêmios*), ou ceder, dar de empréstimo (*dispensou ajuda aos necessitados*). No fragmento analisado, o verbo parece indicar que D.

Pedro *investiu mal, desperdiçou, ou "jogou dinheiro fora"*, com os empreendimentos no Brasil. Aqui o autor parece confundir o verbo *dispensar*, com o *desperdiçar*; houve escolha lexical inadequada ao sentido no contexto.

Sugestão de correção:
"Houve um desgaste da imagem de D. Pedro II, por ter ele *desperdiçado muito dinheiro (em investimentos) no Brasil*" (= por ter investido mal ou por desperdiçar muito dinheiro no Brasil...).

4. Corrija nas frases "uso de expressões inadequadas" ao contexto dado. (cf. OLIVEIRA, H. de. *Revista Matraga*, 19: 49-68, 2006)

a) Ele falava como que tentando *"costurar arestas"* em sua fala.
b) Digo isso pois, *"no meu achar"*, as coisas vão muito mal.
c) Eles não *possuíam* representantes no Colégio eleitoral.
d) O nome desse hotel *se chama* Copacabana Palace.
e) Pesquisas são feitas para a *descoberta* de novas máquinas.

4.4.4 Impropriedade lexical – mau emprego dos traços de significação de um termo

Outro caso de impropriedade vocabular é o emprego de um termo inadequado porque há incompatibilidade de traço semântico entre palavras. É o caso de se dizer: "Muitos pais não *possuem* mais diálogos com os filhos", em vez de "Muitos pais não *mantêm* diálogo com os filhos".

Veja-se, por exemplo, o uso dos verbos *proporcionar* e *exercer*, encontrados em dois outros fragmentos de provas de Geografia, com especificações de sentido inadequadas:

a) "A grande extensão territorial brasileira *proporciona grande variedade de climas, solos*, favorecendo as atividades do setor agropecuário (...)"

b) "As Américas, colônias de grandes nações europeias, *exerciam um relacionamento inquietante, de centro fornecedor de matéria-prima junto às Metrópoles.*"

Sugestão de Correção:

a) "A grande extensão territorial brasileira *propicia grande variedade de clima*, solos, favorecendo atividades do setor agropecuário."

b) "As Américas, *como centros fornecedores de matéria-prima, mantinham um relacionamento de atrito (desfavorável, inquietante) com a Metrópole*."

5. Reconheça impropriedades semânticas nos enunciados e corrija-as, conferindo as sugestões de resposta.
a) Nunca se viu falar tanto em violência como agora. ( )
b) Na cidade grande as pessoas têm mais opções de escolhas de lazer. ( )
c) Devemos nos esforçar por sentir bons sentimentos pelo próximo. ( )
d) A evolução do país tem trazido benfeitorias à vida das pessoas menos favorecidas. ( )
e) Quando praticamos esportes estamos nos desenvolvendo pessoalmente. ( )

6. Substitua as expressões abaixo por outras aceitas como norma; faça a correlação entre a primeira e a segunda série de linhas:
a) O diretor sempre fez muito êxito em suas explanações técnicas perante os empregados. ( )
b) O empregado não soube exercer bem sua tarefa. ( )
c) O chefe não desempenhava uma função digna de seu cargo. ( )
d) O comandante o preteriu porque ele nunca soube exercer bem uma missão. ( )
e) Uma pessoa eficaz é a que cumpre bem suas tarefas. ( )

(1) executar bem uma tarefa
(2) exercer uma função
(3) cumprir missão
(4) fazer sucesso
(5) pessoa eficiente

7. Observe o emprego de advérbios modais inadequados ao contexto, pois estão sem função informativa; e o de adjetivos e substantivos empregados fora de sua área semântica:
a) Cada um, individualmente e isoladamente, teve de passar por essa experiência.
b) Os objetos foram caindo, um após o outro, sucessivamente pela escada abaixo.
c) O juiz deferiu favoravelmente a petição do advogado.
d) Os pesquisadores deveriam estar completamente envolvidos na pesquisa investigativa.
e) A prova para o Concurso mostrou-se muito excessivamente trabalhosa para os candidatos.

8. Substitua os verbos indicados nas expressões em destaque por um verbo de sentido mais técnico ou de sentido específico, fazendo a correlação com os verbos propostos, abaixo, no pretérito perfeito.

Modelo: O Juiz não *assinou* favoravelmente a petição do advogado.

    R: O Juiz indeferiu a petição do advogado.

a) *Fiz* uma dívida enorme para pagar minhas contas.
b) *Paguei* totalmente as prestações do imóvel.
c) O documento *teve sua validade expirada*.
d) O juiz *deu o sinal* para a sessão começar.
e) Pelo intermédio do advogado, o casal *levou* à Justiça uma ação de divórcio.

4.4.5 Problemas de correlação de sentido e de mau emprego de parônimos

Na construção textual a seguir temos um caso de ambiguidade de sentido e outro caso de erro na escolha lexical, devido ao mau emprego de paronímia, ou palavras parecidas na forma.

"Dom João VI se *compromete a não instalar tribunais de Inquisição* no país, bem como *extinguir o tráfego negreiro*."

Temos os seguintes problemas:

Caso 1 — Novamente há falta de paralelismo na construção coordenada, o que permite instaurar uma ambiguidade de sentido.

Razão possível:

A expressão *bem como* é aditiva, equivalente a *também*; portanto deve associar orações de mesmo sentido. Não cabe fazer associação de uma negativa (se compromete a *não instalar*) com uma afirmativa (bem como a *extinguir*...). Assim teríamos a correção: "se compromete *a evitar instalar tribunais de Inquisição, bem como (ele se compromete) a extinguir o tráfico*".

Outra possibilidade é repetir a preposição *a*, para desfazer o paralelismo, como vemos na **sugestão de correção**:

"... ele se compromete *a não instalar tribunais de Inquisição, bem como (ele se compromete) a extinguir o tráfico*".

Caso 2 — Problemas no emprego de palavras parônimas ocorrem porque elas são parecidas na pronúncia e na grafia e, por isso mesmo, causam confusão, como em *tráfico* (*comércio ilegal*) e *tráfego* (*movimentação de veículos*) — logo, pelo contexto, o correto será: "D. João se compromete a extinguir o *tráfico negreiro*" — e não *tráfego*, que, por se referir à grande movimentação de veículos, pode estar sempre engarrafado.

9. Reconheça o sentido dos termos parônimos:
a) A sabedoria o fazia um *experto* em Física Nuclear, mas era pouco *esperto* em relação aos inimigos.
b) Ele *espiava* pelo buraco da fechadura os que *expiavam* os seus pecados, perante o confessor.
c) A Lei de Segurança pode ser *retificada* ou *ratificada*, dependendo das circunstâncias.
d) O *mandado* de segurança e o *mandato* de um Senador não são a mesma coisa.
e) Deixamos de ver o submarino, porque *imergiu* de súbito e não mais *emergiu*.

4.4.6 Uso de *hiperonímia* e *sinonímia* para evitar repetição

A HIPERONÍMIA consiste no emprego de um termo cujo sentido é mais generalizante e que engloba vários termos de sentido específico, ou hipônimos.

SINONÍMIA é o emprego de vocábulos de sentidos semelhantes.

Tanto a HIPERONÍMIA quanto a SINONÍMIA são recursos para evitar repetição de termos desnecessariamente.

No texto "Zoológico virtual" da *Veja*, observe que não se repetem termos, mas o sentido é retomado várias vezes: usam-se dois termos sinônimos para a expressão destacada no início e dois para o segundo termo destacado. Reconheça-os:

"Os *cachorros*, *gatos*, *pássaros* e seus respectivos adestradores que se acostumaram aos bons cachês em comerciais de televisão estão saindo de moda. De uns tempos para cá, os animais estão sendo substituídos por bichinhos virtuais criados por computador. Um deles mais famoso é *a tartaruga* que dirige um caminhão num comercial de cerveja. Ela já protagonizou três filmes em que trapaceia um entregador. No último, lançado no começo de outubro, o esperto animalzinho conquista duas belas moças que pediam carona à beira da estrada." (*Veja*, 07/04/2001)

- *Cachorros, gatos, pássaros* foram substituídos por *animais, bichinhos virtuais*;
- *Tartaruga*, por *ela* e por *esperto animalzinho*.

10. Identifique os termos que se classificam como sinônimos e os que se classificam como hiperônimos na notícia *Rebelião de presos,* publicada em jornal:

"Mais de cento e trinta *reclusos* continuaram a rebelião no interior da *prisão* de Strangeways na Inglaterra. Cerca de mil *detentos* se revoltaram contra as más condições de vida no *estabelecimento*. Pelo menos trezentos *detidos* continuam controlando alas da penitenciária até o momento." (*Apud.* Carneiro, 2001, p. 34)

4.4.7 Ambiguidade

AMBIGUIDADE é a duplicidade de sentido em uma frase, quando permite mais de uma interpretação.

Neste fragmento de redação, o autor, inapropriadamente, deixa o texto parecer ambíguo: Falando sobre pecuária brasileira, assim ele se expressa:

"A pecuária brasileira tem crescido significativamente nos últimos anos, tanto quantitativamente quanto qualitativamente. A importação de matrizes europeias e americanas nas décadas de 1980 e 1990 aumentaram o padrão do produto nacional. *Além disso, doenças como a da vaca louca e a febre aftosa valorizaram ainda mais o rebanho brasileiro, pouco atingido pela febre aftosa no Rio Grande do Sul.* O Brasil possui o maior rebanho da América do Sul e exporta muita carne."

Vejamos os três principais problemas desse texto, relativos ao léxico e à construção sintático-semântica:

▶ excesso de rima em prosa: *significativamente, quantitativamente* e *qualitativamente*;

▶ ambiguidade no trecho *Além disso, doenças como a da vaca louca e a febre aftosa valorizaram mais o rebanho nacional...*

▶ trechos sem ligação, ou coesão com o fragmento anterior. *O Brasil possui o maior rebanho da América do Sul.*

Sugestão de reescritura do texto, procurando sanar os problemas apontados:

"A pecuária brasileira tem crescido muito, nos últimos anos, tanto *quantitativa quanto qualitativamente*. A importação de matrizes europeias e americanas nas décadas de 1980 e 1990 melhoraram o padrão do produto nacional. *Além disso, a ausência de doenças como a da vaca louca e a febre aftosa contribuíram para* valorizar ainda mais o rebanho brasileiro, pouco atingido por esses problemas, no Rio Grande do Sul. Sabe-se que o Brasil possui o maior rebanho da América do Sul e tem contribuído com as exportações de carne bovina..."

4.4.8 Problemas de coesão ou mau emprego de conectivos

Além de problemas com a concordância, observe que, no fragmento seguinte, há erro no emprego do conectivo e na ligação entre as ideias:

"A população do Brasil, em sua grande maioria, era pobre e iletrada. Possuía dívidas devido ao não pagamento de empréstimos à Metrópole. Os escravos não recebiam pagamento, *no entanto* não consumiam no comércio *e* os índios perderam suas *terras* e foram destribalizados, fugindo para o interior do país..."

Sugestão de correção:
(...) os escravos não recebiam pagamento, por isso não consumiam no comércio e os índios, após perderem suas terras, fugiram para o interior do país.

11. O trecho destacado, a seguir, apresenta falta de coesão (ligação) de sentido entre dois vocábulos que estão coordenados. Corrija-o, tendo em vista os problemas apontados: *A partir de 1500, inicia-se o contato entre dois mundos, que antes eram separados pelo oceano:* o português e os índios.

4.4.9. Problema na escolha vocabular

A escolha vocabular é muito importante para quem quer obter um texto eficiente, pois as palavras combinam-se sintática e semanticamente, a partir dos significados inerentes a cada termo envolvido na construção da frase. Quando não se atenta para esse fato, pode ocorrer conflito semântico, isto é, o emprego de uma palavra cujo sentido não está previsto ou adequado na estruturação do texto.

Vejamos um exemplo no fragmento que segue:

"Criaram-se as capitanias hereditárias, que iam do litoral até Tordesilhas. Os donatários não possuíam recursos suficientes. Com isto, as capitanias não prosperaram, com exceção *as de São Vicente e de Pernambuco, devido ao excesso de recursos e a outros empréstimos cedidos*."

Sugestão de correção:

"(...) as capitanias não prosperaram, com exceção das de São Vicente e de Pernambuco, graças (ao volume de) aos empréstimos e a outros recursos recebidos."

12. Observe e corrija o problema da escolha vocabular nas frases seguintes:
a) A invenção do automóvel representou um *excesso de* avanço para a humanidade.
b) O resultado das eleições nem sempre *reafirmam* as pesquisas eleitorais.
c) Os problemas de saúde das comunidades carentes *ocorrem* da falta de saneamento básico.
d) Atualmente é preciso que todos aprendam a *mexer* no computador.
e) O emprego de termos da gíria são muito *presenciados* pelos jovens atualmente.

4.4.10 Vaguidade semântica

A VAGUIDADE SEMÂNTICA ocorre quando a expressão usada apresenta conteúdo semântico muito geral, com pouca clareza, e os termos necessitam de explicitações.

É o caso de emprego de palavras como *coisa, problema, fato, negócio, questão* etc., ou do uso de adjetivos atributivos avaliativos como *legal, interessante, bom, maravilhoso, sensacional* etc., que acarretam vagueza de sentido e exigem especificação.

Exemplos de vaguidade semântica:

Preocupar-se só com *as coisas* do lar, isso é *coisa* de mulher...
Por que o amor é uma *coisa* tão especial?

Exemplos com adjetivos avaliativos:

Ela é muito *legal*!
Esse jogo foi *sensacional*.
Achei o filme *interessante*.

São casos de emprego de termos com VAGUIDÃO SEMÂNTICA que poderiam ser complementados com explicações:
Ela é muito legal, *pois sempre me tratou com educação e respeito.*
Esse jogo foi sensacional, *com um resultado de 5 a zero para meu clube.*
Achei o filme interessante, *não só pelo enredo que prende a atenção, como pelo excelente trabalho dos atores e atuação do diretor, além da fotografia* etc.

13. Substitua todos os usos de *coisa, negócio, objeto, troço*, por serem vocábulos de sentido muito geral, por termos de sentido mais específico:
a) A água e o óleo são duas *coisas* que não se misturam.
b) A confecção daquela estátua foi uma *coisa* maravilhosa com que o artista presenteou a cidade.
c) A leitura frequente de obras clássicas é uma *coisa* muito importante para o desenvolvimento do intelecto.
d) Acordar tarde é uma *coisa* que não faz bem à minha saúde.
e) O bisturi é um *objeto/coisa* imprescindível a um bom cirurgião.

14. Observe como um mesmo adjetivo qualificativo, de sentido muito geral, pode ser mais especificado no contexto dado. Nos exemplos abaixo, você pode variar o uso do atributo *interessante*, usando outros sinônimos adequados a seu referente.
a) Esse é um filme *muito bom, interessante*, vá assistir!
b) Sua preocupação (atitude) em não contrariá-la, pois se encontrava gravemente doente, foi muito *interessante*.
c) Apresentou uma resposta *interessante* à pergunta do professor.
d) Sei que seu irmão é uma pessoa *interessante*, por isso quero convidá-lo para a festa.
e) A paisagem vista da janela era muito *interessante*...

15. Procure variar os adjetivos atributivos, como no modelo dado.
Modelo: Uma garota muito *legal* pode ser: educada, atraente, simpática, amigável, compreensiva.
a) Um carro *sensacional* pode ser:
b) Uma roupa *maravilhosa* pode ser também:
c) Uma casa *bela* ou *bonita* ficaria mais bem descrita se recebesse os adjetivos:
d) A entrevista foi *fantástica* porque...
e) O surfista disse que o mar estava um *barato* porque...

4.4.11 Vocabulário geral e específico

De acordo com a situação de comunicação, podem ser utilizados vocábulos de conteúdo semântico mais geral, como *bebida, veículo, militar, ferramenta* — termos HIPERONÍMICOS —, enquanto em outras circunstâncias, são exigidos vocábulos de sentido específico, como *cachaça, carroça, sargento, martelo*, HIPÔNIMOS a eles relacionados. O importante é verificar se a seleção dos termos foi adequada, como ocorre no exemplo a seguir, em que se generaliza e depois se especifica o sentido do vocábulo:

O acusado declarou que não tomara *bebida alcoólica,* embora no banco do carro houvesse várias *garrafas de cachaça* vazias.

Um dos processos para se evitar repetição de palavras é usar um vocábulo de sentido geral que englobe outro mais específico expresso anteriormente:

Brasília foi fundada na década de sessenta, e até hoje a *capital do Brasil* chama a atenção pelos seus monumentos.

16. Escreva um vocábulo de sentido geral que substitua as palavras destacadas:
a) A *greve* dos bombeiros continuará em São Paulo. Não se sabe qual o futuro do ....
b) A *cocaína* sempre vitima pessoas de todas as classes sociais. A .... continua sendo a causa de várias mortes de pessoas no país.
c) Teme-se que os tumultos na Ucrânia prejudiquem as relações entre os *EUA e a Rússia*. Os dois .... não chegaram ainda a um acordo.
d) Mais de cinco pessoas morreram de *hepatite B* na semana passada. O surto da .... já vitimou mais de 20 pessoas na Nigéria.
e) As crianças adoram andar na *roda gigante*, mas dessa vez o .... estava enguiçado.

4.4.12 Definição e especificação semântica

DEFINIR nem sempre é fácil, e é comum vermos definições como no exemplo: *"Discussão é quando duas pessoas brigam"*; *"Soneto tem 14 versos."* Esses são processos inadequados de definição — vamos observar as técnicas usadas nos dicionários. Vamos ver como ocorrem?

O processo definitório utilizado nos dicionários baseia-se sempre na indicação de uma classificação gramatical do termo, de uma indicação generalizada de sentido, seguida de uma especificação e ou de uma função. Reconheça os processos usados na definição abaixo, retirados do *Dicionário Aulete*:

Colher [é] substantivo feminino. Talher com cabo e concha rasa na ponta, usado para misturar ou servir alimentos, ou comer alimentos líquidos ou pastosos.

(Observe o processo usado: timbre da vogal tônica, classificação morfológica e processo de generalização, seguidos de especificação de sentido e de indicação de uma função para o termo referenciado.)

17. Vamos praticar? Utilize os processos corretos para definir os termos seguintes: *livro*, *bicicleta* e *garfo*.

> ## 🔥 Saiba mais
>
> Definição de termos abstratos — Processos adequados de definição.
> Já para a definição do termo abstrato temos, como exemplo, *discussão*: briga, altercação ou o ato de discutir; ou *soneto*, um gênero de texto literário, um poema, formado de duas estrofes de quatro versos (quartetos) e duas de três versos (tercetos).
> Utiliza-se para a definição de *palavras abstratas* (ações, estados, qualidades) o seguinte procedimento: classifica-se o termo, descreve-se o processo por meio de determinantes ou se indica a correlação com o termo primitivo e, a seguir, cita-se mais um sinônimo, como se observa nos modelos dados, a partir do *Dicionário Aulete*.
> a) (**ge.*mi*.do**) *sm*. **1** Emissão da voz como lamento de dor, de sofrimento (físico, moral ou espiritual). **2** *Fig*. Queixa acompanhada de choro, grito; LAMENTAÇÃO; QUEIXUME: "*Mas o mesmo silêncio lúgubre continuou; nem uma voz, nem um som respondeu aos gemidos do amante.*" (Casimiro de Abreu, *Carolina*) **3** Qualquer som, humano ou não, semelhante ao de um gemido (1, 2): *Seus gemidos e suspiros eram expressão de seu prazer; O silêncio da manhã foi quebrado pelo gemido das rodas do carro de boi*. **4** Canto de algumas aves. **5** Som choroso, plangente, de certos instrumentos musicais: *Deliciava-se com os gemidos do violino*. [F.: Do lat. *gemitus, us*.]

b) (**be.le.za**) [ê] *sf.* **1.** Qualidade do que é belo, do que é agradável aos sentidos; BONITEZA; LINDEZA; ENCANTO: *Admirava a beleza da paisagem; A beleza da música deixou o público extasiado.* [Antôn.: fealdade, feiura.] **2.** Conceito estético que se atribui a harmonia de proporções, perfeição de formas: *Definiu na obra seus ideais de beleza.* **3.** Aquilo que é belo, ou que desperta admiração por sua qualidade, por agradar; BONITEZA; LINDEZA; ENCANTO: *A cerimônia foi uma beleza; O desempenho do ator na peça foi uma beleza.* **4.** O que desperta admiração (nas produções da inteligência): *a beleza de um poema.* *interj.* **5.** *Gír.* Us. para expressar concordância ou anuência com o que é dito ou proposto pelo interlocutor ou para pedir a concordância ou anuência deste para algo que se disse: *Beleza, Ricardo. Pode seguir em frente com o projeto.* **6.** *Gír.* Us. como cumprimento ou saudação. [F.: Do lat. vulg. *bellitia*, pelo provç. *belleza* ou it. *bellezza*.]

18. Defina os vocábulos seguintes: *alegria*; *entusiasmo*; *lastimável*.

4.4.13 Repetição imprópria de vocábulos

Como evitar a REPETIÇÃO VICIOSA de palavras?

Como temos observado, os vocábulos devem estar adequados ao texto, em função de uma série de fatores de ordem linguística, social, interacional. Há fatores que dizem respeito ao contexto, mas outros estão relacionados ao próprio mecanismo gramatical e, portanto, à estruturação das frases nos diversos gêneros textuais. Um desses fatores baseia-se no uso correto da sinonímia e da hiperonímia, que evitam a repetição indesejada de termos.

A produção de um texto deve se pautar pelo equilíbrio entre os termos já usados e os novos, evitando-se sempre a redundância da informação. Uma das regras básicas da construção do texto é sua progressão de sentido, daí a máxima válida para qualquer tipo de texto: *"escrever bem é equilibrar elementos novos com elementos já conhecidos, sempre com o objetivo de não confundir ou cansar o leitor"*. A não observância desse princípio resulta em problemas de coesão e de coerência, concretizados sobretudo pelo mau emprego do vocabulário.

19. Evite a repetição do vocábulo *baleia*, feita à exaustão, no texto a seguir. Substitua-o por sinônimos e hiperônimos, ou por pronomes, num processo que se intitula construção pela referenciação do tema, durante a progressão textual.

"Todos os anos dezenas de *baleias* encalham nas praias do mundo e até bem pouco tempo nenhum biólogo era capaz de explicar por que as *baleias* encalham. Segundo uma hipótese, as *baleias* se suicidavam ao pressentir a morte, em razão de uma doença grave ou da própria idade, ou seja, as *baleias* fariam uma eutanásia instintiva. Segundo outra, as *baleias* se desorientariam por influência de tempestades ou correntes marinhas. Agora, dois pesquisadores de História Natural do Museu Britânico, com sede em Londres, encontraram uma resposta científica para o suicídio das *baleias*: essas *baleias* são desorientadas de suas rotas em alto-mar para águas rasas do litoral, por ação de um minúsculo verme de apenas dois centímetros que se aloja no cérebro das *baleias*. (Apud: SUAREZ, Antônio Abreu. *Curso de redação*, 3. ed. São Paulo: Ática, 2003:124)

DE OLHO VIVO PARA NÃO COMETER ERROS DE IMPROPRIEDADE SEMÂNTICA

1. A impropriedade vocabular refere-se ora à desobediência às regras gramaticais, sobretudo aquelas relacionadas à especificidade semântica, ora a problemas de contexto e, nesse caso, envolvem relações entre os interlocutores e problemas de ordem linguística, social e situacional.

2. A seleção vocabular é de grande relevância para o significado textual, já que numa interpretação todos os elementos contribuem para o significado final e nada deve ser considerado *menos importante*.

3. A escolha do léxico é sempre uma seleção entre outras possíveis, de acordo com diversos fatores presentes no ato de comunicação, fatores de ordem gramatical ou de ordem discursiva.

4. Muita atenção e cuidado na escolha do léxico evitam erros de impropriedade semântica.

Questões de concurso

1. (ANVISA 2013) Assinale a alternativa cuja conjunção (ou locução conjuntiva) estabeleça essa mesma relação de sentido entre as orações.
"Alguns fitoterápicos eram muito eficazes, mas perderam espaço no mercado."
a) Juliana ora toma remédios de alopatia, ora toma remédios de homeopatia.
b) João não só deixou de tomar os medicamentos, mas também não fez repouso.
c) Não se acomode nesse único tratamento, que poderá não ser o ideal.
d) Estudou muito, por isso conseguiu resolver o caso.
e) Conversou bastante com o Dr. Rafael, entretanto não conseguiu se conformar.

2. (ENEM 2009) "Oximoro, ou paradoxismo, é uma figura de retórica em que se combinam palavras de sentido oposto (antônimos) que parecem excluir-se mutuamente, mas que, no contexto, reforçam a expressão".
(*Dicionário eletrônico Houaiss da língua portuguesa*)

Considerando a definição apresentada, o fragmento poético da obra *Cantares*, de Hilda Hilst, publicada em 2004, em que pode ser encontrada a referida figura de retórica é:
a) "Dos dois contemplo
rigor e fixidez
Passado e sentimento
me contemplam" (p. 91).

b) "De sol e lua
De fogo e vento
Te enlaço" (p. 101).

c) "Areia, vou sorvendo
A água do teu rio" (p. 93).

d) "Ritualiza a matança
de quem só te deu a vida.
E me deixa viver
nessa que morre" (p. 62).

e) "O bisturi e o verso
Dois instrumentos
entre as minhas mãos" (p. 95)

3. (ENEM 2010) "A gentileza é algo difícil de ser ensinado e vai muito além da palavra educação. Ela é difícil de ser encontrada, mas fácil de ser identificada, e acompanha pessoas generosas e desprendidas, que se interessam em contribuir para o bem do outro e da sociedade. É uma atitude desobrigada, que se manifesta nas situações cotidianas e das maneiras mais prosaicas
Disponível em: http://www.abqv.org.br. Acesso em: 22 jun. 2006 (adaptado).

No texto, menciona-se que a gentileza extrapola as regras de boa educação. A argumentação construída:
a) Apresenta fatos que estabelecem entre si relações de causa e de consequência.
b) Descreve condições para a ocorrência de atitudes educadas.
c) Indica a finalidade pela qual a gentileza pode ser praticada.
D) Enumera fatos sucessivos em uma relação temporal.
e) Mostra oposição e acrescenta ideias.

4. (ENEM 2013) Jogar limpo
Argumentar não é ganhar uma discussão a qualquer preço. Convencer alguém de algo é, antes de tudo, uma alternativa à prática de ganhar uma questão no grito ou na violência física – ou não física. Não física, dois pontos. Um político que mente *descaradamente* pode cativar eleitores. Uma publicidade que joga baixo pode constranger multidões a consumir um produto danoso ao ambiente. Há manipulações psicológicas não só na religião. E é comum pessoas agirem emocionalmente, porque vítimas de ardilosa – e cangoteira – sedução. Embora a eficácia a todo preço não seja argumentar, tampouco se trata de admitir só verdades científicas – formar opinião apenas depois de ver a demonstração e as evidências, como a ciência faz. Argumentar é matéria da vida cotidiana, uma forma de retórica, mas é um raciocínio que tenta convencer sem se tornar mero cálculo manipulativo, e pode ser rigoroso sem ser científico.

No fragmento, opta-se por uma construção linguística bastante diferente em relação aos padrões normalmente empregados na escrita. Trata-se da frase "Não física, dois pontos". Nesse contexto, a escolha por se representar por extenso o sinal de pontuação que deveria ser utilizado
a) enfatiza a metáfora de que o autor se vale para desenvolver seu ponto de vista sobre a arte de argumentar.
b) diz respeito a um recurso de metalinguagem, evidenciando as relações e as estruturas presentes no enunciado.
c) é um recurso estilístico que promove satisfatoriamente a sequenciação de ideias, introduzindo apostos exemplificativos.
d) ilustra a flexibilidade na estruturação do gênero textual, a qual se concretiza no emprego da linguagem conotativa.
e) prejudica a sequência do texto, provocando estranheza no leitor ao não desenvolver explicitamente o raciocínio a partir de argumentos.

5. (ENEM 2013) Futebol: "A rebeldia é que muda o mundo"
Conheça a história de Afonsinho, o primeiro jogador do futebol brasileiro a derrotar a cartolagem e a conquistar o Passe Livre, há exatos 40 anos
Pelé estava se aposentando pra valer pela primeira vez, então com a camisa do Santos (porque depois voltaria a atuar pelo New York Cosmos, dos Estados Unidos), em 1972, quando foi questionado se, finalmente, sentia-se um homem livre. O Rei respondeu sem titubear:
— Homem livre no futebol só conheço um: o Afonsinho. Este sim pode dizer, usando as suas palavras, que deu o grito de independência ou morte. Ninguém mais. O resto é conversa.
Apesar de suas declarações serem motivo de chacota por parte da mídia futebolística e até dos torcedores brasileiros, o Atleta do Século acertou. E provavelmente acertaria novamente hoje.
Pela admiração por um de seus colegas de clube daquele ano. Pelo reconhecimento do caráter e personalidade de um dos jogadores mais contestadores do futebol nacional. E principalmente em razão da história de luta – e vitória – de Afonsinho sobre os cartolas.
ANDREUCCI, R. Disponível em: http://carosamigos.terra.com.br. Acesso em: 19 ago 2011.

O autor utiliza marcas linguísticas que dão ao texto um caráter informal. Uma dessas marcas é identificada em:

a) "[...] o Atleta do Século acertou."
b) "O Rei respondeu sem titubear [...]".
c) "E provavelmente acertaria novamente hoje."
d) "Pelé estava se aposentando pra valer pela primeira vez [...]".
e) "Pela admiração por um de seus colegas de clube daquele ano."

6. (ENEM 2014) " Só há uma saída para a escola se ela quiser ser mais bem-sucedida: aceitar a mudança da língua como um fato. Isso deve significar que a escola deve aceitar qualquer forma da língua em suas atividades escritas? Não deve mais corrigir? Não! Há outra dimensão a ser considerada: de fato, no mundo real da escrita, não existe apenas um português correto, que valeria para todas as ocasiões: o estilo dos contratos não é o mesmo do dos manuais de instrução; o dos juízes do Supremo não é o mesmo do dos cordelistas; o dos editoriais dos jornais não é o mesmo do dos cadernos de cultura dos mesmos jornais, ou de seus colunistas.
POSSENTI, S. *Gramática na cabeça*. Língua Portuguesa, ano 5, n. 67, maior, 2011 (adaptado).

Sírio Possenti defende a tese de que não existe um único português correto. Assim sendo, o domínio da língua portuguesa implica, entre outras coisas, saber:

a) Descartar as marcas de informalidade do texto.
b) Reservar o emprego da norma padrão aos textos de circulação ampla.
c) Moldar a norma padrão do português pela linguagem do discurso jornalístico.
d) Adequar as normas da língua a diferentes tipos de texto e contexto.
e) Desprezar as formas da língua previstas pelas gramáticas e manuais divulgados pela escola.

7. (FUNRIO-INSS) Conhecido comercial da tevê fala de uma "cerveja que desce redondo". O sentido atribuído à palavra "redondo" refere-se
a) à mesa do bar que aparece no cenário dos comerciais de cerveja.
b) à própria cerveja que pode ser assim considerada em sentido denotativo.
c) ao ato de descer facilmente, que, nesse caso, significa escorrer pela garganta.
d) ao líquido da bebida, que toma o formato arredondado da garrafa que o contém.
e) ao pronome relativo empregado na frase, para substituir o termo cerveja.

8. (FUNRIO-INSS) Num Concurso de redação, um candidato deveria escrever sobre Noel Rosa e Chico Buarque de Holanda. Refletindo sobre a passagem do texto abaixo transcrita, identifique a alternativa que torna coerentes os ajustes redacionais então propostos, de modo a evitar que sejam repetidos os nomes dos dois artistas brasileiros.
Chico Buarque de Holanda e Noel Rosa sempre estiveram em destaque na MPB, embora Chico Buarque de Holanda tenha uma obra, sob certa perspectiva, mais polêmica do que a de Noel Rosa.
a) Chico Buarque de Holanda e Noel Rosa sempre ocuparam um lugar de destaque na MPB, embora cada um tenha uma obra, sob certa perspectiva, mais polêmica do que a dos demais.
b) Chico Buarque de Holanda e Noel Rosa sempre ocuparam um lugar de destaque na MPB, embora este tenha uma obra, sob certa perspectiva, mais polêmica do que aquele.
c) Chico Buarque de Holanda e Noel Rosa sempre ocuparam um lugar de destaque na MPB, embora o primeiro tenha uma obra, sob certa perspectiva, mais polêmica do que o segundo.
d) Chico Buarque de Holanda e Noel Rosa sempre ocuparam um lugar de destaque na MPB, embora tenham uma obra, sob certa perspectiva, mais polêmica do que reconhecida.
e) Chico Buarque de Holanda e Noel Rosa sempre ocuparam um lugar de destaque na MPB, embora um tenha uma obra, sob certa perspectiva, mais polêmica do que o outro.

9. (FUNRIO-INSS) "Chamar chávena à miserável xícara onde se toma a média nos botequins, com aquele cheiro de desinfetante que vem bafejar o café com leite do pobre, deve valorizar a coisa." (Dinah Silveira de Queiroz)
Assinale o item em que a palavra "média" tem o mesmo sentido apresentado no trecho acima:
a) A média da inflação anual ultrapassou os patamares esperados pelo Governo.
b) Pela experiência que tenho da vida, dificilmente alguém faz média comigo!
c) O grupo não conseguiu atingir a média para ser classificado no certame.
d) O professor calculou rapidamente a média dos seus melhores alunos.
e) Seu desjejum constava sempre de uma média com pão e manteiga e nada.

10. (FUNRIO-INSS) "De noite, foi de doer na alma. Eles, apenas eles, ali trepados, cercados de água, no maior abandono do mundo. Uma luz não havia, um sinal de comunicação não havia. Só água. Muitas casas estavam completamente encobertas." (Gilvan Lemos)

Assinale o item que contraria as ideias apresentadas no texto acima:
a) À noite, o estado físico das pessoas suscitava maior compaixão.
b) Em "só água", a palavra "só" denota exclusão de outros elementos circunstantes.
c) Em "Uma luz não havia", a colocação dos termos é uma questão de estilo do autor.
d) O trecho relata as agruras de uma inundação.
e) Todas as casas do lugar estavam completamente cobertas pela água.

11. (FUVEST 2002) No texto abaixo, há um expressão que, se tomada a o pé da letra, denotativamente, leva a uma interpretação absurda:
"A oncocercose é uma doença típica de comunidades primitivas. Não foi desenvolvido ainda nenhum medicamento para o tratamento que possibilite o restabelecimento da visão. Ao ser picado pelo mosquito, o parasita (agente da doença) cai na corrente sanguínea e passa a provocar irritações oculares até a perda da visão total.
(*Folha de São Paulo*, 2-11-1990).
a) Transcreva o trecho problemático.
b) Reescreva – de forma que fique explícita a interpretação adequada.

12. (VUNESP-MPE/ES) Conforme os sentidos do texto "A audiência do evento literário lembra muito a dos eventos Fifa: classe média alta", eliminando-se o sinal de dois-pontos, a frase final do parágrafo admite a seguinte redação:
a) A audiência do evento literário lembra muito a dos eventos Fifa, talvez, classe média alta.
b) A audiência do evento literário lembra muito a dos eventos Fifa, qual seja, classe média alta.
c) A audiência do evento literário lembra muito a dos eventos Fifa, até mesmo classe média alta.
d) A audiência do evento literário lembra muito a dos eventos Fifa, no entanto, classe média alta.
e) A audiência do evento literário lembra muito a dos eventos Fifa, ainda que classe média alta.

13. (VUNESP-MPE/ES) Considere o parágrafo final do texto: *Nada contra a vinda dos estrangeiros, desde que estejam aptos para o trabalho. Tenho dúvidas, porém, se três semanas de treinamento, como aventou o ministro, é tempo suficiente para isso.* Mantendo-se os sentidos originais, ele está corretamente reescrito de acordo com a norma-padrão em:
a) Nada contra a vinda dos estrangeiros, se estiverem aptos para o trabalho. Tenho dúvidas, no entanto: três semanas de treinamento, como aventou o ministro, é suficiente para isso?
b) Nada contra a vinda dos estrangeiros, caso estão aptos para o trabalho. Tenho dúvidas, todavia: três semanas de treinamento, como aventou o ministro, são suficiente para isso?
c) Nada contra a vinda dos estrangeiros, quando estarão aptos para o trabalho. Tenho dúvidas, portanto: três semanas de treinamento, como aventou o ministro, são suficientes para isso?
d) Nada contra a vinda dos estrangeiros, mas estariam aptos para o trabalho. Tenho dúvidas, apesar disso: três semanas de treinamento, como aventou o ministro, é suficiente para isso.
e) Nada contra a vinda dos estrangeiros, pois estarão aptos para o trabalho. Tenho dúvidas, por conseguinte: três semanas de treinamento, como aventou o ministro, são suficiente para isso.

Referências bibliográficas

ABREU, Antônio Suárez. *Curso de redação*. 3. ed. São Paulo: Ática, 2003.

ANTUNES, Irandé. *Língua, texto e ensino* – outra escola possível. São Paulo: Parábola, 2009.

BERNARDO, Gustavo. *Redação inquieta*. Rio de Janeiro: Globo, 1999.

CARNEIRO. Agostinho Dias. *Texto em construção*: a interpretação de texto. 2. ed. São Paulo: Moderna, 2001.

___. *A interpretação interpretada*. São Paulo: USP. Tese de Doutorado, 2003.

CHARAUDEAU, Patrick. *Linguagem e discurso*: modos de organização. São Paulo: Contexto, 2008.

GALVEZ, Charlotte. (org.) *O texto*: ensino e leitura. Campinas: Pontes, 2001.

HENRIQUES, Cláudio Cézar. *Léxico e semântica*. Rio de Janeiro: Campus, 2011.

ILARI, Rodolfo. *Semântica*. São Paulo: Ática, 2012.

KOCH, Ingedore Villaça; ELIAS, Vanda Maria. *Ler e compreender os sentidos do texto*. São Paulo: Contexto, 2013.

MARCUSCHI, Luís Antônio. *Produção textual*: análise de gêneros e compreensão. São Paulo: Parábola, 2008.

OLIVEIRA, Helênio Fonseca de. Ensino do léxico: o problema da adequação vocabular. In: *Matraga*, 19: 49-68, Rio de Janeiro: Caetés, 2006.

PAULIUKONIS, Maria Aparecida L.; WERNECK, Leonor S. (Orgs.) *Estratégias de leitura*: texto e ensino. Rio de Janeiro: Lucerna, 2006.

___; GAVAZZI, Sigrid (orgs). *Da língua ao discurso:* reflexões sobre o ensino. 2. ed. Rio de Janeiro: Lucerna, 2007.

___. *Texto e discurso*: mídia, literatura e ensino. 2. ed. Rio de Janeiro: Lucerna, 2007.

RODRIGUES, S.; BRANDÃO, S. *Ensino de gramática*: descrição e uso. São Paulo: Contexto, 2010.

TRAVAGLIA, Luís Carlos. *Gramática e interação:* uma proposta para o ensino de gramática na escola. São Paulo: Cortez, 1999.

VALENTE, André. *A linguagem nossa de cada dia*. Petrópolis, RJ: Vozes, 1997.

VAN DIJK, Teun. *Texto e contexto*. São Paulo: Contexto, 1987.

Resposta a exercícios e a questões de concurso

1
ORTOGRAFIA E PONTUAÇÃO

1.1 Grafia de palavras

1. R.: ferrolho → 8 letras, 6 fonemas; água → 4 letras, 4 fonemas; guerra → 6 letras, 4 fonemas; hélice → 6 letras, 5 fonemas; cama → 4 letras, 4 fonemas; canto → 5 letras, 4 fonemas; quilo → 5 letras, 4 fonemas; tranquilo → 9 letras, 8 fonemas; descer → 6 letras, 5 fonemas; descascar → 9 letras, 9 fonemas.
2. R.: haver (h); nascer (s); exceção (x); florescer (s); abscesso (s); excelente (x); quilo (u); guinada (u); queda (u); campo (m).
3. R.: b) As letras s, z e x correspondem ao fonema /z/.
4. R.: a) água (4 letras e 4 fonemas) – apaziguar (9 letras e 9 fonemas); b) limpo (5 letras e 4 fonemas) – aguentar (8 letras e 7 fonemas); c) pêssego (7 letras e 6 fonemas) – floresçam (9 letras e 8 fonemas); d) prorrogar (9 letras e 8 fonemas) – riqueza (7 letras e 6 fonemas); e) quebrar (7 letras e 6 fonemas) – manha (5 letras e 4 fonemas).
5. R.: O *i* e o *u* são vogais em: Itajaí, dia, país; saúde. São semivogais em: apoio, animais, outono, papéis; água, céu.
6. R.: Estão corretas as afirmações b), c), e). Incorretas a), d): o *u* de *Grajaú* é vogal e o *e* da palavra *pães* é semivogal.
7. R.: d) nas palavras *engenheiro, faixa, oito*, o *i* é semivogal e forma com a vogal anterior um ditongo.
8. R.: c) Nas três palavras o *u* é semivogal.
9. R.: d) fonema /s/ grafado sc, xc, ss, c, x.
10. R.: e) nh, ss, rr, lh.
11. R.: Incorreta c), porque o *h* só forma dígrafos em *nh* (ninho), *lh* (filho) e *ch* (chato).
12. R.: b)
13. R.: d) desaforo, continue, magoe; nas demais alternativas há pelo menos uma palavra que se escreve com *i*: em a) influi, b) rói, c) corrói, incendiar, e) atrai, anunciar
14. Alternativa correta c). Em a) cadeado e não cadiado; b) areal e não arial; d) apazigue e não apazigui; e) galeão e não galião.
15. R.: a) areento – meada – empecilho – cear; b) artimanha – passear – recear – antediluviano; c) anteontem – cesariana – cadeado – campeão; d) despencar – lampião – enteado – entupir; e) mentira – intolerância – mexerico – náusea.
16. R.: a) confete – paletó – seringa; b) dentifrício – carestia – influi; c) magoe – caçoe – tumultue; d) trai – dói – possui; e) camoniano – atribuis – atue.
17. R.: delatar (denunciar)/ dilatar (alargar, estender); descriminar (tirar a culpa)/ discriminar (distinguir); despensa (local onde se guardam mantimentos)/ dispensa (ato de dispensar); emigrar (deixar um país)/ imigrar (entrar num país); imergir (afundar)/emergir (vir à tona); peão (aquele que anda a pé, peça de xadrez)/ pião (tipo de brinquedo); recrear (divertir) /

recriar (criar novamente); emissão (ato de emitir, pôr em circulação)/ imissão (ato de imitir, fazer entrar).

18. R.: Correta a). Incorretas: b) revezar; c) baliza; d) desprezo; e) revezar.
19. R.: a) capaz – magreza – quisesse – industrialização – atrasado; b) estupidez – azar – introduzir – cafezinho – traseiro; c) buzina – azedo – concretizar – firmeza – imperatriz; d) casar – usufruto – cerzir – paralização – hesitar; e) maisena – riqueza – reproduzir – traumatizar – colonizar.
20. R.: a) ressarcido – ressentia – abstenção – progresso – acelga; b) açaí – açambarcar – adoção – boçal – enguiço; c) intercessão – escassez – dançar – repressão – expressão; d) arcabouço – vassoura – acessório – depressão – censura; e) assentamento – excesso – discussão – maciço – vacilar.
21. R.: Correta: b) enxaguar – faixa – gueixa – lagartixa – enxertar. Incorretas: a) bonachão; c) fantoche, encharcar; d) colchão; e) garrancho.
22. R.: Correta c). Incorretas: a) rabugento e não rabujento; b) coragem e não corajem; d) berinjela e não beringela; e) tigela e não tijela.
23. R.: Correta: d). Incorretas: a) úmido e não húmido; erva e não herva; b) árdua e não hárdua; c) êxodo e não hêxodo; e) ágil e não hágil.
24. R.: Corretas d) e e). Incorretas a) tigela e não tijela; b) percevejo e não persevejo; c) empresariado e não emprezariado.

Questões de concurso

1. R.: d) a grafia correta é "flecha – misto"; em c) estrangeiro está escrito errado, mas o comando solicita duplo erro ortográfico.
2. R.: Correta: c) daqui a (tempo futuro); concerto (musical) e conserto (reparo); sessão (reunião), seção (parte de um todo), cessão (ato de ceder).
3. R.: Correta e) valorização, aceitação. Incorretas: a) ascensão, consideração; b) confirmação, progressão; c) concessão, admissão; d) transmissão, polarização.
4. R.: Correta b). Incorretas: a) analisar e não analizar; c) através e não atravez; d) apesar e não apezar; e) atraso e não atrazo.
5. R.: Correta d). Incorretas: a) ampliação, convergência, estagnação; b) agressão, conversão, diminuição; c) declinação, impressão, organização; e) discussão, indicação, omissão.
6. R.: Correta c). "o porquê", forma substantivada no sentido de causa, motivo, e "por que", interrogação indireta no sentido de "qual o motivo de".
7. R.: Correta c). "Há" indicando tempo passado, "a" artigo definido feminino, "à" contração da preposição + artigo definido feminino, "a" artigo definido feminino, "a" preposição.
8. R.: Correta a). Incorretas: b) beleza e não belesa; c) deslizou e não deslisou; d) hesitar e não exitar; e) pretensões e não pretenções.
9. R.: Correta a). Incorretas: b) discussão e não discução; c) exceção e não excessão; d) canalizar

e não canalisar; enchentes e não enxentes; e) utilizar e não utilisar; execução e não execussão.
10. R.: A única alternativa errada é b), porque fonema é a menor unidade sonora capaz de distinguir palavras.
11. R.: e).
12. R.: O erro de grafia está na alternativa b) *reinvindicam*. A forma correta é *reivindicam*.
13. R.: Correta c).
14. R.: Correta c). Incorretas: a) intemperança em vez de itemperança; b) manusear em vez de manuzear e dispensa em vez de despensa; d) disenteria em vez de desinteria; e) discricionário em vez de descricionário.
15. R.: A única alternativa em que as palavras apresentam o mesmo número de letras e de fonemas é a b) atmosfera (9 letras e 9 fonemas) – ficção (6 letras e 6 fonemas). As demais apresentam mais letras do que fonemas: a) hortênsias (10 letras e 8 fonemas) – gaúchos (7 letras e 6 fonemas); c) passeio (7 letras e 6 fonemas) – riqueza (7 letras e 6 fonemas); d) fechados (8 letras e 7 fonemas) – serrana (7 letras e 6 fonemas); e) Quitanares (11 letras e 9 fonemas) – vinhos (6 letras e 5 fonemas).
16. R.: questionamento: dígrafo consonantal *qu*, dígrafo vocálico: *en*. Alternativa correta d) excepcionalmente: dígrafo consonantal *xc*; dígrafo vocálico: *en*.
17. R.: Correta: b). "Gelmax" possui 6 letras e 7 fonemas. Incorretas: a) possui menos letras que fonemas; c) é dissílaba; d) é oxítona; e) possui ditongo [ew].
18. R.: Correta b).
19. R.: Correta c). sessão = reunião; sesta = repouso que se costuma fazer depois do almoço; emigrante = pessoa que muda de maneira voluntária para residir em outro local; porquê = forma substantivada que indica causa, motivo.
20. R.: b) As letras "*an*" constituem um único fonema /ã/.
21. R.: c) hiato: zo-o-ló-gi-co.
22. R.: A única alternativa que apresenta grafia incorreta é a c), porque *pureza* escreve-se com *z* e não com *s*.
23. R.: Do elenco de palavras apresentadas, a única que apresenta incorreção é *hipnotizar* na alternativa a).

1.2 Acentuação gráfica

1. R.: Oxítonas: *pontapé, dominó, chapéu, anéis, ninguém*; paroxítonas: *faísca, caráter, ônus, heroísmo, sótão*; proparoxítonas: *abóbada, autóctone, efêmero, equívoco, ídolo*; monossílabas tônicas: *chá, cós, pés, lê, crê*.
2. R.: estômago, pássaro, lâmpada, cérebro, sólido, característica, econômico, protótipo, vítima, lúcido.
3. R.: e) *fábrica*: estabelecimento industrial onde se transformam matérias-primas em produtos; *fabrica*: verbo fabricar; *trânsito*: movimento de veículos e de pedestres; *transito*: verbo

transitar; *sábia*: que sabe muito; *sabia*: verbo saber; *sabiá*: pássaro; *público*: coletivo; *publico*: verbo publicar; *secretária*: funcionária que assessora alguém; *secretaria*: verbo secretariar.

4. R.: Correta: d) paroxítonas terminadas em *-i(s)*, *-l*, *-éis*, ditongo crescente *-io*. As demais alternativas apresentam palavras que seguem regras diferentes como: a) *açaí*: oxítona; b) *herói*: oxítona; c) *canapé* e *hotéis*: oxítonas; e) *guichê*, *aluguéis*: oxítonas.
5. R.: e).
6. d) *fotógrafo* e *etnólogo* são proparoxítonas como *inédito* e *ídolo*; *francês* e *cortês*, oxítonas terminadas em *-es*; *país* e *Piauí*, oxítonas terminadas com a vogal *i*, em hiato.
7. R.: Não são acentuadas: *amor*: oxítona terminada em *-r*; *caju*: oxítona terminada em *-u*; são acentuadas: *caí*: oxítona terminada em *-i* quando em hiato; *cajá*: oxítona terminada em *-a*; *contém*: oxítona terminada em *-em*; *destrói*: oxítona terminada em ditongos decrescentes abertos; *dizê-lo*: forma verbal terminada em *-e* seguida de pronome enclítico *lo*; *jiló*: oxítona terminada em *-o*; *freguês*: oxítona terminada em *-es*; *refém*: oxítona terminada em *-em*. **Observação**: O acento na 3ª pessoa do plural, "contêm", indica o plural e distingue do singular "contém", que é o que carrega o acento por ser oxítona em *-em*, cf. o que foi visto no *Saiba Mais*.
8. São acentuadas: a) mistério, índios, amazônicas, está; b) América, nômades, asiáticos; c) só, migratória; d) Sibéria, há, máximo; e) índios, amazônia, ascendência, genética, aborígenes. Não são acentuadas: c) americano; d) travessia.
9. a) mistério, índios; c) migratória; d) Sibéria; e) índios, Amazônia, ascendência.
10. R.: a) petróleo do Oriente Médio; b) Superintendência da Polícia; c) repórter político; d) anúncio rápido; e) último adversário; f) crédito fácil; g) início do mês; h) próxima década; i) catástrofe gravíssima; j) órgão econômico; k) armazém de açúcar; l) passeio público; m) álcool etílico; n) saúde pública; o) importância da água; p) Prêmio Nobel.
11. R.: monossílabos tônicos a) *Lu*; b) *vou*, *trem*; c) *Não* (o primeiro e o último), *vou*; d) *ser*; e) *sol*, *só*, *três*; monossílabos átonos: a) *no*; b) *de*, *o*, *meu*; c) *não* (segundo); d) *da*, *que*; e) *o*, *às*.
12. R.: Correta: a) *gás*, *mês*, *pôs*. Incorretas: b) *cós*, *réu*, <u>ele tem</u>; c) *fé*, <u>eu vi</u>, *há*; d) <u>quem</u>, eles vêm, <u>fiz</u>; e) <u>pra</u>, <u>dor</u>, *pôr* (verbo).
13. a) Alaíde, cafeína, ciúme, miúdo.
14. R.: Correta: I e III. Incorreta: II. As palavras paroxítonas terminadas em *-en* deixam de ser acentuadas quando estiverem no plural: *hífen*, *hifens*; *abdômen*, *abdomens*; *pólen*, *polens*.
15. a) As meninas veem televisão à tarde. b) De onde vêm aquelas encomendas? c) Eles têm competência para julgar. d) Os diretores intervêm demais na decisão dos gerentes. e) Os ministros mantêm os diretores nos cargos.
16. R.: a) oxítonas terminadas em *-a*, *-e*, *-o*. As demais alternativas não atendem ao enunciado da questão: b) *dócil*, *útil*: paroxítonas terminadas em *-l*; *armazéns*: oxítona terminada em *-ns*; c) *néctar*: paroxítona terminada em *-r*; *saída*: segunda vogal tônica de hiato; *mágoa*: paroxítonas terminadas em ditongo crescente; d) *órgão*, *álbum*: paroxítonas terminadas em *-ão* e *-um*; *chapéu*: oxítona terminada em ditongo decrescente aberto; e) *detêm* o acento circunflexo marca a 3ª pessoa do plural em oposição à 3ª pessoa do singular indicada com acento agudo;

contém: ditongo nasal grafado -*em*; *anéis*: oxítona terminada em ditongo decrescente aberto.
17. R.: oxítonas: harém, recém, refém, ruim, sutil. Paroxítonas: âmbar, barbaria, batavo, berbere, cânon, ciclope, clímax, decano, exegese, filantropo, fortuito (ditongo ui), harpia (hiato), húmus, ímpio, ímpar, misantropo, pegada, têxtil. Proparoxítonas: aerólito, ágape, álacre, alcoólatra, arquétipo, ávido, êxodo, invólucro, leucócito, plêiade.

Questões de concurso

1. R.: a) são acentuadas as palavras paroxítonas terminadas em ditongo crescente (espécie, diária) e em -l (insuportável).
2. R.: e) paroxítonas terminadas em ditongo crescente.
3. R.: Correta: e) frequência, áreas são acentuadas porque são paroxítonas terminadas em ditongo crescente. Não atendem à proposta do enunciado: a) aspecto, b) substantivo, c) inocente, d) consciente e ritmo. Não recebem acento porque são paroxítonas terminadas em -o e -e.
4. R.: a) *óbvia* e *privilégio* são palavras paroxítonas terminadas em ditongo crescente.
5. R.: b) juiz. Não se acentua palavra oxítona terminada em -z.
6. R.: Não são acentuadas b) ideia, baiuca. As demais são acentuadas: a) ideológico, pastéis; c) Itaúna, jiló; d) chalé, íon; e) ânion, hífen.
7. R.: Correta: c). Está incorreta a acentuação das palavras: a) brioche, lerdo; b) ibero; d) biquini, trivial; e) quibe.
8. R.: a) *após*: oxítona terminada em -*os*; *só*: monossílabo tônico terminado em -*o*; b) *Petrópolis/óbitos*: proparoxítonas; c) *possuíam/constituídas*: *i* é a segunda vogal tônica dos hiatos; d) *através/também*: oxítonos terminados em -*es* e ditongo nasal -*em*; e) *vácuo/municípios*: paroxítonas terminadas em ditongo crescente.
9. R.: Correta e). Incorretas: a) *dólar* é acentuada porque é paroxítona terminada em -*r*; b) *admirável* é acentuada porque é paroxítona terminada em -*l*; c) *veemência* é acentuada porque é paroxítona terminada em ditongo crescente; d) *vê* é acentuada porque é monossílaba tônica terminada em -*e*.
10. R.: Correta c). As demais são incorretas porque em a) *caíam* (3ª pessoa do plural do pretérito imperfeito do indicativo) e *caiam* (3ª pessoa do plural do presente do subjuntivo); b) *impossível* recebe acento porque é paroxítona terminada em -*l*; d) *grapiúnas* recebe acento porque forma hiato com a vogal anterior; e) *história* (substantivo) e *historia* (3ª pessoa do singular do presente do indicativo do verbo *historiar*).
11. R.: b) *está* recebe acento gráfico por ser oxítono terminado em *a*.
12. R.: c) Ambas são proparoxítonas.
13. R.: b) As palavras proparoxítonas sempre foram acentuadas.
14. R.: Incorreta d) O adjetivo *mediano* é paroxítono e não proparoxítono.
15. R.: Correta: d) I e III. Incorreta: II. A palavra *lá* é acentuada graficamente por ser um monossílabo tônico terminado em -*a*.
16. R.: d) *olimpíada* e *básico*: proparoxítonas; *até* e *está*: oxítonas terminadas em -*e* e -*a*; *saúde* e *países*: *u* e *i* são a segunda vogal tônica dos hiatos.

1.3 Emprego de iniciais maiúsculas e minúsculas

1. R.: a) Dom Casmurro, Machado de Assis, livraria Garnier, Seu, Bento Santiago; b) Guimarães Rosa, Cordisburgo, Minas Gerais, Seus; c) Rachel de Queiroz, Fortaleza, Ceará, Sua, dona Miliquinha, José de Alencar, O Guarani; d) O, Manuel Bandeira, Colégio Pedro II, Ginásio Nacional, Literaturas Hispano-Americanas na Faculdade de Filosofia da Universidade do Brasil, Faculdade de Letras da UFRJ, Academia Brasileira de Letras; e) Cupido.
2. R.: a) Os dias da semana e os meses do ano devem ser escritos com minúscula.
3. R.: Incorreta d). Ocidente e Oriente, quando indicam regiões do mundo, devem ser escritos com maiúscula.
4. R.: a) O Norte do Brasil, Amazonas, Pará, Acre, Amapá, Roraima e Rondônia; b) Érico Veríssimo, O tempo e o vento, Sul do Brasil; c) Ao, CEP; d) O Natal; e) Apesar.
5. R.: e) As estações do ano como os dias da semana escrevem-se com minúscula: "verão e inverno".
6. R.: a) Finados: data significativa; b) senhora: substantivo comum; c) segunda-feira: dia da semana; d) Rei do futebol: epíteto dado a Pelé por ser o mais famoso jogador de futebol do Brasil e do mundo; Atleta do Século: título; e) Minuano: nome do vento; Sul: ponto cardeal que indica região.
7. R.: a) (F) com maiúscula com minúscula; b) (V); c) (F) com maiúscula com minúscula; d) (F) pontos cardeais escrevem-se com minúscula e suas abreviaturas com maiúsculas; e) (V).

1.4 Emprego do hífen

1. R.: Incorreta: a) Baía de Guanabara sem hífen.
2. R.: Correta: d). Incorretas: a) jardim de infância; b) passatempo; c) Cabo Frio; e) fim de semana.
3. R.: a) *água de coco* (não se emprega hífen em locuções); b) *mal-agradecido* (advérbio *mal* antes de elemento iniciado por *vogal*); *conta-gotas* (composta formada de verbo e substantivo); *sem-número* (composta com o elemento *sem*); *bem-te-vi* (composta que indica espécie zoológica).
4. R.: O correto é: a) decreto-lei; b) Passa-Quatro; c) Bico-de-lacre e beijo-de-moça; d) mal-agradecido; e) recém-admitidos; f) pisca-pisca; g) calcanhar-de-aquiles; h) greco-romana; i) A expressão *à toa* não se escreve com hífen. j) Estrada de Ferro Madeira-Mamoré.
5. R.: Correta c) em quatro delas: *vice-presidente*, *pré-carnavalesco*, *anti-hemorrágico*, *contra-ataque*. Com o prefixo *hiper-* só se emprega hífen se o segundo elemento começar por *h*, logo, *hipercorreção* sem hífen.
6. R.: d) anteprojeto não é separado por hífen.
7. R.: Não se emprega hífen nas palavras a) *autorretrato*, *antirrábica*, *submundo*, *antessala*.
8. R.: Não se emprega hífen em nenhuma dessas palavras: a) autoescola; b) antissequestro; c) promover; d) coedição; e) suprarrenal.
9. R.: Corretas: a), b), d) e e). Incorreta: c) Com o prefixo *semi-* só se emprega hífen se o segundo elemento iniciar com *i* ou *h* (*semi-integral*, *semi-hipnotizado*). Assim, não se emprega hífen em *semifinal*, *semiárido*.

10. R.: a) Calei-me diante da proposta absurda. b) Se soubesse o enredo do romance não teria começado a lê-lo. c) Não posso deixá-la sozinha um instante. d) Que dizer-lhe diante de tanta revolta? e) Encontrei-o muito triste. f) Viram-na sair muito cedo para a escola. g) Esperamo-los durante uma hora e meia. h) Esqueci-me de pagar a conta, por favor, paguem-na para mim.
11. R.: a) Neste departamento, resolver-se-ão as pendências financeiras. b) Quando receber a fatura, pagá-la-ei imediatamente. c) O sucesso nas provas dar-lhe-á ânimo para continuar os estudos. d) A grande notícia dar-te-emos no próximo mês. e) O almoço de domingo ter-lhe-ia feito mal?
12. R.: a-ni-mais, he-rói, a-zuis, cãi-bra, pa-péis, blo-co, a-ve-ri-guei, dra-gão, a-char, i-lho-ta, u-nha, de-lin-quen-te.
13. R.: Correta: a). Incorretas: b) mi-lho; c) pneu-mo-ni-a; d) a-blu-ção; an-zóis; e) a-re-al.
14. R.: c). A separação correta é *joi-as*.
15. R.: a). As palavras devem ser separadas da seguinte maneira: *pa-lha, cru-éis, flui-do*.
16. R.: co-o-pe-ra-ção, sa-í-mos, ab-di-car, sub-lin-gual, su-pe-rin-te-res-san-te, sec-cio-nar, ba-i-nha, ob-ses-são, trans-gres-são, mi-cros-sis-te-ma.
17. R.: e) *bí-ceps*. *Ps* não pode constituir uma sílaba, porque não há sílaba sem vogal em português.
18. R.: Correta b). Nas demais há sempre uma translineação incorreta: a) ditongo *oa* de *né-voa* não se separa; c) as letras do encontro consonantal *gn* ficam em sílabas diferentes, *sig-ni-fi-ca-do*; d) o dígrafo *lh* não se separa, *fil-ha*; e) deve-se separar o encontro consonantal *sc*, *nas-cer*.
19. R.: au-tên-ti-ca, ar-rou-bos, dis-tin-guir, so-ci-al, im-preg-na-va, at-mos-fe-ra.
20. R.: Estão corretas: a), b), c), e). Incorreta: d) os dígrafos *rr* e *ss* se separam: *car-ro*, *os-so*.

Questões de concurso

1. R.: b) *sub-ju-gar*: separa-se o prefixo *sub-* do radical da palavra; *i-guais*: não se separam os tritongos; *du-e-lo*: separa-se o hiato.
2. R.: d) *antiaéreo*, com o prefixo *anti-* só se emprega o hífen se o segundo elemento começar por *h* ou *i*. Nas demais palavras, emprega-se o hífen: a) mal-educado; b) supra-atmosférico; c) anti-higiênico; e) vice-reitor.
3. R.: Correta: c). Incorretas: a) am-bi-en-te; b) ob-ten-ção; d) a-dap-ta-ções; e) ex- ces-si-va-men-te.
4. R.: c).
5. R.: b).
6. R.: a) a divisão silábica correta é *ób-via*, porque se separa o encontro consonantal *bv* no interior do vocábulo e não se separa o ditongo crescente *-ia*.

1.5 Crase

1. R.: b) à livraria, d) à qual, e) àqueles processos.
2. R.: b). O verbo *ser* (*é*) não pede a preposição, logo em *aquela* não há crase.
3. R.: Corretas: b), c), d). Incorretas: a), e).

4. R.: b) Fui à Bahia. (Vim da Bahia); c) Retornei à Paraíba. (Vim da Paraíba); mas a) Fui a Maceió. (Vim de Maceió); d) Retornei a João Pessoa. (Vim de João Pessoa); e) Vou a Goiânia (Vim de Goiânia).
5. R.: a) à; b) às; c) à; d) à; e) às.
6. R.: Correta a). *a*, pronome pessoal oblíquo átono; *há*, verbo haver indicando tempo decorrido; *à*, locução adverbial feminina; *a*, pronome pessoal oblíquo átono.
7. R.: Correta: e). Na frase III "Mudarei para a avenida Ayrton Senna na próxima semana" não há crase porque, apesar de a expressão regida "avenida Ayrton Senna" admitir o artigo *a*, a palavra regente "mudarei" exige a preposição "para" e não a preposição "a".
8. R.: b) Não há crase na locução *daqui a* quando indica tempo (Daqui a uma hora), entretanto depois da locução *daqui a* com substantivo feminino na indicação de distância usa-se o acento grave, como se pode observar na frase da alternativa a). e) Diante da palavra *terra* em oposição a *mar* não há crase: *chegaram a terra*. (Não confundir com *terra*, pátria, que pode vir precedida de artigo e, consequentemente com *à*: O português foi à terra = pátria dele.)
9. R.: a) Vamos à colonial Ouro Preto. b) Solicitamos à diretora o despacho favorável. c) Assistimos sempre às novelas de época. d) Deram um prêmio à professora. e) Anda à procura de apartamento.
10. R.: a) Pedi no almoço couve à mineira (= à moda de Minas); b) Sairei de casa à uma hora (*à uma hora* recebe acento grave, porque *uma* é numeral, entretanto quando o *a* for seguido do artigo indefinido *uma* não leva acento grave, porque nesse caso não há crase; c) em *a óleo*, não se acentua o *a* porque *óleo* é um substantivo masculino; d) *a prazo*, sem acento porque *prazo* é uma palavra masculina, entretanto *à vista* com acento por estar diante de uma palavra feminina; e) *a inúmeras livrarias* sem acento por vir antes de palavras no plural, mas *à procura de* (um livro), porque a locução é formada com substantivo feminino.
11. R.: a) *a chegar*: não há crase antes de verbo; *a Manaus*: não há crase antes de nome de lugar com que não se emprega o artigo *a*; b) *a rigor*: não há crase porque *rigor* é nome masculino e portanto não comporta o artigo *a*; c) *a críticas*: *a* no singular antes de substantivo plural é preposição, logo não há crase; d) *a Santa Edwiges*: antes de nomes de santas não há crase; e) *durante a aula*: só há crase com a preposição *a*, logo, depois da preposição *durante*, não há crase.

Questões de concurso

1. R.: Incorreta d): "aqueles alunos" é objeto direto de "submeterei", logo não há crase.
2. R.: Em *tendem a aceitar* não há crase porque *aceitar* é verbo e só se usa o artigo diante de substantivo. Essa mesma justificativa contempla a expressão da alternativa a): *equivale a tirar*, *tirar* é verbo.
3. R.: O sinal indicativo de crase está usado de acordo com a norma-padrão na frase da alternativa a). O verbo *destinar-se* rege a preposição *a*, e o pronome demonstrativo *aqueles* começa com a letra *a*. As demais estão incorretas: b) o verbo *apoderar* rege a preposição *de*: *apoderou*

da bola; c) *um conjunto* é substantivo masculino; d) *todo campeonato* é também masculino; e) *pagar* é verbo.

4. R.: Correta c).
5. R.: O sinal indicativo de crase é obrigatório na alternativa b). Nas demais não se emprega acento grave porque não há crase: em a) a preposição *a* está diante de verbo; em c), d) e e) os verbos *diminuir*, *expressar* e *conquistar* pedem objeto direto, nesses casos o *a* é artigo definido.
6. R.: Correta a).
7. R.: Correta a): "à tarde", o acento grave é obrigatório na indicação de hora precisa ou partes do dia; "a Londres a trabalho", nesses dois casos o *a* é apenas preposição, porque não se emprega artigo antes do locativo "Londres" (Vim de Londres) nem antes de palavra masculina (o trabalho). Em "a 300 metros", o *a* é preposição e *metros* masculino plural.
8. R.: d) O substantivo *visita* exige a preposição *a*, mas a palavra escola, apesar de feminina, vem precedida do artigo indefinido *uma*.
9. R.: b) O verbo dizer exige a preposição *a*, mas antes do pronome pessoal *ela* não se emprega artigo definido *a*. **Observação:** Apesar de, normalmente "Buenos Aires" não comportar o artigo *a* (Vim de Buenos Aires), no caso de d) pessupõe-se uma individualização de um certo caráter de Buenos, "a Buenos Aires de tangos deliciosos", daí a crase.
10. R.: Correta c): "se dedicam *a* vascuIhar" (preposição); "do que *as* que costumam abrigar" (*as* = *aquelas*, pronome demonstrativo); "equivalente *a* 1.000 sóis" (preposição); "explicou à BBC" (*BBC* é objeto indireto do verbo *explicar*, deve, pois, estar preposicionado).
11. R.: Correta d): *à sobrevivência* funciona como complemento nominal do adjetivo *indispensável*, que pede a preposição *a*, e *sobrevivência* é substantivo feminino. As demais estão incorretas porque não há crase antes de: a) pronome indefinido *toda*; b) sujeito *a ética*; c) verbo *a depender*; e) objeto direto não preposicionado *a base*.
12. R.: d).
13. R.: Correta e). Na primeira lacuna emprega-se *à* (preposição *a* + artigo feminino *a*); na segunda, a preposição *a*, uma vez que a palavra seguinte é o verbo *alavancar*; na terceira, *a* é artigo definido, *indústria cinematográfica nacional* é objeto direto de *alavancar*.
14. R.: Correta a) "à manifestação" funciona como objeto indireto do verbo *aderir*, que rege a preposição *a*, e *manifestação* é substantivo feminino, portanto há crase. As demais estão incorretas porque não há crase b) quando a expressão *a tarde* funciona como sujeito; c) antes de palavra masculina: *pouco*; d) em expressão formada de palavras repetidas: *gota a gota*; e) antes de pronome indefinido: *tudo*.
15. R.: A única alternativa possível é a b). As demais são impossíveis porque estão incorretas quanto ao emprego do acento grave. Em a), o *a* é preposição diante de substantivo plural; em c, o *a* é preposição diante de pronome indefinido; em d), o *a* é preposição diante de artigo indefinido.
16. R.: Não ocorre erro em c), porque o *a* diante de Roma é apenas preposição e não se emprega artigo antes desse locativo (ir a Roma; vir de Roma). a) Não há acento grave indicador de crase em expressão composta de palavras repetidas masculinas: *passo a passo*; b) *disposto a*

fazer, não há crase antes de verbo; d) *a ninguém*, não há crase antes de pronome indefinido.

17. R.: Correta d): *espera* com a locução prepositiva formada com substantivo feminino *à espera de*, acento grave obrigatório. As demais estão incorretas porque não há crase quando a expressão funciona como sujeito a) *aquela garota*; antes de verbo b) *a sair* e c) *a chegar*, tampouco antes de palavra masculina e) *a ele*.

18. R.: O emprego correto da crase em todos os casos ocorre apenas na alternativa e): em l*eva à loucura*, o verbo *levar* pede a preposição *a* e *loucura* é substantivo feminino; em *a desigualdade social* e *a incidência de doenças mentais*, nos dois casos, o *a* é artigo; *à miséria* é complemento nominal de *em meio*, que rege a preposição *a*, formado por um núcleo feminino *miséria*; em *a loucura* o *a* é artigo.

19. R.: Alternativa correta d): *à (1) indústria* é complemento nominal do substantivo *incentivo*, que rege a preposição *a*, e o núcleo do complemento é o substantivo feminino *indústria*, logo há crase; *a (2) população* é objeto direto do verbo *ajudar*, não devendo estar preposicionado; *a (3) população* é sujeito da locução verbal *vai aguentar pagar*; *a (4) própria propaganda*, o *a* é artigo definido; *a (5) equipamentos* é complemento nominal de *acesso*, devendo estar preposicionado, mas *equipamento* é um substantivo masculino plural que pede o artigo *os*, portanto não há crase.

20. R.: Alternativa correta e): em *a (1) cidade*, o *a* é apenas artigo, logo não há crase; *à (2) cidade--favela* é complemento nominal de *relação*, que pede a preposição *a*, e o núcleo do complemento é uma palavra feminina, logo há crase; *a (3) favela* é artigo e funciona como sujeito de *é*; *as (4) mesmas condições* é sujeito da locução verbal *devem ser oferecidas*, logo nesses dois casos não há crase.

21. R.: O emprego está correto em a); nos demais está incorreto porque não há crase antes de verbo b) *a adquirir*; de pronome indefinido c) *a tantas*; de pronome indefinido masculino d) *a tudo*; de artigo indefinido e) *a uma*.

22. R.: A alternativa correta é a e), porque não há crase antes de artigo indefinido *um* nem antes de pronome indefinido *cada*; e há crase da preposição *a* e artigo definido feminino *a* em *abertos à divulgação*.

23. R.: Alternativa correta d), porque o substantivo *construções* exige a preposição *a* e o sintagma nominal é constituído do substantivo feminino *paisagem*.

24. R.: O acento indicativo de crase está empregado corretamente na alternativa e). As demais estão incorretas: a) não há crase antes de numerais: *a duas fontes bibliográficas*; b) antes de verbo: *a levantar*; c) antes de artigo indefinido: *a uma discussão*; d) antes de pronome indefinido: *a todos*.

25. R.: Só pode ser completado por e) *à população*. Nos outros casos não pode haver crase: a) antes de pronome masculino plural; b) antes de artigo indefinido; c) o pronome *qualquer* não vem precedido de artigo; d) antes de substantivo masculino singular.

26. R.: A alternativa que preenche correta e respectivamente as lacunas é a e). Não há crase antes de verbo (*reforçar*) nem antes de palavra masculina (*respeito*).

27. R.: Correta d) "à ressocialização do indivíduo preso" é complemento nominal do substantivo *apoio,* que rege a preposição *a,* e o núcleo do complemento é o substantivo feminino *ressocialização,* logo há crase; "à sociedade" é complemento nominal do substantivo *retorno,* que rege a preposição *a;* "a ter" é complemento nominal do adjetivo *capacitado,* que pede a preposição *a,* mas o núcleo é um verbo, logo não há crase.
28. R.: Correta e): "à formação" é complemento nominal do adjetivo *desfavorável,* que pede a preposição *a,* e o núcleo é um substantivo feminino. As demais estão incorretas porque não há crase: a) antes do verbo: *ser;* b) antes de plural: *perturbações;* c) antes de artigo indefinido: uma *enfermidade;* d) antes de substantivo masculino: *exemplo.*

1.6 Pontuação

1. R.: e) "Pela primeira vez": adjunto adverbial anteposto.
2. R.: Estão corretos o emprego em a), b), d), e) e incorreto c) Em *Paulo, você pretende passar o fim de semana em Ilhéus?* a vírgula foi empregada para isolar o vocativo "Paulo".
3. R.: A alternativa que não justifica corretamente é e) A vírgula foi empregada depois da palavra "educacionais" para separar o adjunto adverbial anteposto "Num país ainda carente de estímulos a ações culturais e educacionais".
4. R.: Corretas: b), c), d) e incorretas: a) Saudosismo à parte, Santa Teresa, um dos bairros mais pitorescos do Rio, se ressente dos efeitos do desastre de 2011; e) Está na moda fazer cercadinho de grama sintética dentro de casa, para criar jabuti, bichinho que não dá trabalho e ocupa pouco espaço.
5. R.: Todas as justificativas estão corretas.
6. R.: a).
7. R.: a) A; b) D; c) D; d) B; e) C.
8. R.: Nas frases a), c), e), deve-se colocar o ponto de interrogação, porque a pergunta é direta (discurso direto); em b) e d), ponto final, porque a pergunta é indireta (discurso indireto).
9. R.: Ponto final nas frases a), b) e e). Ponto de interrogação em c) e d).
10. R.: Ponto de exclamação em a), b), d), e); ponto de interrogação: c).
11. R.: e).
12. R.: e).
13. R.: d).
14. R.: Incorreta: e). A locução conjuntiva adversativa "no entanto" intercalada deve vir entre vírgulas.
15. R.: c). Em II, as vírgulas foram empregadas para destacar o aposto.
16. R.: c).
17. c). As aspas foram usadas para distinguir as falas dos personagens Prima Justina e José Dias do discurso do narrador.
18. R.: b).
19. R.: e).

20. R.: A única explicação incorreta d), porque a oração "que chegou a fazer uma espécie de trilogia sobre o bairro onde morou" é subordinada adjetiva explicativa e não restritiva.
21. R.: e).

Questões de concurso

1. R.: b) A frase inicia-se com o adjunto adverbial de causa "Com o desenvolvimento do pensamento objetivo e da ciência".
2. R.: a) É a única frase que apresenta uma enumeração.
3. R.: a).
4. R.: a).
5. R.: b).
6. R.: c).
7. R.: a).
8. R.: Correta c). A afirmação II está incorreta porque o segmento *os Teutões da Germânia* não pode ser isolado por vírgulas por ser o sujeito da oração.
9. R.: c). A vírgula depois de "visão" separa orações coordenadas unidas pela conjunção "e", com sujeitos diferentes. Os demais empregos seriam impossíveis porque não se separa, em a), oração subjetiva "que haja um calendário como o da biblioteca de Dresden"; em b), "de que o bibliotecário...", complemento nominal de "conta"; em d), o objeto direto do verbo; em e), a oração objetiva direta.
10. R.: Correta a). Tanto os dois-pontos quanto o travessão podem ser empregados para destacar um esclarecimento. As demais afirmações estão incorretas porque, em I, a oração "cujos destinos aparecem assim representados em um panorama simbólico", é explicativa, logo deve vir antecedida de vírgula; em II, não é possível separar o sujeito do predicado.
11. R.: a). Em II, a oração adjetiva explicativa passaria a ser restritiva; e, em III, tanto as vírgulas quanto os travessões podem ser empregados para isolar a expressão "antes de tudo" que reflete uma ponderação. Em I, se for colocada uma vírgula depois do termo ciências, transformaria a oração adjetiva restritiva em explicativa.
12. R.: Está correto o emprego em c), nas demais está incorreto porque, em a), as aspas foram empregadas para destacar o depoimento de Le Corbusier sobre Niemeyer; em b), o demonstrativo "este", na função de sujeito, retoma a expressão "ser humano"; em d), a oração adjetiva restritiva passaria a adjetiva explicativa; em e), o adjunto adverbial iniciando a frase exige vírgula.
13. R.: b): "Ainda... concretos", oração adverbial antecipada; "concretismo, mas", antes de oração coordenada adversativa; "caracterizada, antes de tudo,", adjunto adverbial intercalado; "pessoal, avessa", oração coordenada assindética.
14. R.: e): "sobretudo.... linguagem" e "por não haver dois sinônimos perfeitos", adjunto adverbial intercalado; "ainda que com isso...", oração adverbial.

15. R.: Correta e). Se, na frase da proposição I, o segmento em destaque fosse isolado por vírgula, a oração adjetiva passaria de restritiva a explicativa.
16. R.: A única afirmação correta é a). As demais estão incorretas porque o ponto e vírgula foi usado para separar elementos de uma enumeração; e, depois de dois-pontos, emprega-se letra minúscula.
17. R.: e).
18. R.: Correta c). As demais estão incorretas: em a) as vírgulas separam o adjunto adverbial "não raramente" intercalado; em b) a vírgula separa orações coordenadas unidas pela conjunção "e", mas com sujeitos diferentes; em d) para separar oração reduzida de particípio; em e) para separar elementos de uma enumeração que exercem a mesma função sintática.
19. R.: Alternativa correta é a c), as demais estão incorretas porque não se separa verbo "foram condenados" do sujeito "Giordano Bruno e Galileu" nem verbo "foram condenados" do objeto indireto "à morte" a); não se separa o verbo "é" do predicativo "visível" nem preposição "por" da palavra por ela regida "políticas públicas" b); não se separa predicativo "cidadãos tutelados" do verbo "são" e falta a segunda vírgula para marcar a intercalação da expressão "por si mesmo" d); não se separam sujeito, verbo e o predicativo do objeto direto e).
20. R.: A única alternativa que explica o emprego dos dois-pontos é b), por tratar-se de um aposto explicativo.
21. R.: Emprego correto a): "em seu artigo" é um adjunto adverbial intercalado entre o sujeito e o predicado.
22. R.: Correta a): a vírgula foi empregada para destacar o aposto.
23. R.: Alternativa correta d).
24. R.: Alternativa correta d). A primeira vírgula foi empregada para separar a oração adverbial antecipada; a segunda para separar a oração reduzida de gerúndio.
25. R.: Alternativa correta c). As vírgulas foram empregadas para destacar a expressão de natureza explicativa "em média".
26. R.: Alternativa correta e). As demais estão incorretas porque, em a), não se separa sujeito "sistemas" do verbo "carregam"; em b), não se separam preposição "em" da palavra regida por ela, "seu compromisso", nem o complemento nominal "de sua própria destruição" do substantivo; em c), não se separam sujeito do verbo "Sistemas que beneficiam apenas uma elite carregam", nem verbo do objeto indireto "fracassarem, em seu compromisso democrático"; d) não se separam sujeito do verbo "Sistemas que beneficiam apenas uma elite carregam" nem o substantivo do adjunto adnominal "compromisso democrático".

❷
MORFOLOGIA

2.1 Verbo

1. R.: a) é: verbo ser – exprime estado permanente; b) andam (esquecidos): verbo andar (= estar) – estado provisório da ação de esquecer; c) caminhava: verbo caminhar – ação; d) trovejou: verbo trovejar – fenômeno da natureza; e) choveram (impropérios): verbo chover, sentido figurado de cair – ação.

2. R.: a) viajou – aspecto concluso, modo indicativo, tempo pretérito perfeito, 3ª pessoa do singular; b) comprava – aspecto não concluso, modo indicativo, tempo pretérito imperfeito, 3ª pessoa do singular; c) encontrará – aspecto não concluso, modo indicativo, tempo futuro perfeito, 3ª pessoa do singular; d) estudáramos – aspecto concluso, modo indicativo, tempo pretérito mais-que-perfeito, 1ª pessoa plural; e) estudastes – aspecto concluso, modo indicativo, tempo pretérito perfeito, 2ª pessoa do plural.

3. R.: a) *obedeçamos* – ação não conclusa, modo imperativo, afirmativo, 1ª pessoa do plural; b) *ama* – ação não conclusa, modo imperativo, afirmativo, 2ª pessoa do singular, tratamento tu; c) *respeite* – ação não conclusa, modo imperativo, afirmativo, 2ª pessoa do singular, tratamento você; d) *distribuí* – ação não conclusa, modo imperativo, afirmativo, 2ª pessoa do plural, tratamento vós; e) não *vendais* – ação não conclusa, modo imperativo, negativo, 2ª pessoa do plural, tratamento vós.

4. R.: a) Os pronomes de tratamento (*V. Ex.ª* é um deles) pedem o verbo na 3ª pessoa. Assim não se usará verbo na 2ª do plural e se dirá *V. Ex.ª ficará bem instalado aqui, Sr. Ministro*.

5. R.: a) infinitivo; equivale ao substantivo *vida;* a substituição por orações faz-se de forma forçada (*Que alguém viva*); b) particípio; equivale à oração subordinada adverbial temporal *quando terminou*, ou à locução adverbial *ao término da guerra*; c) gerúndio; equivale à oração subordinada adverbial *se sairmos*, ou a locuções adverbiais como *pela saída mais cedo*, *em função da saída mais cedo*; d) infinitivo regido de preposição; equivale à oração subordinada adverbial *quando sair*, ou à locução adverbial *antes da sua saída*; e) gerúndio; equivale à oração adjetiva restritiva *que voa*, ou ao adjetivo *voador*.

6. R.: a) sair, permanecerem – Conforme Cunha & Cintra, 2013, p. 501, os infinitivos pessoais empregados com verbos causativos e/ou sensitivos apresentam particularidades de flexão quando o sujeito está no plural: o infinitivo não se flexiona quando o sujeito for pronome oblíquo átono, ou se o verbo da principal vier seguido imediatamente do infinitivo cujo sujeito for substantivo plural. No presente caso, no entanto, o plural "permanecerem" explica-se porque o sujeito plural está intercalado entre os verbos; b) as duas formas *viver* e *lutar* são de infinitivo impessoal; c) honrarem – infinitivo pessoal, 3ª pessoa do plural; d) (depois de) iniciarmos – infinitivo pessoal regido de preposição, 1ª pessoa do plural; e) ficar – infinitivo pessoal, que não se flexiona porque o sujeito do infinitivo é o pronome oblíquo *nos* e, quando um pronome oblíquo é sujeito de infinitivo após um verbo causativo, não se flexiona o infinitivo

7. R.: a) encerrados – particípio do verbo da 1ª conjugação *encerrar*, masculino plural, equivale

à oração adverbial (*Depois que foram encerrados...*); b) solicitadas – particípio do verbo da 1ª conjugação *solicitar*, feminino plural, equivale à oração adjetiva (*que foram solicitadas*); c) sido – particípio do verbo principal, 2ª conjugação, *ser*, conjugado com o auxiliar *ter*, na formação do tempo composto, caso em que o particípio não se flexiona; d) pagado – particípio do verbo principal, 1ª conjugação *pagar*, conjugado com o auxiliar *haver*, na formação do particípio composto, sem flexão, portanto; e) esgotados – particípio do verbo da 1ª conjugação *esgotar*, masculino plural, empregado na locução verbal da passiva analítica assim formada: verbo *ser* + particípio do verbo principal *esgotar*, flexionado para concordar com o sujeito.

8. R.: a) escrito; b) dito; c) feito; d) pago (usado com auxiliares *estar* e *ser*: *A conta está paga*.) / pagado (usado com auxiliares *ter* e *haver*: *Eu tinha pagado a conta*.); e) posto.

9. R.: a) oração subordinada adverbial condicional (*se sair cedo*), locução adverbial de condição (*com a saída*); b) oração subordinada adverbial temporal (*quando ele saía*), locução adverbial de tempo (*na saída do trabalho*); c) oração subordinada adverbial causal (*porque estava com febre*), locução adverbial de causa (*pelo estado febril*); d) oração subordinada adverbial causal (*porque comprou frutas no final da feira*), locução adverbial de causa (*com a/ pela compra de frutas no final da feira*); e) oração subordinada modal não passiva de desdobramento em oração com verbo em forma finita, ou ainda oração subordinada adverbial temporal (*quando escrevia o diário*), e locução adverbial de meio (*pela escrita do diário*).

10. R.: a) substantivo – (*o*) *estudo*; b) locução adverbial – *após a vitória sobre seus temores*; c) locução adverbial – *após a conferência da conta*; d) locução adverbial – *pelo canto/com o canto*; e) locução adverbial – *antes do recebimento da carta*.

11. R.: a) (1); b) (2); c) (1); d) (2); e) (1). **Observação:** O infinitivo veio regido de preposições (*antes de, para, a fim de*); o futuro do subjuntivo veio precedido de conjunções (*quando, assim que*).

12. R.: a) ação não conclusa, modo indicativo, futuro do pretérito composto, 3ª pessoa do singular; b) ação não conclusa, modo indicativo, futuro do pretérito composto, 1ª pessoa do plural; c) ação não conclusa, modo indicativo, futuro do presente composto, 2ª pessoa do singular, tratamento você; d) ação conclusa, modo indicativo, pretérito mais-que-perfeito composto, 3ª pessoa do singular; e) ação não conclusa, modo indicativo, pretérito perfeito composto, 3ª pessoa do plural.

13. R.: a) ação não conclusa, modo subjuntivo, futuro composto, 3ª pessoa do singular; b) ação conclusa, modo subjuntivo, pretérito mais-que-perfeito, 3ª pessoa do singular; c) ação não conclusa, modo subjuntivo, futuro composto, 2ª pessoa do plural; d) ação não conclusa, modo subjuntivo, pretérito perfeito, 2ª pessoa do plural, tratamento senhor; e) ação conclusa, modo subjuntivo, pretérito mais-que-perfeito, 1ª pessoa do singular.

14. R.: a) <u>ficou a ver</u>: continuidade da ação; b) <u>estava ganhando</u>: continuidade da ação; c) <u>quero convidar</u>: propósito, desejo; d) <u>iremos convidar</u>: ação de futuro próximo; e) <u>será interditada</u>: ação futura, voz passiva analítica.

15. R.: a) voz ativa – o sujeito oculto *eu* é o agente da ação; b) voz reflexiva – o sujeito *você* é o agente e o paciente da ação; c) voz passiva – o sujeito *Fernando* é o paciente da ação;

d) voz passiva – o sujeito *Maria* é o paciente da ação; e) voz reflexiva – o sujeito *Márcia* é o agente da ação e a pessoa a quem a ação se dirige.

16. R.: item b). Em *Romeu e Julieta amaram-se perdidamente*, Romeu amou Julieta e esta amou Romeu. Cada um amou e foi amado, mas as ações foram trocadas entre os dois.
17. R.: b). (o verbo é pronominal)
18. R.: a) diz-se – passiva sintética ou pronominal, sem agente da ação expresso; b) não foi reconhecida – passiva analítica, agente da ação – *o amigo*; c) estava cercada – passiva analítica, agente de ação – *de inimigos*; d) ficara ferido – passiva analítica, sem agente de ação expresso; e) conhecia-se – passiva sintética ou pronominal, sem agente da ação expresso. **Observação:** Geralmente o agente da ação, se presente, vem regido da preposição *por*. Raramente regido da preposição *de*, como no item c).
19. R.: d). O correto é dizer *Se os soldados tivessem prendido o malfeitor José, hoje ele estaria preso*, pois trata-se do mais-que-perfeito do subjuntivo, tempo composto, formado com auxiliar da voz ativa *ter* + a forma regular do verbo *prender* (*prendido*); a segunda oração está construída corretamente, com a passiva analítica de estado (auxiliar *estar*) + particípio irregular do verbo *prender* (*preso*). Em a), o verbo *pagar* tem duas formas para particípio e a forma para a passiva analítica é a do particípio irregular *foram pagos*; em b), vê-se o pretérito mais-que-perfeito composto do indicativo *tinha estudado*, devidamente acrescido do auxiliar *ser*, para formar a passiva analítica, de que resultou o imperfeito do auxiliar do pretérito mais-que-perfeito composto do indicativo + particípio do verbo auxiliar da passiva *sido* + particípio regular do verbo principal flexionado; em c), vê-se a construção passiva analítica com auxiliar *estar* + particípio do verbo irregular principal *posta*; em e), o verbo *aceitar* tem duas formas e a forma para a passiva analítica, com auxiliar *ser*, é a do particípio irregular *aceito*. Observar que o particípio da voz passiva concordou com o sujeito em gênero e número.
20. R.: a) ação não conclusa, verbo no modo subjuntivo, suposição; *quero crer* é um modalizador; b) ação não conclusa, verbo no modo indicativo, certeza; a locução adverbial *com certeza* é um modalizador; c) ação não conclusa, verbo no modo indicativo, certeza; *é certo* é um modalizador; d) ação não conclusa, verbo no modo indicativo, dúvida, suposição; a oração *parece-me* é um modalizador na previsão de chuva; e) ação conclusa, verbo no modo indicativo, certeza; ausência de modalizador.
21. R.: a) hipótese – pode (ter praticado); b) necessidade, obrigação – *terá de* (estar); c) consecução – *conseguiu* (chegar); d) desejo ou volição – *quero* (vencer); e) dúvida – *parece* (estar) e capacidade – *poderá* (vencer).
22. R.: a) aspecto *progressivo*: está (nascendo); b) *descontínuo*: voltou a (cantar); incoativo, de início da ação: *pôs-se a* (aplaudi-lo); c) *continuação* ou *progresso da ação*: continuava (chorando); d) *hábito*: tem (passado); e) *ação concluída* ou *final*: acabou de (passar).
23. R.: a) *ficar* + particípio *rotulado* – mudança de estado, passiva analítica; b) *ficar* + preposição *a* + infinitivo *olhar* – ação duradoura (forma de expressão preferida pelos portugueses); c) *ficar* + gerúndio *olhando* – ação duradoura (forma de expressão preferida dos brasileiros);

d) *ficar* + preposição *por* + infinitivo *terminar* – ação não realizada; e) *ficar* + gerúndio *esperando* (forma preferida pelos brasileiros) – ação duradoura. **Observação:** Em Portugal seria *Tu ficas a esperar agradecimentos dela?*

24. R.: a) *vir* + gerúndio *conversando* – ação progressiva; b) *vir* + *a* + infinitivo *saber* – resultado final da ação; c) *vir* + infinitivo *fazer* – intenção; d) *vir* + *de* + infinitivo *esclarecer* – resultado recente da ação; e) *vir* + infinitivo *completar* – intenção.

25. R.: a) (II). b) (III). c) (V). d) (I). e) (IV).

26. R.: a) estudar – regular; queixar-se – pronominal; b) suspender – abundante: usa-se o particípio regular na formação do tempo composto (tinha suspendido) e o particípio irregular na passiva analítica de estado (está suspenso); c) falir – defectivo; d) latir – unipessoal; e) ser – anômalo.

Questões de concurso

1. R.: e). A forma verbal *haveria de fracassar* refere-se ao sujeito *uma comunidade*: é pessoal.
2. R.: c). Nos demais itens, há verbos regulares: a) exaltar; b) generalizar; c) partir; e) resultar.
3. R.: e).
4. R.: b): 3ª pessoa do singular do pretérito imperfeito do modo indicativo do verbo *ser*, mesmo modo, tempo e pessoa de *funcionava*. Nos demais itens, temos a) e d) presente do indicativo; c) pretérito perfeito do indicativo; e) pretérito imperfeito do modo subjuntivo.
5. R.: c).
6. R.: d).
7. R.: a) As formas *haja* e *tenham* estão no presente do subjuntivo. Nos demais itens: b) dão – presente do indicativo; c) levou – pretérito perfeito do indicativo; d) eram – pretérito imperfeito do indicativo; e) começa – presente do indicativo.
8. R.: e) Na passiva a frase fica "A fronteira entre a Floresta Negra, na Alemanha, e a Alsácia, a menor região da França, *é marcada* pelo rio."
9. R.: b) Na passiva a frase fica "Escritos seculares como, por exemplo, um cone de argila da Suméria de quase 4 mil anos, um livro de orações hebraico e uma Missa em si menor, de Johann Sebastian Bach, são guardados na sala".
10. R.: c) Na passiva a frase fica "...aquelas que podem ser vislumbradas por um observador a partir do Museu de Arte Contemporânea de Niterói..."
11. R.: d) – *pensava* e *tinha* estão no imperfeito do indicativo. Nos demais itens: a) houve – pretérito perfeito do indicativo; b) descolara – pretérito mais-que-perfeito do indicativo; c) seja – presente do subjuntivo; e) continua desprotegido, (continua) entregue – presente do indicativo da forma passiva analítica de permanência de estado.
12. R.: e) – *traduzia* e *considerava* estão no imperfeito do indicativo.
13. R.: d) – *publicaria* está no futuro do pretérito; logo, na passiva, a frase fica *Em seguida, alguns poemas seriam publicados em dois exemplares da revista Invenção* ... Observar que o auxiliar da passiva fica no tempo em que estava o verbo principal da ativa.

14. R.: b) – pena eu estar só de passagem = pena que eu esteja só de passagem.
15. R.: b) – A expressão *parte de* + substantivo no plural deixa o verbo no singular ou no plural: *parte das interações sociais adquiriu / adquiriram um caráter virtual*. Nas opções a) e e) o verbo concorda com o sujeito singular, respectivamente *comunicação digital* e *Primavera Árabe*; na opção c) o verbo fica no singular por ter como sujeito uma oração; na d), o verbo *haver* é impessoal.
16. R.: a) Apesar de o verbo *ter* ser pessoal na frase dada e o *haver* ser impessoal em a), ambos os verbos pedem o mesmo tipo de complemento (objeto direto), respectivamente, *família grande* e *nada*.
17. R.: e) Na voz ativa a frase fica *(A gente) considera nula aquela mágoa sem remédio*.
18. R.: e) Na voz passiva a frase fica: *Uma dessas marcas de caminho foi vista por Koch-Grünberg na serra de Tunuí*.
19. R.: a) O verbo no pretérito mais-que-perfeito do indicativo exprime acontecimento anterior a outro passado.
20. R.: e) A forma verbal *imaginava* desse item está no pretérito imperfeito do indicativo, mesmo tempo e modo da forma *pretendia*, da frase dada.
21. R.: d) – "(eles) *Não poderiam ter sido derrubados tão severamente nessa coleção por nenhum fator isolado*".
22. R.: e) A forma verbal *reforce* está no presente do subjuntivo, mesmo tempo e modo da forma *esteja*, da frase dada.
23. R.: b) Na voz passiva a frase fica: *É impossível que um resto de idealismo não tenha sido conservado pelos nossos homens políticos.*
24. R.: e) – *diziam* e *dava* estão no pretérito imperfeito do modo indicativo.
25. R.: c).
26. R.: e) – *distinguiam-se* e *constava* estão no pretérito imperfeito do modo indicativo.
27. R.: c).
28. R.: d) – porque a passiva pronominal omite o agente da ação.
29. R.: d).
30. R.: c) – possibilidade. Lembre-se de que o futuro do pretérito refere-se a fato não concluso.
31. R.: c) Em *que se trate a questão de forma equilibrada*, vê-se um processo verbal dependente da oração principal *É necessário*; dependência característica do modo subjuntivo.
32. R.: a) A oração reduzida de gerúndio desempenha função de advérbio e/ou de adjetivo, na oração. No caso, equivale ao advérbio de modo – o modo como se reduz a oferta e/ou a procura.
33. R.: b) A forma correta é *Quando os traficantes forem presos, a situação melhorará*.
34. R.: e) A forma correta é *Muitas vezes para a redução do custo da distribuição de medicamentos*.
35. R.: c) Nem a forma verbal *optou* (pretérito perfeito do indicativo), nem a forma *tem dado* (pretérito perfeito composto do indicativo) estão na voz passiva.
36. R.: d) – Apenas foi substituída a voz passiva analítica *foram pesquisados* pela passiva pronominal *pesquisaram-se*, mantendo-se a equivalência entre o tempo verbal do auxiliar da passiva

(*foram*) e o do verbo da voz ativa (*pesquisaram*), ambos no pretérito perfeito do indicativo. Ambas as formas concordam com seu sujeito – *58 medicamentos*. A colocação do pronome *se* obedece à regra de não se iniciar frase com pronome átono.
37. R.: b). O verbo *haver* impessoal substitui *existir*; a forma *tem* fica no singular (sujeito *que = gente*)
38. R.: a).

2.2 Substantivo

1. R.: a) *fada* – substantivo concreto (imaginário), *varinha* – substantivo concreto, *visita* – substantivo concreto (pessoa que pratica a ação de visitar); b) *crescimento* – substantivo abstrato (fenômeno natural, ação verbal), *beleza* – substantivo abstrato (qualidade do adjetivo *belo*), *cidade* – substantivo concreto, *visita* – substantivo abstrato (ação de visitar), *turistas* – substantivo concreto; c) *instabilidade* – substantivo abstrato (estado do ser), *homem* – substantivo concreto, *doença* – substantivo abstrato (estado do ser); d) *ar* – substantivo concreto, não palpável, *peso* – substantivo abstrato, *tamanho* – substantivo abstrato; e) *construção* – substantivo abstrato (ação de construir), *armazéns* – substantivo concreto, *construções* – substantivo concreto (= edifícios construídos).
2. R.: a) *vermelho, amarelo* – substantivos comuns, abstratos, simples, primitivos. b) *oceano* – substantivo comum, concreto, simples, primitivo, inanimado, não humano, real, palpável, contável; *minutos* – substantivo comum, concreto, simples, primitivo, inanimado, não humano, real, não palpável, contável. c) *foliã* – substantivo comum, concreto, simples, derivado, animado, humano, real, palpável, contável; *fada* – substantivo comum, concreto, simples, primitivo, animado, humano, não real, não palpável, contável; *copo* – substantivo comum, concreto, simples, primitivo, inanimado, não humano, real, palpável, contável; *cobre* (metal) – substantivo comum, concreto, simples, primitivo, inanimado, não humano, real, palpável, não contável; *vinho* – substantivo comum, concreto, simples, primitivo, inanimado, não humano, real, palpável, não contável. d) *manhãs* – substantivo comum, concreto, simples, primitivo, inanimado, não humano, real, não palpável, contável; *outono* – substantivo comum, concreto, simples, primitivo, inanimado, não humano, real, não palpável, contável. e) *Antônio Carlos* – substantivo concreto, próprio personativo, composto, animado, humano, real, palpável, contável; *Eduardo* – substantivo concreto, próprio personativo, simples, animado, humano, real, palpável, contável; *São Lourenço* – substantivo concreto, próprio locativo, composto, inanimado, não humano, real, não palpável, contável.
3. R.: c) Obviamente um ser inanimado não vai praticar essa ação verbal, embora possa ser sujeito de outras orações, tipo *A pedra-sabão é uma riqueza daquela região*.
4. R.: a) dezena, conjunto de 10 elementos – coletivo que especifica o número de objetos; c) tropa, coletivo; e) bando, coletivo. Nos itens b e d – *todos* e *ambas* classificam-se respectivamente como pronome e numeral.
5. R.: (3) madrepérola   (2) lealdade

(4) pernalta	(2) ferreiro
(3) couve-flor	(1) cisbordo
(4) aguardente	(1) sobpé
(3) pé de moleque	(1) suburgo

6. R.: c). Podemos ter desinências em ambos os processos: ferramenta<u>s</u>, couve<u>s</u>-flore<u>s</u>.
7. R.: a). *passatempo* classifica-se como composição por justaposição.
8. R.: b). *necessidade* classifica-se como derivação por sufixação.
9. R.: a) (apelo ‹ apelar).
10. R.: e) O termo *primeiro* aqui está empregado no sentido próprio de numeral ordinal. Nas demais frases, a derivação é imprópria porque foi alterada a classe da palavra: em a) e b) os substantivos *feito, viver, lutar* derivam de formas verbais; em c) o advérbio *alto* vem do adjetivo; em d) o adjetivo *pelé* (= bom jogador) vem do nome próprio Pelé.
11. R.: c) *Cine* não é sigla, mas abreviatura de *cinematógrafo* › *cinema*. Exemplos de siglas: SENAI – Serviço Nacional de Aprendizagem Industrial; MEC – Ministério de Educação e Cultura; COFINS – Contribuição para o Financiamento de Seguridade Social; CPMF – Contribuição Provisória sobre Movimentação Financeira; MAR – Museu de Arte do Rio.
12. R.: b) No caso, diz-se que o sujeito joga bem o futebol, mas não tem a qualidade máxima de um jogador, como é o caso de Neymar. O emprego metafórico consistiu em usar-se o nome do jogador no lugar do sintagma nominal *bom jogador*, com base nas características positivas do substantivo.
13. R.: a), b), d) metonímia (emprego do nome do autor pela obra em a); do concreto *bandeira* pelo abstrato *pátria* em b); do continente *copo* pelo conteúdo *suco*, em d); c) sinédoque (emprego do gênero *mortais* pela espécie *homens*); e) metáfora (emprego do substantivo concreto *cocadinha* pelo abstrato *cuidados*).
14. R.: e).
15. R.: a) apelativa ou conativa – busca convencer; b) fática (Olhe aqui!) – busca a atenção do interlocutor; metalinguística (a palavra comunicação...) – emprego do código linguístico para expressar o ato mesmo de comunicar-se; c) poética – preocupação com a estética da linguagem; d) referencial ou denotativa – comunicação de forma objetiva; e) emotiva – comunica emoção.
16. R.: a) Todas as alunas visitaram a freira, a monja e a pintora. b) A camponesa e a dama viram uma corça. c) A mestra castigou a aluna vadia. d) A égua da infanta é um belo animal. e) Minha madrinha fantasiou-se de abelha.
17. R.: a) imperatriz; b) pastora; c) senatriz (emprego raro) e senadora (mulher que exerce esse cargo político); d) contestadora; e) trabalhadora (substantivo: a trabalhadora) e trabalhadeira (adjetivo: mulher trabalhadeira).
18. R.: a) bonachona (aumentativo); b) ladra (às vezes encontra-se "ladrona"); c) ermitoa; d) anciã; e) lebre.
19. R.: a) Nossa atual embaixatriz da simpatia virá para os festejos juninos. b) A baronesa atirou na lebre e acertou na perdiz. c) A ladra (ladrona) foi mordida pela abelha e a vaca ainda veio

atrás dela. d) A vilã (viloa) viu a nora da minha comadre roubar a ovelha. e) A sultana premiou a bretã e a maestrina.
20. R.: a) (a) cedilha (a) juriti (o) champanha (o/a) sentinela
b) (o) sanduíche (a) lagarta (a) pessoa (o/a) soprano
c) (a) libido (o) fonema (o) telefonema (o/a) diabete
d) (o) eclipse (o) diploma (a) cobra (o/a) sabiá
e) (o) bate-boca (o) passatempo (a) aguardente (o) saca-rolhas
21. R.: a) poetisa [em nossos dias prefere-se dizer *a poeta*]; b) profetisa; c) czarina; d) sílfides; e) embaixatriz; diaconisa.
22. R.: a) O lente da escola, Dr. Fulano, tirou os óculos para limpar a lente. b) A cura do doente devia-se ao Fulano, um falecido cura daquela freguesia. c) O língua deve falar muito bem a língua para a qual traduz o texto. d) O cabeça da revolta foi preso e cortaram-lhe a cabeça. e) Você tem a cisma de que haverá um cisma dentro do partido.
23. R.: (1) cruzes, (1) líquenes, (2) enxames, (1) lebres, (1) mesas, (1) homenzarrões, (1) itens, (2) caravanas, (1) sons, (2) manadas, (2) cardumes, (1) hifens.
24. R.: d) O plural de *cartaz* é *cartazes*, como *rapaz/rapazes*.
25. R.: a) hambúrgueres; b) fax (sem alteração no plural); c) czares; d) álbuns; e) hifens (observar que o plural não leva acento gráfico).
26. R.: c) O plural de real, nossa moeda atual, é reais. **Atenção:** Está correto o plural da forma projetil > projetis, por ser aqui oxítona em *-il*; a palavra apresenta a variante paroxítona cujo plural passa a *projéteis*.
27. R.: a) solteirões; b) irmãos; c) navegações; d) guardiães (Dicionários registram também "guardiões"); e) tostões.
28. R.: b) O plural de *colarzinho* é *colarezinhos*.
29. R.: b) O plural de *dandy*, em inglês, é *dandies* e deve ser mantido.
30. R.: a) grilhões; b) fortuna, propriedade de alguém; c) naipe de baralho; d) paixões negativas, antipatias; e) ares, prosápia, jactância.
31. R.: a) Em "professor titular" não se tem composto, mas um sintagma, de modo que o adjetivo deve ir para o plural para concordar com o substantivo que modifica: "...candidatos a professores titulares...".
32. R.: e) O plural de *leva-e-traz* se faz apenas no determinante (*incessantes leva-e-traz*). O plural de *pisa-flores* (= indivíduo cheio de afetação, salta-pocinha) está correto: somente o segundo elemento vai para o plural; o primeiro é verbo e, portanto, invariável.
33. R.: a) assunto longo demais – grau aumentativo – o substantivo *assunto* é modificado pela expressão *longo demais* (adjetivo + advérbio); b) manzorra – aumentativo de *mão*, formado com o sufixo *-orra*; c) homúnculo – diminutivo de *homem*, com sufixo *-ulo*; grande homem – aumentativo de *homem*, formado com adjetivo anteposto *grande*, anteposição que passa a significar qualidades abstratas (honestidade, inteligência); d) mão grande – aumentativo de *mão*, formado com o adjetivo *grande*; pessoas pequenas – diminutivo de *pessoas*, formado

com o adjetivo *pequenas*; e) terrenão – aumentativo de *terreno*, formado com o sufixo *-ão*.
34. R.: a) O diminutivo da segunda frase explicita uma afetividade, não dimensão. b) Há dois sentidos: o artista tem, de fato, o nariz grande e comenta-se que isso é explorado na charge. No caso de *narigão*, o aumentativo formado com sufixo pode implicar ainda um sentido pejorativo. c) O sentido de dimensão foi explorado para intensificar o dito na segunda frase: toda questão, inclusive a menor e aparentemente de menos importância, deve ser discutida. d) São dois substantivos de significados distintos: um não é aumentativo do outro. e) São substantivos distintos, com semelhança de significado: instrumentos de corda, ambos dedilháveis, com forma e sonoridade semelhantes — a viola é mais popular. Cumpre, pois, observar que *violão* não é aumentativo de *viola*.

Questões de concurso
1. R.: b).
2. R.: c) Derivados respectivamente de *deter, transportar e superlotar*.
3. R.: e) (exagero).
4. R.: c) derivado regressivo de *começar*.
5. R.: d) Formada com o sufixo *-ense*.
6. R.: c).
7. R.: c).
8. R.: e) A função da linguagem predominante é a referencial, pois se trata de um texto informativo, cuja base é a linguagem denotativa.

2.3 Adjetivo
1. R.: a) (S) Visitei as *principais* livrarias do bairro. b) (O) Identificou-se a defasagem *atual* do orçamento. c) (S) As suas *melhores* obras não estavam ali. d) (O) Eles não tinham armas *bastantes* para enfrentar os invasores. e) (S) Havia bastantes homens na *grande* praça.
2. R.: b) O adjetivo *amargo* foi empregado respectivamente no sentido denotativo (*gosto amargo*, contrário a *gosto doce*) e no sentido figurado (*tristeza*). Nas demais frases, vemos: em a) o adjetivo *velho* ora vem empregado sem alteração de grau, ora a anteposição prestou-se a seu emprego no superlativo, sempre com sentido denotativo; em c) há quem veja que a inversão opõe o que alguém destaca como melhor na produção de um poeta (*suas melhores produções*), de um ponto de vista até subjetivo, a várias produções poéticas consideradas em um concurso (as que foram consideradas como *produções melhores*), com base em critérios menos subjetivos talvez; há quem veja sentido literal do adjetivo nas duas construções, o que também é possível; em d) a inversão leva a uma caracterização do que seja bom poeta do ponto de vista subjetivo, de preferência individual, *versus poeta bom* de um determinado ponto de vista, não de beleza poética, mas do que seja bom (engajado) para a sociedade;

em e) houve substantivação (intencionalidade) do adjetivo (intencional), por uma derivação.
3. R.: a) flexibilidade do arbusto; b) autenticidade da obra; c) indivisibilidade do número; d) incorruptibilidade do político; e) hesitação do homem.
4. R.: a) auríferas; b) argênteo/argentino; c) plúmbea; d) hierosolimitano; e) soteropolitano (forma antiga) ou salvadorense (forma atualmente usada), se o homem é da Bahia, e *salvadorenho*, se a pessoa é da América Central.
5. R.: a) procedência (chileno); b) espaço (fronteiro); c) matéria (de ouro); d) finalidade (apaziguadoras); e) modo de ser (anfíbia).
6. R.: a) graça que José alcançou; b) homem que persiste; c) fruta que contém fibras; d) faca que tem ponta; e) homem que morreu.
7. R.: a) O vizinho do jovem glutão comprou plantas ornamentais e presenteou o genro trabalhador. b) O hipócrita homem cortês comprou um perdigão no mercado. c) Um jovem andaluz adotou um garoto surdo-mudo. d) O órfão chinês foi abandonado na estação do metrô. e) O moço hindu visitou o senhor hebreu e o menino sandeu.
8. R.: a) A menina *folgazã* é *glutona*. b) A menina *sandia* saiu correndo da sala da mulher *homicida*. c) A guerreira *surda-muda* foi filmada naquela sala. d) A aluna *francesa* foi contemplada com prêmios, apesar de ter sido *descortês*. e) A irmã da senadora Fulana de Tal cumprimentou a viúva *hebreia*.
9. R.: a) A moça <u>matogrossense</u> foi <u>cordial</u> e cumprimentou a moça <u>andaluza</u>. b) A menina <u>nua</u> saiu correndo da sala da mulher <u>homicida</u>. c) A gatinha <u>espanhola</u> foi separada das meninas <u>tabaroas</u> <u>doentes</u>. d) A aluna <u>exemplar</u> foi contemplada com prêmios. e) A nora da senhora mais <u>trabalhadeira</u> dali comprou plantas da moça <u>hindu</u>.
10. R.: a) As árvores cinzentas encantaram os rapazes luso-brasileiros. b) Elas visitaram os mé-dicos-cirurgiões e levaram rosas vermelho-sangue para enfeitar os consultórios. c) Os jovens surdos-mudos compraram roupas azuis. d) As moças gentis cederam seus lugares nos ônibus para as senhoras simples. e) Destacavam-se ali os chapéus amarelo-ouro dos médico-legistas.
11. R.: a) (4); b) (2); c) (4); d) (1); e) (5).
12. R.: a) Você é um sabichão! b) Marta foi sutilíssima nas suas observações. c) A menina era pudicíssima. d) Tais atitudes são comuníssimas aqui. e) João é crudelíssimo, mas o irmão dele é simplicíssimo e integérrimo.
13. R.: a) O numeral *primeiro* emprega-se como *mais bem*, para expressar o superlativo do adjetivo qualificado.

Questões de concurso
1. R.: b) Nessa frase, usou-se a expressão adverbial *em anexo*, que não se flexiona (*Em anexo, estou mandando dois documentos*). Nos demais itens, o termo é adjetivo e, como tal, flexiona-se.

2. R.: c) O adjetivo *simples* possui uma única forma para masculino e feminino. Nos demais você diria: a) moça estudiosa; b) sala pequena; d) indivíduo mau.
3. R.: a) O termo *insolúvel* significa *sem solução*; para expressar a ideia de *sem sal*, diríamos *insosso, insulso*.
4. R.: c) Pode haver divergências de opiniões das pessoas sobre ser, ou não, excessivo o castigo. Os demais adjetivos são objetivos, comprováveis, e não admitem divergências.
5. R.: a) O plural de *surdo-mudo* faz exceção à regra.

2.4 Pronome

1. R.: a) sua – pronome possessivo; a – pronome pessoal; b) nós – pronome pessoal de primeira pessoa do plural; quem – pronome relativo; c) que – pronome interrogativo; d) ela – pronome pessoal de terceira pessoa do singular; cujo – pronome relativo; e) alguém – pronome indefinido; -lo – pronome pessoal; que – pronome relativo.
2. R.: Espero que vós tenhais sucesso na empreitada que ora iniciais.
3. R.: Espero que você tenha sucesso na empreitada que ora inicia. Espero que V. Ex.ª tenha sucesso na empreitada que ora inicia. **Observação:** *Você* e *V. Ex.ª* são pronomes de tratamento, logo o verbo e outros pronomes que a eles se refiram ficam na 3ª pessoa.
4. R.: a) Única opção em que o sujeito *tu* (segunda oração) acontece com forma finita de verbo, precedida de conjunção subordinativa temporal (*quando tu prometeres*). Nos demais casos, o *tu* é sujeito do infinitivo pessoal, precedido de preposição / locução prepositiva, como na frase dada. Todas as orações com pronome *eu* apresentaram verbos na forma finita.
5. R.: a) Atrasou-se o início da sessão *a fim de eles* assistirem a todo o evento. (Não se combinam pronome e preposição, porque o pronome é sujeito.) b) *Antes deles*, ninguém conhecia esse atalho. (Combinam-se pronome e preposição e forma-se uma locução adverbial que não exerce função de sujeito.) c) Nada faremos *contra eles*. (Não se combinam preposição *contra* e pronome.) d) Ninguém entrou na casa *depois de eles* terem estado ali. (Não se combinam pronome e preposição, porque o pronome é sujeito.) e) Nunca eu agiria *como eles*! (Não se combinam conjunção e pronome.)
6. R.: a) Vocês *mesmos*, meus amigos, não seriam capazes de tal atitude, certo? (Observar a concordância no masculino: o pronome se refere a amigos.) b) Eu *mesmo* jamais faria isso! (O pronome se refere a um sujeito masculino.) c) Antes de nós *mesmos*, Mauro e eu, termos saído, ela já chegara. d) Sua atitude fala por si *mesma*. e) V. Ex.ª *mesmo* vai dar o recado, Dr. João? (Observar a concordância no masculino, por se tratar de um homem, o Dr. João. No feminino seria V. Ex.ª *mesma* vai dar o recado, Dra. Maria?)
7. R.: a) Ninguém escreve como tu (2ª pessoa singular). b) Antes de ti (2ª pessoa singular), ninguém aqui conhecia o atalho. c) Maria é mais inteligente que tu (2ª pessoa singular)? d) Apesar *dela* (3ª pessoa singular, feminino), conseguimos o prêmio. e) Anita atirou contra

si (3ª pessoa singular) mesma? **Observação:** Precedido de conjunção comparativa (itens *a* e *c*), usa-se o pronome reto. Precedido de locução prepositiva, ou de preposição tônica, usa-se a forma oblíqua (itens *b* e *e*) específica, se houver. Se não houver forma oblíqua específica, usa-se o pronome reto (item *d*).

8. R.: a) me; b) mim; c) consigo; d) nos; e) a. **Observação:** Nos itens *b* e *c* empregaram-se formas tônicas do pronome oblíquo.
9. R.: b). O correto será dizer "Trouxeram livros para *eu* ler", pois não se usa *mim* no sujeito, por ser forma específica para preposição. Em a) temos pronome átono como sujeito de infinitivo após verbo causativo; em c) não se combina preposição (de) com pronome (ele) sujeito; em d) o verbo é pronominal; em e) o sujeito é o pronome de 2ª pessoa do singular *tu*.
10. R.: a) Se eu visse a moça *se* ferir, tê-la-ia ajudado, com certeza. b) Somente ontem Marta *se* tocou dos nossos problemas. c) Ela não se referia ao irmão, mas a *si* mesma. d) Você já *se* viu em situação semelhante? e) Naquele momento ela *se* colocou no lugar dele e chorou. **Observação:** No item *d*, por se tratar do pronome de tratamento, usa-se a forma pronominal de terceira pessoa.
11. R.: a) Ponham-*nos* sobre a mesa, a todos os objetos, por favor! b) Põe-*na* sobre a mesa, por favor; depois vou abrir a caixa. c) Louvamo-*lo* a todo o momento. d) As leis, devemos cumpri--*las*, com certeza! e) Só então deram-*no* por falecido.
12. R.: a) Nada *lhe* deram como prêmio de consolação, justo a ele? b) Ninguém *lhe* obedece mais, José? c) Quando *me* for dada outra oportunidade, não pensarei duas vezes! d) Essas verdades, ninguém *vo-las* dirá, por serem cruéis! e) Ela não *se* encontra em casa agora.
13. R.: a) A criança viria *conosco*. b) A criança sentou-se *entre nós*. c) Você ousa falar *de mim*? d) Põe-*no* sobre a mesa, por favor! e) Você *lhe* pagou a dívida?
14. R.: a) Espero não *lhe* ter ofendido os brios, por comentar tal fato. b) Você *me* defendeu os interesses naquela questão. Obrigado! c) Não era minha intenção cobrar-*lhe* a dívida para comigo agora... e) O cabelo emoldurava-*lhe* a cabeça, de forma encantadora. **Observação:** No item *d*, frase em que o possessivo é parte do predicativo, não será possível a substituição.
15. R.: a) (1) Amam-se os prazeres mais simples da vida! b) (1) Diz-se que beber suco faz bem. c) (3) Come-se bem no restaurante do Miguel. d) (2) Precisa-se de um bom mecânico. e) (4) Louva-se a Deus.
16. R.: a) (V), b) (I – pronome tônico *nós* e II – advérbio *ainda*), c) (III), d) (IV), e) (VI).
17. R.: a), e) mesóclise – verbo inicia oração e está no futuro do presente; b) mesóclise – locução verbal inicia oração; c), d) ênclise – tempo simples do verbo inicia oração.
18. R.: a) pronome adjetivo demonstrativo *esta*: 1ª pessoa, objeto próximo ao falante; b) pronome adjetivo demonstrativo *esses*: 2ª pessoa, objetos próximos ao interlocutor; c) pronome substantivo demonstrativo *aqueles*: 3ª pessoa, substantivo distante dos falantes, no tempo; d) pronome adjetivo demonstrativo *esse*: 2ª pessoa, objeto imediatamente citado; e) pronome adjetivo demonstrativo *esta*: 1ª pessoa, tempo presente.
19. R.: a) mesmos – demonstrativo equivalente a *exatos*; b) tal – demonstrativo equivalente a

semelhante; c) à (= preposição a + demonstrativo a = essa, aquela). (**Observação:** O primeiro *a* da frase c) é artigo – a situação); d) o – demonstrativo equivalente a *aquele*; e) semelhante – demonstrativo de identidade.

20. R.: a) suas – pronome adjetivo possessivo, terceira pessoa do singular; acompanha substantivo *ideias*. b) meus – pronome substantivo possessivo, primeira pessoa do singular; subentendido o substantivo *familiares*. c) seu – pronome adjetivo possessivo, segunda pessoa do singular, referente a pronome de tratamento (V. Ex.ª); acompanha o substantivo *convidado*. d) seu – pronome adjetivo possessivo, segunda pessoa do singular, referente a pronome de tratamento (você); acompanha substantivo *carro*; nosso – pronome substantivo possessivo, primeira pessoa do plural; subentendido o substantivo *carro*. e) vossos – pronome adjetivo possessivo, segunda pessoa do plural; acompanha o substantivo *filhos*.

21. R.: c). Qualquer palavra pode ser tomada como substantivo, caso em que pode vir precedida de artigo.

22. R.: a) O rapaz carregava <u>bastantes</u> livros consigo. b) Pode me passar <u>toda</u> a papelada aí exposta? c) Nem <u>todos</u> puderam estar presentes à solenidade de posse do prefeito. d) <u>Algumas</u> senhorinhas ficaram de pé, <u>outras</u> conseguiram sentar-se. e) <u>Algo</u> estava errado ali.

23. R.: P (pronome indefinido) em a) e b); A (advérbio) em c) e e) (modificam verbo), e em d) (modifica adjetivo).

24. R.: a) (2) Desconheço <u>o que</u> você veio fazer aqui. b) (1) <u>Quem</u> você pensa que é? c) (1) <u>O que</u> você pretende com essas afrontas? d) (1) <u>Quantos</u> anos ela tem? e) (2) Quero saber para <u>que</u> time ela torce.

25. R.: a) Refiro-me àquele livro *cuja capa* é vermelha. b) Joana e o rapaz *do qual* lhe falei ontem são testemunhas do crime. c) Visitei os lugares *onde / em que* aconteceu a tragédia. d) Refiro-me a seu primo *a quem* você me disse ontem que amava. e) Visitei meu tio e minha tia, *a qual* é irmã de minha mãe.

26. R.: b) A melhor redação seria *Fugiu levando uma bolsa em que/ onde escondera mil reais*. Dispensado o pronome *a qual*, visto que não há antecedente a destacar, nem o pronome relativo vem regido de locução prepositiva, ou de preposição acidental.

Questões de concurso

1. R.: a) Em I temos uma interrogação indireta, com o pronome interrogativo *por que*; em II temos emprego semelhante do interrogativo, acentuado então por estar no final da frase. Em III deveríamos ter a conjunção *porque*; logo está incorreta a construção frasal.
2. R.: d) Após forma verbal terminada em nasal (reconquistaram), usa-se *-na*, sem alteração na forma verbal.
3. R.: c) Após forma verbal em *-r*, o pronome passa a *-la* e desaparece o *-r* final: *exercê-la*. Nas demais, o correto seria: a) contingência de ocupá-los; b) que a recebeu; d) demonstram-na; e) outra que o compreende.

4. R.: c) Substituição correta é *transpô-las*: o verbo pede objeto direto e o pronome átono *-as*, após forma verbal em *-r*, passa a *-las* e assimila a desinência *-r* da forma verbal.
5. R.: e) Substituição correta é *abordá-la*: o verbo pede objeto direto e o pronome átono *-a*, após forma verbal em *-r*, passa a *-la* e assimila a desinência *-r* da forma verbal.
6. R.: c) Nos demais, a substituição correta será: a) influenciam-nos; b) moldaram-nos; d) trocá-las; e) homogeneizá-las.
7. R.: b) Substituição correta é *nada a superará*: o verbo pede objeto direto, logo emprega-se o pronome átono *a*, e não *lhe*. Usa-se a próclise, pela presença do pronome tônico *nada*.
8. R.: c) Destaca apenas o último elemento, *obra*, dos que foram anteriormente citados, conforme visto no item 15 do *Olho Vivo*.
9. R.: a) O pronome demonstrativo *os* (= aqueles) não retoma o termo; ele é que é retomado pelo relativo *que*, posteriormente colocado.
10. R.: b) O antecedente do pronome relativo é *visibilidade*.
11. R.:c) Substituição correta, porque o verbo é transitivo direto e emprega-se o pronome *o* para tal complemento; não *lhe*. E *o* passa a *no,* após forma verbal terminada em nasal.
12. R.: d).
13. R.: d) Pronome pessoal oblíquo, masculino, plural *os* (=seres).
14. R.: a) Combinação da preposição *de* com o pronome demonstrativo *aqueles*.
15. R.: b).
16. R.: c) O pronome relativo *que* representa o substantivo (*casos*) citado na oração anterior e exerce função sintática na nova oração, sofrendo as adaptações necessárias a essa função sintática – acréscimo da preposição *em*.
17. R.: a) O pronome relativo *cujo* associa um substantivo citado na oração anterior a outro, presente na nova oração, e o todo "pronome *cujo* + substantivo" sofre as adaptações necessárias à função sintática que estará exercendo.
18. R.: b) Substitui, na segunda oração, o substantivo *moça*.
19. R.: c) Após forma verbal em *-r*, usa-se *-lo(s)* ou *-la(s)* e desaparece o *-r* final, no processo de assimilação da consoante.

2.5 Advérbio

1. R.: a) não – advérbio de negação, modifica o predicativo *não foi satisfatória*; b) tarde – advérbio de tempo, modifica o verbo *chegar*; c) *muito* e *cedo* – o primeiro é advérbio de intensidade e modifica o advérbio de tempo *cedo*; a expressão *muito cedo* modifica o verbo *chegar*; d) *pra chuchu* – expressão popular adverbial de intensidade, intensifica a ação do verbo *incomodar*; e) *de forma alguma, ali* – respectivamente expressão adverbial de negação e advérbio de lugar, ambas modificando o verbo *voltar*; *a torto e a direito* – expressão adverbial de modo que modifica o verbo *atirar*.
2. R.: a) (6) afirmação; b) (1) tempo; c) (2) lugar; d) (3) causa; e) (5) modo.

3. R.: a) primeiramente – ordena os fatos; não modaliza. Nos demais, há intervenção do autor na frase que diz: b) felizmente; c) para nossa alegria; d) com certeza; e) de forma alguma.
4. R.: Expressão retificadora *ou melhor* (l. 1); reforço de expressão em linguagem oral *lá* (l. 2); aproximação numérica *quase* (l. 2); partícula de inclusão *também* (l. 3); partícula de exclusão *salvo* (l. 4).
5. R.: a) modo; b) intensificação do outro advérbio (bem); c) tempo; d) ordem; e) modo.
6. R.: a) clara e vagarosamente; b) doce e carinhosamente; c) inopinada e desagradavelmente; d) oportuna e adequadamente; e) pausada e cuidadosamente.
7. R.: a) como – advérbio pronominal interrogativo de modo; interrogação direta; b) Não há advérbio pronominal interrogativo na frase; a interrogação é direta, expressa pelo pronome interrogativo indefinido quantos; c) Não há advérbio pronominal interrogativo na frase; a interrogação indireta é marcada pela oração *você ainda não me disse* (= gostaria de saber) seguida do pronome adjetivo interrogativo indefinido *quantos*, que modifica o substantivo *anos*; d) como – advérbio pronominal interrogativo de modo; interrogação direta; e) onde – advérbio pronominal interrogativo de lugar; interrogação indireta.
8. R.: a) Trata-se de especificação do signo verbal, um substantivo. Não se trata de advérbio.
9. R.: a) praticamente – delimitador; b) quase – delimitador; c) talvez – asseverativo; d) obrigatoriamente – deôntico; e) lamentavelmente – atitudinal ou afetivo.
10. R.: a) (3) Um trabalho pessimamente feito! – *pessimamente* = muito mal. b) (5) Vim o mais cedo possível. c) (1) Leio mais rapidamente que ele. d) (4) Ela caminha muito pouco. e) (2) Ela lê menos que eu.
11. R.: a) *mais claramente* – superlativo absoluto analítico; b) *mais claramente ... que* – comparativo de superioridade; c) *o mais discretamente possível* – superlativo relativo de superioridade; d) *menos bem ... que* – comparativo de inferioridade; e) *muito bem* – superlativo absoluto analítico.
12. R.: a) *de forma alguma* – negação; b) *a trouxe-mouxe* (desordenadamente) – modo; c) *com certeza* – afirmação; d) *pra burro* – intensidade; e) *em silêncio* – modo.
13. R.: c) – usa-se *mais bem* antes de adjetivo particípio. Demais itens: em a) deve-se usar *melhor*, pois não há, na frase, adjetivo derivado de particípio; em b) não se usou a intensificação *mais / menos*; em d) *melhor* é o comparativo de superioridade de *bem* e não existe particípio; em e) emprega-se o comparativo de superioridade de *distante* com a intensificação do advérbio e não há particípio.
14. R.: a) interrogação de causa; b) negação; c) modalização da afirmação, com opinião pessoal de quem fala; d) lugar; e) tempo.

Questões de concurso
1. R.: d).
2. R.: c) *rapidamente*.

3. R.: c) Na frase, *muitas vezes* indica tempo, frequência.
4. R.: a).
5. R.: d).

2.6 Artigo

1. R.: a) *uns* – artigo indefinido, masculino, plural, indicando quantia aproximada, não definida. (O *a* não é artigo; é preposição); b) *as, a,* (d)*as* – artigos definidos, femininos, respectivamente plural, singular e plural, modificando substantivos conhecidos – *mãos, dificuldade, máquinas* (O último combinado à preposição *de*); c) *os* – artigo definido, masculino, plural, modificando substantivo conhecido *amigos* (artigo não combinado à preposição, por modificar substantivo sujeito); d) *uns* – artigo indefinido, masculino, plural, indicando quantia aproximada, não definida; e) *um* – artigo indefinido, masculino, singular, modificando o substantivo não definido *homem*; *a* – artigo definido, feminino, singular, modificando substantivo conhecido *morte*.
2. R.: A jovem optou *pela* (por + a) maquiagem pesada que a valoriza, ou melhor, que destaca o que ela tem de bonito, *no* (em + o) caso, os olhos. O rosto *da* (de + a) moça estava muito bem pintado!...
3. R.: *o corneta* = rês com um só chifre / *a corneta* = instrumento de sopro; *o guarda* = vigia, sentinela / *a guarda* = ato de guardar, vigilância; *o voga* = remador que se senta à ré das embarcações miúdas / *a voga* = ato ou efeito de remar; popularidade, propagação.
4. R.: b) Observe as oposições empregadas no exercício. a) o cabeça (= o líder de um grupo) / a cabeça (= parte do corpo animal); b) o caixa (= livro de registro de entrada e saída de dinheiro) / a caixa (= recipiente, estojo, cofre); c) o capital (= dinheiro) / a capital (= cidade em que fica a administração do país, do Estado); d) o nascente (= local em que nasce o sol) / a nascente (= fonte); e) o grama (= unidade de peso) / a grama (= relva).
5. R.: a) O pronome indefinido *toda* (equivalente a *qualquer*) e emprega-se sem o artigo.
6. R.: a) e d) Nos demais itens, observar que só se emprega *numeral ambos + artigo* quando a expressão precede imediatamente o substantivo.
7. R.: e) Usa-se artigo quando o possessivo vier posposto ao substantivo – *Quanta tristeza vejo nos olhos dela!* Em a), não se emprega artigo antes de pronome de tratamento; o *a* da frase é preposição pedida pelo objeto indireto. Em b), pode-se usar, ou não, artigo antes do possessivo. Em c), com expressão feita, *a seu bel-prazer*, não se usa artigo; o *a* inicial da expressão é preposição. Em d), com expressão feita, *por minha vontade*, não se usa artigo.
8. R.: a) Com nomes de mês geralmente não se emprega artigo. b) Data célebre admite artigo. c) Indicação de horas se faz com artigo, quando a expressão equivale a advérbio. d) Dias da semana podem vir ou não com artigo. e) Nome de mês acompanhado de atributo pede artigo.
9. R.: a) no (Geralmente se usa o artigo com a palavra *palácio*; no caso, a moradia da princesa.); b) o; c) no (O substantivo está modificado.); d) o (Uso normal do artigo com o nome.); e) do (Idem).
10. R.: a) Ela nem estava *em* casa naquele dia! b) Visitamos muitos palácios, mas não fomos *ao*

Palácio da República. c) O Governador está *em* Palácio? Como adjunto adverbial, referindo-se ao local de trabalho das autoridades. d) Visitei todas *as* casas da rua. e) Nem sempre visitamos *as* belas casas e *os* palácios das cidades turísticas.

11. R.: c) ...por ocasião *do* Ano-Novo, porque existe uma definição da época. Compare-se com o item *e*, em que o sentido é generalizado.
12. R.: Não se combinam preposição e artigo que precede substantivo sujeito (itens b, d, e), ou preposição e artigo que faça parte do nome de uma obra (itens a, c).
13. R.: a) A ênfase não está na combinação *artigo definido + substantivo* para ressaltar um significado intensivo, mas em toda a frase. Nas demais, pode-se ver que: b) é o fim = é o máximo de aspectos negativos de algo; c) é a professora = é a melhor professora; d) (se fosse) a amiga = como faria a melhor amiga; e) o herói = o homem mais dedicado, valoroso.
14. R.: a) O artigo indica indivíduos de mesmo nome e esse nome vem no plural.
15. R.: b) Como nome do país, não se emprega o artigo antes de *Portugal*. Quando determinado (*Portugal da época dos reis*), emprega-se o artigo.
16. R.: Usa-se artigo definido quando o locativo deriva de substantivo comum *diamantes*; já *Santo Antônio* é substantivo próprio.
17. R.: a) (1); b) (3); c) (2); d) (2); e) (3).

Questões de concurso

1. R.: c). *Os* é pronome substantivo demonstrativo, equivale a *aqueles*; vem acompanhado do pronome relativo, no caso, o primeiro *que* (aqueles os quais), equivalendo a *os quais*.
2. R.: a) o púbis; a cal; a mascote.

2.7 Numeral

1. R.: a), b), e) – (NQ); c), d) – (NO)
2. R.: a) numeral adjetivo *dez*; b) numeral substantivo *dez*; c) numeral adjetivo *primeiro*; d) numerais adjetivos *meia, um terço*; e) numerais adjetivos *dupla, dobro*.
3. R.: a) numeral adjetivo cardinal *cinco*; b) numeral substantivo cardinal *três*; c) numeral adjetivo ordinal *primeiro*; d) numeral adjetivo fracionário *meia* e numeral adjetivo fracionário *um terço*; e) numeral adjetivo multiplicativo *triplo*.
4. R.: b).
5. R.: a) Lerei até a folha *quatrocentos e seis*. b) Leia a página *cento e oito* do livro. c) Qual foi o *quadragésimo quinto* rei daquele país? d) Baseia-se no artigo *primeiro* do Regimento Interno. e) Quero *três nonos* da melancia e *cinco doze avos* da goiabada.
6. R.: a) *meia* (4); b) o algarismo romano *LX*; *dupla*, respectivamente (1 e 3); c) *bilhões* (1); d) *primeira*, 43, respectivamente (2 e 1); e) *metade* (4).
7. R.: a) quatro milhões e quatrocentos e cinquenta mil reais. b) Papa Pio Doze. c) Artigo quinto.

d) quadragésima primeira. e) capítulo vinte e um.
8. R.: d) grosa = 12 dúzias.
9. R.: a) capítulo doze; b) João vinte e três; c) artigo quarenta e dois; d) casa quarenta e sete; e) dia primeiro de maio.
10. R.: c). Na especificação exata de dia, ano e hora, usa-se o numeral cardinal, exceção para o primeiro dia do mês. Não confundir com mera ordenação de tempo (item *d*).

2.8 Conjunção

1. R.: a) Janaína bem como Janete saíram às 10 horas. b) Jacinto ou Orlando será o futuro presidente da República. c) Visitei o Museu do Mar e a Fonte dos Suspiros. d) Nem Mauro nem João serão eleitos. e) Não gosto de abacaxi nem de manga.
2. R.: a) Não deverá haver aula hoje, porque houve um incêndio de grandes proporções no prédio da escola. b) Houve um incêndio de grandes proporções no prédio da escola, logo não deverá haver aula hoje. c) Provavelmente não haverá aula hoje, pois houve um incêndio de grandes proporções no prédio da escola. d) Houve um incêndio de grandes proporções no prédio da escola, porém ninguém ficou ferido. e) José assumirá a presidência da empresa e João deixará a empresa.
3. R.: a) Maria Amélia reclamou do atraso, quando viu a remarcação do horário de partida do avião. b) A remarcação do horário de partida do avião desgostou a jovem, porque ela assumira um compromisso em São Paulo. c) Antônio ficará na direção da empresa, para que Eduardo possa viajar de férias. d) A empresa do Eduardo cresce à medida que aumenta o interesse dele pelos negócios. e) A empresa do João está crescendo, embora diminua o interesse dele pelos negócios.
4. R.: a) João encontrou, no Sul, um amigo, *logo que chegou ao aeroporto*. b) Só lhe desejo uma coisa: *que você seja feliz!* c) Estou aguardando *que o prefeito construa casas populares*. d) Marta elaborou a redação *conforme o professor recomendara (que ela o fizesse)*. e) A empresa do João crescerá, *se ele aumentar seu interesse pelos negócios*.
5. R.: a) Seria melhor que ele estivesse ausente. b) Receio que ele se destempere. c) Não é aconselhável que o aluno seja readmitido. d) Só receio isto: que você se decepcione. e) Estou na dúvida se vou ao teatro.
6. R.: a) Seria melhor sua saída; b) Preciso de sua ajuda; c) O trabalho foi feito por entendido no assunto; d) Desejo sua felicidade; e) Só entendi uma questão: sua falta de razão.
7. R.: a) oposição (mas – conjunção coordenativa) / conclusão (logo – coordenativa); b) finalidade (a fim de que – conjunção subordinativa) / causal (já que – subordinativa); c) consecutiva (que – conjunção subordinativa) / proporcional (à medida que – subordinativa); d) concessiva (embora – conjunção subordinativa) / comparativa (do que – subordinativa); e) condicional (se – conjunção subordinativa) / temporal (quando – subordinativa).
8. R.: d). Ideia de causa.

9. R.: c). Ideia de finalidade. Trata-se de emprego raro, hoje em desuso. Observe que o verbo fica no imperfeito do subjuntivo, exprime ação não conclusa; a conjunção pode ser substituída por *para que*.
10. R.: a) coordenativa explicativa; b) coordenativa conclusiva; c) subordinativa causal (como = porque); d) subordinativa modal; e) subordinativa conformativa.
11. R.: a) Como nada mais havia a tratar, foi encerrada a sessão. b) Admiro a moça, embora me cause tédio a companhia dela. c) Se a literatura fosse o tema do encontro, o que faria aquele homem ali? d) Quando terminou a aula, saímos logo. e) Como eu não me considerava bastante seguro do assunto, nada disse.
12. R.: a) tão ... que – conjunção correlativa subordinativa consecutiva; b) não só ... mas também – conjunção correlativa coordenativa aditiva; c) nem ... nem – conjunção correlativa coordenativa aditiva; d) ora .... ora – conjunção correlativa coordenativa alternativa; e) quanto mais ... mais – conjunção correlativa subordinativa proporcional. Em a), c), d), e) temos duas orações; em b) temos uma só oração com dois complementos correlatos.

Questões de concurso
1. R.: a) Tanto a conjunção *pois*, quanto a locução conjuntiva *uma vez que* iniciarão orações em que se explica a extirpação de certos tipos de erro pela agregação de grandes números.
2. R.: c) Ideia de causa.
3. R.: e) A conjunção inicia uma oração que expressa uma condição para algo acontecer.
4. R.: d) Como conjunção subordinativa causal, o *como* inicia oração e pode ser substituído por *porque, visto que*.
5. R.: e) Forma enfática de expressão encontrada na conjunção correlativa coordenativa aditiva *não só ... mas também*.
6. R.: c) Conjunção subordinativa final.
7. R.: c) O *A* inicial da frase é uma preposição que inicia a oração reduzida de infinitivo pessoal flexionado (*continuarmos*), oração que expressa uma condição em relação à oração principal.
8. R.: d) A conjunção coordenativa adversativa associa orações com ideia de contraste.
9. R.: e) *Apesar do surgimento do computador doméstico....* é oração subordinada concessiva; exprime algo oposto ao esperado, mas incapaz de impedir o que é dito na outra oração (principal).
10. R.: a) contudo – conjunção coordenativa adversativa.
11. R.: b) Pelo texto, considera-se que "*Operar em vácuo de regras*" constitui a causa; e "*para elas se tornarem erráticas e caóticas, com decisões ao sabor do momento*" é a consequência.
12. R.: d) Conjunção subordinativa condicional, igual a *caso, se*.
13. R.: e) A conjunção consecutiva *que*, em correlação com o pronome indefinido *tanto* (que exprime intensificação do *orgulho*) inicia oração que exprime consequência dessa intensificação.
14. R.: d) Caso da oração explicativa.

2.9 Preposição

1. R.: preposições simples: a) de, para; b) de; e) de.
   locuções prepositivas: b) a respeito de; c) à maneira de; d) prestes a; e) diante de.
2. R.: Letra T nos itens a), c), e); letra O nos itens b), d).
3. R.: (PP) para a) e d); (LP) para b) , c) e e).
4. R.: a) exceto; b) menos; c) fora; d) não obstante; e) durante. **Observação:** Não foi pedido que você destacasse preposições essenciais; logo não estão apontadas nesta resposta.
5. R.: c).
6. R.: a) assunto; b) posse, relação; lugar, procedência; c) matéria; d) causa; e) espécie.
7. R.: a) procedência; b) companhia e posse/relação; c) concordância; d) lugar e instrumento; e) movimento/direção.
8. R.: c) A preposição *de* participa da locução adjetiva *do Brasil* (brasileiro), ou seja, não acompanha complemento.
9. R.: a) finalidade; b) causa; c) comparação; d) oposição; e) oposição.
10. R.: a) Voltou cedo, *porque temia o trânsito*. b) Saiu cedo, *para que fosse evitado o trânsito difícil*. c) Estava triste *porque a amiga a traiu*. d) Ficou revoltada *porque a amiga a traiu*. e) Preparou a carta de demissão *antes que a amiga chegasse*.

2.10 Interjeição

1. R.: a) e d) ausência de interjeição; b) interjeição simples *Saúde!*; c) interjeição simples *Alô!*; e) locução interjetiva *Ora bolas!*
2. R.: a) Ih! (aborrecimento); b) Olá! (invocação ou chamamento); c) Pst! (invocação ou chamamento); d) Psiu! (invocação ou chamamento); e) Psiu! (invocação). Obs.: Em *a* temos uma frase exclamativa (*quanta conversa paralela!*), além da interjeição *ih!*
3. R.: a) Viva! – alegria; b) Oh! – espanto; c) Silêncio! – advertência; d) Psiu – invocação; e) Oba! – alegria.
4. R.: a) espanto; b) aborrecimento; c) chamamento, invocação; d) advertência; e) surpresa; saudade.
5. R.: Número 1 para itens b), c), e); número 2 para itens a), d).
6. R.: (E) nos itens a) e d); (I) nos itens b), c), e) – respectivamente sentido de aplauso, aplauso, invocação / chamamento.
7. R.: (E) itens a) surpresa, b) alegria, c) alegria, elogio...; (I) itens d) aborrecimento, e) raiva, repulsa.

③
SINTAXE

3.1 Mecanismos de estruturação sintática: coordenação e subordinação

1. R.: Em a), as duas orações apresentam estrutura completa e são, então, independentes; em b), a segunda oração *porque seu estilo é eclético* é adjunto adverbial da primeira e, portanto, há dependência sintática entre elas; em c), a segunda oração *que o plano do governo não dará certo* é objeto direto da primeira e aí também há dependência sintática entre elas; em d), as orações *de que choverá amanhã e não haverá praia* são independentes entre si, pois não exercem função uma na outra, mas ambas são dependentes da primeira *A previsão parece provável*, da qual são complementos nominais; em e), a oração *que correm* é adjunto adnominal de *dias* e, portanto, mantém uma relação de dependência sintática com a primeira oração.

2. R.:a) ao substantivo *necessidade*, que a oração complementa; b) à forma verbal *sabemos*, da qual é seu objeto direto; c) à forma verbal *explicou*, de modo a indicar a sua finalidade; d) ao substantivo *certo*, que funciona como núcleo do sujeito da oração principal; e) ao adjetivo *certo*, predicativo do sujeito expresso pela oração principal.

3. R.:a) *Teotônio e Marcos* são núcleos do sujeito; b) *positiva e agradável* são núcleos do predicativo do sujeito; c) em *sapatos novos e bonitos*, os adjetivos *novos* e *bonitos* são adjuntos adnominais de *sapatos*; d) *à tarde* e *à noite* são adjuntos adverbiais de tempo; e) *bonita* e *arrogante* são núcleos do predicativo, coordenados pela conjunção MAS. Em todos os itens, os termos referidos estão coordenados um ao outro e formam uma sequência.

4. R.: No plano da oração, cada oração coordenada tem seus próprios termos e, assim, não apresenta constituinte expresso por outra oração. O único caso em que tal não aconteceu é o do item *d*, em que a segunda oração é sujeito da primeira e, portanto, é termo dela.

5. R.: a) *exercício* é subordinante, *um* e *interessante* são subordinados; b) *traje* é subordinante, *da festa* é uma locução adjetiva, é o termo subordinado; c) *blusas* é subordinante e *aquelas, duas, amarelas* são termos subordinados ao substantivo como seus adjuntos adnominais; d) *escrever* é subordinante, *um romance atraente* é subordinado ao verbo, como seu objeto direto; em *um romance atraente*, *romance* é subordinante e *um* e *atraente* são subordinados ao substantivo como seus adjuntos adnominais; e) *resuma* é o subordinante e *o capítulo* é subordinado ao verbo como seu objeto direto. Em a), b), c), os termos destacados são SNs — sintagma nominal e, em e), SV — sintagma verbal; em d), há SN — sintagma nominal e SV — sintagma verbal.

6. R.: Em a), d) e e), as orações estão encadeadas pelo sentido, mas mantêm sua independência sintática, uma vez que apresentam estruturas completas. Em b) e c), as informações principais estão contidas, respectivamente, nas orações "a população não ficou esclarecida" e "a ministra explicou o novo plano econômico", às quais as outras duas orações estão subordinadas, numa relação de hierarquia sintática, pois exercem as funções de adjuntos

adverbiais em relação aos verbos das orações principais.
7. R.: As respostas são livres; seguem sugestões: a) ...quando ela o conheceu. b) ...sem que o governo lhes pague. c) À medida que aprofundo minhas leituras... d) O apartamento que comprei... e) Para cada assinatura que você comprar...
8. R.: As respostas são livres; seguem sugestões: treinados e classificados; b) de elite e em boa forma; c) que conseguirem patrocínio e (que) se classificarem nas provas eliminatórias; d) que trabalham em casa e (que) diminuem os deslocamentos; e) quando adotam modelos flexíveis de trabalho e (quando) permanecem menos tempo nos escritórios.

Questões de concurso
1. R.: e) A oração *cujos princípios e normas mudassem a cada dia* é adjetiva porque se subordina e modifica o antecedente (*comunidade*) do relativo *cujo*.
2. R.: d) *Portanto* indica a conclusão da ideia expressa na oração anterior.

3.2 Orações coordenadas
1. R.: d) As três orações são coordenadas, duas assindéticas e uma sindética aditiva.
2. R.: Estão coordenadas as orações: [*respeitar o ambiente*] [*e ser lucrativo*], [*crescer*] [*e ser ambiental e socialmente respeitável*].
3. R.: b).
4. R.: e) Em I, ambas são assindéticas; em II) as duas primeiras são assindéticas e a terceira, sindética; em III), ambas são sindéticas.
5. R.: c). Em a), o período é simples; em b), é composto por subordinação; em c), ambas são coordenadas; em d), há coordenação (as duas primeiras orações); em e), as três primeiras orações são subordinadas e a última é principal.
6. R.: c). O período é simples, pois há apenas uma oração.
7. R.: b). A alternativa e) informa que há apenas UMA coordenada assindética, mas as duas são coordenadas assindéticas.
8. R.: c). A segunda oração justifica a afirmação da primeira, de modo que é explicativa, e a conjunção adequada para introduzi-la é *pois*.
9. R.: d). A ideia expressa pela segunda oração não contrasta com a mensagem da primeira, justifica-a ou serve-lhe como alternativa; ela indica o seu resultado.
10. R.: c). Nos dois períodos não há instrumentos correlativos para articular as orações.

Questões de concurso
1. R.: b). O trecho transcrito explica a frase que o antecede, daí o emprego da conjunção explicativa *pois*.

2. R.: e). Em a), as orações são coordenadas alternativas; em b), a coordenada é conclusiva; em c), é explicativa; em d), é aditiva.
3. R.: b). Na letra a), o sentido é de oposição; na letra c), é de conclusão; em d), de concessão; na letra e), de contraste.
4. R.: c) Em I, a oração indica fato contrastante em relação à 1ª; em II, há alternância de fatos; em III, a oração indica a conclusão de fato já enunciado; em IV, a oração justifica o pedido expresso na anterior; em V, a oração acrescenta uma informação nova; em VI, a oração se coordena à seguinte sem conectivo que as ligue.
5. R.: c). Em a) e b), as orações coordenadas sindéticas são adversativas; em d), é explicativa; em e), é aditiva.
6. R.: b). A oração é adjunto adverbial de tempo da oração "pois... o único prejudicado é o patrão"
7. R.: a). Na frase I, a oração a ser completada justifica o fato expresso na primeira; na frase II, a oração a ser completada contrasta com o fato expresso na primeira; na frase III, a oração a ser completada acrescenta informação aos fatos já expressos; na frase IV, a oração a ser completada também justifica o fato expresso na primeira.
8. R.: d). A ideia expressa na segunda oração contrasta com a da primeira.
9. R.: b). A segunda oração liga-se à primeira por meio da conjunção coordenativa *pois*, que é uma explicativa.
10. R.: e). O período é formado por uma oração principal e duas subordinadas: é composto por subordinação.
11. R.: e). No item a), a oração coordenada é aditiva; no b), o período é composto por subordinação; no item c), idem; no item d), o período é simples.
12. R.: b). Na frase 1, a segunda oração é consequência do fato expresso na primeira; na frase 2, a segunda oração é motivo do fato expresso na primeira; na frase 3, a segunda oração contrasta com o fato expresso na primeira; na frase 4, a segunda oração é resultado do fato expresso na primeira; na frase 5, a segunda oração justifica o conselho expresso na primeira.

3.3 Orações subordinadas

1. R.: a) *Precisamos*; a subordinada é seu complemento; b) *Medo*; a subordinada é seu complemento; c) *Aquele sonho*; a subordinada é uma oração adjetiva; equivale a um adjunto adnominal de *sonho*, com valor de explicação; d) *Dúvida dos policiais*; a subordinada é seu predicativo; e) *Importante*; a subordinada é sujeito.
2. R.: a) QUE – conjunção subordinativa integrante; b) DE – preposição; c) (de) QUE – conjunção subordinativa integrante; d) QUE – pronome relativo; e) QUANDO – conjunção subordinativa temporal.
3. R.: 3.1 d); 3.2 preposição; infinitivo.
4. R.: c). A oração contrai com a forma verbal *decidimos* a função de objeto direto, logo termo integrante da estrutura sintática do verbo.
5. R.: a) para; b) de; c) de; d) per (pelo = per + o); e) a.

6. R.: a) subordinada substantiva completiva nominal; *que*; *a impressão*; b) subordinada substantiva completiva nominal; *capazes*; c) subordinada substantiva completiva nominal; *lembranças*; d) subordinada substantiva completiva nominal; *que*; *favorável*; e) subordinada substantiva objetiva direta; *que*; *senti*.
7. R.: (2); (2); (4); (6); (3)
8. R.: c).
9. R.: a) ser mais dedicado ao trabalho – subjetiva; b) a estudar mais – objetiva indireta; c) valorizar a educação – apositiva; d) chorar – predicativa; e) de crer em algo – completiva nominal.
10. R.: a) (PR); b) (SU); c) (SU); d) (SU); e) (SU).
11. R.: a) predicativa; b) subjetiva; c) predicativa; d) subjetiva; e) subjetiva.
12. R.: a) A internet propicia a presença simultânea em universos [que não têm fim]. b) Este é um caso [que não se pode solucionar]. c) Engarrafamentos [que arrasam a cidade] pioram a cada dia. d) A obviedade, [que se repete constantemente], encobre questões mais sérias. e) O homem [que é sábio] fala pouco e muito ouve.
13. R.: a) Este é o zelador residente (na escola). b) Estas são atitudes admiráveis. c) Usou um gás mortal. d) Assinou um contrato indissolúvel. e) Empregou palavras impublicáveis.
14. R.: a) R; b) E; c) E; d) R; e) R. Em a), d) e e), as orações adjetivas auxiliam a identificação do antecedente do relativo (*filme, comédia, os professores*). Em b) e c), elas fornecem explicações suplementares ao sentido do antecedente.
15. R.: Em 13 e) *Os professores cujos salários foram aumentados voltaram ao trabalho,* há professores que obtiveram aumento de salário e os que não o obtiveram. A oração adjetiva indica que voltaram ao trabalho os que tiveram o salário aumentado: a oração é subordinada adjetiva restritiva. Em 14, *Os professores, cujos salários foram aumentados, voltaram ao trabalho*, a oração adjetiva traz uma explicação que se aplica a todos os professores – tiveram seus salários aumentados – e, assim, classifica-se como subordinada adjetiva explicativa.
16. R.: a) O rio Amazonas, que é o maior em volume d'água do Brasil, é fonte de vida para uma infinidade de seres. b) O Pão de Açúcar, que fica na cidade do Rio de Janeiro, é um belo cartão-postal. c) A pirâmide de Quéops, que fica no Egito, é a mais visitada. d) As praias das quais você falou ontem ficam em Búzios. e) A Copa do Mundo que mais me emocionou foi a de 1958. As frases d) e e) não são explicativas, portanto não precisam de vírgula.
17. R.: a) Visitei o museu do Louvre *em cujas* paredes estão obras consideradas as mais importantes da pintura no mundo. b) Sua obra poética, *a cujas* origens me referi há pouco, é notável. c) O presidente convocou uma reunião *cujos* convidados seriam os notáveis da empresa. d) A epidemia, *cujas* principais vítimas foram as crianças, fora anunciada há dois anos. e) Visitei o salão *em cuja* parede está uma pintura de Van Gogh.
18. R.: a) Este é o presidente da nação *a qual* (a nação) ou *o qual* (o presidente)... b) Os focos de dengue do depósito *o qual* (o depósito) ou *os quais* (os focos de dengue)... c) O filho da coordenadora da campanha *o qual* (o filho) ou *a qual* (a coordenadora)... d) A estrela do musical *o qual* (o musical) ou *a qual* (a estrela)... e) Não conheço o pai da garota *o qual*

(o pai) ou *a qual* (a garota)...

19. R.: a) Visitei meu tio *a quem* devo meus estudos. b) O contrato *que* se celebrou por questões de segurança será rescindido. c) Você conhece o prefeito *a quem* a notícia *se* refere? d) A ideia foi do colunista *a quem* você admira. (ou *que*) e) O candidato não aceitou as teses *que* defendemos na última reunião.
20. R.: a) em que; b) a que; c) em que; d) de que; e) a que.
21. I. R.: a) *quem*; b) a mulher; c) objeto direto (preposicionado) do verbo *idolatrar*; d) *quem* é empregado em referência a pessoas; e) este relativo é sempre regido de preposição independentemente de sua função. II. R.: a) *cujo*; b) o livro; c) adjunto adnominal; d) expressa noção de posse (de + antecedente); e) rege o objeto indireto do verbo *referir*.
22. R.: a) Não aceitara o convite porque não vira a carta. b) Embora tenha um compromisso importante, irei à sua formatura. c) Não lhe perdoei quando ele me pediu perdão. d) Tem de chover para que a terra se torne fértil. e) Aceitarei o oferecimento se você fizer uma promessa.
23. R.: a) [Se não me telefonar], viajarei ao anoitecer. (condição; condicional) b) A ponte foi construída [*conforme* o prefeito nos prometeu]. (conformidade; conformativa) c) A peça foi tão bem encenada [*que* todos aplaudiram os atores de pé]. (consequência; consecutiva) d) [*Quanto mais* falava], menos se fazia entender. (proporcionalidade; proporcional) e) Os temporais este ano foram menos destrutivos [*do que* os do ano passado]. (comparação; comparativa).
24. R.: Todas manifestam resultados não intencionais de uma ação expressa na oração a que se associam, à exceção da oração destacada no item b), em que há a intenção de se alcançar um determinado resultado. Elas se classificam como: a) coordenada sindética conclusiva; b) subordinada adverbial final; c) subordinada adverbial consecutiva; d) principal; e) coordenada sindética conclusiva.
25. R.: a) ... apesar de ocorrerem dificuldades. (concessiva) b) ... porque sentiu raiva ... (causal) c) ... quando o inverno terminar. (temporal) d) ... para que se organizasse adequadamente a festa. (final) e) ...conforme o manual instruir. (conformativa)
26. R.: a) <u>Se o final do período for antecipado</u>, poucos alunos permanecerão na cidade. b) <u>Como caiu um terrível temporal</u>, nenhum convidado chegou na hora. c) Não cancelaram o espetáculo, <u>apesar de ter faltado energia</u>. d) Ela foi embora <u>antes que a noite chegasse</u>. e) <u>À proporção que as horas passavam</u>, mais angustiada se sentia com sua ausência. a) subordinada adverbial condicional; b) subordinada adverbial causal; c) subordinada adverbial concessiva; d) subordinada adverbial temporal; e) subordinada adverbial proporcional.
27. R.: livres. Sugestões: a) ...porque meus pais se opuseram. b) ...ainda que meus pais o exigissem. c) ...se obtiver ajuda. d) ...conforme o professor explicou na primeira aula. e) ...para que a guerra acabasse rapidamente.

Questões de concurso

1. R.: a). A estrutura ressalta um acréscimo à mensagem. A oração poderia ser retirada sem prejuízo do sentido do período. É uma oração subordinada adjetiva explicativa.
2. R.: e). O pronome relativo é sujeito no fragmento do enunciado da questão bem como na letra e). Em a), o relativo *cujas* é adjunto adnominal; em b), é adjunto adverbial de lugar; em c), é predicativo do sujeito "eu" (o verbo está na voz passiva); em d), é também predicativo do sujeito.
3. R.: Errado. *Porquanto* expressa noção de causa e *contanto* expressa noção de *concessão*.
4. R.: b). A oração é subordinada adjetiva explicativa e pode ser retirada sem prejuízo da compreensão da mensagem; apenas acrescenta uma explicação.
5. R.: c). O item II só apresenta uma oração, sem oração subordinada, portanto; o item IV refere-se a orações coordenadas assindéticas, que não é o caso da frase dada.
6. R.: b). *Para conter esse avanço* – oração reduzida de infinitivo, subordinada adverbial final.
7. R.: c). No período da questão anterior, o primeiro *que* é conjunção subordinativa integrante e inicia oração subordinada objetiva direta de *pensa* – *que a Nokia sofre apenas por causa da concorrência da Apple e Samsung:...*; o segundo *que* é pronome relativo e inicia oração subordinada adjetiva – *que (Nokia) costumava ser a maior do mundo.*
8. R.: d). Trata-se de uma passiva sintética ou pronominal, e o verbo deve concordar com o sujeito *os = aqueles*).
9. R.: d) ...não se sabe SE foi intencional...
10. R.: e). Expressa uma ressalva feita ao desenvolvimento.
11. R.: O conectivo que aparece no enunciado é uma conjunção adversativa e o da alternativa e) é concessiva.
12. R.: e) Expressa pelo conector MAS.
13. R.: c). O fato de estar magro é o argumento para a afirmação *ele deve passar fome*.
14. R.: d). Trata-se de conjunção coordenativa explicativa.
15. R.: c). Em I, *Visto que* introduz uma causa, o mesmo faz *como*; em II, *contanto que* indica condição, o mesmo papel de *desde que*; em III, *como* expressa conformidade, exatamente o valor de *conforme*; em IV, *portanto* encabeça uma conclusão, o mesmo valor de *logo*.
16. R.: d). Nessa frase, a palavra *que* é pronome relativo.
17. R.: e). Dirigir e beber é suicídio; *por isso* não brinque no trânsito; o conectivo introduz uma explicação.
18. R.: c). Na primeira frase, o pronome relativo funciona como objeto indireto de *reportar-se*, verbo que exige preposição *a* para reger seu complemento (*a + os quais*); na segunda, o substantivo *alerta* pede preposição *para*.
19. R.: a). A locução prepositiva *apesar de* expressa a noção de ressalva tal qual a locução *mesmo com*.
20. R.: d). A locução indica o *modo* como se deve considerar e estudar o planejamento urbano.

3.4 Termos da oração

1. R.: a) um belíssimo crepúsculo; N – crepúsculo; b) Todas as trinta e duas seleções de futebol; N – seleções; c) Um conjunto de choro; N – conjunto; d) Festas animadas; N – festas; e) O jornalista Fabiano; N – jornalista.

2. R.: SUJEITOS PREDICADOS
   a) [A indiferença ao argumento alheio] [é uma estratégia argumentativa.]
   b) [Aristóteles] [estabelecia as ... debates racionais.]
   c) [A culpa] [foi imputada ao casal ... sensacionalista]
   d) [livros importantes sobre argumentação] [Escreveram-se]
   e) [festas animadas e sem violência] [Aconteceram durante a Copa do Mundo].

3. R.: a) O caçador – sujeito simples; b) o caçador – sujeito simples; c) eu – sujeito simples (identificado pela desinência do verbo); d) os documentos – sujeito simples (o verbo está na voz passiva); e) sujeito indeterminado.

4. R.: Em a), c) e d), emprega-se o verbo na 3ª pessoa do plural; em b) e e), o verbo é flexionado na 3ª do singular + pronome SE (índice de indeterminação do sujeito).

5. R.: a) a oração não tem sujeito; b) o verbo é impessoal porque não faz referência a sujeito; c) duas: a mãe judia e a mãe italiana; d) existir; e) "a mãe judia e a mãe italiana", que especificam as mães que existem de verdade.

6. R.: a) Trata-se; b) fará; c) neva; d) faz; e) são.

7. R.: a) Houve; b) haviam; c) havia; d) haverá; e) havia. Em *b*, o verbo é auxiliar e se flexiona; nas demais opções, o verbo *haver* é impessoal, a oração não tem sujeito.

8. R.: a) (PN); b) (PVN); c) (PVN); d) (PN); e) (PV).

9. R.: a) *feliz* – predicativo do sujeito; b) *como o melhor da Copa* – predicativo do objeto; c) *cansados* – predicativo do sujeito; d) *empatado* – predicativo do sujeito; e) não apresenta predicativo.

10. R.: a) PN; b) PV; c) PV; d) PN; e) PV.

11. R.: c). Em a), é verbo auxiliar; em b), d) e e), o verbo *acabar* é nocional.

12. R.: c). A informação do sujeito está contida no predicativo *um simples organismo vegetativo*, de núcleo nominal.

13. R.: a) *de papel*: locução adjetiva; b) *que o torcedor...mais*: oração subordinada substantiva predicativa; c) *uma boneca de porcelana*: sintagma nominal, tendo como núcleo o substantivo *boneca*; d) *ministro*: substantivo; e) *dos nossos*: sintagma nominal, tendo como núcleo o pronome *nossos*.

14. R.: a) o criminoso – objeto direto; b) nossas aulas – objeto direto; c) a seus pais – objeto indireto; d) rios caudalosos; montanhas íngremes – objeto direto; e) me – objeto indireto de opinião.

15. R.: a) paciente do sentimento expresso em *amar*; b) noção de posse (= o meu pé); c) objeto indireto (ou dativo ético); d) ser em proveito do qual se realizou uma ação; e) ser que recebe a ação verbal.

16. R.: a) realce da ideia de parte, porção; b) o OD é o pronome relativo *quem*; c) o OD é o pronome oblíquo *mim*; d) o OD é composto de um pronome átono e um sintagma nominal (o + aos seus respeitáveis hóspedes); e) para evitar ambiguidade.
17. R.: b), c), e). A opção *a* está incorreta porque um verbo só pode ter um objeto direto (formado por um ou mais núcleos); no caso da opção d), *pobreza* e *inclusão social* são complementos dos verbos *combater* e *promover*.
18. R.: b), c), d). Um verbo não pode selecionar dois objetos indiretos, o que se afirma na opção a); *lhe* é *objeto indireto* e *prêmio* é *objeto direto* da locução verbal *vai tirar*, o que contraria a opção e).
19. R.: b), c), d), e). O verbo *inculcar* está na passiva analítica – com auxiliar –, pois seu sujeito é paciente da ação. Seleciona não só objeto direto (que ocorre na voz ativa), mas também objeto indireto, no caso representado pelo pronome átono *nos*.
20. R.: a) *esse dia* e *o (dia) de um autêntico renascimento*; b) objeto direto e predicativo do objeto direto; c) *a vida anterior* é OD de *lembrava*; d) lembrava-se; o seu complemento é OI: "*lembrava-se da vida anterior*; e) *o acesso a um mundo rico* é OD de *adquiriu*.
21. R.: a) O sujeito *o iatista* é o paciente da ação do verbo sofrer, que está na voz ativa. b) O termo *de marrom glacê* é OI da forma *gosto* e representa o paciente da ação expressa pelo verbo *gostar*. c) O sintagma *a nova obra de Zuenir Ventura* é o OD e paciente do verbo *ler*. d) O verbo *supervisionar* está na voz passiva e o agente dessa ação é expresso pelo sintagma *pelo Coordenador*. e) Não há paciente nessa oração; apesar da preposição *por*, o sintagma *por necessidade de trabalho* não é paciente ou agente da ação expressa pelo verbo, mas seu adjunto adverbial de causa. Conclusão: Há funções com o traço semântico de *paciente* que não se associam a verbos na voz passiva.
22. R.: b), c) e e). Em a), o sintagma indica a causa da repreensão e em d), é o objeto da ação do verbo *conscientizar*.
23. R.: a) (OI) (OD); b) (OD); c) (OD); d) (OI); e) (OI) (OD).
24. R.: a) Ofereceram-lhe; b) os ofenderia; c) entregou-o; d) entregou-lhes; e) obedeça-lhes.
25. R.: a) OI; b) OI, OI; c) OD; d) OD; e) OD.
26. R.: c) e e). Em c, *para Londres* expressa circunstância de lugar; em e), *assíduo* é adjunto adnominal de *frequentador*; os demais itens estão incorretos porque: em a), os dois clíticos são objetos diretos; em b), o SN destacado é predicativo do sujeito e em d), o sintagma é objeto indireto.
27. R.: a) romances e contos; TD; b) intransitivo; c) várias línguas; TD; d) intransitivo; e) a verdade, ao meu chefe; TDI.
28. R.: Respostas livres. Sugerem-se: a) o tema, TD; b) do assunto, TI; c) do fato, TI; d) ao patrão, TI; e) com pessoas, TI.
29. R.: A fome leva mais longe <u>seus efeitos destrutivos</u>, corroendo <u>a alma da raça</u> e destruindo <u>a fibra dos pioneiros lutadores</u>, que conseguiram de início <u>vencer a hostilidade do meio geográfico desconhecido</u>, tirando-<u>lhes</u> <u>toda a iniciativa</u>." (Rosana Magalhães) a) TD; b) TD;

c)TD; d) TD; e)TDI.
30. R.: a) (2); b) (3); c) (4); d) (3); e) (3).
31. R.: a) OI; b) OD; c) OD preposicionado; d) OI; e) OI.
32. R.: a) certeza – substantivo; de sua volta; b) certos – adjetivo; da vitória de nossa candidata; c) esperança – substantivo; da sobrevivência dos náufragos; d) apaixonados – adjetivo; por samba e futebol; e) amor – substantivo; ao filho; incentivo – substantivo; à sua luta.
33. R.: a) sujeito; b) predicativo do sujeito; c) sujeito; d) predicativo do sujeito; e) sujeito; objeto direto.
34. R.: a) falta – substantivo; b) ansioso – adjetivo; c) alucinada – adjetivo; d) medo – substantivo; e) independentemente – advérbio.
35. R.: a) A palestra do professor foi recebida com muita admiração. (palestra; admiração) b) A lavoura cafeeira alcançou seu ápice nos primeiros dez anos do século. (lavoura; ápice; anos) c) Seu nome tornou-se um dos maiores pesadelos para os brasileiros. (nome; pesadelos; brasileiros) d) A atitude do aluno deixou os colegas de turma contrariados. (atitude; colegas) e) A forte pressão do cimento armado destruiu as vigas. (pressão; vigas)
36. Respostas livres. Sugestões: a) aplicada, interessada, inteligente; b) minha, sua/ algumas, muitas; c) primeira, segunda; d) aquele, esse, este; e) de concordância; de adjuntos; para ilustração.
37. R.: a) os (artigo); do concurso (locução adjetiva); b) uma (artigo); triste (adjetivo); seus (possessivo); cansados (adjetivo); c) a (artigo); do cantor (locução adjetiva); enorme (adjetivo); d) nenhum (indefinido); ao (artigo); final (adjetivo); e) a (artigo); nossos (possessivo); no (artigo); seguinte (adjetivo); ao (artigo).
38. R.: a) CN; b) AA; c) CN; d) AA; e) CN.
39. R.: a) CN; b) AA; c) AA; d) CN; e) CN.
40. R.: a) com afinco; b) Apesar do desequilíbrio emocional dos jogadores; c) Com o frio, mais cedo; d) para o concurso; e) com o pai; hoje.
41. R.: a) com afinco: modo; b) apesar do desequilíbrio emocional dos jogadores: concessão; c) com o frio: causa; mais: intensidade; cedo: tempo; d) para o concurso: finalidade; e) com o pai: companhia; hoje: tempo.
42. R.: a) oposição; b) preço; c) negação; d) causa; e) meio.
43. R.: a) cuidadosa; b) abriu; c) *bem* refere-se a *cedo* e *cedo* refere-se a *acordo*; d) feri; c) irei.
44. R.: a) oração adverbial; b) locução adverbial; c) locução adverbial; d) oração adverbial; locução adverbial.
45. R.: a) condição; b) modo; c) tempo; d) causa; e) favor, causa, benefício.
46. R.: Respostas livres. Sugestões: a) com os amigos; b) Talvez; c) muito; d) por remorso; e) apesar da chuva.
47. R.: a) importante poeta português; b) a Camila e a Tatiana; c) D. Cristina; d) de Salvador; e) ser muito feliz.

48. R.: a) Dom Casmurro – especificativo de *romance*; b) patrono da ABL – explicativo de Machado de Assis; c) *perestroika* e *glasnost* – enumerativo de *duas palavras*; algo como reconstrução – explicativo de *perestroika*; transparência – explicativo de *glasnost*; d) tudo – recapitulativo de *Um jeito de sorrir, um suspiro conformado, uma voz amiga*; e) enumerativo de *eles três*.
49. R.: a) (2); b) (3); c) (3) o demonstrativo *o* é o núcleo do aposto; d) (4); e) (4).
50. R.: a) concessão (embora fosse...); b) causa (porque era...); c) tempo (quando era...); d) comparação (como se fossem...); e) comparação (tal qual um pequeno general...).
51. R.: a) *colega de universidade* é o aposto de *Cláudio*, adjunto adnominal do núcleo do sujeito; b) *um jovem recém-formado* é o aposto de *meu novo chefe*, agente da passiva; c) *grande astro da seleção brasileira* é o aposto de *Neymar*, sujeito; d) *um anel e uma salva de prata* é o aposto de *bons presentes*, objeto direto. e) *o prefeito e sua esposa* é o aposto de *dois convidados ilustres*, objeto indireto.
52. R.: b) (*o* e *o* são núcleos do aposto de oração); c) (*que trazemos de casa* e *que aprendemos na escola* são orações que identificam os núcleos).

3.5 Regência

1. R.: a) (de) governos – RV; b) (com) a causa pública – RN; c) (pelo) romancista... RN; d) (à) notícia – RN; e) (a)os jogos – RV.
2. R.: a) a; b) a; por; c) com; d) com; e) no; por.
3. R.: a) situado na; b) a um acidente; e) protestos contra privatizações.
4. R.: a) pelos; b) da; c) com; d) de ou por; e) aos.
5. R.: a) O fumo é prejudicial à saúde. b) Financiamentos imobiliários tornaram-se acessíveis à população. c) Seu projeto é passível de reformulações. d) Esteja atento a tudo que acontece por aqui. e) Suas ideias são semelhantes às minhas.
6. R.: a) – *apegado a*.
7. R.: a) – *ávido de* ou *por*.
8. R.: a) *ansiosos por* ; b) *comum a todos*; c) *bacharel em* direito; d) *alheia a*; e) *obediência às* leis de trânsito.
9. R.: a) ...TV em cores; b) Outro igual a mim...; c) ...bacharel em ciência da computação; d) ...o problema com a Gerência; e) ...recurso contra a decisão/ recurso da decisão.
10. R.: a) responderam, friamente, *a* todas as perguntas. b) não *lhes* ensinam o concretismo brasileiro. c) prefere um quarto de carneiro *a* uma peça de Tchecov. d) informavam-nos que imperava... a doutrina... e) A previsão é que ...
11. R.: a) I. O perfume a que aspiro é agradável. (F) *que aspiro* II. O título a que aspiras é cobiçado por muitos. (C)
    b) I. O filme a que assisti é campeão de bilheteria. (C) II. Sempre assisto às aulas daquele grande acadêmico. (C)
    c) I. O doente que o médico assistiu já está curado... (C) II. Assiste-lhe agora o direito de defesa. (C)

d) I. Chego sempre cedo em casa. (F) *a casa* II. A cidade em que cheguei é uma metrópole. (F) *a que cheguei*

e) I. Lembrei do fato. (F) *lembrei o fato* II. Lembrei-me o fato. (F) *lembrei-me do fato*

12. R.: a) *A que lei...*; b) ...pagou *a* seus empregados; c) Preferia trabalhar *a* estudar; d) ...*ao* amigo que está fora; e) ...visavam *à* aprovação...
13. R.: a) a cuja; c) ao melhor Carnaval do mundo; e) em cujas.
14. R.: Correta d). a) cumprimentá-lo; b) vi-o; c) amo-o (ou amo-a); e) encontrá-lo.
15. R.: a) Esqueci; b) Esqueci-me; c) me esquecerei; d) Lembro-me; e) lembra.
16. R.: a) aspiro a ele; b) a telenovelas; c) ao presidente; d) assistir a ela; e) o pó do armário.
17. R.: a) ao dentista e ao médico; c) fui ao terraço; e) aos professores.
18. R.: a) Prefiro ser prejudicado a prejudicar os outros; c) Prefiro crítica sincera a elogios exagerados; d) Preferia a cidade ao campo.
19. R.: a) às; b) à; c) de; d) com; e) ao.
20. R.: a) ao; b) ao; c) ao; d) ao; e) o.
21. R.: a).
22. R.: a) ao; b) às; c) o; d) a; e) às.
23. R.: b) O verbo *chamar* na acepção de *apelidar, denominar* constrói-se com OD (frase do enunciado) ou com OI (item b).
24. R.: d).
25. R.: d) à voz.

Questões de concurso

1. R.: e).
2. R.: e). Os verbos *acompanhar* e *empurrar* são transitivos diretos.
3. R.: e). Os verbos *ter* e *deter* são transitivos diretos.
4. R.: d). Os verbos *facilitar* e *ignorar* são transitivos diretos.
5. R.: e). O verbo *abordar* é transitivo direto, por isso seu complemento deverá ser o pronome átono *a*.
6. R.: d). As demais estão incorretas: a) em respeito aos; b) em cumprimento dos; c) em submissão aos; e) em obediência aos.
7. R.: a). As demais estão incorretas: b) empenhado em; c) resolvido a; d) propenso a; e) disposto a.
8. R.: c). Incorretas: a) comentou que o livro; b) aderiu ao livro; d) a que o autor aludiu; e) a que o amigo se ateve.
9. R.: c). Incorretas: a) receio de; b) procura da; d) orgulho do; e) lembrança do.
10. R.: c).

3.6 Concordância

1. R.: a) premiados; b) fabulosa; c) fabulosas e fabulosa; d) fabulosos e fabulosa; e) cansativo e cansativos.
2. R.: b); c); d).
3. R.: a) em anexo; b) anexa; c) anexas; d) em anexo; e) anexos.
4. R.: a) bastantes; b) bastante; c) bastante; d) bastantes; e) bastante.
5. R.: c). Trata-se de um adjetivo, portanto deve estar flexionado.
6. R.: a) E (meio); b) C; c) C; d) E (meio); e) C.
7. R.: a) trabalham melhor (= mais bem).
8. R.: a) mesmos; b) mesma; c) mesmo; d) mesmos e mesmas; e) mesmas.
9. R.: a); c); e). Estão incorretas: b) porque o substantivo *retirada* está determinado e d) o substantivo *saída* também está determinado.
10. R.: a); b); c). Estão incorretas d) todo estado do Nordeste e e) toda a cidade de São Paulo.
11. R.: a) vistos; b) haja vista; c) político; d) político; e) político.
12. R.: a) distinguia; b) distinguia ou distinguiam (concordância atrativa); c) distinguia; d) sustentava; e) sustentavas.
13. R.: a) sustentava: mais de um (verbo no singular); b) sustentava: nem um nem outro (verbo no singular); c) sustentava: um ou outro (verbo no singular); d) apoiavam: um dos + substantivo plural + que (verbo no plural); e) apoiava, f) apoiavam: número percentual (verbo no singular ou plural, depende do termo especificador da referência).
14. R.: a) *muitos + de + nós* > 3ª do plural ou concorda com o pronome pessoal. b) *alguns + dentre + nós* > 3ª do plural ou concorda com o pronome pessoal. c) *sujeito no plural* > verbo na pessoa do sujeito no plural. d) *sujeito no singular* > verbo no singular (mesmo com o aposto no plural – as frases longas e curtas). e) *Qual + dentre + nós* > verbo na 3ª pessoa do singular.
15. R.: a) *transformam-se*; b) *devem-se* economizar; c) *necessita-se*; d) *fazem*; e) *precisa-se*. Em a), b) e d), os verbos estão na voz passiva e concordam com o sujeito, que vem posposto ao verbo. Em c) e e), o sujeito é indeterminado e o verbo fica na 3ª pessoa do singular.
16. R.: a) houve; b) existiram; c) deve haver; d) podem existir; e) havia. O verbo *haver* é impessoal e conjuga-se na 3ª pessoa do singular, e o verbo *existir* é pessoal e concorda com seu sujeito.
17. R.: Em todos os casos, é possível a concordância com o núcleo mais próximo: a) e e) o sujeito está posposto ao verbo; b) os núcleos do sujeito designam noções em gradação; c) os sujeitos apresentam significados semelhantes; d) os núcleos formam uma noção única.
18. R.: pode; b) recebam; c) está; d) gosta; e) poderá.
19. R.: Todas as lacunas são preenchidas com a forma *são*.

Questões de concurso

1. R.: a) O sujeito de *faltava é algumas pessoas*, logo o verbo deve ser flexionado no plural.
2. R.: a). O sujeito representado por expressão partitiva + substantivo plural.

3. R.: c). A referência é à astronomia (singular).
4. R.: e). Em a) pessoas que *têm*; b) *havia* muitos estudantes; c) *existiam* preocupações; d) não *haver* pessoas.
5. R.: b).
6. R.: e).
7. R.: e). O sujeito da voz passiva é o substantivo *sonhos*, portanto, o verbo tem de ser flexionado no plural.
8. R.: a).
9. R.: a). A concordância se dá com o predicativo.
10. R.: e). Em a) estudos *recentes*; em b) *concorridas* carreiras; em c) cultura científica ainda é *vista*; d) conhecimentos básicos ... *são*.
11. R.: a). Em b), vários estudos ...*realizados*; c) *considerada*... a arquitetura; d) *celebrada* ...uma grande festa; e) as visitas... *frequentes*.
12. R.: e). Em a) *faz* anos; b) os amigos...*tiveram*; c) os amigos...*concluíram*; d) *existem* muitos jovens.
13. R.: a).

❹
Semântica e léxico

4.1 Texto e contexto

1. R.: a) teto; b) lar; c) palácio; d) barraco; e) moradias.
2. R.: d). O gênero textual *fábula* caracteriza-se por passar um ensinamento, uma "moral". Neste caso, a mensagem é a de que todos devem fazer sua parte, cumprir sua função, como o passarinho estava fazendo. Em sua resposta ao elefante, ele condena a omissão, a indiferença dos que não são participativos.
3. R.: a) tráfego; b) cela; c) mal; d) prescreveu; e) deferir
4. R.: A ambiguidade está no emprego de formas homônimas perfeitas: o ato de "torcer" que o garoto empregou é em relação ao ato de "abrir a tampa com uma torção" e a garota entendeu o ato de *torcer* como o de "fazer torcida por um time". Como se trata do gênero textual quadrinhos, a expectativa de alguma comicidade já faz parte do contexto.
5. R.: a) Não fica claro se era ela ou o namorado que estava correndo; b) estávamos dentro do carro e vimos o acidente, ou nós vimos o acidente de um carro (ou do carro), mas estávamos fora dele; c) quem estava debruçado na janela: ele ou o rapaz? d) quem estava entusiasmada era a turma ou a professora? e) Quem esteve aqui ontem, o coronel ou a filha dele? Formas de se evitar ambiguidade na construção da frase: a) Enquanto ela corria no parque, encontrou o namorado. b) Estávamos dentro do carro e de lá vimos o acidente / de onde vimos o acidente. c) Ele falou com o rapaz que estava debruçado na janela. d) A professora saiu da sala, deixando a turma toda entusiasmada. e) A filha do Coronel, o qual esteve aqui ontem, quer falar com você.

6. R.: A semelhança de som, na expressão oral, pode levar à ambiguidade, mas a situação apresentada nos contextos impede qualquer dúvida entre o *nome do peixe* (*robalo*) e o verbo *roubar*, seguido do pronome oblíquo (*lo*).
7. R.: A compradora poderia dizer: "— Posso experimentar esse vestido que está na vitrine?"
8. R.: Observe que os quadrinhos se aproveitam da dubiedade de sentido do termo "galo", que é usado pela galinha para expressar o resultado de sua topada, o que ela chamou pela metáfora de "estar com um galo na cabeça". O galo ouvindo-a conversar com o filho interpretou o vocábulo como se referindo a um "galo mesmo", um rival, daí o ciúme que ele demonstra no último quadrinho.
9. R.: O diálogo mostra uma incompatibilidade entre o que dizem patroa e empregada. Aquela não está apenas informando à empregada que os cinzeiros estavam sujos, mas sim, pedindo que o serviço fosse feito; é uma ordem, não uma asserção.
10. R.: A intenção do anúncio, que pode ser jocoso, parece valorizar os produtos vendidos, que teriam maior preço por serem classificados como "antiguidades", peças raras, enquanto o que ele compra são "velharias", o que vem indicar a depreciação dos objetos, e o preço a ser pago deverá ser menor, evidentemente.
11. R.: Os termos não são sinônimos, embora se refiram aos mesmos objetos – *carros que não são novos*. Todavia, o uso de *seminovos* aponta para a valorização, a positividade do objeto (quase novos), enquanto *usados* indica negatividade, já que os carros já não são novos e o termo empregado pode indicar defeitos no carro.
12. R.: a) *rosto* é emprego mais neutro para significar o semblante; b) *focinho* tem sentido pejorativo e bastante negativo de rosto; c) *face* significa que ele virou o rosto, já que tem duas faces; d) *cara*, emprego depreciativo que faz parte do sentido da expressão: "ter ou não ter vergonha na cara"; e) *semblante* é a parte do rosto que permite reconhecer expressão facial, por isso foi usado para denotar tristeza, abatimento, no contexto dado.
13. R.: a) aparelho; b) avião; c) relógio; d) letras; e) livro.
14. R.: a) ouvintes; b) telespectadores; usuários; c) visitantes; fregueses; d) alunos; fiéis.
15. R.: d). Os outros significados dos termos: em a), *rinite* é inflamação da mucosa do nariz; em b), *nefrite* é inflamação do rim; em c), *tendinite* refere-se à inflamação no tendão; e em e), *cavalheiro* é o homem gentil, educado.
16. R.: No enunciado a), ela está dizendo que vai terminar o namoro, pois ele não tem "juízo", não está "comprometido" com o namoro. No enunciado b), o médico tranquiliza o paciente, dizendo que ele não tem doença alguma na cabeça. A mesma expressão, mas em contexto diferente, tem outro significado.
17. R.: O termo *congelar* é ambíguo, por apresentar mais de um sentido: "tornar gelada" e "parar a imagem", que é o objetivo do garoto. Ele apenas usou o processo errado de colocar o aparelho no refrigerador.
18. R.: a) fio; b) linha férrea; c) sentido, direção; d) palavras, cartas; e) direção.
19. R.: A expressão "bom pra burro" tem valor semântico de intensidade, já que realça a quali-

dade do dicionário, e é uma expressão adequada a um gênero de texto propagandístico; a ambiguidade reside na expressão polissêmica *pra burro*, que poderia indicar também que o dicionário é bom para quem não sabe português, sentido esse derivado da expressão popular para definir qualquer dicionário: *O pai dos burros*.

20. R.: O verbo *torcer* é polissêmico e mantém o sentido denotativo de *Fazer girar uma coisa sobre si mesma, mudando sua posição*, como em b), e o sentido derivado (conotativo) *de desejar a vitória de seu grupo desportivo*, em a). Ainda poderíamos ter outros sentidos derivados, como *torcer o nariz* em sinal de desagrado ou *torcer o pescoço*, sufocar alguém etc.

21. R.: Esse enunciado pode ser analisado pelo âmbito da Semântica ou da Pragmática, dependendo do viés analítico: trata-se de uma interação em um contexto de bar, em que um freguês está pedindo um café e a conta para pagar. À Semântica caberia explicar que alguém está pedindo *um café e a conta*, mas é a expressão utilizada no contexto de *restaurante* em uma situação corriqueira do dia a dia que vai especificar o *sentido final* do texto: no ato do pedido por mais um café, pede-se a conta que o freguês denomina de *dolorosa*, e todos entendem o termo, pressupondo que ela seria *cara*, *salgada*.

Questões de concurso

1. R.: c). Justifica-se porque o pronome *estas* refere-se ao termo antecedente – favelas – as quais se ligam ao que está dito na oração, isto é, "(...) não têm serviços públicos como água, esgoto e coleta de lixo".
2. R.: e). O valor semântico da expressão – ou seja – é explicativo e remete ao que é dito antes.
3. R.: e) Nos dois textos, os recursos expressivos para definir as fases da vida remetem à função da linguagem chamada de metalinguística, que se refere ao aparato teórico ou à metalinguagem usada para descrever uma outra linguagem em si mesma, ou seja, explica-se alguma coisa da língua por meio do uso da própria língua nessa descrição.
4. R.: a). A frase recorre à polissemia dos termos *rede social*, que possui dois sentidos: o relacionamento entre pessoas de forma virtual, em rede, e a divisão coletiva da rede de dormir entre toda a família pobre.
5. R.: b). A primeira oração é uma subordinada condicional (se assim fosse) e a ideia expressa por "assim sendo" altera esse significado, já que indica a noção de *dessa forma*.
6. R.: a) paradoxo, porque o sentido da frase depreende-se da aproximação de palavras de significados opostos: *renascer chama / brasa dormida nas cinzas*.
7. R.: d) proporcionalidade, porque a construção do sentido é formada por termos correlativos: "quanto mais .... mais" que dão ideia de proporcionalidade, nesse caso para mais.
8. R.: e). Tendo em vista o contexto, o verbo *emborcar* significa *virar, tomar* de um gole só.
9. R.: "passar por poucas e boas"; "Tipo".
10. R.: b). O termo *imigrante* refere-se a estrangeiro, ou o que entra em um território para se estabelecer, portanto é estranho ao contexto; no caso a *turma dos quarenta* também é estranha ao mundo da informática, mas quer desbravá-lo.

11. R.: a).
12. R.: d).

4.2 Relações lexicais

1. R.: a) palavrões; b) impropriedade; c) vergonhosa; d) inabitável; e) receitou.
2. R.: a) estudantes; b) militar; c) los; d) propriedade; e) o ato.
3. R.: a) torrenciais; b) experiente; c) legível; d) duradoura; e) imberbe.
4. R.: a) A peça publicitária usa de linguagem direta, dirige-se a um jovem que é motoqueiro, de forma a influenciar seu comportamento; deve-se atentar para a importância do diálogo na propaganda e a função retórica do uso do modo imperativo do verbo e seu valor argumentativo para convencer o jovem sobre o uso do capacete. O texto busca convencer por persuasão e também por sedução, quando se vale da ambiguidade de sentido, ao empregar o pronome *isso* ("Ponha *isso* na cabeça"), que pode significar tanto o capacete quanto o aviso, a recomendação de segurança. Dessa forma, o primeiro texto é mais persuasivo que o segundo. b) No segundo texto, há uma mudança no emprego do modo verbal (presente do indicativo) e no emprego/uso da pessoa do discurso, que passa a ser de terceira pessoa. O texto assume a organização textual mais demonstrativa, o que causa maior afastamento do autor do discurso. Temos apenas uma descrição técnica do capacete, a qual procura convencer o motociclista por meio de uma linguagem mais racional e objetiva. Nesse caso, embora sinônimos, o segundo texto é menos persuasivo do que o primeiro, em termos retóricos ou discursivamente falando.
5. R.: a) fingidas, falsas, hipócritas; b) beneficiária, beneficente; c) despudorada, sem vergonha; d) inertes, inanimados; e) irados, nervosos, enraivecidos; f) sedentos, ansiosos por.
6. R.: Os termos antônimos são usados para indicar oposição de sentido, em a) a propriedade que se quer saber é a *profundidade* do rio. Em b), são *ações opostas* – entrar e sair – praticadas pela mesma pessoa. Em c), advérbios de lugar, localização contrária. Em d), estados d'alma opostos, de felicidade e de infelicidade. Em e), a velocidade do avião.
7. R.: adoçante; ovo caipira; hidráulica; importado; executivo; expresso; esquerdistas; republicanos.
8. R.: Relação de antonímia, pois a intenção é fazer um jogo entre "ser mau", caráter do personagem, e "ser bom" ator, já que, pelo contexto da novela, o ator Mateus Solano estaria conquistando uma audiência cada vez maior com o ótimo desempenho de seu personagem Felix, considerado o "vilão".
9. R.: Letra b), são formas do mesmo verbo *consumir*.
10. R.: c). As palavras são homônimas homófonas.
11. R.: As correspondências da forma *são* podem se referir à forma plural do presente do indicativo do verbo *ser* em português — eles são — que deriva do verbo latino *esse* na terceira pessoa do plural do presente do indicativo: *sunt*.) — como se vê em a) e em d); e também,

referem-se ao vocábulo *são* (*sadio*, sem problemas de saúde), derivado do adjetivo latino *sanu*, como ocorrem em b) e em e); ainda refere-se à abreviação de *Santo* (do latim *sanctu/ san*: São Paulo), como em c).

12. R.: a (1); b) (3); c) (1); d) (2); e) (2).
13. R.: O chefe utilizou-se do jogo de sentido entre o particípio passado e o presente do indicativo (formas homônimas) dos verbos *tragar* e *trazer*, para chamar a atenção do empregado. Quando este diz *trago*, refere-se ao presente do verbo *tragar*, e o chefe se refere a *trago*, presente do verbo *trazer*, referindo-se ao fato de o empregado não *trazer* o próprio cigarro.
14. R.: a) ambos têm cabo; b) ambos não passam; c) ambos dão na vista; d) ambos já criaram raízes; e) ambos têm bandeirinhas.
15. R.: a) agasalho; b) objeto; c) talher; d) igreja; e) laticínios.
16. R.: a) portava, carregava; b) colhem; c) provou, demonstrou; d) contém; e) contou com.
17. R.: a) notável e imediato; b) homem que anda a cavalo e homem gentil, educado, cortês; c) vir à tona e submergir; d) ofender e rescindir um contrato; e) ofegante e apavorado.
18. R.: Sugestão de resposta: a) Foi apanhado em *flagrante*; Gosta de ambientes *fragrantes* à base de flores silvestres; b) Era um jardim *florescente*; Lâmpada com propriedade de *fluorescente*; c) Deixa a água *fluir* por entre os dedos; Queria *fruir* cada momento da festa; c) Aquele governo pleiteia *descriminar* as drogas leves; Precisa aprender a *discriminar* bem as coisas; e) Não *deferiu* o pedido; Tentava *diferir* o certo do errado.
19. R.: a) *endereço*: residência, *adereços*: enfeites; b) *acidente*: desastre, *incidente*: algo inesperado; c) *descrição*: ato de descrever, *discrição*: ato de ser discreto; d) *ratificar*: confirmar, *retificar*: corrigir; e) *docentes*: professores, *discentes*: alunos.

Questões de concurso

1. R.: a). As mudanças do segundo texto estão relacionadas ao léxico, ao vocabulário.
2. R.: e). Antítese é oposição que se faz entre açúcar *branco* e o trabalho duro em usinas *escuras*.
3. R.: e). Um dos interlocutores do diálogo não entendeu a dúvida do outro com relação à pronúncia (largato ou lagarto?), o que gerou o mal-entendido.
4. R.: b). Discurso *dogmático* quer dizer *decisivo, impositivo, autoritário*, bem diferente de linguagem *acessível*, que significa *compreensível, inteligível, flexível*.
5. R.: c). *Em que pese* tem ideia concessiva, e *em decorrência da* é a única expressão que altera o sentido pois traz noção de causa.
6. R.: e) A resposta certa é letra e, porque os verbos *ponderar e pensar* não têm o mesmo significado de *refletir* que significa *espelhar, representar*.
7. R.: d).
8. R.: a). Deve-se verificar a semântica da estrutura ‹ não só... também › e depreender o elo coesivo aditivo delas, verificando a sua semântica.
9. R.: b). A única forma verbal com a regência correta é a Letra b: recorrem à.

10. R.: O registro de linguagem formal e denotativa, própria da comunicação escrita oficial, só é encontrada na letra c).
11. R.: Nesta questão está em jogo a forma correta do imperativo afirmativo e a concordância de pessoa verbal; a correta é a letra d), escrita na segunda pessoa, tratamento *você*.
12. R.: a). A expressão correta é: *dar atenção a*, logo o pronome *que* deve estar regido pela preposição *a*.
13. R.: b). Sinonímia adequada para "exauridos em níveis alarmantes".
14. R.: c).

4.3 Seleção vocabular

1. Reposta livre. Sugestão: Há muitas evidências de linguagem informal no texto do aluno, expressas em gírias de época, o que comprova que a situação de produção, a finalidade comunicativa e o gênero textual influenciam a composição do texto. Alguns exemplos de gírias no texto: *pintou o quente*; Foi aí, ô meu, *que pintou o lance*; *Chocante*.
2. R.: A opção correta é a letra e), porque as três palavras estão grafadas corretamente. Algumas inadequações desses exemplos provêm do engano no uso de palavras que guardam semelhanças na forma: homônimas (mesma grafia), ou parônimas (parecidas na grafia). Em a), em vez de *vestuário* – traje –, o correto é *vestiário* (local próprio para mudar de roupa); em b), em vez de *hospedadas*, o correto seria *aquarteladas*, termo técnico; em c), em vez de *ortografia*, o correto é *pronúncia*, pois se trata de texto oral; além disso, não se comete erro de ortografia, e sim de grafia, já que ortografia só diz respeito à forma correta, e em d), *tráfego* que se refere à movimentação.
3. R.: a) depredar; b) estupro; c) engajar; d) invólucro; e) muçulmano
4. R.: a) bebedouro; b) veicularam; c) inalam gás; d) sensível; e) ao encontro das
5. R.: a) 5; b) 4; c) 1; d) 2; e) 3.
6. R.: a) cara – rosto; b) solteirona – solteira; c) entornou e de porre – bebeu e se embriagou; d) calhambeque – carro; e) focinho – rosto.
7. R.: 1 a); 2 d); 3 b); 4 c); 5 e).
8. R.: a) está muito bem, maravilha; b) chamou; c) deu à luz; d) falecido/morrido; e) escreveu em um papel/caprichou.
9. R.: a) 1; b) 2; c) 2; d) 4; e) 1.
10. R.: a) realizados; b) começou; c) cara; d) elaborar; e) obtiveram
11. R.: (3); (4); (10); (5); (2); (7); (9); (1); (8); (6).
12. R.: a).
13. R.: A segunda forma de grafia é a correta, sendo que nas letras c), (f) e (m) ambas as formas são aceitas como corretas.
14. R.: a) sofre de; b) desfrutem; c) possuem; d) sentindo; e) passaram por
15. R.: à praia; maiô; carro; resfriado; parque; mulher.

Questões de concurso

1. R.: a). As diferenças de que fala o texto estão no âmbito do vocabulário, no nível lexical.
2. R.: a). O uso da linguagem informal explica-se pelo fato de os envolvidos se conhecerem.
3. R.: b). O vocábulo é um neologismo formado a partir de mecanismos que o sistema da língua disponibiliza: prefixos, sufixos, justaposição etc.
4. R.: b).
5. R.: b). O próprio texto diz que "a melhor expressão da brasilidade "é a forma como falamos, daí se conclui a importância da língua para a construção de nossa identidade.
6. R.: a). Porque os vários nomes para a mesma planta existem em diferentes regiões brasileiras.
7. R.: c). O texto fala da norma de cada país, chamando a atenção para as normas da língua do Brasil distintas das do português europeu.
8. R.: e). Os textos revelam diferenças entre o léxico de um período mais antigo do português comparado com um período mais atual.
9. R.: b). O enunciado do item menciona a temática da variação linguística no tempo, espaço e classe social, mas o texto selecionado aborda somente referente ao tempo "A própria linguagem vai-se renovando e a cada dia uma parte do léxico cai em desuso", o que afeta gerações.
10. R.: c).
11. R.: b).
12. R.: a). pois é o único caso em que são exigidos os dois elementos na formação do vocábulo, como se vê na parassíntese.
13. R.: c). As expressões "Só que" e "funil editorial" denotam exemplos de linguagem coloquial e metafórica.
14. R.: a). Pleonasmo vicioso em I; prolixidade em II e ambiguidade em III são os problemas existentes nos enunciados.
15. R.: e). Nesse caso, usou-se no sentido metafórico de pessoa que está presente em todas as festas, daí a analogia com arroz.
16. R.: a). O compositor expõe a razão de ter abandonado a profissão: a de ter sido enquadrado na lei de segurança nacional e sido exilado do país.
17. R.: d) Os termos *erudita e popular* opõem-se, no texto, quanto ao sentido.

4.4 Impropriedade semântica

1. Sugestão de resposta: *Mediante o excesso de trabalho, só tive uma alternativa: pedir a meu estagiário que redigisse uma petição ao Meritíssimo Juiz, solicitando urgência nos trâmites do processo, uma vez que o mesmo já tinha sido apresentado inúmeras vezes, sem solução. Pedi que providenciasse xerocópia das peças principais e se encontrasse comigo para assinar a petição, o que foi feito.* Outra sugestão: *(...) Mediante o excesso de trabalho, minha alternativa foi solicitar a meu estagiário que redigisse uma petição ao Meritíssimo Juiz solicitando*

urgência nos trâmites do processo, uma vez que o mesmo já tinha sido apresentado várias vezes, sem solução. Instruí que ele providenciasse cópias xerográficas das peças principais e se encontrasse comigo para assinar a petição. Isso foi feito.

2. R.: a) 2; b) 5; c) 4; d) 3; e) 1.
3. R.: a) benefícios; b) cumprir; c) executar; d) no Rio; e) causam.
4. R.: a) aparar arestas; b) a meu ver; c) tinham; d) é; e) invenção, criação.
5. R.: a) ouviu; b) alternativas; c) ter; d) desenvolvimento; e) fisicamente.
6. R.: a) 4; b) 1; c) 2; d) 3; e) 5.
7. R.: Sugestão de correção: em a), b), c), e) –, os advérbios são redundantes, não informativos e podem ser retirados; e em d), a palavra redundante é *investigativa*, que pode ser omitida.
8. R.: a) contraí; b) quitei; c) expirou; d) abriu; e) impetrou.
9. R.: a) especialista e sábio; b) olhava e purgavam; c) corrigida e confirmada; d) ordem judicial e tempo no cargo; e) submergiu e veio à tona.
10. R.: Os sinônimos usados no texto são: *reclusos, detentos, detidos; prisão, estabelecimento* e *penitenciária*. Dentre eles temos os sinônimos – *detentos, detidos* e *prisão*, e *penitenciária*, e como hiperônimo, *estabelecimento*.
11. R.: "(...) inicia-se o contato entre os dois mundos — o dos portugueses e o dos índios — que antes eram separados pelo oceano." Ou "A partir de 1500 inicia-se o contato entre dois mundos, que antes eram separados pelo oceano: o dos portugueses e o dos índios."
12. Sugestões de resposta: a) grande; b) confirmam; c) decorrem; d) trabalhar, manusear; e) vivenciados.
13. R.: a) substâncias; b) ato/ação; c) exercício/atividade; d) hábito; e) instrumento cirúrgico.
14. R.: Sugestões de resposta: a) É um ótimo filme *de época, bem realista, que retrata com detalhes a vida no Brasil colonial, desde o início até a Independência*, vá assistir! b) Sua preocupação (atitude) em não contrariá-la, pois se encontrava gravemente doente, foi *muito educada, polida, cavalheiresca*. c) Apresentou uma resposta *pertinente, inteligente, brilhante (produtiva para a questão)* à pergunta do professor. d) Sei que seu irmão é uma pessoa *inteligente, muito instruída, simpática, amigável, culta*, por isso quero convidá-lo para a festa. e) A paisagem vista da janela era muito interessante, *pois mostrava um cenário verde, exuberante*.
15. R.: Sugestão de resposta: a) possante, confortável, moderno; b) bem feita, sob medida, elegante, luxuosa, adequada à situação social: formal, informal, de festa, esportiva, de verão, inverno; c) confortável, espaçosa, ventilada/arejada, clara, aconchegante; d) o entrevistado era muito simpático e prendeu a atenção dos ouvintes; e) as ondas eram gigantescas e ele conseguiu vencer o campeonato de surfe.
16. R.: a) movimento; b) droga; c) países; d) doença; e) brinquedo.
17. R.: *Livro*: substantivo masculino. Segundo a Unesco, publicação não periódica contendo pelo menos 48 páginas, excluída a capa. *Bicicleta*: substantivo feminino. Velocípede de duas rodas iguais, movido a pedal para transporte de uma pessoa. *Garfo*: substantivo masculino.

Peça do talher, em geral com quatro dentes, que se usa para segurar no prato o que se corta e para levar à boca alimentos sólidos.
18. R.: *alegria*: substantivo feminino, abstrato. Qualidade referente a alegre. Contentamento, júbilo, prazer moral, regozijo, encantamento. *entusiasmo*: adjetivo. Excitação da alma, arrebatamento, paixão, vida. *lastimável*: adjetivo. Que é digno de lástima, deplorável, lamentável, que merece compaixão.
19. R.: grandes animais marinhos; elas; as mesmas; os animais; delas (ou elipse); esses mamíferos aquáticos; seu cérebro.

Questões de concurso
1. R.: e). Essa alternativa com o emprego de "entretanto" mantém a mesma relação semântica de restrição com o conectivo "mas".
2. R.: d).
3. R.: e). Ideia de contraste ou oposição.
4. R.: c). A alternativa faz referência à função estilística da linguagem que utiliza por extenso o sinal de pontuação usado no contexto.
5. R.: d). A expressão "pra valer" pertence ao registro informal de linguagem.
6. R.: d).
7. R.: c).
8. R.: c). Para não repetir os nomes, deve haver referência, primeiramente a Chico, cuja obra é mais polêmica, daí o emprego do numeral "primeiro" para se referir à figura de Chico.
9. R.: e). É a única alternativa em que *média* tem o mesmo sentido de *xícara*.
10. R.: e). O texto fala em "muitas casas encobertas" e não em "todas as casas..."
11. R.: a). Trecho com problema: "Ao ser picado pelo mosquito, o parasita (agente da doença) cai na corrente sanguínea"; b) Reescritura do trecho: " Quando a pessoa é picada pelo mosquito, o parasita (agente da doença) cai na corrente sanguínea..."
12. R.: b). O uso dos dois-pontos indica uma explicitação, como propõe a alternativa correta.
13. R.: a). Mantém o sentido original e está reescrito em norma-padrão.

Sobre as Autoras

Cilene da Cunha Pereira, doutora em Letras pela UFRJ, onde lecionou Língua Portuguesa nos cursos de Graduação e de Pós-Graduação por mais de 25 anos. Membro da Academia Brasileira de Filologia. Trabalha na formação de professores do ensino fundamental e médio, ministrando cursos de aperfeiçoamento e especialização em Língua Portuguesa e em sistemas de avaliação em larga escala: ENADE, ENE, ENCCEJA, SAEB, SARESP, SARERS, SIADE, SPAECE. É coautora de *Dúvidas em português nunca mais* (Lexikon, 3ª ed., 2011) e de *Ler, falar e escrever. Práticas discursivas no ensino médio.* (Lexikon, 2012). Organizou a *Gramática Essencial*, de Celso Cunha (Lexikon, 2013).

Edila Vianna da Silva, professora associada de Língua Portuguesa da UFF, onde atua nos cursos de Pós-Graduação, *stricto e lato sensu*. É docente do Doutorado Interinstitucional (DINTER–MEC/IF Sudeste-Minas Gerais). Doutora em Letras pela UFRJ, de onde se aposentou como Professora Adjunta, em 1996. É membro da Academia Brasileira de Filologia, da Associação Brasileira de Linguística e atua no GT de Sociolinguística da ANPOLL. Integra o Conselho Editorial dos *Cadernos de Letras da UFF*. Participou de equipes de professores em sistemas de avaliação em larga escala: ENEM, ENADE, SARESP. É coautora de *Dúvidas em português nunca mais* (Lexikon, 3ª ed., 2011) e possui várias publicações sobre descrição do Português.

Maria Aparecida Lino Pauliukonis, professora titular de Língua Portuguesa, aposentada, atuou na Graduação e na Pós-Graduação do Departamento de Letras Vernáculas da UFRJ, onde continua como pesquisadora e colaboradora. Coordena o Projeto Integrado de pesquisa CIAD-Rio (Círculo Interdisciplinar de Análise do Discurso), juntamente com Patrick Charaudeau, da Université de Paris 13, com Acordo de Cooperação Científica entre a UFRJ e a Universidade francesa. Desenvolve atualmente pesquisa sobre Semântica e modalidades enunciativas na mídia jornalística. Atua como vice-coordenadora do Mestrado Profissional em Letras (*Profletras*), no polo da Faculdade de Letras da UFRJ, e como coordenadora da disciplina *Texto e ensino*.

Regina Célia Cabral Angelim, doutora em Língua Portuguesa e mestre em Literatura Brasileira, pela Faculdade de Letras, UFRJ, onde atuou como professora na Graduação e na Pós-Graduação e desenvolveu projetos de pesquisa, especialmente na linha da Análise do Discurso. Experiência no ensino médio (lecionou nos colégios Pedro II e Santo Inácio). Coordenou os cursos de português a distância, convênio Fundação Trompowsky – EB/CEP (Centro de Estudos de Pessoal) e CLA – UFRJ, e Fundação Trompowsky – EB/ CEP e UCB – Universidade Castelo Branco, para os quais preparou material didático sobre argumentação e morfologia, respectivamente. Coautora de *Dúvidas em português nunca mais* (Lexikon, 3ª ed., 2011) e autora de artigos publicados em revistas especializadas.

Este livro foi impresso no Rio Grande do Sul em julho de 2016,
pela Edelbra Gráfica e Editora para a Lexikon Editora.
A fonte usada no miolo é Meta-Normal com corpo 9,8/9.
O papel do miolo é 63 g/m² e da capa é 250 g/m².